D1618569

АНГЛО-РУССКИЙ СЛОВАРЬ ПО ПСИХОЛОГИИ

ENGLISH-RUSSIAN DICTIONARY OF PSYCHOLOGY

E. V. Nikoshkova

ENGLISH-RUSSIAN DICTIONARY OF PSYCHOLOGY

Approx. 20 000 terms

«RUSSO»  IP RAS

MOSCOW
1998

Е. В. Никошкова

АНГЛО-РУССКИЙ СЛОВАРЬ ПО ПСИХОЛОГИИ

Около 20 000 терминов

«РУССО» ИП РАН

МОСКВА
1998

УДК 159.9(038)-00-20-82
ББК 88
    Н63

Рецензенты: канд. психол. наук Бодунов М. В.,
          канд. психол. наук Александров И. О.

Никошкова Е. В.
Н63 Англо-русский словарь по психологии. Ок. 20 000 терминов —
М: РУССО, ИП РАН, 1998 — 352с.

ISBN 5-88721-097-4 («РУССО»)
ISBN 5-201-02248-0 (ИП РАН)

Словарь содержит около 20 000 терминов по общей, социальной, инженерной, педагогической психологии, психофи-
зике, патопсихологии и др. психологическим дисциплинам. В
их число вошли также термины из областей, смежных с пси-
хологией (физиологии, медицины, анатомии, философии, ло-
гики и др.).
Словарь предназначен для научных работников, переводчиков, преподавателей, аспирантов и студентов психологических факультетов.

УДК 159.9(038)-00-20-82
ББК 88+81.2 Англ.-4

ISBN 5-88721-097-4
ISBN 5-201-02248-0

Предисловие

Предлагаемый «Англо-русский словарь по психологии» является первой попыткой обобщить и систематизировать накопленный опыт по переводу англоязычной психологической литературы. Актуальность создания такого словаря единодушно признается всеми специалистами. Действительно, без ознакомления со все растущим объемом работ по психологии, издаваемых на английском языке за рубежом, трудно критически оценить и усвоить новейшие достижения в этой области.

В ходе работы над словарем возникли большие сложности теоретического и практического плана. Видимо, следует остановиться на этом подробнее, так как объем и структура словаря непосредственно связаны с их решением.

Первая проблема касается определения объема словника.

В настоящее время, в период бурного развития психологии, наблюдается проникновение психологии в социологию, педагогику, инженерию, медицину и другие науки. Находясь на стыке с науками, понятийный аппарат которых разработан гораздо лучше, психология широко использует их терминологию. Собственно, в связи с интеграцией наук, их взаимопроникновением выработалась универсальная терминология, что и нашло отражение в словаре.

Словарь содержит около 20 000 терминов, охватывающих различные разделы и области психологии, такие, как общая психология (с особым акцентом на историю психологических учений, ощущения, восприятия, память, мышление, научение), физиологические основы психологии, социальная, педагогическая, инженерная психология, зоопсихология, психофизика, математические и статистические термины, используемые при математической обработке результатов экспериментов, философские основы психологии, логический аппарат психологических исследований, генетические термины и др. Безусловно, столь широкий охват не дает возможности полностью охватить всю терминологию каждого раздела. Это задача узкоотраслевых словарей по отдельным разделам психологии. В настоящий словарь включена наиболее употребительная терминология по упомянутым разделам.

Вторая проблема касается отделения терминов от нетерминов, четкой границы между которыми, как известно, провести нельзя.

При отборе словника терминами считались:

а) слова, используемые исключительно в языке науки, в данном случае—психологии, для обозначения научных понятий. Это слова типа conditioning—формирование условных рефлексов, научение, frustration — фрустрация, abience —избегание, реакция избегания;

б) слова общелитературного языка, используемые в психологических текстах в несколько ином значении (напр., learning—научение, runway—*зоопсих.* коридор между стартовой и финишной камерой);

в) слова общелитературного языка, используемые как термины (напр., emotion—эмоция, memory—память);

г) слова-термины, созданные из морфем латинского происхождения (напр., palinmnesis—ретроградная память, palilalia—словесная персеверация).

Эти слова могут принадлежать к разным частям речи, но подавляющее большинство их—имена существительные, так как основная функция термина—быть единицей номинации.

Наряду с терминами-словами в психологической терминологии много терминов-словосочетаний, состоящих в основном из двух компонентов. В словарь они включались по ведущему компоненту, являющемуся их лексико-грамматическим центром.

Третья проблема—это проблема отношения к «авторским» терминам.

Поскольку психологическая терминология еще находится в стадии становления, многие психологи создают свои термины и даже целые системы терминов. Их перевод и понимание обычно вызывают большие затруднения. В словарь включены «авторские» термины психологов, взгляды и идеи которых получили значительное распространение, оказали и продолжают оказывать заметное влияние на развитие соответствующих областей психологии. Среди них следует отметить К.Левина, З.Фрейда, К.Юнга и др. Критерием для включения «авторских» терминов в словарь служил факт фиксации их в имеющихся англо-английских толковых психологических словарях. В словарях такого рода термины неизменно сопровождаются пояснением, указывающим на их принадлежность конкретному автору.

Четвертая проблема касалась отношения к «варваризмам».

По возможности они исключались из словаря. Вместе с тем влияние на английскую и американскую психологию ряда иноязычных психологических школ было и остается столь сильным, что англоязычные авторы продолжают включать без всякого изменения и пояснения такие термины-варваризмы в текст своих работ. Например, это относится к таким терминам немецкой гештальтпсихологии, как Anregung —

побуждение, стимул; Anschauung — созерцание; Antrieb — побуждение, импульс. Термины-варваризмы включались в словарь с соответствующими пометами (*нем.*—немецкий язык, *фр.*—французский язык и т.д.) лишь в том случае, если они зафиксированы в имеющихся англо-английских толковых психологических словарях.

Пятая проблема связана со сложностями перевода включенных в словарь терминов. Поскольку понятийный аппарат советской и зарубежной психологии не всегда совпадает, дать английскому термину русский термин-эквивалент оказалось не всегда возможным. В тех случаях, когда соответствующие термины в русской психологической терминологии отсутствуют, толкование английского термина дается описательно.

В словаре принята американская система орфографии. В конце словаря даются списком сокращения и условные обозначения, используемые в англоязычной психологической литературе, а также основных монографиях и периодических изданиях, по которым проводился отбор английской психологической терминологии.

Словарь предназначен для научных работников, преподавателей, аспирантов, студентов, а также для переводчиков психологической литературы.

Во всех случаях, когда включенные в данный словарь термины не фиксировались ранее англо-русскими словарями и справочниками, автор обращался за помощью к специалистам, работающим в соответствующих областях. За ценные консультации выражается глубокая признательность преподавателям факультета психологии Ярославского университета проф. М. С. Роговину, доц. А. И. Давыдову, докт. психол. наук А. В. Карпову, канд. психол. наук В. А. Мазилову, канд. психол. наук В. И. Чиркову и др., а также сотрудникам Института психологии РАН И. О. Александрову, В. А. Барабанщикову, М. В. Бодунову, А. К. Боковикову, А. В. Брушлинскому, С. К. Рощину, В. А. Солодкову, Н. В. Тарабриной и др.

Большую помощь и содействие на всех этапах работы оказывали руководство факультета психологии, кафедра иностранных языков Ярославского университета и член-корр. АПН РФ, докт. психол. наук В. Д. Шадриков.

Научное редактирование словаря осуществлено член-кор. АН СССР, докт. психол. наук Б. Ф. Ломовым.

Все критические замечания и предложения просим направлять по адресу: Издательство «РУССО», 117071, Москва, Ленинский пр-т, д. 15, оф. 323. Тел./факс 237-2502.

Автор

О пользовании словарем

Ведущие термины расположены в алфавитном порядке, при этом термины, состоящие из слов, пишущихся через дефис, следует рассматривать как слитно написанные слова.

Для составных терминов принята алфавитно-гнездовая система. По этой системе термины, состоящие из ведущих и определяемых слов следует искать по ведущим словам. Например, термин **age group** следует искать в гнезде **group**. При этом основное слово в гнезде заменяется тильдой (~). Исключение составляют те случаи, когда в составном термине второй компонент иностранного происхождения вне составного термина не употребляется, как, например, **laissez fair** *фр.* невмешательство, попустительство. Такого рода составные термины включены в словарь по первому компоненту.

Пояснения к русским переводам даны в круглых скобках. Например, **phenylpyruvic amentia** фенилкетонурия (слабоумие, обусловленное недостатком одного из энзимов).

В круглых скобках дана и факультативная (необязательная) часть английского термина и русского перевода. Например, **altitude (training) chamber** барокамера.

Синонимы английского термина и перевода помещены в квадратные скобки. Слово или группа слов в квадратных скобках могут быть употреблены вместо слова или группы слов, стоящих непосредственно перед скобками. Например, **perception [perceptive, perceptual] mechanism** можно читать **perception mechanism, perceptive mechanism, perceptual mechanism.**

Во избежание повторения толкования синонимичных терминов даются ссылки. Например, **mass activity** *см.* **mass action.**

В переводах принята следующая система разделительных знаков: близкие значения отделены запятой, более далекие—точкой с запятой, различные значения — цифрами, а различные части речи с одинаковым семантическим содержанием разделены параллельками (//).

Список помет и условных сокращений

акуст. — акустика
амер. — американский вариант
анат. — анатомия
биол. — биология
воспр. — восприятие
ген. — генетика
гештальтпсих. — гештальтпсихология
грам. — грамматика
зоол. — зоология
зоопсихол. — зоопсихология
зр. — зрение
идеал. филос. — идеалистическая
 философия
инж. психол. — инженерная психология
лат. — латинский термин
лингв. — лингвистика
лог. — логика
мат. — математика
мед. — медицина
нем. — немецкий термин (выражение)
необихев. — необихевиоризм
НФЗЛ — нейрофизиология
ОБ — общая биология
опт. — оптика
парапсихол. — парапсихология
психол. — психология

психоан. — психоанализ
психофиз. — психофизика
рел. — религия
сем. — семантика
см. — смотри
социол. — социология
соц. психол. — социальная психология
стат. — статистика
теор.коммун. — теория коммуникации
теор.инф. — теория информации
топол.психол. — топологическая
 психология
факторн.ан. — факторный анализ
физ. — физика
физиол. — физиология
фон. — фонетика
фр. — французский термин (выражение)
ЦНС — центральная нервная система
шк. — школа
ЭКГ — электрокардиограмма
эксп.психол. — экспериментальная
 психология
ЭЭГ — электроэнцефалограмма
pl. — множественное число
sing. — единственное число

АНГЛИЙСКИЙ АЛФАВИТ

Печатные буквы	Транскрипция
Aa	eɪ
Bb	biː
Cc	siː
Dd	diː
Ee	iː
Ff	ef
Gg	dʒiː
Hh	eɪtʃ
Ii	aɪ
Jj	dʒeɪ
Kk	keɪ
Ll	el
Mm	em
Nn	en
Oo	ou
Pp	piː
Qq	kjuː
Rr	ɑː
Ss	es
Tt	tiː
Uu	juː
Vv	viː
Ww	ˈdʌblju(ː)
Xx	eks
Yy	waɪ
Zz	zed

Aa

abalienated страдающий душевным расстройством

abalienation душевное расстройство, психоз

abasia абазия

abducens 1. *НФЗЛ* отводящий нерв, шестой черепной нерв **2.** *анат.* наружная прямая мышца

abduction 1. *физиол.* абдукция, отведение (мышцы) **2.** *лог.* силлогизм, малая посылка которого является лишь вероятной

aberrance [aberrancy] 1. уклонение от правильного пути **2.** *биол.* отклонение от нормального типа

aberrant отклоняющийся от нормального пути, нормы; необычный

aberration 1. заблуждение, уклонение от правильного пути **2.** помрачение ума, нездоровье **3.** аберрация, отклонение; **chromatic** ~ *опт.* хроматическая аберрация; **mental** ~ психическое заболевание; **spherical** ~ *опт.* сферическая аберрация; ~ **of light** аберрация света

abhor питать отвращение, ненавидеть

abhorrence 1. отвращение **2.** то, что вызывает отвращение

abhorrent вызывающий отвращение, отвратительный

abience избегание, реакция избегания

ability способность; **abstract** ~ способность к пониманию абстракций; **educational** ~ способность к учебе; **empathic** ~ способность к эмпатии; **final** ~ конечный уровень способностей; **general** ~ общие способности; **inborn** ~ врожденная способность; **initial** ~ исходный уровень способностей; **intellectual** ~ интеллектуальные [умственные] способности; **learned** ~ приобретенная способность; **mechanical** ~ технические способности; **mental** ~ умственные способности; **primary** ~ первичные способности; **primary mental** ~ первичные интеллектуальные способности; **specific** ~ *факторн. ан.* специфическая способность; **special** ~ специальная способность

abiogenesis абиогенез, самозарождение, спонтанная генерация

abiosis абиоз, состояние безжизненности, смерть

abirritant уменьшающий раздражение // средство, уменьшающее раздражение, успокаивающее средство

abirritate уменьшать раздражение

abirritation уменьшение раздражения

abjection 1. низость **2.** приниженность, унижение

able способный, умелый, годный

able-bodied крепкий, здоровый

ablepsia 1. слепота, неспособность видеть **2.** пониженное восприятие

abmodality отклонение от тенденции [закономерности]
abnormal анормальный, ненормальный, неправильный, аномальный
abnormality [abnormity] ненормальность, аномалия, расстройство, нарушение; congenital ~ врожденная ненормальность [аномалия, расстройство, нарушение]; neurological ~ неврологическая ненормальность [аномалия, расстройство, нарушение]; speech ~ недостаток речи
abomination отвращение
aboral *зоопсихол.* удаленный от ротового отверстия [пасти]
aboriginal первобытный; исконный, коренной [туземный] // туземец, коренной житель [абориген]
abortion 1. аборт, выкидыш 2. остановка развития 3. недоразвитие органа
aboulia [abulia] абулия [патологическое безволие]
abreaction отреагирование [разрядка, снятие нервно-психического напряжения]
abruptness внезапность; резкость; отрывистость; крутизна
abscissa *мат.* абсцисса
absence 1. отсутствие 2. недостаток чего-л.; ~ of mind рассеянность
absent-minded рассеянный
absent-mindedness рассеянность
absenteeism прогул, неявка на работу
absolute полный, безусловный, неограниченный, абсолютный // абсолютная величина
absolutism 1. философия абсолюта 2. абсолютизм; group ~ сознание превосходства референтной группы
absorb абсорбировать, поглощать, впитывать, всасывать
absorption 1. абсорбция, поглощение, впитывание, всасывание 2. погруженность в мысли, работу;

active ~ активное поглощение; light ~ поглощение света; passive ~ пассивное поглощение; sound ~ поглощение звука, звукопоглощение; spectral ~ спектральное поглощение
abstinence воздержание; абстиненция; total ~ трезвенность
abstract 1. абстракция, отвлеченное понятие 2. конспект, резюме, извлечение // абстрактный, отвлеченный // 1. отнимать 2. абстрагировать 3. резюмировать, суммировать
abstracted погруженный в мысли, рассеянный
abstractedness рассеянность
abstraction 1. абстракция, отвлечение 2. рассеянность
abstractiveness абстрактность, отвлеченность
abstruse трудный для понимания, непонятный
absurd нелепый, абсурдный; смешной, глупый
absurdity абсурдность, нелепость, глупость, вздор
abulia [aboulia] абулия [безволие]
abuse злоупотребление; ~ of alcohol алкоголизм; ~ of narcotics наркомания
academic 1. академический, учебный 2. теоретический
acalculia акалькулия (нарушение способности к счету)
acatamathesia акатаматезия (один из видов агнозии)
acataphasia акатафазия, аграмматизм
accelerate ускорять(ся)
acceleration ускорение, акселерация; перегрузка; cardiac [heart] ~ учащение пульса (сердечной деятельности); developmental ~ акселерация развития; educational [scholastic] ~ акселерация индивидуального темпа обучения, форсирование процесса обучения

accent 1. ударение, акцент **2.** произношение **3.** отличительная черта; **subjective** ~ субъективный ритм; **writing** ~ характерные особенности почерка

acceptance 1. признание, принятие **2.** одобрение, благорасположение **3.** принятие, прием; **group** ~ принятие в группу

accessible 1. доступный, достижимый **2.** поддающийся (влиянию), податливый

accessibility 1. доступность **2.** податливость **3.** подверженность (влиянию); **social** ~ приемлемость в социальном плане

accident 1. происшествие, случай, случайность **2.** несчастный случай, катастрофа, авария **3.** *лог.* случайное свойство; **cerebrovascular** ~ расстройство мозгового кровообращения; происшествие, связанное с нарушением мозговых сосудов; **human-error (type)** ~ авария [несчастный случай], причиной которой является ошибка человека; **human-factor** ~ авария [несчастный случай], в основе которой лежит личный фактор; **human-factor error** ~ авария [несчастный случай] из-за ошибки, связанной с личным фактором; **industrial** ~ несчастный случай на производстве, производственная травма; **professional skill error** ~ авария [несчастный случай] из-за ошибки в профессиональном навыке

accidental 1. случайный, неожиданный **2.** второстепенный, несущественный, побочный, дополнительный

accident-free безаварийный

accident-prone предрасположенный [склонный] к авариям

accident-proneness предрасположенность [склонность] к авариям [несчастным случаям]

acclimation [acclimatization] акклиматизация, адаптация

accommodation аккомодация (организма, глаза, нервного волокна), приспособляемость (общефизиологическая); **absolute** ~ монокулярная аккомодация; **binocular** ~ бинокулярная аккомодация; **consensual** ~ бинокулярная аккомодация в ответ на стимуляцию [раздражение] одного глаза; **social** ~ социальная адаптация

accomplishment достижение

account 1. отчет, доклад, сообщение **2.** мнение, отзыв, оценка **3.** причина, обоснование **4.** значение, важность // **1.** объяснять **2.** считать, признавать **3.** нести ответственность, отчитываться

accretion 1. *биол.* органический рост **2.** срастание, сращение

acculturation 1. социализация **2.** усвоение культуры

accumulation аккумулирование, накопление, накапливание

accuracy точность, правильность, тщательность; **communication** ~ точность коммуникации; **instrument reading** ~ точность считывания показаний приборов; **stereotype** ~ «точность» стереотипа; **verbal** ~ точная передача каждого слова

accurate точный, правильный, тщательный

accurateness точность, правильность, безошибочность

accustomization привыкание [приспособляемость, адаптация] организма (к необычным условиям)

acenesthesia агнозия собственного тела

acephaly ацефалия

achieve 1. достигать, добиваться **2.** успешно выполнять

achievement 1. достижение, успех **2.** выполнение; **academic [scho-**

lastic, educational] ~ школьные успехи, успехи в учебе; **improbable** ~ невероятное достижение

achromatic 1. *опт.* ахроматический **2.** *мед.* страдающий дальтонизмом **3.** бесцветный, лишенный окраски

achromatop(s)ia *зр.* ахроматопсия, цветовая слепота

acmaesthesia акместезия (нарушение осязания)

acoasm акоазм (слуховая галлюцинация)

acoenaesthesia *см.* **acenesthesia**

acoria акория (чувство голода, не проходящее при приеме пищи)

acoumeter акуметр, аудиометр (прибор для измерения остроты слуха)

acousma *см.* **acoasm**

acoustic акустический, звуковой, слуховой

acoustics 1. *pl.* акустика, акустические свойства сооружения **2.** *sing.* акустика

acquire 1. приобретать **2.** достигать, овладевать (навыком и т.п.)

acquired приобретенный

acquisition приобретение, научение

acquisitive жадно впитывающий, стремящийся приобрести

acquisitiveness жажда приобретения, жадность

acroaesthesia акроэстезия (повышенная болевая чувствительность)

acromegaly акромегалия

acromicria акромикрия; **congenital** ~ врожденная акромикрия, монголизм

acroparesthesia акропарестезия

acrophobia акрофобия (страх высоты)

act поступок, акт, действие // действовать, поступать, вести себя; **complex reflex** ~ сложнорефлекторный акт; **faulty** ~ упущение;

impulsive ~ импульсивный акт; **symptomatic** ~ симптоматический акт (по З.Фрейду); **volitional** ~ произвольный [преднамеренный] акт; **voluntary** ~ добровольный [произвольный] акт; **unconscious** ~ бессознательный поступок; ~ **of attention** акт внимания

acting out отреагирование (сходным образом на новую ситуацию, символически репрезентирующую старую ситуацию)

action 1. действие, работа, деятельность **2.** воздействие, влияние; **biological** ~ биологическое действие; **conditioned stimulus** ~ действие условного [условнорефлекторного] раздражителя [стимула]; **corrective** ~ корректирующее действие; **delayed** ~ замедленное действие [реакция]; **deleterious** ~ вредное [болезненное, повреждающее, нарушающее] действие; **enforcement** ~ принудительное действие; **gross bodily** ~ действие, в котором принимает участие большая часть (мышц) тела; **internal** ~ внутреннее воздействие; **light** ~ действие света; **mass** ~ общая активность; **muscular** ~ мышечное действие [работа, сокращение]; **physiological** ~ физиологическое действие; **protective** ~ защитное действие; **purposive** ~ поступок, преследующий определенную цель; **reflex** ~ рефлекторное действие, непроизвольный ответ; **sedative** ~ седативное [успокаивающее] действие; **serial** ~ сериальное поведение; **single** ~ одиночная реакция; **social** ~ коллективное усилие [действие]; **spontaneous** ~ спонтанное [непроизвольное] действие; **stimulus-response** ~ действие по типу «раздражитель – реакция»; **systemic** ~ действие на (весь) организм, общее действие; **tropistic** ~ тропизм, направленный ответ организма на определенные внешние воздействия; **vital** ~ жизненно важное действие; **voluntary** ~ произвольное [преднамеренное] действие

activation активация

active 1. деятельный, энергичный **2.** действенный, эффективный **3.** действующий

activism принцип активности (в том числе в обучении)

activity деятельность, активность, работа; **autonomic** ~ автономная деятельность (какого-л. нервного или нервно-мышечного образования); **central nervous (system)** ~ деятельность [активность] центральной нервной системы; **controlled** ~ дозированная [контролируемая] нагрузка [работа]; **cortical** ~ корковая деятельность [активность], деятельность [активность] коры головного мозга; **defence** ~ защитный механизм; **disordered** ~ нарушенная деятельность (к.-л. органа); **diurnal** ~ суточная активность; **environmental** ~ воздействие окружающей среды; **extracurricular** ~ внеаудиторная деятельность; **heavy** ~ тяжелая работа; **higher nervous** ~ высшая нервная деятельность; **learning** ~ научение; деятельность, связанная с научением; **life** ~ жизнедеятельность; **light** ~ легкая работа; **manual** ~ ручная работа; **mass** ~ см. **mass action**; **means** ~ активность по обнаружению средств для достижения цели; **mental** ~ умственная [психическая] деятельность [активность]; **metabolic** ~ обменная деятельность, метаболизм; **monitoring** ~ деятельность, связанная с процессом управления; **motor** ~ двигательная [моторная] деятельность [активность]; **muscular** ~ мышечная работа [деятельность]; сокращение мышцы; **nervous** [**neural**] ~ нервная деятельность [активность]; **neuro-psychic** ~ нервно-психическая деятельность [активность]; **physical** ~ физическая деятельность [активность]; **piecemeal** ~ частичное воздействие; **play** ~ игровая деятельность [активность]; «**purposeless**» ~ нецеленаправленная [бесцельная] деятельность; **random** ~ недетерминированная деятельность [движение]; **redirection** ~ переадресованная активность; **reflex** ~ рефлекторная деятельность; **respiratory** ~ дыхательная деятельность [активность]; **rhythmic** ~ ритмическая деятельность [активность]; **sensomotor** ~ сенсомоторная деятельность [активность]; **sexual** ~ половая активность; **signal** ~ сигнальная деятельность; **specific** ~ **1.** удельная активность **2.** специфическая активность; **speech** ~ речевая деятельность [активность]; **surface** ~ поверхностная активность; **vasomotor** ~ вазомоторная [сосудодвигательная] деятельность; **vital** ~ жизнедеятельность; **voluntary** ~ произвольная деятельность

actor деятель; «актор» (по Т. Парсону)

actual подлинный, действительный, фактически существующий

actuarial вероятностный, статистический

acuesthesia см. **acmesthesia**

acuity острота (восприятия); **auditory** ~ острота слуха; **hearing** ~ острота слуха: **sensory** ~ сенсорная чувствительность; **visual** ~ острота зрения acumen проницательность, сообразительность, острота (ума)

acumeter аудиометр

acute 1. острый, тонкий 2. проницательный, сообразительный 3. пронзительный, высокий (о звуке) 4. сильный, резкий (об ощущениях)

adapt приспосабливаться, адаптироваться

adaptability приспособляемость, способность к адаптации

adaptable (легко) приспособляющийся [приспособляемый]

adaptation адаптация, приспособление; применение; auditory ~ слуховая адаптация; biological ~ биологическая адаптация; brightness ~ адаптация к яркости; chromatic [color] ~ хроматическая [цветовая] адаптация; darkness [dark] ~ адаптация (глаза) к темноте; developmental ~ адаптация в процессе развития; emotional ~ эмоциональная адаптация; light ~ световая адаптация, адаптация (глаза) к свету; negative ~ негативная адаптация; passive ~ пассивная адаптация; photopic ~ адаптация к яркости; physical ~ физическая адаптация; physiological ~ физиологическая адаптация; postural ~ постуральная адаптация; адаптация к позе; prospective ~ преднастройка; protective ~ защитная адаптация; psychological ~ психологическая адаптация; reality ~ объективированная адаптация; retinal ~ адаптация сетчатки (глаза); scotopic ~ см. darkness ~ ; sensory ~ сенсорная адаптация; social ~ социальная адаптация; vestibular ~ адаптация вестибулярного аппарата; visual ~ зрительная адаптация

adaption см. adaptation

adaptive адаптивный, приспособляющийся

adaptiveness адаптивность, приспособляемость; social ~ способность к социальной адаптации

adaptometer адаптометр

add 1. прибавлять, добавлять; присоединять 2. мат. складывать

addict предаваться чему-л. // наркоман; alcohol ~ алкоголик

addiction склонность к чему-л., пагубная привычка; наркомания: alcohol ~ алкоголизм, пьянство, запой; drug ~ наркомания

addition прибавление; добавление; сложение

adequacy соразмерность; достаточность; соответствие, адекватность; emotional ~ уверенность в себе; response ~ адекватность ответа

adequate достаточный; соответствующий, адекватный

adhesion 1. сцепление; связь 2. верность, преданность (принципам)

adhesiveness способность к ассоциированию

adience поведение, способствующее воздействию стимуляции

adjacency смежность

adjacent прилегающий, смежный, соседний; сопредельный

adjust приспосабливаться, адаптироваться

adjustable регулируемый, приспособляемый

adjusted точный; приспособленный; скорректированный

adjustment приспособление, приспособленность, адаптация, аккомодация; behavior ~ приспособление, адаптация (поведения); emotional ~ эмоциональная адаптация; interpersonal ~ межличностная адаптация; optimal psychological ~ оптимальная психологическая приспособленность [адаптация]; personal ~ индивидуальная приспособленность [адаптация]; **psychological** ~ психологическая приспособленность [адаптация]; **social** ~ социальная адаптация; **statistical** ~ коррекция; **vocational** ~ профессиональная пригодность [соответствие]; ~ **of observations** корректировка наблюдений; ~ **of measurements** корректировка измерений

administer 1. управлять, вести дела 2. применять, назначать (лекарство) 3. применять меры воздействия 4. оказывать помощь, снабжать

administration 1. управление, администрация 2. назначение или применение (лечения, тестов) 3. применение наказания

administrator администратор; управляющий; административное, должностное лицо

admiration восхищение, восторг

admire восхищаться, восторгаться, любоваться

admissible допустимый, приемлемый

admission 1. доступ 2. признание (чему-л.) правильным, действительным и т.п. 3. допущение

admit 1. признавать, допускать 2. принять; давать право на занятие должности; впускать, допускать 3. позволять

adolescence юность, подростковый возраст

adolescent юношеский, юный // юноша, девушка; подросток; **shut-in** ~ слишком замкнутый, ищущий уединения подросток

adoption усыновление; принятие; усвоение

adoration обожание, поклонение

adore обожать, поклоняться

adult взрослый, совершеннолетний, зрелый человек

adulthood совершеннолетие, зрелость, зрелый возраст

adultomorphism интерпретация поведения детей через нормы поведения взрослых

advanced передовой, успевающий, продвинутый

advancement продвижение, успех, прогресс

advantage преимущество; превосходство; **secondary** ~ вторичная выгода (в результате ухода в болезнь); **selective** ~ селективное преимущество, преимущество при отборе; ~ **by illness** уход в болезнь

advertise рекламировать; извещать, объявлять

advertisement объявление, реклама

advice 1. совет 2. консультация; **professional** ~ совет [консультация] специалиста

advisable 1. рекомендуемый, целесообразный, желательный 2. благоразумный

advise 1. советовать 2. консультировать 3. сообщать, извещать

adviser консультант

advocacy 1. пропаганда (к.-л. меры) 2. защита

aerophagia аэрофагия

aesthesigenic эстезиогенный

aesthesimeter эстезиометр; **hair** ~ волосковый эстезиометр

aesthete эстет

aesthetic эстетический

aesthetics эстетика

aestho-physiology физиология органов чувств

aetiology этиология

affect аффект, эмоциональная реакция // влиять, воздействовать; поражать болезнью; вредить; портить; **externally aroused** ~ внешне обусловленный аффект; **floating** ~ аффект без видимой причины, «свободно плавающий» аффект; **internally aroused** ~ внутренне обусловленный аффект

affectation 1. аффектация, жеманство 2. показная любовь
affect-charged аффектированный, сопровождаемый аффектом
affected 1. тронутый, пораженный болезнью, задетый 2. аффектированный, притворный, жеманный
affection 1. привязанность, любовь 2. болезнь, поражение; masked ~ показная привязанность (по В. Штекелю); Platonic ~ платоническая любовь; reciprocal ~ обоюдная [взаимная] привязанность; secondary ~ вторичное поражение [осложнение]
affective эмоциональный, аффективный
affectivity эмоциональность, аффективность
afferent НФЗЛ афферентный, центростремительный, центрипетальный; восходящий
affiliation 1. аффилиация 2. принадлежность; членство; group ~ принадлежность [привязанность] к группе; party ~ принадлежность к (какой-л.) партии
affinity родство, близость; genetic ~ филогенетическое родство
afterbrain анат. задний мозг
aftercontraction физиол. эффект последействия (при мышечном сокращении)
afterdischarge НФЗЛ последовательный разряд, последовательная реакция
aftereffect эффект последействия, последействие; figural ~ последействие фигуры (при восприятии фигуры и фона)
afterhearing последовательное слуховое ощущение
afterimage последовательный образ; последовательное зрительное ощущение; Hering ~ последовательный образ Геринга; memory ~ последовательный

образ; Purkinje ~ последовательный образ Пуркинье
afterpotential [aftercurrent] потенциал последействия
afterpressure последовательное ощущение давления (напр., после удаления инородного тела)
aftersensation последовательное ощущение, сохранение ощущения после прекращения действия возбудителя, следовое ощущение
aftersound последовательное слуховое ощущение
aftertaste последовательное вкусовое ощущение; вкусовой последовательный образ
aftervision последовательное зрительное ощущение
agapism учение, превозносящее любовь
age 1. возраст // определять возраст 2. период; эпоха 3. старость // стареть; изменяться во времени; accomplishment ~ см. achievement age; achievement ~ возрастные возможности; anatomical ~ анатомический возраст; attainment ~ см. achievement age; awkward ~ переходный возраст; base [basal] ~ базальный возраст (один из показателей применения тестов); bone ~ сопоставление возраста с нормальным ходом окостенения скелета; carpal ~ костный возраст; childbearing ~ детородный возраст; chronological ~ хронологический возраст; conceptual ~ возраст организма с момента зачатия; consent ~ совершеннолетие; copulation [insemination] ~ возраст с момента оплодотворения; dental ~ дентальный возраст; developmental ~ возрастное развитие; educational ~ возрастные школьные успехи; emotional ~ возрастное развитие эмоций; fertilization ~

см. **conceptual age; growth** ~ соответствие физических данных
возрасту; **height** ~ показатель
роста для определенного возрас-
та; **intelligence** ~ *см.* **mental age;
life** ~ хронологический возраст;
lunar ~ возраст в терминах лун-
ных месяцев (по 28 дней
каждый); **marriageable** ~ брачный
возраст; **mature** ~ зрелый возраст; **maximal** ~ максимальный
возраст (при применении тестов);
maximal growth ~ период уско-
ренного роста [развития]; **mental**
~ ментальный [умственный] возраст; **normal** ~ нормальный возраст (для определенного класса
школы); **old** ~ старость; **ontogenetic** ~ хронологический возраст;
organismic ~ интегративный возраст (по многим анатомо-физио-
логическим и психологическим
показателям); **ovulation** ~ возраст зародыша с момента оплодотворения; **physiological** ~ физиологический возраст; **reading**
~ оценка навыков чтения для
определенного возраста; **school**
~ школьный возраст; **sex** ~
половой возраст; **skeletal** ~ *см.*
carpal age; social ~ социальный
возраст; **talking** ~ возраст ребенка, начинающего говорить;
test ~ тестовый возраст; **true** ~
возраст организма с фактичес-
кого момента зарождения;
weight ~ показатель веса для
определенного возраста
aged 1. старый, пожилой **2.** достигший определенного возраста
ageing 1. созревание **2.** старение
ageism межвозрастная конкуренция (у детей)
agent 1. агент, возбудитель (напр.,
болезни) **2.** фактор; **causative** ~
причинный фактор; **excitatory** ~
стимул; **irritative** ~ раздражаю-

щий фактор; **physical** ~ физическое тело, физический агент
agenitalism отсутствие половых
органов
ageusia потеря вкуса
agglutination агглютинация, скле-
ивание
agglutinative агглютинативный
(язык)
aggravation ухудшение (напр.,
здоровья); аггравация
aggregate совокупность // скучен-
ный, сгруппированный; собранный; **social** ~ условная группа (по
признаку пространственной бли-
зости); **temporary** ~ временная
совокупность [группа] людей
aggregation 1. *социол.* масса, совокупность людей **2.** скопление
aggression 1. агрессия **2.** агрессивность; **antisocial** ~ антисоциальная агрессия; **displaced** ~ косвенная агрессия; **physical** ~ физическая агрессия; **self-oriented** ~
автоагрессия; **verbal** ~ вербальная [словесная] агрессия [агрес-
сивность]
aggressive 1. нападающий, агрессивный **2.** энергичный, напористый
aggressiveness 1. агрессивность **2.**
настойчивость, энергичность
aggressivity агрессивность
agitate волновать, возбуждать
agitation волнение, тревога, возбуждение, смятение, беспокойство
agitolalia ажитолалия (чрезмерно
ускоренная, невнятная речь)
agitophasia *см.* **agitolalia**
agnate родственный
agnation родство по отцу
agnosia агнозия (расстройство способности распознавания предметов
при помощи зрения, осязания или
на слух); **auditory** ~ слуховая
агнозия; **ideational** ~ семантическая агнозия; **verbal-audito-
ry** ~ словесная глухота [агнозия];

visual ~ оптическая агнозия; **visual-spatial** ~ потеря [нарушение, расстройство] способности ориентировки в пространстве

agnosticism агностицизм

agonist *анат.* агонистический мускул

agony 1. агония **2.** мучительная боль, страдание (душевное или физическое)

agoraphobia агорафобия (боязнь открытого пространства)

agrammatism аграмматизм, акатафазия

agraphia аграфия (потеря способности писать); **congenital** ~ врожденная аграфия

agreement 1. согласие **2.** соглашение, договор; **interobserver** ~ согласие [единодушие] в оценке нескольких наблюдателей

agrypnia *см.* ahypnia

ahypnia бессонница

aid 1. помощь **2.** *pl.* вспомогательные средства // помогать; **audio** ~ вспомогательные средства обучения по аудированию; **audio-visual** ~ наглядное пособие; **deaf** ~ слуховой аппарат; **hearing** ~ слуховой прибор; **social** ~ социальная [общественная] помощь; **training** ~ учебное пособие; **visual** ~ наглядное пособие

ail болеть; беспокоить, причинять боль

ailment болезнь, недомогание, нездоровье

aim цель, намерение, замысел // стремиться; **external** ~ внешняя цель (направленность на объект действия); **internal** ~ внутренняя цель (обусловливающая удовлетворение потребностей организма; **sex [sexual]** ~ сексуальная цель

aim-inhibited с вытесненным мотивом

aim-transference перенос цели

akinesia [akinesis] акинезия, обездвиженность

akinesthesia акинестезия, потеря [нарушение] способности ощущать собственные движения

akoasm *см.* acoasm

alalia алалия, потеря способности говорить; расстройство речевой артикуляции, неспособность к членораздельной речи; **relative** ~ относительная [психическая] алалия

alacrity живость, готовность, рвение

alarm 1. тревога, сигнал **2.** смятение, страх // встревожить, взволновать

alarmist паникер

albedo *физ.* альбедо

albinism альбинизм (отсутствие нормальной пигментации)

albino альбинос

alcoholic алкоголик, пьяница // алкогольный, алкоголический

alcoholism алкоголизм; пьянство

alert 1. бдительный, настороженный **2.** живой, проворный

alertness 1. бдительность, настороженность **2.** проворство

alexia алексия, словесная слепота, потеря способности читать

algedonic связанный со страданием и радостью

algesia альгезия, гиперестезия, повышенная болевая чувствительность

algesic причиняющий боль; болезненный

algesimeter альгезиметр

algesiometer *см.* algesimeter

algesis *см.* algesia

algesthesis болезненное ощущение, болевая чувствительность

algetic причиняющий боль; болезненный

algolagnia альголагния (мазохизм или садизм)

algometer *см.* algesimeter

algophilia альгофилия, удовольствие от боли

algophobia альгофобия, боязнь боли

alienation 1. умственное [психическое] расстройство 2. отчуждение, отдаление; mental ~ умственное [психическое] расстройство

alienator психиатр

alienism психиатрия

alienist психиатр

aliment пища, питание

alimentary пищевой; пищеварительный; питательный; алиментарный

allegiance верность, лояльность, преданность

allergy аллергия

allesthesia аллестезия (смещение тактильной чувствительности)

alley проход; blind ~ тупик

alliance 1. союз 2. брачный союз 3. родство

allness сем. всеобщность, универсальность

alloch(e)iria, [allochesthesia] аллохирия (ошибочная субъективная локализация раздражителя на противоположной стороне)

alloerotism аллоэротизм

allomorphs лингв. алломорфы

allophemy лингв. гетерофемия

allophone лингв. аллофон

alloplasty психоан. аллотрансплантация

allopsychic аллопсихический

allopsychosis аллопсихический бред

allorhythmia аллоритмия, ненормальный ритм (пульса, сердца)

allowance 1. допущение, дозволение; допуск, допускаемые отступления в размерах 2. порция, рацион, паек; стипендия

alogia алогия

aloofness отчужденность, равнодушие

alphabet алфавит, азбука; manual ~ ручной алфавит

alter изменять(ся), менять(ся), заменять, кастрировать // другой как личность

alteration изменение, перемена, перестройка (в деятельности органзма)

alter ego второе «я», самый близкий друг и единомышленник

alternate чередоваться, сменяться, перемежаться // чередующийся, очередной, переменный, вариантный // вариант

alternating попеременно действующий, альтерирующий // вариант, альтернатива

alternation перемена, изменение, смена, чередование; полупериод; ~ of generation смена [чередование] поколений

alternative альтернатива; precision ~ уточненный ответ (по Г. Роршаху)

altitude высота; ~ of intelligence интеллектуальный уровень

altrigendrism дружеские отношения между лицами, принадлежащими к разным полам, лишенные сексуального компонента

altruism альтруизм

altruist альтруист

altruistic альтруистический

amalgamation слияние, смешение; соединение

amateur любитель, дилетант

amateurish непрофессиональный, дилетантский

amaurosis слепота, амавроз (без видимых нарушений со стороны сетчатки и зрительного нерва); ~ fugax временное выключение зрения [сознания], «черная пелена» перед глазами, появление «черной пелены»

amaurotic амавротический

ambidexter амбидекстр (владеющий одинаково свободно обеими руками)

ambidextrality, ambidexterity амбидекстрия (одинаковое владение обеими руками)

ambiequal амбитендентный (по Г. Роршаху)

ambiguity [ambiguousness] неясность, двусмысленность, неопределенность

ambiguous неясный, двусмысленный

ambilateral амбилатеральный [двулатеральный]

ambisexual двуполый

ambition 1. честолюбие, амбиция **2.** стремление, цель

ambitious 1. честолюбивый **2.** претенциозный

ambivalence [ambivalency] 1. амбивалентность, двухвалентность **2.** склонность к резко противоположным эмоциям (любовь и ненависть)

ambiversion амбиверсия (равновесие между экстраверсией и интроверсией)

ambivert амбиверт // амбивертный

amblyopia амблиопия, слабость зрения, неясное зрение

amblyoscope амблиоскоп

ambrosaic амброзиевый, восхитительный, благоухающий (запах)

amenable 1. послушный, подчиняющийся, поддающийся **2.** пригодный

ament слабоумный

amentia аменция, слабоумие; аментивный синдром; **isolation** ~ слабоумие, обусловленное изоляцией в ранний период жизни; **phenylpyruvic** ~ фенилкетонурия (слабоумие, обусловленное недостатком одного из энзимов); **primary** ~ первичная аменция

ametrometer аметрометр

ametropia аметропия, дефект рефракции зрения

amimia амимия

amixia амиксия, перекрестная стерильность

ammeter амперметр

amnesia амнезия, потеря [ослабление] памяти; **anterograde** ~ антероградная амнезия; **autohypnotic** ~ автогипнотическая амнезия; **catathymic** ~ кататимическая амнезия (на строго определенные ситуации или события); **circumscribed** ~ психогенная амнезия; **congrade** ~ конградная амнезия; **episodic** ~ амнезия на эмоционально значимые события; **hypnotic** ~ забывание под влиянием гипнотического внушения; **infantile** ~ *психоан.* амнезия событий раннего детства; **localized** ~ лакунарная амнезия: **posthypnotic** ~ постгипнотическая амнезия; **retrograde [retroactive]** ретроградная амнезия; **temporary** ~ временная амнезия; **visual** ~ зрительная амнезия

amnes(t)ic страдающий потерей памяти

amniotic амниотический

amok [amuck] амок, безумие с наклонностью к убийству

amorality аморальность, безнравственность

amourous 1. влюбчивый **2.** влюбленный **3.** половой

amount количество, величина, сумма, итог// простираться, доходить; **total** ~ общая сумма; ~ **of error** величина погрешности; ~ **of information** количество информации

amphimixis 1. амфимиксис, обычный тип полового процесса **2.** скрещивание

amplification усложнение, увеличение, усиление; **adaptive** ~адаптивное усложнение [увеличение, усиление] (структуры или функции)

amplitude амплитуда, размах; **accomodation** ~ объем [диапазон, амплитуда] аккомодации (глаза), ширина аккомодации; **response** ~ интенсивность реакции; **wave** ~ амплитуда волны; ~ **of accomodation** *см.* **accomodation amplitude**; ~ **of galvanic skin response [GSR]** амплитуда кожногальванического рефлекса [КГР]; ~ **of oscillation** амплитуда колебания
amputation ампутация; ~ **of personality** нивелирование личности
amuck *см.* **amok**
amusia амузия
amyosthasia мышечное дрожание
amytal амитал (препарат, оказывающий седативное и гипнотическое действие)
anabolism анаболизм
anaclisis эмоциональная зависимость, необходимость в эмоциональной поддержке
anacusia полная глухота
anaesthesia 1. обезболивание 2. потеря чувствительности 3. половая анестезия; **sexual** ~ фригидность, половая холодность, пониженное половое влечение
anaesthetic обезболивающий, анестезирующий
anaglyph анаглифный метод (для получения стереоскопического изображения)
anaglyptoscope [anaglyphoscope] анаглиптоскоп (прибор, демонстрирующий роль теней в восприятии перспективы)
anagogic анагогический
analeptic аналептик, стимулятор, возбуждающее лекарственное средство
analgesia [analgia, analgesthesia] 1. обезболивание 2. нечувствительность к боли
analog аналог; **libido** ~ аналог либидо

analogous аналогичный, сходный
analogue 1. *лог.* аналог 2. разные по происхождению и структуре органы с идентичными функциями
analogy 1. аналогия, сходство 2. выявление сходства; **organic** ~ *идеал. филос.* понятие об обществе как об организме, аналогичном биологическому
analysant больной, подвергающийся психоанализу
analysator 1. анализатор 2. лицо, производящее анализ
analyser анализатор
analysis 1. *лог.* анализ, исследование [метод] анализа 2. *грам.* разбор, функциональный анализ 3. психоанализ 4. аналитическая психология; **active** ~ активный психоанализ; **activity** ~ анализ деятельности (на операционном уровне); **aspective** ~ установление особенностей психики, характерных для определенной культуры или этнической группы; **antecedent-to-response** ~ анализ последовательности: предшествующие условия − гипотетические промежуточные переменные − ответ; **basal** ~ исследование основного обмена (веществ); **blind** ~ анализ анонимного теста; **character** ~ характерология; **child** ~ процедура психоанализа, разработанная для детей; **cluster** ~ кластер-анализ, образование групп (на разных основаниях); **content** ~ контент-анализ; **criterion** ~ 1. анализ критериев 2. критериальный анализ; **deep [depth]** ~ глубинный анализ, психоанализ; **differential** ~ дифференциальный анализ (способностей); **dream** ~ анализ сновидений; **ecco** ~ *теор. коммун.* анализ коммуникативной структуры организации; **ego** ~ *психоан.* эго-

-анализ; **existential** ~ экзистенциальный анализ; **factor** ~ факторный анализ; **frequency** ~ частотный анализ; **functional** ~ функциональный анализ; **gradient** ~ градиентный анализ; **graphic** ~ графический анализ; **group** ~ социально-психологический анализ группы; **harmonic** ~ гармонический анализ; **interaction process** ~ анализ внутригруппового взаимодействия; **inverse factor** ~ Q-техника (факторного анализа); **inverted factor** ~ см. **inverse factor** ~; **item** ~ анализ валидности вопроса (теста); **job** ~ анализ трудовой [профессиональной] деятельности; **Jungian** ~ юнговский анализ; **latent class** ~ анализ латентного класса (по П. Лазерсфельду); **latent structure** ~ анализ латентной структуры (по П.Лазерсфельду); **link** ~ *инж. псих.* разработка [проектирование] эффективных связей системы; **means-end** ~ анализ целей и средств; **mental** ~ 1. анализ (как метод) 2. анализ психики 3. психоанализ; **multivariate** ~ мультивариантный анализ; **occupational** ~ см. **job analysis**; **operational** ~ *теор. коммун.* операционный анализ; **passive** ~ пассивный психоанализ; **pattern** ~ модельный анализ; **personal document** ~ анализ личных документов (дневников, писем, литературных произведений); **personal structure** ~ анализ структуры личности; **phonetic** ~ фонетический [звуковой] анализ; **probit** ~ *стат.* пробит-анализ; **profile** ~ профильный анализ; **propaganda** ~ анализ [изучение] эффективности пропаганды; **proximate** ~ приближенный анализ; **qualitative** ~ качественный анализ;

quantitative ~ количественный анализ; **recombination** ~ рекомбинационный анализ; **reductive** ~ упрощающий анализ; **regression** ~ *стат.* регрессионный анализ; **scalar** ~ скалярный анализ; **scale** ~ определение шкалируемости (по Л. Гутману); **scatter** ~ изучение разброса; **sequential** ~ последовательный анализ; **situational** ~ изучение поведения в естественных условиях; **social-interaction** ~ изучение социальной интеракции; **spectral** ~ спектральный анализ; **spectrochemical** ~ спектральный анализ; **system** ~ *инж. псих.* системный анализ; **tetrad** ~ тетрадный анализ; **transactional** ~ трансактный анализ; **transduction** ~ трансдукционный анализ; **trend** ~ анализ тенденций изменения; **tuitional** ~ обучающий психоанализ; **value** ~ анализ ценностей (как разновидность контент-анализа); ~ **of covariance** анализ ковариантности; ~ **of variance** дисперсионный анализ, анализ варансы

analyst 1. аналитик 2. психоаналитик (специалист по психоанализу); **lay** ~ недипломированный психоаналитик

analytic(al) аналитический

analyzer анализатор; **auditory** ~ слуховой анализатор; **motor** ~ двигательный анализатор; **motor-kinesthetic** ~ двигательно-кинестетический анализатор; **set** ~ комплект измерительных [контрольных] приборов; **skin** ~ кожный анализатор; **sound** ~ звуковой анализатор; **tridimentional** ~ трехмерный анализатор

anamnesis 1. анамнез 2. припоминание, память

anancastia 1. навязчивость, навязчивая идея 2. ананкастическая личность

anaphia анафия (отсутствие тактильного ощущения)

anaphrodisiac успокаивающий половое возбуждение

anaphylaxis анафилаксия, повышенная чувствительность; **psychotic** ~ психотическая анафилаксия (гиперсензитивность к определенным переживаниям, обусловленная прошлым опытом)

anarthria анартрия

anatomy 1. анатомия (как наука) 2. анатомия, строение, структура 3. анатомирование, вскрытие 4. детальный анализ, подробное рассмотрение

anchor связывать, соотносить, «якорить», «заякорить»

anchorage 1. стандарт, эталон, установка, образец 2. то, к чему относится и с чем может быть соотнесено

anchoring соотнесение, «якорение»; **perceptual** ~ установка в восприятии, соотнесение с восприятием; **social** ~ социально обусловленное восприятие или суждение; ~ **of ego** эмоциональная (приводящая к удовлетворению) идентификация «я»

ancillary подчиненный, вспомогательный, подсобный

androgen андроген (гормон)

androgynous гермафродитный, соединяющий в себе свойства мужского и женского пола, женоподобный

androgyny андрогинизм

andromania нимфомания

anechoic характеризующийся отсутствием отражения звука

anemia анемия, аглобулия, олиглобулия

anemotropism анемотропизм

anencephalia [anencephaly] аненцефалия

aneneia глухо-немота

anergasia потеря функциональной активности

anergia [anergy] анергия, отсутствие энергии, вялость, инертность

anesthesia [anaesthesia, anesthesis] анестезия, обезболивание

anesthetic анестезирующее средство; наркотик // обезболивающий, анестезирующий

anger гнев // вызывать гнев, сердить, раздражать

angioscotoma ангиоскотома (дефект поля зрения в виде полоски)

angiospasm ангиоспазм, сосудистый спазм

angle 1. угол 2. точка зрения, подход; **facial** ~ лицевой угол; **optic** ~ угол зрения; **refraction** ~ угол преломления; **viewing** ~ угол рассматривания; **visual** ~ угол зрения; ~ **of displacement** угол смещения; ~ **of reflection** *опт.* угол отражения

angry разгневанный, сердитый, раздраженный

anguish мука, боль

angular угловой

angular gyrus *анат.* ангулярная извилина, угловая извилина

anhedonia эмоциональная анестезия

aniconia безобразность

anile 1. старушечий 2. слабоумный

anility 1. старость, дряхлость 2. старческое слабоумие

anima 1. душа 2. анима (по К.Юнгу)

animal животное // животный; **backboned** ~ позвоночное животное; **control** ~ контрольное животное (в эксперименте); **experimental** ~ экспериментальное [подопытное] животное; **laboratory** ~ экспериментальное [подопытное] животное; **naive** ~ животное, не использовавшееся ранее в опытах (по выработке рефлексов); **spinal** ~ спинальное животное; **test** ~ *см.* **experimental animal; trained** ~ обученное животное; **wild** ~ дикое животное

animalism чувственность

animate воодушевлять // живой, (во)одушевленный; оживленный

animation (во)одушевление, живость; оживление; **suspended** ~ бесчувствие, временное прекращение жизненных функций

animatism [animism] анимизм

animosity враждебность, злоба, вражда

animus предубеждение, враждебность

aniseikonia анизейкония

anisokoria анизокория (неравенство зрачков)

anisometropia анизометропия

anisotropy анизотропия (изменение видимой длины линии при переходе от вертикального к горизонтальному положению)

Anlage *нем.* задатки

annoy раздражать, надоедать, беспокоить

annoyance 1. неприятность, раздражение, досада 2. психологический эффект от сильного и длительного шума; **equal** ~ одинаково неприятное воздействие [влияние, фактор]

annoyed раздраженный

annoyer утомляющий [нервирующий] стимул

annulment аннулирование (эмоционально неприемлемого стимула в психоанализе)

anodyne болеутоляющее средство

anoesia слабоумие

anoetic не связанный с осознанием, не опирающийся на знание объективной действительности

anoia слабоумие

anomaloscope аномалоскоп

anomalous аномальный, ненормальный, неправильный

anomaly 1. аномалия, ненормальность, отклонение от нормы 2. непоследовательность (в поступках, поведении), парадоксальность; **color** ~ цветовая аномалия; **developmental** ~ порок развития; **sex [sexual]** ~ 1. половая аномалия [извращение] 2. патология половых органов

anomia аномия, номинативная афазия

anomy анизотропия, диффузность, аструктурность

anonymity анонимность; ~ **of judgements** анонимность суждений

anopia анопия, слепота

anorexia анорексия, отсутствие [потеря] аппетита

anorthopia анортопия (видение объектов деформированными)

anosmia аносмия, отсутствие [потеря] обоняния

anosognosia анозогнозия, отсутствие осознания болезни

anosphresia аносмия, потеря обоняния

anoxia [anoxemia] аноксия

Anregung *нем.* побуждение, стимул

Anschauung *нем.* созерцание

answer ответ // отвечать; **egocentric** ~ эгоцентрический ответ

antagonism антагонизм; **racial** ~ расовый антагонизм

antagonistic антагонистический, противодействующий

antalgesic болеутоляющее средство // болеутоляющий, анальгезирующий

antecedent предшествующее, предыдущее // *лог.* предпосылка в силлогизме; **necessary** ~ *лог.* необходимая посылка

antedating антиципирующий, предвосхищающий

anterior 1. передний **2.** предшествующий

anterograde антероградный

anthropocentrism антропоцентризм (представление о человеке как о центре вселенной)

anthropoid антропоид, человекообразная обезьяна

Anthropoidea *pl.* антропоиды

anthopology антропология; **cultural** ~ культурная антропология; **physical** ~ физическая антропология (изучение физических [антропометрических] характеристик); **psychological** ~ палеопсихология; **social** ~ культурная антропология

anthropometric антропометрический

anthropometry антропометрия

antropomorphism антропоморфизм

anthroponomy бихевиоризм (по В.Хантеру)

anthropopathy антропоморфизм

antropophobia антропофобия

anticathexis *психоан.* аникатексис

anticipation антиципация, предвосхищение

anti-intellectualism анти-интеллектуализм

antinomy *лог.* антиномия, противоречие, парадокс

antipathy 1. глубокая антипатия **2.** предмет [объект] антипатии [отвращения]

antirrheoscope антиреоскоп (устройство для изучения иллюзий и последовательных образов)

antisocial 1. антиобщественный, антисоциальный **2.** необщительный

antonym *лингв.* антоним

Antrieb *нем.* побуждение, импульс

anxiety тревожность, беспокойство, страх; **castration** ~ *психоан.* страх перед кастрацией; **ego** ~ эго-тревожность; **erotized** ~ тревожность, обусловленная стремлением к риску; **free-floating** ~ недетерминированная [«свободно плавающая»] тревожность; **instinctual** ~ страх перед собственными инстинктами; **manifest** ~ *психоан.* явная тревожность; **neurotic** ~ невротически обусловленная тревожность; **objective** ~ объективно обусловленная тревожность; **organic** ~ тревожность, обусловленная органическими нарушениями; **primal** ~ *психоан.* коренная тревога; **real** ~ объективная тревожность; **separation** ~ *психоан.* страх потерять мать или человека, ее заменяющего; **sustained** ~ продолжительное [продолжающееся] состояние беспокойства [тревожности]; **tense** ~ нервное напряжение; **test** ~ тревожность, вызванная тестовой ситуацией

anxious тревожный, беспокойный; стремящийся (к чему-л.)

anypnia бессонница

apagoge *лог.* апагогическое доказательство путем сведения аргумента к абсурду

apathetic апатичный

apathy апатия, безразличие, равнодушие, вялость

ape человекообразная обезьяна

aphasia афазия, потеря речи; **ataxic** ~ моторная афазия; **auditory** ~ слуховая афазия; **cortical** ~ тотальная афазия; **expressive-receptive** ~ тотальная афазия; **global** ~ тотальная афазия; **impressive** ~ сенсорная афазия; **motor** ~ моторная афазия; **nominal** ~ номинальная афазия; **partial** ~ парафазия, парциальная афазия; **receptive** ~ сенсорная афазия; **semantic** ~ семантическая афазия; **sensory** ~ сенсорная афазия; **syntactic(al)** ~ аграмматизм, акатафазия; **verbal** ~ вербальная афазия; **visual** ~ алексия

aphemia потеря речи

aphony [aphonia] афония, потеря голоса

aphoria афория (органическая слабость как признак невроза по Р.Жане)

aphrasia афразия

aphrenia слабоумие; бессознательное состояние

aphrodisia афродизия, половое возбуждение

aphrodisiac усиливающий половое возбуждение // средство, усиливающее половое возбуждение

aphthongia афтонгия (разновидность моторной афазии)

aplasia аплазия

Apollonian относящийся к Аполлону; подобный Аполлону

apopathetic апопатетический (о поведении, видоизмененном под влиянием других людей, но не направленном на них)

aposteriori 1. апостериори, эмпирически, из опыта, по опыту 2. апостериорный, основанный на опыте

apostile *опт.* апостиль (единица интенсивности света)

apparatus орган, система живого организма; прибор, аппарат, установка; **jumping** ~ аппарат для изучения различения животными цвета, формы и т.д. (в котором в качестве фиксируемой реакции используется прыжок животного на один из участков платформы); **memory** ~ мнемометр; **sound conducting** ~ звукопроводящая часть органа слуха; **sound perceiving** ~ центральная часть органа слуха, воспринимающая звук; **vestibular** ~ вестибулярный аппарат; **vocal** ~ речевой аппарат

appeal 1. призыв 2. притягательность, привлекательность // 1. апеллировать, обращаться, прибегать 2. привлекать; **sex** ~ половое влечение; **short-circuit** ~ прямой вызов

appearance наружность, внешний вид; видимость; проявление; появление; **external** ~ внешний вид; **gross** ~ *анат.* макроскопическая картина; **physical** ~ физическое свойство [проявление]; **X-ray** ~ рентгенологическая картина

appeasable покладистый, сговорчивый

appeasement 1. умиротворение 2. утоление (голода и т.п.); облегчение (боли и т.п.)

apperception апперцепция; осознанное восприятие; восприятие в зависимости от предшествующего опыта; **tendentious** ~ аутизм (по А. Адлеру)

apperceptive относящийся к осознанному восприятию

appersonation [appersonification] деперсонификация (мания приписывать себе черты другого человека)

appetence влечение (особ. половое)

appetency 1. естественное желание; инстинктивное стремление 2. = **appetence**

appetite аппетит; склонность; **sexual** ~ половое влечение

appetitive 1. имеющий аппетит 2. охваченный желанием, стремлением (к чему-л.), аппетитивный 3. возбуждающий аппетит

appliance приспособление, устройство, прибор

applicant кандидат, абитуриент, претендент; **selected** ~ отобранный кандидат; **suitable** ~ подходящий [соответствующий требованиям] кандидат

application 1. заявление, просьба

2. применение, применимость 3. прикладывание, употребление 4. прилежание, рвение

apply 1. обращаться (за работой, помощью, справкой, разрешением и т.п.) **2.** прилагать, прикладывать, применять **3.** касаться

appoint 1. назначать, определять **2.** устраивать, приводить в порядок

appointee лицо, получающее назначение

appointment 1. назначение, определение на должность **2.** должность, место

appraisal оценка; **temperament ~** оценка [определение] темперамента [характера]; **~ of behavior** оценка особенностей поведения

appraise оценивать, расценивать

appraisement оценка

appreciable 1. поддающийся оценке **2.** заметный, ощутимый

appreciate 1. оценивать, ценить, понимать **2.** ощущать, различать

appreciation оценка

apprehend 1. понимать, осознавать **2.** предчувствовать (что-л. нехорошее), ожидать (несчастья), опасаться

apprehensible понятный, постижимый

apprehension 1. способность понимать [схватывать], понимание **2.** представление, понятие **3.** мрачное предчувствие; **direct ~** непосредственное восприятие

apprehensive 1. понятливый, сообразительный **2.** воспринимающий **3.** полный страха, ждущий несчастья

apprehensiveness чувство страха, опасения

apprentice ученик, подмастерье

apprenticeship ученичество

approach подход (к изучению чему-л.); приближение // подходить; **analogy ~** подход (к решению) методом аналогии; **analytic ~** аналитический подход; **child-centered ~** подход, ориентированный на ребенка [центрированный на ребенке]; **conceptual ~** понятийный подход; **cross-cultural ~** кросс-культурный подход; **deductive ~** дедуктивный подход; **developmental ~** эволюционный подход; **dialectical ~** диалектический подход; **empirical ~** эмпирический подход; **inductive ~** индуктивный подход; **logical ~** логический подход; **matrix ~** матричный подход; **personality-theory ~** подход с точки зрения теории личности; **psychoanalytic ~** психоаналитический подход; **rational ~** рациональный подход; **semantic ~** семантический подход (к обучению правильному употреблению слов); **sociological ~** социологический подход

appropriate подходящий, соответствующий // **1.** присваивать, предназначать

appropriateness адекватность; соответствие; **~ of affect** адекватность аффекта ситуации

approval 1. одобрение, утверждение **2.** рассмотрение

approve 1. одобрять **2.** утверждать **3.** показывать, проявлять

approximate приблизительный, близкий // **1.** приближать(ся); почти соответствовать **2.** приблизительно равняться

approximately приблизительно, приближенно, почти

approximation приближение, приблизительная точность [адекватность, тождественность], приблизительное соответствие

approximation-and-correction научение методом проб и ошибок

appurtenance *гештальтпсих.* взаимное влияние элементов в поле восприятия

apraxia апраксия, нарушение целенаправленности действий; **amnestic** ~ конструктивная апраксия (неспособность действовать по команде); **ideational** ~ идеаторная апраксия; **ideokinetic** ~ идеокинетическая [идеомоторная] апраксия; **motor** ~ моторная апраксия; **sensory** ~ идеаторная апраксия

a priori *лат.* априори, до опыта, заранее // априорный, доопытный, предположительный

aprosexia апрозексия (невозможность сосредоточить внимание)

apselaphesia апселяфезия (дезорганизация осязания)

apt 1. подходящий **2.** склонный, подверженный **3.** способный (к чему-л.)

aptitude склонность, способность, пригодность; **academic [scholastic]** ~ способность [склонность] к учебе; **clerical** ~s канцелярские способности; **general** ~ общие склонности; **inborn** ~ природные способности [склонности]; **mechanical** ~ механические способности [склонности]; **role** ~ способность выполнять определенную роль [функцию]; **scholastic** ~ *см.* **academic aptitude; special** ~ специальная склонность [способность]; **vocational** ~ профессиональная склонность [пригодность]

aqueduct *анат.* канал, труба, проток; **cerebral** ~ мозговой [сильвиев] водопровод; ~ **of Sylvius** сильвиев водопровод

arbitrary произвольный

arc(h) *НФЗЛ* дуга; **nervous [neural]** ~ нервная дуга; **reaction** ~ нервная дуга; **reflex** ~ рефлекторная дуга; **sensorimotor** ~ сенсомоторная дуга

archaic архаический

archetype архетип (по К. Юнгу)

architectonic структурный, относящийся к систематизации науки

area область, район, зона, ареал; **aphasia** ~ афазиогенная область [зона]; **association** ~ассоциативное поле [зона, область]; **auditory projection** ~ слуховая проективная область; **Broca's** ~ левая нижняя извилина лобной доли головного мозга, «центр речи»; **Brodmann's** ~ **18** *анат.* поле 18 по Бродману; **cortical** ~поле коры головного мозга; **cultural [culture]** ~ культурный ареал; **delinquency** ~ район высокой преступности несовершеннолетних; **motor** ~ двигательная зона [область] головного мозга; **olfactory** ~ обонятельная область мозга; **projection** ~ сенсорная зона; **sectional** ~ площадь поперечного сечения; **sensory (projection)** ~ сенсорная зона; **somesthetic** ~область коры головного мозга, где оканчиваются аксоны общей чувствительности (двигательного анализатора); **suppressive** ~ тормозная зона; **taste** ~ зона восприятия вкусовых ощущений в коре головного мозга; **Wernicke's** ~ центр речи; ~ **of intelligence** графическое выражение уровня интеллекта (по Е.Торндайку)

areal региональный, пространственный

argot арго, жаргон

argument 1. довод, доказательство, аргумент **2.** *лог.* средний термин силлогизма **3.** *мат.* аргумент, независимая переменная; **inconsequent** ~нелогичный довод; **indecisive** ~ недостаточно убедительный довод; **sound** ~ обоснованный аргумент

argumentative 1. любящий спорить **2.** спорный, дискуссионный

argument-completion метод незаконченного сюжета

armor; character ~ психологическая защита (по В.Райху)

aromatic ароматический

arousal активация, «эраузл», активность [тонус, возбуждение *ЦНС*]; «реакция пробуждения» // пробуждающий, активизирующий; **affective** ~ аффективная активация [активность, тонус *ЦНС*]; **autonomic** ~ активация [возбуждение] автономной нервной системы; **deprivation-engendered** ~ активация [активность], вызванная депривацией; **drive** ~ стимуляция драйва; **electroencephalographic** ~ электроэнцефалографическое проявление активации [«эраузла», активности *ЦНС*, «пробуждения»]; **emotional** ~ активация [«эраузл», «пробуждение», активность *ЦНС*] под влиянием эмоций; **frustration-engendered** ~ активация [активность], вызванная фрустрацией; **general** ~ общая активация [активность, тонус *ЦНС*]; **high [intense]** ~ состояние высокой [повышенной] активации [«эраузла», тонуса, активности *ЦНС*]; **low** ~ состояние низкой [пониженной] активации [«эраузла», тонуса, активности *ЦНС*]; **physiological** ~ физиологический тонус [активность], физиологическое проявление активации; **produced** ~ вызванная активация [«эраузл», активность *ЦНС*]

arouse возбуждать, будить, пробуждать, активизировать (*ЦНС*)

arrange 1. приводить в порядок, устраивать(ся) 2. классифицировать, располагать 3. условливаться, договариваться 4. приспособлять

arrangement 1. устройство, приведение в порядок 2. расположение, классификация; **spatial** ~ пространственное расположение; ~**of neurosis** организация невроза (по А.Адлеру)

array 1. *стат.* упорядоченная (возрастающая или убывающая) последовательность [расположение] (элементов в выборке) 2. порядок, ряд; ~ **of signals** ряд [последовательность] сигналов [раздражителей]

arrest остановка, задержка // задерживать, останавливать, тормозить; выключать; **cardiac** ~ остановка сердца, задержка очередного сердечного сокращения; **total** ~ полная заторможенность [оцепенение]; ~ **of [in] development** остановка в развитии

arresting привлекающий внимание, поражающий // привлечение внимания; **attention** ~ приковывание [фиксация, привлечение] внимания

arrhythmia аритмия; расстройство ритма сердечных сокращений

arrogance высокомерие, надменность

arrow стрелка (на схемах или чертежах); **Zeno's** ~ стрела Зенона (одна из апорий Зенона)

art 1. искусство 2. умение, мастерство

artefact артефакт

arterial артериальный

arteriosclerosis артериосклероз

artery артерия; **basilar** ~ основная артерия (питающая мозг); **carotid** ~ сонная артерия; **muscular** ~ мышечная артерия; **terminal** ~ концевая артерия

article 1. статья 2. пункт, параграф 3. артикль

articulate 1. членораздельный 2. ясный, отчетливый 3. суставчатый, членистый // 1. отчетливо произносить **2.** *анатом.* связывать, соединять(ся)

articulation 1. артикуляция, произнесение звуков **2.** сочленение, соединение

artifact *см.* **artefact**

artificial искусственный

artificialism артифициализм (по Ж.Пиаже)

asapholalia невнятная речь, бормотание

ascendance стремление к лидерству

ascendance-submission лидерство-подчиненность

ascendancy *см.* **ascendance; personal** ~ стремление [тенденция] к лидерству; **social** ~ карьеризация

ascendant 1. восходящий **2.** господствующий, лидирующий // **1.** власть, влияние, преобладание **2.** лидер

ascetic аскет // аскетический, воздержанный

asceticism аскетизм

asemasia [asemia] асемия

asexual бесполый

asitia отвращение при виде или мысли о пище

asocial необщественный

asonia неспособность различать музыкальные тоны

aspect аспект, положение; вид, взгляд; выражение; **biomedical** ~ медико-биологический [биомедицинский] аспект; **perceptual** ~ аспект восприятия, сенсорный аспект; **perceptual-cum-intellectual** ~ сенсорно-интеллектуальный аспект; **posterior** ~ задняя сторона; **social** ~ общественная точка зрения, социальная перспектива

aspirate 1. придыхательный звук **2.** знак придыхания // произносить с придыханием

aspiration 1. притязание, стремление, сильное желание достигнуть чего-л. **2.** *фон.* придыхание **3.** дыхание, вдох; **academic** ~ притязания в учебной деятельности; **occupational [vocational]** ~ притязания в профессиональной деятельности [сфере]; **social** ~ социальные притязания; **vocational** ~ *см.* **occupational** ~

assault нападение; **criminal** ~ преступное оскорбление действием, изнасилование

assemblage совокупность, группа

assembly совокупность, скопление (людей, клеток); **cell** ~ констелляция [совокупность, скопление] клеток; **progressive** ~ поточная [конвейерная] сборка

assertion 1. утверждение **2.** притязание **3.** *лог.* суждение

assertiveness чрезмерная настойчивость, самоуверенность, напористость

assess оценивать

assessment оценка; **clinical** ~ клиническая оценка [определение]; **medical** ~ медицинская оценка [определение]; **physiological** ~ физиологическая оценка [определение]; ~ **of ability** оценка [определение] способности

asset ценное качество

assiduity усердие, прилежание

assiduous прилежный, неутомимый

assiduousness усердие, прилежание

assign 1. назначать, определять на должность **2.** давать (задание, работу) **3.** закреплять, приписывать

assignment 1. назначение; должность **2.** предназначение **3.** задание; **random** ~ случайное назначение [задание]

assimilate 1. поглощать, усваивать **2.** ассимилировать(ся) **3.** уподоблять, приравнивать **4.** сравнивать

assimilation ассимиляция, усвоение; уподобление; **cultural** ~ усвоение групповых норм; **object** ~ предметная ассимиляция; **social** ~ социальная ассимиляция

assist помогать, содействовать

assistance помощь, содействие

assistant помощник, ассистент; **laboratory** ~ лаборант

associanism ассоцианизм

associate 1. общаться 2. соединять(ся), ассоциировать(ся) // связанный // 1. ассоциация 2. партнер, коллега, компаньон

association ассоциация, связь; **affective** ~ эмоционально обусловленные ассоциации; **American Psychological** ~ Американская психологическая ассоциация; **backward** ~ обратная ассоциация; **chance-word** ~ свободная [ненаправленная] ассоциация слов; **clang** ~ ассоциация слов по звуковому сходству; **closed** ~ замкнутая ассоциация; **consonant** ~ ассоциация слов по звуковому сходству; **constrained** ~ связанная ассоциация; **controlled** ~ направленная ассоциация; **direct** ~ непосредственная ассоциация; **forward** ~ опережающая ассоциация; **free** ~ свободная ассоциация; **heterogenic** ~ гетерогенная ассоциация; **homogenic** ~ гомогенная ассоциация; **immediate** ~ непосредственная ассоциация; **mediate** ~ опосредованная ассоциация; **negative** ~ *стат.* отрицательная ассоциация; **neural** ~s нейронные ассоциации; **open** ~ открытая ассоциация; **positive** ~ положительная ассоциация: **primary** ~ первичная ассоциация; **remote** ~ отдаленная ассоциация; **retroactive** ~ ретроактивная ассоциация; **secondary** ~ вторичная ассоциация; **serial** ~ серийное ассоционирование; **social** ~ соци-

альная ассоциация; ~ **by contiguity** ассоциация по смежности; ~ **of ideas** ассоциация идей; ~ **by contrast** ассоциация по контрасту; ~ **by similarity** ассоциация по сходству

associational ассоциативный

associative ассоциативный

assonance 1. созвучие 2. неполное, приблизительное соответствие

assort сортировать, группировать, классифицировать

assortment 1. классифицирование, распределение по группам и классам, сортировка 2. выбор 3. расхождение генов или хромосом в мейозе; **genetic** ~ расхождение генов или хромосом в мейозе

assume 1. предполагать, допускать 2. напускать на себя, симулировать

assuming самонадеянный, высокомерный

assumption 1. предположение, допущение 2. *лог.* исходная посылка силлогизма; **metric** ~ обоснование использования конкретной методики измерения

assumptive 1. предположительный, допускаемый 2. самонадеянный

assurance 1. уверенность, убежденность 2. самоуверенность, самонадеянность, наглость

assuredness 1. уверенность 2. самоуверенность, наглость

astasia астазия

astasia-abasia астазия-абазия

astereognosis астереогнозия (отсутствие осязательной чувствительности)

asthenia астения; бессилие; слабость; **ganglionic** ~ неврастения, обусловленная заболеванием нервных узлов; **neurocirculatory** ~ нейроциркуляторная астения

asthenic астенический, слабый

asthenopia астенопия; слабость

зрения; утомление глаз

astigmatism *зр.* астигматизм

asylum психиатрическая больница; **insane** ~ психиатрическая больница; **lunatic** ~ психиатрическая больница, сумасшедший дом

asymbolia асимболия (патологическое непонимание символов)

asymmetry асимметрия, асимметричность

asymptomatic бессимптомный

asimptote *мат.* асимптота

asynchronous асинхронный

asynchrony асинхрония; асинхронное [неравномерное] развитие (в отрочестве)

asyndesis бессвязная речь

asynergia [asynergy] асинергия, отсутствие [недостаток] координации различных групп мышц; **verbal** ~ расстройство координации речи

asynesia интеллектуальная ограниченность [тупость]

atactic атаксический

atactilia потеря тактильного чувства

ataraxy атараксия, спокойствие духа, невозмутимость

atavism атавизм

atavistic атавистический

ataxia атаксия, недостаточность [нарушение] координации движений; **locomotor** ~ двигательная атаксия, сифилитическая спастическая атаксия, сухотка спинного мозга; **mental [psychic]** ~ психическая атаксия; **static** ~ статическая атаксия

ataxiagraph атаксиметр, графически регистрирующий полученные данные

ataxiameter атаксиметр

ataxiametry атаксиметрия

ataxic атаксический

athletosome атлетический тип телосложения (по Е.Кречмеру)

athymia атимия

atmosphere атмосфера, окружающая обстановка [среда]; **authoritarian** ~ авторитарная атмосфера; **cognitive** ~ когнитивная атмосфера; **democratic** ~ демократическая атмосфера (в коллективе); **group** ~ атмосфера в группе, психологический климат в группе; **laissez-faire** ~ атмосфера [обстановка] попустительства; **psychic** ~ психологическая атмосфера (совокупность актуально действующих стимулов);

atom атом, мельчайшая частица; **social** ~ (социометрия) социальный атом (по Д.Морено)

atomism атомизм

atonia [atony, atonicity] атония; уменьшение [потеря] мышечного тонуса; вялость, слабость мышечного органа

atrocity 1. жестокость, зверство **2.** ужас

atrophic атрофический

atrophy 1. атрофия органа, исхудание **2.** остановка развития **3.** притупление (какого-л. чувства), утрата (свойства); **cerebral** ~ атрофия головного мозга, предстарческий склероз, болезнь Альцгеймера; **cortical** ~ дегенеративные изменения в коре головного мозга; **disuse** ~ атрофия от бездействия [бездеятельности]; **muscle** ~ мышечная атрофия

attachment 1. привязанность (к кому-л.) **2.** *анат.* прикрепление, присоединение **3.** связь

attack приступ, припадок // **1.** поражать (о болезни) **2.** предпринимать; **convulsive** ~ судорожный припадок, приступ судорог; **heart** ~ сердечный приступ; **negative** ~ неправильная позиция, преднамеренно занимаемая в споре (с целью оживить дискуссию); **syncopal** ~ обморочный приступ; **twilight** ~ эпилептический припадок; **vertiginous** ~ приступ головокружения

attain достигнуть, добиться

attainment достижение, приобретение

attempt пробовать, пытаться, браться // попытка; проба; опыт

attend 1. обращать внимание 2. реагировать на стимул 3. заботиться 4. сопровождать 5. посещать, присутствовать (на лекции и т.п.)

attendance 1. присутствие 2. посещаемость 3. уход, обслуживание

attensity сенсорная ясность (по К.Титченеру)

attention 1. внимание, внимательность 2. забота 3. уход (за больным); **continuative** ~ постоянная сосредоточенность; **distracted** ~ отвлеченное [рассеянное] внимание; **narrow** ~ узкий объем внимания; **primary** ~ непроизвольное внимание; **riveted** ~ прикованное внимание; **selective** ~ избирательное [селективное] внимание; **sequential** ~ последовательное внимание; **undistracted** ~ сосредоточенное внимание; **visual** ~ зрительное внимание

attentive 1. внимательный 2. заботливый 3. вежливый, предупредительный

attenuation 1. ослабление, затухание 2. *стат.* изменение корреляции вследствие погрешностей в измерениях

attitude установка [отношение, позиция], «аттитюд»; **abstract** ~ абстрактная установка; **acceptance** ~ установка принятия (в психотерапии); **categorical** ~ категориальная установка (по К. Гольд-

штейну); **cognitive** ~ когнитивная установка; **concrete** ~ конкретная установка; **direct exploitive** ~ пассивная зависимость; **emotional** ~ эмоциональная установка [отношение]; **integrative** ~ установка на целостное восприятие; **intergroup** ~ межгрупповая установка [отношение]; **object** ~ установка на объект; **objectifying** ~ объективное отношение (по К. Гольдштейну); **passional** ~ театральная [драматическая] поза (при истерии); **personal** ~ личностная установка, личное отношение; **poll** ~ общественное мнение; **primary** ~s социологические установки первичной группы; **private** ~ личная установка; **public** ~ (обще) принятая установка; **relativity** ~ установка на относительность; **response** ~ установка на реакцию; **scientific** ~ научная объективность, научный подход; **social** ~ социальная установка; **stimulus** ~ 1. стимульная установка 2. установка на стимул; ~ **of combat** защитная поза (вызванная страхом и т.п.)

attitudinal установочный

attitudinizing претенциозность, нарочитое поведение с целью произвести впечатление на других

attract 1. привлекать, притягивать 2. пленять, прельщать

attraction аттракция, притяжение, тяготение, привлекательность; **interpersonal** ~ межличностная аттракция

attractive привлекательный, притягательный

attribute 1. отличительная черта [качество, свойство] 2. символ, атрибут 3. неотъемлемое свойство; **color** ~ характеристика цвета, цветовой параметр; **physical** ~ физическое свойство [атрибут, признак]; **psychological** ~ психологическое свойство [атрибут, признак]; **subjective** ~ s субъективные характеристики [признаки]; **temperamental** ~ черта характера; **tonal** ~ характеристика звука

attribution 1. атрибуция, отнесение к чему-л. **2.** власть, компетенция; ~ **of causality** каузальная атрибуция; ~ **of intention** приписывание намерений; ~ **of responsibility** возложение ответственности; ~ **of similarity** приписывание подобия [сходства]

atypical атипичный, нетипичный, отклоняющийся от нормы

audibility слышимость (звука)

audible слышимый; внятный, слышный

audience аудитория, публика, слушатели, зрители

audile 1. слуховой **2.** воспринимающий на слух

auding аудирование

audiogenic аудиогенный

audiogram аудиограмма

audiometer аудиометр (инструмент для тона различной частоты); **vocal [voice]** ~ голосовой [речевой] аудиометр

audiometry аудиометрия

audit проверка; **personal** ~ личностный опросник

audition 1. слух **2.** прослушивание; **chromatic [colored]** ~ цветовой слух; **gustatory** ~ вкусовой слух; **mental** ~ психический слуховой образ; слуховая галлюцинация [иллюзия]

auditive человек с преобладанием слуховой памяти

auditory слуховой, ушной

aura аура; состояние, предшествующее эпилептическому припадку

aural 1. ушной; слуховой **2.** относящийся к ауре

auralize аудировать

auricular 1. ушной, слуховой **2.** относящийся к предсердию

austere 1. строгий, суровый **2.** аскетический

austerity строгость, суровость; аскетизм

autacoid [autocoid] образование в тканях химических веществ, поступающих в кровь; внутренняя секреция

autarcy автократия, самодержавие

authentic подлинный, достоверный; аутентичный

authoritarianism авторитарный стиль руководства, авторитарность; авторитаризм

authoritativeness властность

authority 1. власть **2.** авторитет, авторитетное лицо; **external** ~ внешний авторитет [власть]; **formal** ~ формальный авторитет [власть]; **negative** ~ отрицательный авторитет; **parental** ~ родительский авторитет [власть]; **positive** ~ положительный авторитет; **social** ~ социальный авторитет

autism аутизм

autistic аутистический

autoanalysis самоанализ

autocatharsis *психоан.* аутокатарсис

autocentric эгоцентричный

autochthonous автохтонный, местный, коренной; самогенерирующий

autocompetition самосовершенствование

autocrat 1. самодержец, автократ **2.** самовластный человек, деспот

autocriticism самокритичность

autoeroticism [autoerotism] аутоэротизм, аутосексуализм, нарциссизм, самовлюбленность

autogenesis автогенез, самозарождение

autogenic [autogenous] 1. самопроизводящий **2.** производящий в теле, эндогенный

autohypnosis самогипноз

autointoxication аутоинтоксикация, самозаражение

autokinesis автокинез

autokinetic автокинетический

automatic 1. автоматический **2.** непроизвольный, самодействующий, спонтанный; **secondary ~** автоматизированный

automatism автоматизм; **secondary ~** вторичный автоматизм

automatization автоматизация

automatograph прибор для записи непроизвольных движений

automatoscope автоматоскоп

autonomic 1. автономный **2.** *физиол.* спонтанный **3.** *физиол.* вегетативный

autonomous автономный

autonomy автономия, независимость, самоуправление; **functional ~** функциональная автономия мотивов (по Г.Олпорту); **group ~** групповая автономия; **organismic ~** гомеостаз; **~ of motives** *см.* **functional autonomy**

autopathic идиопатический

autopathy идиопатия

autophilia аутофилия, нарциссизм, себялюбие

autophobia аутофобия, страх одиночества

autophony аутофония

autopsychic аутопсихический

autopsychosis аутопсихоз

autorivalry самосовершенствование

autoscope тремограф

autosome аутосома, неполовая хромосома

autosuggestion самовнушение

autotelic жизненно-важный, самоцельный

auxiliary 1. вспомогательный **2.** добавочный, дополнительный

average 1. среднее (число) **2.** *мат.* среднее арифметическое // **1.** средний **2.** обычный, типичный;

abstract ~ теоретическое математическое ожидание; **calculated ~** среднее по серии; **concrete ~** эмпирическое среднее; **descriptive ~** выборочная средняя, средняя статистическая; **geometric ~** геометрическая средняя; **guessed ~** гипотетическая средняя; **harmonic ~** гармоническая средняя; **typical ~** эмпирическое среднее

averse нерасположенный, имеющий отвращение к чему-л.

aversion отвращение, антипатия

avid жадный, алчный

avidity жадность, алчность

avocation побочное занятие, развлечение, хобби

avoid избегать, сторониться, уклоняться

avoidance избегание; **conditioned ~** обусловленное избегание; **~ of anxiety** избегание состояния тревожности

awake бодрствующий, проснувшийся

aware сознающий, знающий, осведомленный

aware-need осознанная потребность

awareness сознание, осознание; осведомленность; **ethnic ~** этническое сознание; **reality ~** осознание окружающей действительности; **selective ~** избирательное сознание; **unconscious ~** неосознанное умозаключение

awe благоговейный страх, трепет, благоговение

awestruck проникнутый [охваченный] благоговением, благоговейным страхом

awkward 1. неуклюжий, неловкий **2.** неудобный, затруднительный **3.** трудный, неудобный

awkwardness неуклюжесть, неловкость

axes оси

axial 1. осевой, по направлению оси 2. *мед.* осевой, относящийся ко второму шейному позвонку

axiological аксиологический, оценочный; относящийся к ценности, учению о ценности

axiology аксиология

axiom аксиома

axiomatic аксиоматический, не требующий доказательства

axis ось; anatomical ~ анатомическая ось; anterior-posterior ~ передне-задняя [сагиттальная, продольная] ось; brain ~ ствол мозга; cerebrospinal ~ головной и спинной мозг; eyeball ~ ось глазного яблока; factor ~ факторная ось; longitudinal ~ передне-задняя [сагиттальная] ось; oblique ~ неортогональная ось; optical ~ оптическая ось; orthogonal ~ ортогональная ось; physiological ~ физиологическая ось; principal ~ главная ось; reference ~ ось отсчета; sagittal ~ сагиттальная [передне-задняя] ось; visual ~ зрительная ось

axon [axone] *НФЗЛ* аксон, нейрит

Bb

babble лепет, бормотание // лепетать, бормотать; expressive ~ гуление

babish ребяческий, инфантильный, детский

baboon бабуин (обезьяна)

baby ребенок, младенец; premature ~ недоношенный ребенок

babyhood младенчество, младенческий возраст

bachelor холостяк

background 1. фон, задний план 2. происхождение 3. подготовка, квалификация, образование; cultural ~ культурный фон [происхождение]; educational ~ подготовка, образование; social ~ социальное происхождение [фон]

backlash саморегуляция

backward 1. обратный 2. отсталый 3. запоздалый 4. медлящий, неохотно делающий 5. робкий, застенчивый

backwardness отсталость, запоздалость (напр., умственного развития)

bad-me первичное осознание неодобрения

balance равновесие, состояние равновесия, баланс // 1. сохранять равновесие или быть в равновесии 2. взвешивать (в уме), сопоставлять 3. колебаться; autonomic ~ баланс вегетативной нервной системы; emotional ~ эмоциональная уравновешенность; energy ~ энергетический баланс; genic ~ генный баланс; heat ~ тепловой баланс [равновесие]; homeostatic ~ гомеостаз; metabolic ~ равновесие обмена веществ; pressure ~ 1. инструмент для измерения скорости изменения давления на кожу 2. инструмент для проверки суждения о поднимаемом весе; thermal ~ тепловой баланс [равновесие]; of minus judgements *экспер.* соотношение положительных и отрицательных ответов

balanced уравновешенный; гармоничный; пропорциональный

balancing уравновешивание, взвешивание

balsamic 1. бальзамический 2. успокаивающий

band 1. полоса, лента 2. отряд, группа людей; банда; стая // 1. связывать 2. объединять(ся), соединяться; **Carpentier's** ~s радиальные полосы черного цвета, видимые при вращении белого сектора на черном фоне; **spectral** ~ полоска спектра; ~ **of frequencies** полоса [область] частот

bar *физ.* бар (единица давления)

barbaralalia иностранный акцент

barbarian варвар // варварский

barbarity 1. варварство, жестокость, бесчеловечность 2. грубость (стиля, вкуса)

barbarous 1. варварский, дикий 2. грубый, жестокий

baresthesia [**baresthesis**] чувство давления

baroceptor барорецептор

barotropism [**barotaxis**] баротаксия (реакция на изменение барометрического давления)

barrenness бесплодие, стерильность; убожество; ~ **of intellect** [**mind**] умственная ограниченность [бедность, убожество]

barrier барьер, преграда, помеха; граница; экран (защитный); **incest** ~ табу инцеста, запрет кровосмешения; **psychological** ~ психологический барьер; **schizophrenic** ~ шизофренический барьер

barye *см.* **bar**

barylalia неясная, хриплая речь

baryphonia затрудненная речь

barythymia угрюмость, замкнутость, мрачность, меланхолия

basal основной; базальный

base 1. основа, основание, базис 2. корень слова 3. *мат.* основание // 1. закладывать основание 2. базировать, основывать

bashfulness робость, боязливость, застенчивость

basis основание, основа, базис; исходный пункт; **physiological** ~ физиологическое основание [основа]; **psychological** ~ психологическое основание [основа]

basophobia базофобия, страх перед ходьбой

bathophobia акрофобия

bathyesthesia глубокая чувствительность

bathyhyperesthesia повышенная глубокая чувствительность

battarism заикание

battery батарея; **achievement** ~ батарея тестов на достижение; **anchor** ~ эталонный набор тестов; **aptitude test** ~ набор тестов [батарея тестов] на (индивидуальные) способности [склонности]; **General Aptitude Test** ~ батарея общих [основных] способностей; **test** ~ тестовая батарея, набор тестов [проб, испытаний]; ~ **of studies** комплекс исследований; ~ **of tests** см. **test battery**

beam луч; пучок // излучать, испускать лучи; **infrared** ~ инфракрасный луч; **light** ~ луч света, пучок лучей; **X-ray** ~ пучок рентгеновских лучей

beaming излучение

beat биение, пульсация, ритм, такт // бить(ся); побивать, превосходить

behave поступать, вести себя

behavior 1. поведение; манеры 2. режим (работы) 3. действие; **abient** ~ избегание, реакция избегания; **abnormal** ~ поведение, отклоняющееся от нормы; **abstract** ~ абстрактное поведение; форма поведения, основанная на обобщенном отношении; **acquired** ~ приобретенное поведение; **adaptive** ~ приспособительное [адаптационное] поведение; **adient** ~ формы поведения, способствующие воздействию стимуляции; **adjustive** ~установочное поведение; **aggregative** ~ стайность, стайное поведение; **agonistic** ~агонистическое [конкурирующее] поведение; **allochtonous** ~ аллохтонное поведение; **ambivalent** ~амбивалентное поведение; **animal** ~поведение животных; **apopathetic** ~апопатетическое поведение (видоизмененное под влиянием присутствия других людей, но не направленное на них); **appeasement** ~ поведение, демонстрирующее покорность; **appetitive** ~аппетентное поведение (связанное со стремлением к пище); поисковое поведение; **approaching** ~приближение, реакция приближения; **asocial** ~ асоциальное поведение; **autochthonous** ~автохтонное поведение; **automatic** ~автоматическое [механическое, автоматизированное] поведение, автоматизм; **automatic stimulus–response** ~ автоматическое поведение по типу «стимул–реакция»; **avoidance** ~избегание, реакция избегания; **biosocial** ~ биосоциальное поведение; **categorical** ~ процесс категоризации; **chain** ~цепное поведение (слагающееся из последовательных действий); **choice-point** ~реакция выбора; **circular** ~циркулярная реакция; **collective** ~ коллективное поведение; **compensatory** ~компенсаторное поведение; **compromise** ~компромиссное поведение; **compulsive** ~ компульсивное поведение; **congruent** ~ адекватное [соответствующее] поведение; **conscious** ~ сознательное [осознанное] поведение; **consummatory** ~ см. eating ~ ; **coping** ~ практическое поведение, совпадающее поведение (по А. Маслоу); **copying** ~подражательное поведение; **corporate** ~групповое поведение; **covert** ~

скрытое поведение; **criterion** ~ поведенческий эталон, критериальное поведение; **cryptic** ~маскирующее поведение; **defensive** ~ оборонительное поведение; **demonstrative** ~демонстрационное поведение; **detour** ~замещающее поведение; **deviant** ~ девиантное [отклоняющееся от нормы] поведение; **directive** ~ направленное поведение; **disorganized** ~дезорганизованное поведение; **displacement** ~смещенное поведение (под действием вновь появившегося стимула); **display** ~ см. demonstrative ~ ; **eating** ~ пищевое поведение; **exploratory** ~ исследовательское поведение; **expressive** ~экспрессивное поведение; **feeding** ~см. eating ~ ; **fixated** ~стереотипное поведение; **goal** ~целенаправленное поведение; **goal-directed** ~ см. goal ~; **goal-seeking** ~целеустремленное поведение; **gregarious** ~ стайное поведение; **group** ~групповое поведение; **human** ~ поведение человека; **imitative** ~ подражательное [имитационное] поведение; **implicit** ~имплицитная [скрытая] реакция; **impulsive** ~ импульсивное поведение; **instinctive** ~ инстинктивное поведение; **institutional** ~поведение в соответствии с установленными нормами; **instrumental** ~ оперантное поведение; **investigative** ~ исследовательское поведение; **irrational** ~ 1.неразумное поведение 2. иррациональное поведение; **language** ~ речевое поведение; речь; **learned** ~поведение, приобретенное в результате научения; **locomotor** ~локомоция, локомоторное поведение; **matched-dependent** ~ имитация, подражание; **maternal** ~

материнское поведение; **mating** ~ брачное поведение; **maze** ~ поведение в лабиринте; **molar** ~ молярное поведение; **molecular** ~ молекулярное поведение; **native** ~ врожденное поведение; **nodal** ~ период наибольшей агрессии [активности, беспорядка] (при групповой терапии); **nonadjustive** ~ неадекватное поведение; **operant** ~ оперантное [инструментальное] поведение; **organizational** ~ поведение в организации [организационном контексте], организационное поведение; **overt** ~ внешнее поведение; **parental** ~ родительское поведение; **personal-social** ~ социально обусловленное поведение личности; **play** ~ игровое поведение, игра; **pluralistic** ~ поведение, характерное для большинства людей данного коллектива или территории (по Ф. Гиддингсу); **prenatal** ~ пренатальная активность; **primate** ~ поведение приматов; **primitive** ~ 1. поведение, характерное для первобытных людей 2. инстинктивное поведение; **problem** ~ проблемное поведение; **purposeful** ~ целеустремленное поведение; **rational** ~ рациональное поведение; **reproductive** ~ репродуктивное поведение; **required** ~ ожидаемое поведение; **ritual** ~ ритуальное поведение; **ritualistic** ~ см. ritualized ~; **ritualized** ~ ритуализованное поведение; **role** ~ ролевое поведение; **search** ~ поисковое поведение; **segmental** ~ 1. сегментальная реакция 2. частичная реакция; **serial** ~ сериальное поведение; **sexual** ~ половое поведение; **shelter-seeking** ~ поиск защиты [укрытия]; **social** ~ 1. социальное поведение 2. групповое поведение; **species-specific** ~ видоспецифическое поведение; **spontaneous** ~ непосредственное [спонтанное] поведение; **stereotyped** ~ стереотипное поведение; **submissive** ~ подчиненное поведение; **success-seeking** ~ поведение, направленное на достижение успеха; **team** ~ групповое поведение; **territorial** ~ территориальное поведение (защита своей территории); **transposition** ~ транспозиционное поведение, поведение при перемещении; **unconventional** ~ поведение, идущее вразрез с традицией; вольное [развязное] поведение; **verbal** ~ вербальное поведение; **well-bred** ~ тактичное поведение; учтивость; **withdrawn** ~ скрытность, скрытное поведение

behavioral поведенческий; бихевиористический

behaviorism бихевиоризм

behaviorist бихевиорист

behavioristics бихевиоризм

being 1. существо 2. существование; **human** ~ человеческое существо, человек; **rational** ~ разумное [мыслящее] существо; **social** ~ социальное существо; **substantive** ~ самостоятельное существо

bel *физ.* бел (электроакустическая единица)

belief убеждение, мнение; вера; **ethnic** ~ этнические взгляды [убеждения]; **nontraditional** ~ нетрадиционные взгляды [убеждения]; **religious** ~ религиозная вера; **superstitious** ~s суеверия; **traditional** ~ традиционные взгляды [убеждения]

belongingness чувство принадлежности к группе

between-brain промежуточный мозг, диэнцефалон

bias 1. *стат.* искажение (смещение, устойчивое отклонение наблюдаемой величины от нормы, обусловленное ошибкой наблюдателя) **2.** предубеждение **3.** пристрастие, склонность; **affective** ~ эмоциональное пристрастие; **cognitive** ~ когнитивное искажение; **contextual** ~ ситуативные предубеждения [искажения]; **cultural** ~ культурные предубеждения [пристрастия, склонности]; **experimenter** ~ предубеждения экспериментатора, ошибка, связанная с личностью экспериментатора, необъективность экспериментатора; **interviewer** ~ ошибки, обусловленные личностью интервьюера; **religious** ~ религиозные предубеждения, пристрастия, склонности; **response** ~ искажение ответа; **sample** ~ деформация выборки

bibliomania библиомания

bibliotherapy библиотерапия (вид рациональной терапии, основанный на чтении пациентом рекомендованной психиатром литературы)

bigamist двоеженец; двумужница

bigamy бигамия, двоеженство, двоемужие

biglottism двуязычие

bigot фанатик, слепой приверженец

bigotry фанатизм, слепая приверженность к чему-л.

bilateral двусторонний

bilingual двуязычный

bilingualism билингвизм, двуязычие

bimanual пользующийся обеими руками

bimodal *стат.* бимодальная [двухвершинная] (кривая)

binary бинарный, двойной, сдвоенный, состоящий из двух элементов

binaural относящийся к обоим ушам, бинауральный

binocular бинокулярный

binomial *мат.* бином, двучлен

bio-analysis *психоан.* биоанализ

biodynamics биодинамика (раздел физиологии, изучающий активные жизненные процессы в организмах)

biogenesis биогенез; биогенетический закон

biogenetic биогенетический

biogenic биогенный, органический, органического [биологического] происхождения

biogeny биогения (наука о развитии организмов)

biogram биограмма (автобиография, написанная по определенному плану)

biography биография; **reactional** ~ объективная биография

biologism биологизм

biology биология

biomechanics биомеханика

biometric биометрический

biometry 1. биометрия **2.** расчет вероятной продолжительности жизни

bionomics биономия; экология

biophore мельчайшая частица, обладающая жизненной энергией

biopsychic биопсихологический

biopsychology 1. биопсихология **2.** психобиология

biorhythm биоритм, биологический ритм

biosocial биосоциальный

biosphere биосфера, биосреда

biostatics биостатика (наука о структуре и функциях организма); учение об обмене веществ

biostatistics статистика естественного движения населения, демографическая статистика, статистика рождаемости и смертности

biosynthesis биосинтез (синтез химических веществ в живом теле)

biotechnology биотехника, биотехнология

biotic биотический, живой, жизненный, биологический

biotics наука о свойствах живых организмов

biotype *ОБ* биотип, генотип

biparental относящийся к обоим родителям

bipolar биполярный, двухполюсный

bipolarity биполярность, двухполюсность

birth 1.рождение 2. начало, источник 3. происхождение; **multiple ~** многоплодные роды; **premature ~** преждевременные роды; **virgin ~** партогенез

birth-control ограничение рождаемости, противозачаточные меры

birth-rate рождаемость, коэффициент рождаемости

biserial в двух сериях [комплектах]

bisexual двуполый

bisexuality гермафродитизм, двуполость

bit бит (единица информации)

biting; **nail ~** грызение [кусание] ногтей, онихофагия

bivalence двухвалентность

bivalent двухвалентный

bivariate имеющий две переменные величины, относящийся к двум переменным

blackbox «черный ящик»

blackout временное выключение зрения [сознания], «черная пелена» перед глазами, появление «черной пелены» перед глазами

blame 1. порицание; упрек 2. ответственность // порицать, считать виновным

blaming порицание, обвинение

blank бланк, анкета // 1. пустой, чистый 2. лишенный содержания 3. озадаченный, смущенный 4. полный, чистейший; **application ~** анкета поступающего на работу; **Mediator-Reinforcer Incomplete ~** «бланк на завершение» для изучения опосредованных форм; **Rotter Incomplete Sentences ~** роттеровский бланк незаконченных предложений; **Strong Vocational**

Interest ~ разновидность опросника на выявление профессиональных интересов; **Terman–Miles Attitude-Interest ~** опросник интересов и установок Термана–Майлза; **test ~** тестовый бланк

blastogenesis [blastogeny] 1. размножение почкованием; бластогенез 2. передача наследственных признаков

blastogenic зародышевый

blend 1. смешивание 2. переход одного цвета или оттенка в другой // 1. сочетаться, гармонировать 2. смешивать(ся) 3. стираться (об отличиях)

blending смешивание, смешение

blind слепой // 1. ослеплять, слепить 2. затемнять // *опт.* диафрагма; **color ~** страдающий цветовой слепотой, не различающий цветов, цветослепой, дальтоник

blind-folded с выключенным зрением, с завязанными глазами

blindism привычка, характерная для слепого

blindness слепота; **blue ~** слепота на синий цвет, тританопия; **blue-yellow ~** слепота на синий и желтый цвет, тетратонопия; **cerebral ~** психическая слепота; **color ~** цветовая слепота, дальтонизм; **cortical ~** корковая слепота; **day ~** дневная слепота, гемералопия; **functional ~** функциональная слепота; **hysterical ~** истерическая слепота; **mental ~** уход от действительности; **mind ~** душевная слепота; **night ~** ночная [куриная] слепота, гемералопия; **number ~** сенсорная акалькулия; **object ~** зрительная агнозия; **partial color ~** частичный дальтонизм; **psychic ~** душевная слепота, зрительная агнозия; **psychogenic ~** психогенная слепота; **red-green ~** слепота на красный и зеленый цвета; **snow ~** снежная слепота; **taste** ~ потеря вкуса; **word** ~ словесная слепота

bliss блаженство

block 1. преграда, барьер **2.** прекращение проводимости в нерве [нервном стволе]; блокада **3.** группа, масса однородных предметов **4.** кубик, что-л. в форме кубика **5.** провал в памяти **6.** внезапная остановка речи // **1.** задерживать, блокировать **2.** прекращать проводимость (в нервном стволе) **3.** прерывать ассоциации; **ego** ~ эго-блокада; **nerve** ~ блокада нерва, проводниковая анестезия; **speech** ~ блокада речи, внезапная остановка речи

blocking 1. блокада, прекращение функции проводимости или проходимости **2.** провал в памяти, перерыв в течении мыслей, ассоциаций **3.** внезапная остановка речи; **emotional** ~ эмоциональная блокада; ~ **of thought** разрыв мыслей

blood кровь; **cerebral** ~ кровь в головном мозге; **peripheral** ~ периферическая кровь; **poor** ~ малокровие; **venous** ~ венозная кровь

bloodstream ток крови

bloom излучение, флюоресценция

blot 1. пятно **2.** клякса, помарка // **1.** пачкать, пятнать **2.** бесчестить

blunder грубая ошибка // **1.** двигаться ощупью; спотыкаться **2.** грубо ошибаться **3.** плохо справляться с чем-л.; испортить, напутать

blunt 1. непонятливый, туповатый **2.** тупой

blur 1. пятно, клякса **2.** неясные очертания **3.** пятно, порок // **1.** замарать, запачкать **2.** сделать неясным, затуманить, затемнить (сознание)

blurred затуманенный, затемненный, неясный, смутный

blurring затуманивание, затемнение (зрения, сознания); **visual** ~ затуманивание зрения

blush(ing) прилив крови к лицу, краска стыда [смущения]

board 1. правление, совет, коллегия **2.** приборная доска, панель прибора; **classification** ~ аттестационная комиссия: **control** ~ пульт управления; **instrument** ~ приборная доска; **Minnesota Paper Form** ~ миннесотский тест идентификации формы; **physical evaluation** ~ медицинская комиссия; **Rotter** ~ тест Роттера (на уровень притязаний); ~ **of Education** министерство просвещения

boarding-school пансион, закрытое учебное заведение, школа-интернат

bodily телесный, физический

body 1. тело **2.** туловище **3.** труп **4.** основная часть чего-л. **5.** группа людей **6.** организация **7.** масса, большинство; **astral** ~ астральное тело; **cell** ~ тело клетки; **mammillary** ~ сосковидное [маммилярное] тельце между мозговыми ножками; **Nissl** ~s нисслиевы тела; **pineal** ~ шишковидная железа [тело]; **pituitary** ~ гипофиз, мозговой придаток, шишковидная железа; **sense** ~ периферическое нервное окончание специального органа чувств; **simple** ~ простое тело, элемент; **striate** ~ полосатое тело; **student** ~ контингент студентов; **supervisory** ~ контролирующий орган; **tactile** ~ осязательное тельце; **trapezoid** ~ трапециевидное тело; **upper** ~ верхняя часть тела; **vertebral** ~ тело позвонка; **vitreous** ~ стекловидное тело; ~ **of cell** тело клетки

bond связь; **associative** ~ ассоциативная связь; **emotional** ~ психический контакт, душевная близость; **neural** ~ ассоциативная связь

bone кость; **frontal** ~ лобная кость; **parietal** ~ теменная кость; **temporal** ~ височная кость

borderline пограничный // **1.** *физиол.* пограничное состояние **2.** больной с пограничным состоянием **3.** краевая линия

boulimia [bulimia] булимия (ненормально повышенный аппетит)

bound 1. несвободный, связанный **2.** непременный, обязательный

boundary граница, предел; **class** ~ граница класса; **group** ~ признак (выделения) группы

bouton синаптическая бляшка [бугорок]

box ящик, коробка; **obstruction** ~ устройство для изучения силы потребности у животных; **problem** ~ проблемный ящик; **puzzle** ~ проблемный ящик; **Skinner** ~ проблемный ящик Скиннера

boyhood отрочество

bracket скобка // заключать в скобки; **age** ~ возрастная группа [категория, предел]

bradyacusia притупление слуха

bradyarhythmia медленный [замедленный] ритм

bradyarthria брадиартрия, медленная [замедленная, скандирующая] артикуляция [речь]

bradycinesia брадикинезия, замедленность движений

bradyesthesia притупление ощущений [восприятий]

bradykinesia брадикинезия, замедленность движений

bradykinetic характеризующийся брадикинезией

bradylalia замедленная речь, брадилалия, брадифразия

bradylexia замедленное чтение, брадилексия

bradylogia замедленная речь, брадилалия, брадифразия

bradyph(r)asia брадифразия, медленная [замедленная] речь

bradyphrenia замедленная умственная деятельность; резкое психическое утомление, брадифрения

bradyscope брадископ (прибор для зрительного предъявления объектов или изображений с медленной и регулярной скоростью)

Braidism гипнотизм

Braille 1. шрифт Брайля (для слепых) **2.** система чтения и письма для слепых (по выпуклым точкам)

brain мозг; **dull** ~ тупоумие; **little** ~ мозжечок; **olfactory** ~ обонятельный мозг [отдел мозга]; **smell** ~ обонятельная доля мозга, ринэнцефалон

brainstem ствол мозга

brain-tire истощение головного мозга, перенапряжение мозга

brainwashing «промывка мозгов», идеологическая обработка

brain-waves 1. острый психоз **2.** припадок психического заболевания

branch 1. ветвь, отрасль **2.** линия (родства) // разветвляться, ответвляться

breadth 1. ширина **2.** широта кругозора, широкий размах; **emotional** ~ эмотивность

break down 1. нарушаться (о функции), сдавать (о здоровье) **2.** *стат.* делить, подразделять, расчленять, классифицировать

break-down 1. потеря [расстройство] (здоровья); полный упадок сил **2.** расчленение, деление на категории, классификация **3.** анализ **4.** схема организации; **nervous** ~ нервный срыв, истощение нервной системы

breaking ломка, поломка; прорыв; дробление; ~**of the voice** ломка голоса (в период полового созревания)

breakthrough 1. *психотер.* озарение **2.** важное [революционизирующее] научное открытие [техническое усовершенствование]

breath дыхание

breathe 1. дышать **2.** жить, существовать

breathholding задержка дыхания

breathing 1. дыхание **2.** *фон.* придыхание

breed 1. воспитывать, вскармливать **2.** размножаться, расти // порода, поколение

breeding 1. разведение (животных) **2.** воспитание **3.** воспитанность; **in-and-in** ~ *ОБ* инбридинг, узкородственное размножение; **selective** ~ селекция; **tender** ~ тепличное воспитание

brightness 1. яркость, блеск **2.** проницательность, остроумие; **photometric** ~ фотометрическая яркость; **relative** ~ относительная яркость; **spatial** ~ пространственная яркость [освещенность]; **visual** ~ видимая [зрительная] яркость

bril бриль (единица яркости света)

brilliance 1. яркость **2.** проницательность, остроумие

bring up воспитывать, вскармливать

bud почка; **taste** ~ вкусовая почка [сосочек]

build телосложение; **body** ~ строение тела; **macrosplanchnic** ~ дигестивный тип (телосложения); **physical** ~ *физиол.* конституция

bulb 1. *анат.* луковица **2.** электрическая лампочка **3.** сосуд; **end** ~ концевая луковица, окончание чувствительного нерва; **olfactory** ~ обонятельная луковица; **sensory** ~ окончание [луковица] чувствительного нерва; **spinal** ~ продолговатый мозг; **taste** ~ вкусовая луковица; **terminal** ~ синаптическая бляшка [бугорок]

bulesis волевой акт; воля

bulimia булимия (ненормально повышенный аппетит)

bundle пучок, узел, связка; **conduction** ~ проводящий пучок; **ground** ~ основной пучок нервных волокон в столбах спинного мозга; **muscle** ~ мышечный пучок

burden 1. тяжесть, груз **2.** горе // отягощать, нагружать; **vocabulary** ~ словарная нагрузка

business 1. дело, занятие **2.** профессия **3.** занятость, деловитость

busy 1. деятельный, занятой **2.** оживленный **3.** беспокойный, суетливый

button кнопка; **end** ~ синаптическая бляшка [бугорок]

buzzer зуммер

buzzing шум

Cc

cachectic болезненный, худосочный

cachexia кахексия, худосочие, истощение

cage клетка; **activity** ~ клетка для измерения активности; **airtight metabolism** ~ герметическая обменная камера, герметическая камера для исследования метаболизма [обмена веществ]; **Bogen** ~ клетка Богена (трехмерный лабиринт); **check** ~ клетка [садок] для контрольных животных; **jiggle** ~ «танцующая клетка» (для регистрации двигательной активности мелких животных); **sound** ~ безэховая камера; **thoracic** ~ грудная клетка

calculate 1. вычислять, подсчитывать 2. рассчитывать 3. *амер.* думать, предполагать

calculation 1. вычисление; расчет, подсчет 2. *амер.* предположение, прогноз; **back** ~ обратное расчисление; ~ **of loudness** расчет громкости

calculator 1. вычислитель 2. счетная машина, вычислительный прибор, арифмометр, счетчик

calculus исчисление; **extended propositional** ~ расширенное пропозициональное исчисление; **functional** ~ функциональное исчисление; **many-valued propositional** ~ многозначное пропозициональное исчисление; **predicate** ~ исчисление предикатов; **propositional** ~ пропозициональное исчисление; **restricted predicate** ~ строгое исчисление предикатов

calibration 1. калибровка, градуирование 2. стандартизация; **age** ~ стандартизация по возрасту (стандартизация теста с учетом возрастного эквивалента)

calibre 1. калибр, диаметр 2. *перен.* масштаб, качество

calling 1. призвание 2. профессия

(corpus) callosum *анат.* мозолистое тело

callous бессердечный, черствый; мозолистый, огрубелый

callousness грубость (чувств); бессердечность

calmness спокойствие, хладнокровие, выдержка

caloric(al) тепловой, термический, калорический, температурный

caloricity калорийность; теплотворная способность

calorie калория

calorific тепловой, теплокровный

calorification теплообразование, выделение тепла

calorimeter калориметр; **human** ~ калориметр для исследования теплообмена человека

calorimetry калориметрия

calory *см.* **calorie**

camera камера; фотокамера, фотоаппарат; кинокамера, киноаппарат; телевизионная камера

camouflage маскировка

campimeter кампиметр, прибор для измерения поля зрения

canal *анат.* канал, проход, отверстие; **alimentary** ~ пищеварительный тракт; **auditory** ~ слуховой канал; **cochlear** ~ кохлеарный канал, канал улитки ушного лабиринта; **central** ~ центральный канал спинного мозга, спинномозговой канал; **external auditory** ~ наружный слуховой канал [проход]; **Reissner's** ~ канал Рейснера (в улитке); **semicircular** ~ полукружный канал; **sensory** ~ сенсорный канал, канал сенсорного [чувственного] восприятия; **spinal** ~ спинномозговой канал; **vestibular** ~ вестибулярный канал; **voice** ~ речевой [голосовой] канал

canalization канализация (как защитный механизм)

cancellation 1. вычеркивание 2. аннулирование, отмена; прекращение, уничтожение 3. затухание, ослабление, взаимопогашение (потенциалов)

candidate кандидат; поступающий на работу

candle свеча (международная единица силы света)

canon 1. закон, правило, предписание 2. критерий; **Mill's** ~s принципы (индукции) Милля; ~ **of agreement** метод единственного сходства; ~ **of agreement and**

difference соединенный метод сходства и различия; ~ **of concomitant variations** метод сопутствующих изменений; ~ **of differences** метод различия; ~ **of residues** метод остатков; **Morgan's** ~ принцип Моргана

capability способность, потенциальная возможность; **emotional** ~ эмоциональность; **human** ~ способность [возможность] человека; **improved [increased]** ~ улучшенная [повышенная] способность [возможность]; **man's performance** ~ работоспособность человека, способность [возможность] человека выполнять работу [задачу]; **man's sensory** ~ сенсорная [чувствительная] способность [возможность] человека; **operating** ~ (оперативная) работоспособность; **performance** ~ работоспособность; **physiological** ~ физиологическая возможность [способность]; **short--term memory** ~ способность кратковременной памяти

capacitance 1. емкость 2. емкостное сопротивление

capacity 1. способность 2. объем, емкость 3. мощность 4. производительность; **adaptive** ~ адаптивная способность [возможность]; **biological (innate)** ~ **for language** врожденная способность к языку; **breathing** ~ дыхательный объем (легких); дыхательная способность; **breeding** ~ репродуктивная способность; **calorific** ~ 1. теплотворная способность 2. теплоемкость; **channel** ~ *теор. инф.* пропускная способность канала; **code** ~ *теор. инф.* емкость кода; **cranial** ~ объем черепной коробки; **exercise** ~ способность переносить физическую нагрузку; **fertilizing** ~ оплодотворяющая способность; **functional** ~ 1. функциональная

способность 2. функциональная емкость; **hereditary** ~ препотентность (способность к наследственной передаче); **means--end** ~ способность предвидеть результат действий; **mental** ~ умственная способность; **physical** ~ физическая способность [возможность]: **physical working** ~ физическая работоспособность; **productive** ~ способность к размножению; **reproductive** ~ *см.* breeding ~ ; **respiratory** ~ дыхательный объем; **specific** ~ удельная емкость; **thermal** ~ теплоемкость; **work(ing)** ~ работоспособность

capsule 1. кабина; контейнер; капсула 2. *анат.* капсула; сумка; **animal** ~ капсула [кабина] для (подопытного) животного; **end** ~ окончание чувствительного нерва; **internal** ~ внутренняя капсула

captation первая стадия гипноза

caption; scale ~ индексация шкалы

card карта, карточка, бланк; билет; **behavior** ~ серия вопросов на карточках (для диагностики предрасположенности ребенка к асоциальному поведению); **punched** ~ перфокарта; **record** ~ карточка для регистрации (наблюдений)

cardiac сердечный

cardinal основной, главный, кардинальный

cardiochronograph кардиохронограф (прибор для измерения частоты сердечных сокращений)

cardiograph электрокардиограф

cardiovascular сердечно-сосудистый

care 1. забота, уход 2. внимательность, тщательность, осторожность 3. наблюдение; **infant** ~ уход за детьми раннего возраста; охрана детства

career 1. карьера, деятельность; успех 2. профессия, занятие

carriage осанка, манера себя держать

case 1. дело, случай 2. больной, пациент 3. исследуемый, находящийся под наблюдением экспериментатора; **borderline** ~ пограничный [переходный] случай; **cumulative** ~s накопленный ряд (по координатной оси); **custodial** ~ социально опасная личность; **equal and unequal** ~s одинаковые и неодинаковые случаи; **medical** ~ больной; **mental** ~ душевнобольной; **psychopathic** ~ нервнобольной; **special** ~ особый случай (social) **casework** изучение условий жизни неблагополучных семей и помощь им

caste каста; **color** ~ каста, выделяемая по признаку цвета кожи

castrate кастрат // кастрировать

castration кастрация

casual 1. случайный, непреднамеренный 2. небрежный 3. пострадавший от несчастного случая

casualty 1. несчастный случай, авария 2. раненый 3. убитый

catalepsy каталепсия, столбняк, оцепенение, неподвижность, полный застой

cataleptoid похожий на столбняк, оцепенение, каталепсию

catalyst катализатор

catamnesis катамнез, эпикриз

cataphasia катафазия

cataplexy катаплексия (внезапная слабость, наступающая непосредственно за выражением эмоций)

catatonia кататония, ступор, неподвижность

categorical 1. категориальный 2. категорический, категоричный, безусловный; решительный

categorization категоризация

category категория; **cognitive** ~ когнитивная категория; **higher** ~ более высокая категория; **Rorschach** ~ категория анализа по тесту Роршаха; **taxonomic** ~ таксономическая [систематическая] категория

catelectrotonus катэлектротонус

catharsis *психоан.* катарсис

cathexis *психоан.* катексис (направленность импульсов по определенным каналам); **ego** ~*психоан.* эго-катексис; **need** ~*психоан.* направленность потребности на определенный объект; **object** ~ *психоан.* отклонение либидо от первичной сексуальной цели на объект, не имеющий сексуального значения

causal причинный, каузальный, выражающий причинную обусловленность

causalgia каузальгия, сильная жгучая боль

causality причинность, причинная связь; **mechanical** ~ механическая причинность; **phenomenistic** ~ феноменальная причинность

causation 1. причинность, причинная обусловленность 2. *мед.* этиология; **historical** ~ исторически обусловленная причинность; **systematic(al)** ~ системная причинность; ~ **of disease** этиология заболевания

causative 1. причинный, каузальный 2. *мед.* являющийся причиной (болезни), вызывающий (болезнь)

cause 1. причина, основание; мотив, повод 2. дело; **accident** ~ причина несчастного случая; **biological** ~ биологическая причина; **contributory** ~ второстепенная [способствующая] причина; **efficient** ~ действующая причина; **exciting** ~ стимул, возбудитель, причина (болезни); **final** ~ конечная причина; **first** ~ первопричина; **inaptitude** ~ причина негодности; **injury** ~ причина травмы [повреждения]; **internal** ~ внутренняя причина; **organic** ~ органическая причина; **predisposing** ~ предрасполагающий фактор; **prin-**

cipal ~главная причина; **proximate** ~ непосредственная причина; **secondary** ~ побочная [вторичная] причина; **specific** ~специфическая причина; **structural** ~структурная причина; **ultimate** ~*см.* final ~; **unknown** ~ неизвестная [невыясненная] причина; ~**and effect** причинно-следственная связь; ~**of human error** причина ошибки человека; ~ **of illusion** причина иллюзии

cavity *анат.* полость; **abdominal** ~ брюшная полость; **body** ~полость тела; **cardial** ~ полость сердца; **head** ~ полость черепа; **heart** ~ полость сердца; **nasal** ~ носовая полость, полость носа; **oral** ~полость рта, ротовая полость; **orbital** ~ глазная впадина, орбита; **splanchnic** ~ брюшная полость; **thoracic** ~ грудная полость; **visceral** ~ полость тела

ceiling максимум, предел, потолок; **human** ~ предел устойчивости [возможностей] человека; порог физиологических нарушений; **population** ~ максимально возможная численность [предел] популяции

cell 1. клетка (организма) 2. ячейка, клетка (таблицы) 3. камера; **Betz** ~ клетка Бетца, гигантопирамидальная клетка; **bipolar (nerve)** ~ биполярная клетка, нервная клетка с двумя аксонами; **body** ~ *см.* somatic ~; **cortical** ~ корковая клетка; **Corti's** ~ клетка кортиева органа (во внутреннем ухе); **Deiter's** ~ клетка Дейтерса, наружная фаланговая клетка; **egg** ~ яйцеклетка; **elementary** ~ первичная клетка; **embryo(nic)** ~ эмбриональная клетка; **end** ~ конечная клетка, неспособная к дальнейшей дифференцировке; **epidermal** ~ эпидермальная клетка; **epithelian** ~ эпителиальная клетка, эпителиоцит; **excitory** ~эффекторная [моторная] (нервная) клетка; **F-** ~ бактериальная клетка, лишенная полового F-фактора; **F+** ~ бактериальная клетка, содержащая половой F-фактор; **free** ~свободная клетка; **ganglionic** ~ ганглиозная клетка; **generative** ~ половая клетка; гамета; **germ** ~зародышевая половая клетка; яйцо; гамета; сперматозоид; **gland(ular)** ~ железистая клетка, гландулоцит; **hair** ~ волосковая клетка (в рецепторах); **initial** ~ первичная [зародышевая] клетка, инициаль; **male** ~мужская половая клетка, спермий; **mother** ~ материнская клетка; **motor** ~ двигательная клетка; **multipolar nerve** ~нервная клетка с несколькими аксонами; **nerve** ~нервная клетка, невроцит; **peripheral** ~ периферийный элемент (в структуре личности по К. Левину); **primary** ~ первичная клетка; **primordial** ~первоначальная клетка; **Purkinje** ~ клетка Пуркинье (в коре мозжечка); **reticulum** ~ сетчатая клетка (плода, костного мозга); **sense** ~ чувствительная клетка; **sensory** ~*см.* sense ~; **sex(ual)** ~половая клетка; **somatic** ~соматическая клетка; **specialized** ~специализированная клетка; **tactile** ~осязательная клетка [тельце]; **taste** ~вкусовая клетка; **undifferentiated** ~недифференцированная клетка; **visual** ~ светочувствительная клетка; **white blood** ~ белое кровяное тельце, лейкоцит

cellular 1. целлюлярный, клеточный, клеточного строения 2. ячеистый

cenesthesia сенестезия, общее [шестое, валовое] чувство (тела)

cenesthetic относящийся к сенестезии [общему чувству тела]

censorship 1. *психоан.* внутренняя «цензура» сознания **2.** *социол.* цензура

censure «цензура»; осуждение, порицание; **parental** ~ родительская «цензура»

center *физиол.*, *НФЗЛ* центр // концентрировать, сосредоточивать; помещать в центре: **activation** ~ центр активации; **afferent** ~ чувствительный центр (коры); **associative** ~s ассоциативные поля; **brain** ~ нервный центр в головном мозгу; **control** ~ контрольный центр; **correlation** ~ *НФЗЛ* корреляционный центр; **cortical** ~ корковый [кортикальный] центр; **higher** ~ высший центр; **higher brain** ~ высший мозговой центр; **lower** ~ подкорковый центр; **motor** ~ двигательный центр (в коре головного мозга); **motor cortical** ~ двигательный центр коры головного мозга; **nerve [neural]** ~ нервный центр [узел]; **perceptual** ~ центр восприятия [перцепции]; **psychocortical** ~ корковый центр психических функций; **reflex** ~ рефлекторный центр; нервный центр в мозгу, где чувствительные импульсы трансформируются в двигательные; **respiratory** ~ дыхательный центр, нервный центр дыхания; **Sechenoff inhibition** ~ центр торможения Сеченова; **sensory** ~ чувствительный центр (коры); **sleep** ~ *физиол.* центр сна; **spasm** ~ судорожный центр; **speech** ~ центр речи; **spinal** ~ спинальный центр; **temperature (regulating)** ~ нервный центр регуляции температуры тела; **trophic** ~ трофический нерв; **visual** ~ центр зрения: **waking** ~ *физиол.* центр сна; **Wernicke's** ~ центр речи; **word** ~ мозговой нервный центр, контролирующий понимание слов

centering центрация

centile процентиль

central 1. центральный, срединный **2.** главный, основной

centrality 1. центральность, центральное положение **2.** сосредоточенность; **individual** ~ положение [место] индивида в группе

centralization централизация; ~ **in organization** централизация (власти) в организациях

centre *см.* **center**

centrifugal центробежный, направленный от центра к периферии

centripetal центростремительный, центрипетальный, направленный от периферии к центру

centrogenous идущий из центра

cephalad краниально, по направлению к головному концу

cephalagra головная боль

cephalic головной, расположенный около головы; верхний

cephalization цефализация

cephalocaudad расположенный между головой и хвостом

cephalometry цефалометрия

ceptor рецептор; **distance** ~ дистантный рецептор

cerebellar мозжечковый

cerebellum мозжечок

cerebral мозговой, церебральный

cerebralgia церебральгия, головная боль, боль в голове

cerebration мозговая деятельность, деятельность головного мозга; **unconscious** ~ бессознательная [подсознательная] работа мозга

cerebrifugal идущий от мозга (к периферии)

cerebripetal идущий (от периферии) к мозгу

cerebrophysiology физиология (головного) мозга

cerebrospinal спинномозговой, цереброспинальный

cerebrotonia церебротония

cerebrum головной мозг

ceremony церемония, обряд

certain 1. уверенный **2.** определенный **3.** некоторый, некий **4.** надежный

certainty [certitude] уверенность

certifiable могущий быть признанным невменяемым

certificate свидетельство, удостоверение // удостоверять; выдавать письменное удостоверение; **health** ~ свидетельство о здоровье (годности по состоянию здоровья); **medical** ~ медицинское свидетельство [заключение]; ~ **of fitness** свидетельство о пригодности (по состоянию здоровья) подростка к труду

certification свидетельство, удостоверение; выдача свидетельства; **legal** ~ официальное утверждение; ~ **of psychologists** аттестация психологов

certitude см. **certainty**

chain 1. цепь **2.** последовательность, связь, ход, цепь (событий и т.п.); **behavior** ~ поведенческий ряд (последовательных действий, поступков); **reaction** ~ цепь реакций (организма); **response** ~ цепь реакций (организма)

chaining структурирование поведенческих актов

chalone тканевое вещество, снижающее деятельность клеток

chamber камера; барокамера; отсек; **altitude (training)** ~ барокамера; **conditioning** ~ условнорефлекторная камера, камера для выработки условных рефлексов; **isolation** ~ сурдокамера; сурдобарокамера; звуконепроницаемая камера; **operant conditioning** ~ камера для выработки условных рефлексов; **posterior** ~ задняя камера (глаза); **vacuum** ~ барокамера; вакуумная камера

chance 1. случай, случайность **2.** возможность, вероятность **3.** удача // случайный

change 1. изменение, перемена, превращение **2.** операция, цикл, превращение // изменять(ся); **age** ~ возрастные изменения; **anatomical** ~ анатомические изменения; **attitude** ~ изменение в установке; **autonomous** ~ возрастание изменений в сторону схематизации и осмысления при неоднократном воспроизведении материала; **chemical** ~ химические изменения; **cyclic** ~ циклические изменения; **cultural** ~ культурные изменения [перемены], изменения в культуре; **energy** ~ обмен энергии; **environmental** ~ изменение окружающей среды; **heat** ~ теплообмен; **historical** ~ исторические изменения [перемены]; **individual** ~ индивидуальные изменения; **mental** ~ изменение психического состояния; **mode** ~ изменение вида действия; **normative** ~ нормативные изменения; **organizational** ~ изменения [перемены] в организации; **pathological** ~ патологическое изменение [сдвиг]; **personality** ~ изменение личности; **physiological** ~ физиологическое изменение [сдвиг, реакция]; **postural** ~ перемена положения; **prostructural** ~ изменения, обусловленные общностью структуры; **psychomotor** ~ изменение [сдвиг] психомоторики [в психомоторной сфере]; **qualitative** ~ качественное изменение; **quantitative** ~ количественное изменение; **social** ~ социальное изменение [перемена]; **socially induced** ~ социально-обусловленная перемена [сдвиг, изменение]; **step** ~ ступенчатое изменение; **structural** ~ изменение в структуре, структурное изменение; ~ **of desired val-**

ue изменение регулируемой величины; ~ of life критический возраст, климактерический период, менопауза; ~ of variable замена переменной

changeable изменчивый, непостоянный; неустойчивый

channel *теор. инф.* канал; **code** ~ кодовый канал; **communication** ~ канал коммуникации; **information** ~ канал информации

character 1. признак; особенность; свойство 2. характер 3. качество; природа; **acquired** ~ приобретенный признак; **advanced** ~ прогрессивный признак; **anal** ~ *психоан.* анальный характер; **authoritarian** ~ авторитарный характер [тип]; **continuous** ~ *см.* **polygenic** ~ ; **defensive** ~ защитный признак; **developmental** ~ характер развития; **diagnostic** ~ диагностический признак; **distinguishing** ~ отличительный признак; **dominant** ~ доминантный характер [признак, черта, особенность]; **ecological** ~ экологический признак; **epileptic** ~ эпилептический характер; **exploi(ta)tive** ~ эксплуататорский тип характера; **genital** ~ 1. половой признак 2. *психоан.* генитальный характер; **hereditary** ~ наследственный признак; **heritable** ~ *см.* **hereditary** ~ ; **hysterical** ~ истерический характер [тип]; **incipient** ~ зарождающийся признак: **inconsequent** ~ 1. непоследовательный человек 2. неровный характер; **inherited** ~ *см.* **hereditary** ~ ; **innate** ~ *см.* **hereditary** ~; **latent** ~ латентный признак; **linked** ~s признаки, наследуемые вместе друг с другом; **major** ~ главный признак; **measurable** ~ измеримый признак; **membership** ~ признак принадлежности; **Mendelian** ~ морфологический признак, наследование которого происходит в соответствии с законами Менделя; **minor** ~ второстепенный признак; **morphological** ~ морфологический признак; **national** ~ национальный тип характера; **neurotic** ~ 1. больной, страдающий неустойчивостью нервной системы; невротик 2. человек, склонный к неврозу; **obsolete** ~ *ген.* нивелирующийся признак (признак, который становится все менее четким в каждом последующем поколении); **oligogenic** ~ олигогенный признак; **paranoid** ~ человек с параноидными реакциями; **physiological** ~ физиологический признак; **polygenic** ~ полигенный признак; **qualitative** ~ качественный признак; **quantitative** ~ количественный признак; **receptive** ~ рецептивный характер (по Э.Фромму); **recessive** ~ *ген.* рецессивный признак; **secondary sex(ual)** ~ вторичный половой признак; **sex** ~ половой признак; **sex-controlled** ~ *ген.* признак, контролируемый полом; **sex-influenced** ~ *см.* **sex-controlled** ~ ; **sex-limited** ~ *ген.* признак, ограниченный полом; **sex-linked** ~ *ген.* признак, сцепленный с полом; **sexual** ~ *см.* **sex** ~ ; **social** ~ общительный человек; **species** ~ видовой признак; **specific** ~ специфический [характерный] признак; **threshold** ~ пороговый признак; **tonal [tone]** ~ тембр; **undecided** ~ нерешительный характер; **unit** ~ элементарный [неделимый] признак; **virile** ~ сильный [мужественный, энергичный] характер; **weak** ~ слабохарактерность

characteristic характеристика; признак; особенность; свойство // характерный, типичный; **acquired** ~ приобретенный признак [черта]; **congenital** ~ *см.* **innate** ~ ; **connate** ~ *см.* **innate** ~ ; **formal** ~ определяющая черта [характеристика];

inborn ~ *см.* innate ~ ; innate ~ врожденное свойство [характеристика]; operating ~ оперантная характеристика; personal ~ индивидуальная [личная] характеристика; physical ~ физическая характеристика; physiological ~ физиологическая характеристика; quality ~ качественная характеристика, характеристика качества; quantity ~ количественная характеристика

characterization характеристика; описание (характера)

characterize 1. характеризовать 2. отличать, служить отличительным признаком

characterology 1. характерология 2. *психология личности*

charge 1. нагрузка 2. заряд 3. забота, попечение 4. обязанность; ~ of affect *психоан.* катексис

chart диаграмма, схема, чертеж, таблица; bar ~ 1. гистограмма 2. диаграмма; class analysis ~ график для анализа успехов класса; correlation ~ корреляционная таблица; E ~ таблица для проверки остроты зрения; expectancy ~ карта прогноза; location ~ специальная карта (используемая экспериментатором) с нанесением на нее наиболее часто интерпретируемых участков пятен (по Г.Роршаху); normal percentile ~ нормальный процентильный бланк; pie ~ круговая диаграмма; probability ~ вероятностная таблица, таблица вероятностей; profile ~ профиль; pseudo-isochromatic ~ таблица для проверки цветового зрения, составленная из цветных пятен, создающих возможность восприятия цифр, букв или простых геометрических фигур (напр., таблицы Рабкина); psychometric ~ психометрическая карта; Snellen ~ таблица Снеллена (для проверки

остроты зрения); test ~ таблица для измерения остроты зрения

check 1. контроль, проверка 2. задержка // контролировать, проверять, испытывать // контрольный, проверочный; biological ~ биологический контроль [испытание]; diagnostic ~ диагностическое испытание; experimental ~ экспериментальная проверка, проверка на опыте; individual ~ индивидуальная проверка [контроль]; visual ~ визуальная [зрительная] проверка [контроль]

checking проверка, контроль
check-test контрольный опыт
check-up проверка, контроль
chemoreceptor хеморецептор; чувствительное нервное окончание, воспринимающее химические возбуждения

chemoreflex хеморефлекс; рефлекс, вызванный химическим веществом
chemosensitivity чувствительность к химическим раздражителям
chemotropic хемотропный
chemotropism хемотропизм
chiaroscura контрастность
chiasma хиазма, перекрест (зрительных нервов); optic ~ перекрест зрительных нервов

child (*pl.* children) ребенок, младенец; backward ~ умственно или физически отсталый ребенок; disturbed ~ дефективный ребенок; dull ~ умственно отсталый ребенок; exceptional ~ ребенок с отклонениями от нормы (в ту или иную сторону); feral ~ дикий (каспар-хаузеровский) ребенок; gifted ~ одаренный ребенок; inadequate ~ неполноценный ребенок; organic ~ ребенок с мозговой травмой; problem ~ трудный ребенок; protest ~ трудный ребенок; pseudosocial ~ асоциальный ребенок; quick ~ сообразительный ребенок; retarded ~ умственно или физически отсталый ребенок; **viable** ~ жизнеспособный ребенок; **whole** ~ ребенок как целостность; **willful** ~ своевольный [капризный] ребенок; **wolf** ~ дикий (каспар-ха-узеровский) ребенок

childbirth 1. роды 2. рождаемость

child-centered центрированный на ребенке, ориентированный на ребенка

childhood детство

chimera *ген.* химера (организм, состоящий из генетически различных тканей)

chi-square хи-квадрат

choice выбор; **anaclitic object** ~ *психоан.* анаклитический выбор объекта по аналогии с первым сексуальным объектом; **forced** ~ принудительный [навязанный] выбор; **free** ~ свободный выбор; **multiple** ~ множественный выбор; **object** ~ *психоан.* выбор объекта любви; **occupational** ~ выбор профессии; **social** ~ социальный выбор

choleric холерический, раздражительный, вспыльчивый, желчный

cholesterol холестерол

cholinergic холинергический

chorea хорея; **Huntington's** ~ хорея Гентингтона, прогрессирующая хорея; **Parkinsonian** ~ дрожательный паралич, болезнь Паркинсона, паркинсонизм; **Sydenham's** ~ виттова пляска, хорея Сиденгама, малая хорея

choreoathetosis приобретенный атетоз

choroid сосудистая оболочка

chroma интенсивность цвета; **sound** ~ тональность; **tonal** ~ тональность

chroma-brightness коэффициент яркости

chromatic 1. хроматический, цветной 2. хроматическая (гамма)

chromaticity хроматичность

chromatism 1. *опт.* хроматическая аберрация 2. ненормальная окраска, пигментация

chromatopseudopsia неспособность различать цвета, дальтонизм

chromatopsia хроматопсия

cromatotropism хроматотропизм, ориентировочная реакция на определенный цвет

chromesthesia цветовая сенестезия

chromopsia *см.* **chromatopsia**

chromosome *ген.* хромосома; **sex** ~ половая хромосома; хромосома, определяющая пол; **X** ~ икс-хромосома; половая хромосома, определяющая развитие женского пола у видов с мужской гетерогаметностью; **Y** ~ игрек-хромосома; половая хромосома, встречающаяся у самцов в случае их гетерогаметности

chronaxia [chronaxy, chronaxie] хронаксия

chronic хронический

chronicity хроническое состояние

chronograph хронограф

chronologic(al) хронологический

chronometer хронометр; **fall** ~ падающий [гравитационный] хронометр

chronoscope хроноскоп, хронометр; **Hipp** ~ хронометр Гиппа; **pendulum** ~ маятниковый хронометр

chunk блок, укрупненная единица (информации в памяти)

circle круг; **color** ~ диск для смешения цветов (содержащий все цвета спектра в таких пропорциях, что при его вращении получается серый цвет); **diffusion** ~ площадь стимуляции; **Landolt** ~s кольца Ландольта (для определения остроты зрения); **reflex** ~ рефлекторный круг; **sensory** ~ *см.* **tactile** ~; **tactile** ~ тактильный круг (участок кожи, в пределах которого две точки касания воспринимаются как одна); **vicious** ~ порочный круг; **Vienna** ~ Венский кружок (ученых, занимавшихся логикой науки)

circuit схема; контур; цепь; **closed** ~ замкнутая цепь; **feedback** ~ схема обратной связи; **logical** ~ логическая схема; **nervous** ~ нервная цепь; **neural** ~ рефлекторная дуга; **reflex** ~ рефлекторная дуга; **response** ~ рефлекторная цепочка; **reverberating** ~ циркуляция возбуждения внутри рефлекторного кольца (после однократной стимуляции); **secondary** ~ вторичная цепь [контур]; **symbolic** ~ функциональная схема

circular 1. круглый, круговой 2. *лог.* не выходящий за пределы логического круга

circularity *лог.* рассуждения, не выходящие за пределы логического круга

circulation 1. кровообращение 2. циркуляция; **arterial** ~ артериальное кровообращение; **blood** ~ кровообращение; **body** ~ кровообращение тела [организма]; **brain** ~ кровообращение в мозгу; **cerebral** ~ мозговое [церебральное] кровообращение; **general** ~ общее кровообращение; **peripheral** ~ периферическое кровообращение; **reduced** ~ уменьшенное кровообращение; **systemic** ~ большой круг кровообращения

circulatory циркулирующий; кровеносный, относящийся к кровообращению

circumstances 1. обстоятельства, условия, положение дел 2. подробности, детали; **concomitant** ~ сопутствующие обстоятельства

circumstantiality перегруженность речи ненужными деталями

claim требование, претензия; притязание // 1. требовать 2. утверждать, заявлять

clairaudience хорошая [ясная] слышимость

clairvoyance ясновидение

clan клан, род

clandestine 1. незаметный во взрослых формах (о признаках эволюции) 2. проявляющийся во взрослых формах (об эмбриональных признаках)

clang металлический звук

clarification 1. пояснение, прояснение, выяснение 2. *мед.* просветление; **sudden** ~ прозрение (по Н.Камерону)

clash столкновение, конфликт, разногласие; **personality** ~ столкновение [конфликт] личностей, личностный конфликт [столкновение]

class класс; разряд; группа; вид, род; **major work** ~ специальный класс (для одаренных учеников, работающих по усложненной программе); **modal** ~ модальный класс; **open-ended** ~ открытый класс; **recombination** ~ рекомбинационный класс; **response** ~ тип реакции [ответа]; **sight conservation** ~ специальный класс (для детей с ослабленным зрением); **sight saving** ~ *см.* sight conservation ~; **social** ~ социальный класс; **special** ~ специальный класс (для умственно или физически неполноценных детей)

classification классификация; **Aristotelian** ~ Аристотелевская классификация; **automatic** ~ автоматическая классификация; **dichotomic** ~ дихотомическая классификация; **hierarchial** ~ иерархическая классификация; **intelligence** ~ распределение по степени умственного развития

classifier 1. классификатор 2. классификационная таблица

classify классифицировать, устанавливать положение в системе

claustrophobia клаустрофобия, боязнь замкнутого пространства

clearness ясность, четкость (напр., восприятия); **cognitive** ~ когнитивная ясность; **sensory** ~ сенсорная ясность

cleavage *соц. псих.* расхождения; раскол; **racial** ~ расовые противоречия [разногласия, раскол]; **religious** ~ религиозные противоречия [разногласия]

clever умный

cleverness 1. одаренность 2. ловкость, умение

cliche штамп, клише, избитая фраза

click *фон.* щелкающий звук

client клиент, пациент

climacteric климактерий, климактерический период, менопауза

climate климат, обстановка, атмосфера; **classroom** ~ психологический климат [обстановка] в классе; **cultural** ~ культурный климат; **emotional** ~ эмоциональный климат; **psychological** ~ психологический климат; **social** ~ социально-психологический климат

climbing; **social** ~ карьеризм

clinic клиника, лечебное учреждение; **educational** ~ лечебно-воспитательное учреждение; **child guidance** ~ лечебное учреждение по социальной адаптации детей; **out-patient** ~ клиника, лечебное учреждение для амбулаторных больных; **psychological** ~ психологическая клиника

clinical клинический

clonus клонус, быстрое и непроизвольное сокращение мышцы; **ankle** ~ патологический коленный рефлекс

closed закрытый, замкнутый

closedness закрытость (напр., системы)

close-mindedness 1. узость кругозора 2. предубежденность 3. невосприимчивость

closure завершение, прегнантность

clouding помутнение, затемнение, затуманивание; ~ **of consciousness** затемнение [затуманивание] сознания

clue (ключевой) ориентир

cluster 1. группа, скопление 2. группа переменных, связанных каким-л. признаком 3. кластер; **attitude** ~ совокупность установок; **correlation** ~ группа корреляций; **symptom** ~ симптомокомплекс, синдром

cluttering агитолалия, невнятная речь под влиянием волнения

coar(c)tation коартация, сужение (поведения)

coat оболочка; слой, покров; **sclerotic** ~ фиброзная оболочка глазного яблока, склера

coconscious относящийся к периферии сознания, вне фокуса сознания; субсенсорный

coconsciousness «периферия сознания», вне фокуса сознания; субсенсорность

cocontraction координация мышц-антагонистов

codability кодируемость; ~ **of experience** кодируемость опыта; ~ **of language** кодируемость языка

code 1. код 2. законы, принципы, правила (поведения); ~ **of behavior** правила поведения; **ethical** ~ кодекс этических норм; **labor** ~ кодекс законов о труде; **language** ~ языковой код; **machine** ~ машинный язык, язык машины; **moral** ~ моральный кодекс; **native** ~ естественный код; **professional** ~ профессиональный кодекс; **social** ~ социальные нормы

codetermine совместно обусловливать, кодетерминировать

coding кодирование; **profile** ~ кодирование профилей; **verbal** ~ словесное кодирование; ~**of behavior** кодирование поведения

coefficient коэффициент; **accommodation** ~ коэффициент аккомодации; **alpha** ~ коэффициент альфа (по А.Кронбаху); **B** ~ коэффициент принадлежности; **binomial** ~ биномиальный коэффициент; **brilliance** ~ коэффициент яркости; **confidence** ~ доверительный коэффициент; **consistency** ~ коэффициент внутренней согласованности; **contingency** ~ коэффициент сопряженности; **correlation** ~ коэффициент корреляции; **diffusion** ~ коэффициент диффузии; **factor** ~ факторная нагрузка; **first-order correlation** ~ коэффициент корреляции первого порядка; **danger** ~ коэффициент опасности; **distribution** ~ коэффициент распределения; **inter-item consistency** ~ *см.* alpha ~ ; **J** ~ J-коэффициент (показатель синтетической валидности); **luminosity** ~ коэффициент яркости; **medial correlation** ~ серединный коэффициент корреляции; **overall** ~ общий коэффициент; **partition** ~ коэффициент распределения; **path** ~ путевой коэффициент, коэффициент пути; **phi** ~ коэффициент фи; **random halves reliability** ~ коэффициент надежности, найденный методом расщепления; **rank correlation** ~ коэффициент ранговой корреляции: **regression** ~ коэффициент регрессии; **reliability** ~ коэффициент надежности; **similarity** ~ коэффициент общности; **tau** ~ **of correlation** коэффициент ранговой корреляции (по М.Кендаллу); **test-retest** ~ коэффициент ретестовой надежности; **visibility** ~ коэффициент видимости; **weight** ~ весовой коэффициент; ~ **of agreement** коэффициент согласования; ~ **of association** коэффициент зависимости между величинами; ~ **of belonging** коэффициент принадлежности; ~ **of coincidence** коэффициент совпадения; ~ **of colligation** коэффициент сопряженности; ~ **of community** коэффициент общности; ~ **of concordance** коэффициент согласия; ~ **of concurrent deviations** коэффициент параллельных изменений; ~ **of determination** коэффициент детерминации; ~ **of dispersion** коэффициент рассеяния; ~ **of efficiency** показатель работоспособности [качества работы]; ~ **of equivalence** коэффициент эквивалентности; ~ **of homogeneity** коэффициент однородности; ~ **of intelligence** коэффициент интеллекта [умственных способностей]; ~ **of internal consistency** коэффициент внутренней согласованности [совместимости, непротиворечивости]; ~ **of joint correlation** коэффициент смешанной корреляции; ~ **of multiple correlation** коэффициент множественной корреляции; ~ **of nondetermination** коэффициент неопределенности; ~ **of observer agreement** коэффициент согласия [единодушия] между наблюдателями; ~ **of partial correlation** коэффициент частной корреляции; ~ **of performance** показатель работоспособности [качества работы]; ~ **of scalability** коэффициент шкалируемости; ~ **of similarity** коэффициент общности; ~ **of stability** коэффициент стабильности; ~ **of validity** коэффициент валидности; ~ **of variability** коэффициент изменчивости; ~ **of variation** коэффициент вариации

coenesthesia общее (валовое) чувство

coercion 1. сдерживание (силой), обуздание 2. принуждение

coexistence сосуществование

cognition познание; **paranormal** ~ внесенсорное познание

cognitive когнитивный, познавательный

cognize 1. познавать, знать 2. замечать, обращать внимание

coherence связанность, последовательность (доводов, аргументации)

coherent 1. связный, сцепленный 2. согласованный, последовательный 3. понятный, ясный

cohesion [cohesiveness] сплоченность, связанность, согласие, единство; **figural** ~ связанность фигуры; **group** ~ сплоченность группы [коллектива]; **sensory** ~ сенсорный синтез (по К. Гольдштейну); **social** ~ сплоченность

coinage создание новых слов и выражений; **rational** ~ рациональное словотворчество; **word** ~ словотворчество, создание новых слов

coincidence 1. совпадение 2. случайное стечение обстоятельств

coition [coitus] коитус, совокупление

cold холодный // холод; **paradoxical** ~ парадоксальное ощущение холода

coldness холодность

collaboration сотрудничество, совместная работа

collapse 1. *мед.* коллапс, резкий упадок сил; депрессия 2. спадение полового органа 3. крушение (надежд, планов)

collateral 1. побочный, второстепенный факт 2. родственник по боковой линии // 1. побочный, второстепенный 2. параллельный

collection сбор материала

collective коллектив // коллективный

collectivity коллектив, общность (людей)

colliculus (*pl.* **colliculi**) *анат.* бугорок; **superior** ~ верхний бугорок (четверохолмия)

colligation *лог.* связывание, обобщение (фактов)

collinear *мат.* коллинеарный, имеющий общую прямую; лежащий на одной прямой

collinearity коллинеарность

color цвет; **achromatic** ~ ахроматический цвет; **antagonistic** ~s цвета-антагонисты; **aperture** ~ редуцированный цвет; **basic** ~ основной цвет; **bulky** ~ объемный цвет; **chromatic** ~ хроматический цвет; **complementary** ~s дополнительные цвета (спектра); **contrast** ~ контрастный цвет; **film** ~ цвет тонкой пленки; **fundamental** ~ основной цвет; **glowing** ~ слепящий цвет (непосредственно от источника света); **hard** ~s длинноволновые цвета (желтый, красный, наиболее легко отличаемые от серого равной с ними яркости); **illuminant [illumination]** ~ слепящий цвет (непосредственно от источника света); **incompatible** ~ несочетаемый цвет; **induced** ~ индуцированный цвет; **inducing** ~ индуцирующий цвет (обусловливающий явление контраста); **insistent** ~ яркий [броский] цвет; **intense** ~ насыщенный [густой] цвет; **invariable** ~ неизменный [постоянный] цвет; **memory** ~ цвет, сохраняющий свое постоянство благодаря явлению константности; **metallic** ~ металлический цвет; **mirrored** ~ цвет, который воспринимается человеком как находящийся позади поверхности, фактически отражающей его; **neutral** ~ нейтральный [ахроматический] цвет; **object** ~ цвет объекта; **Ostwald** ~s цвета Оствальда; **primary** ~s основные цвета (красный, желтый, синий); **principal** ~ основной цвет; **reduced** ~ *см.* **aperture** ~ ; **reflected** ~ отраженный цвет; **secondary** ~ смешанный [составной] цвет; **soft** ~s цвета голубовато-желтой части спектра; **spectral [spectrum]** ~ цвет спектра, спектральный цвет; **strong** ~ резкий цвет; **subjective** ~ субъективное ощущение цвета; **tone** ~ тембр; **transparent surface** ~ прозрачный цвет поверхности; **volume** ~ объемный цвет; **warm** ~ теплый тон [цвет]; **weak** ~ слабый цвет

colorant окрашивающее вещество, краска

color-blind не различающий цветов, дальтоник

colorimeter колориметр

colorless бесцветный

colour *см.* **color**

column 1. столбец, колонка (цифр) 2. *анат.* позвоночник 3. *анат.* нервный пучок; **spinal** ~ позвоночник, позвоночный столб; **vertebral** ~ позвоночник, позвоночный столб; ~ **of Goll** нежный пучок Голля

coma кома, коматозное [бессознательное] состояние; **insulin** ~ инсулиновый шок, шок от избыточного введения инсулина

combination 1. комбинация, сочетание, соединение 2. *физиол.* комплекс; **number** ~ арифметический факт (например, таблица умножения)

comfort комфорт; утешение; отдых, покой // утешать, успокаивать; **bodily** ~ физический комфорт; **thermal** ~ тепловой комфорт

comfortable комфортный; комфортабельный

commitment 1. обязательство 2.

преданность; **partizan** ~ фанатическая преданность

committable подлежащий принудительному лечению

common 1. общий, совместный 2. общественный, общинный 3. общепринятый, обычный

commonality общность; ~ **of interests** общность интересов

commotion (нервное) потрясение; суматоха

communication коммуникация, общение; связь; сообщение; **auditory** ~ устная коммуникация; **continuous** ~ постоянная связь [общение]; **face-to-face** ~ непосредственная коммуникация; **group** ~ групповая коммуникация, коммуникация [общение] в группе; **human** ~ человеческая коммуникация; **instrumental** ~ коммуникация с целью навязать свою точку зрения партнеру по общению; **intermittent** ~ периодическое общение; **interpersonal** ~ межличностная коммуникация [общение, связь]; **mass** ~ массовая коммуникация; **mass media** ~ инструментальная коммуникация; **nonverbal** ~ невербальная коммуникация; **one-way** ~ односторонняя коммуникация [связь]; **two-way** ~ двухсторонняя коммуникация [связь]; **verbal** ~ вербальная коммуникация; **visual** ~ визуальная [зрительная] коммуникация [связь]; **vocal** ~ устная коммуникация [сообщение]

communion общность (людей)

community 1. сообщество, коллектив, группа 2. общность (людей); **animal** ~ сообщество животных; **closed** ~ замкнутое [закрытое] сообщество; **open** ~ открытое сообщество; **regional** ~ региональное сообщество; **speech** ~

языковое сообщество [коллектив]; **stable** ~ устойчивое сообщество; **therapeutic** ~ терапевтическая группа [коллектив]; ~ **of ideas** общность идей

companion товарищ, партнер, компаньон; **imaginary** ~ воображаемый партнер

comparability сопоставимость

compare сравнивать, сопоставлять

comparison сравнение, сопоставление; **individual-group** ~ сравнение [сопоставление] индивида и группы; **intertest** ~ межтестовое сравнение; **paired** ~ парное сравнение

compartment 1. клетка (в таблице) **2.** камера, помещение **3.** полость

compartmentalization расчлененность внутреннего опыта

compassion сострадание

compatibility совместимость; **cross** ~ перекрестная совместимость; **man-machine** ~ соответствие возможностей [совместимость] человека и машины (в системе «человек–машина»)

compeer 1. равный по положению, ровня **2.** товарищ

compensate компенсировать, уравновешивать, балансировать

compensation 1. компенсация функции **2.** возмещение, компенсация, выравнивание

compensatory компенсаторный, компенсирующий

competence [competency] компетенция; компетентность, умение, способность; **cerebral** ~ функциональная возможность мозга; **individual** ~ компетентность индивида; **linguistic** ~ языковая способность (по Н.Хомскому); **subjective** ~ субъективная компетентность

competition соперничество, конкуренция; соревнование; **between-**-**group** ~ соперничество между группами; **intergroup** ~ межгрупповое соперничество; **interpersonal** ~ межличностное соперничество; **sexual** ~ сексуальное соперничество; соперничество в сексуальной сфере; ~ **in school** соперничество в школе

competitive соперничающий, конкурентный

competitiveness дух соперничества

competitor соперник, конкурент

compile составлять (тесты и т.п.)

compiler составитель (напр., тестов)

complacency 1. самодовольство, благодушие, самоуспокоенность **2.** гомеостаз

complaint жалоба

complement 1. комплемент **2.** хромосомный набор

complementarism цветовая дополнительность; **color** ~ см. **complementarism**

complementarity комплементарность, дополнительность

complementary комплементарный, дополнительный, добавочный

complex 1. комплекс, совокупность **2.** психоан. вытесненный комплекс // сложный, комплексный; **autonomous** ~ первичный комплекс (по К.Юнгу); **castration** ~ психоан. кастрационный комплекс; **chromosome** ~ хромосомный комплекс; **culture** ~ культурный комплекс, система культуры; **custom** ~ комплекс [система] обычаев [привычек]; **Diana** ~ психоан. комплекс Дианы (желание женщины быть мужчиной); **Edipus** ~ психоан. Эдипов комплекс; **ego** ~ эго-комплекс (по К.Юнгу); **Electra** ~ психоан. комплекс Электры (половая любовь дочери к отцу); **father** ~ см. **Electra** ~ ; **fear** ~ страх, комплекс боязни; **gene** ~ генный комплекс; **genetic** ~ генотип, совокупность всех наследственных факторов организма; **habit** ~ система привычек; **inferiority** ~ комплекс неполноценности; **Iegova** ~ Иегова-комплекс; **К** ~ общая кортикальная реакция спящего человека на слуховую стимуляцию; **mother** ~ *см.* **Edipus** ~ ; **nuclear** ~ ядерный комплекс; **Orestes** ~ *психоан.* комплекс Ореста (желание сына убить мать); **particular** ~ *психоан.* частный комплекс (основанный на специфических для данного человека событиях); **persecution** ~ мания преследования; **quality** ~ конфабуляторный бред; **repressed** ~ *психоан.* вытесненный комплекс; **root** ~ *см.* **nuclear** ~ ; **stimulus** ~ комплекс стимулов; **superiority** ~ мания величия, чувство превосходства над окружающими; **universal** ~ *психоан.* универсальный комплекс (основанный на всеобщих инстинктах); ~ **of symptoms** симптомокомплекс

complexity сложность; **cognitive** ~ сложность познания

compliance уступчивость, податливость; согласие; **apathetic** ~ апатичная уступчивость [согласие]; **conscientious** ~ сознательная уступчивость [согласие]; **force** ~ подчинение силе; **forced** ~ вынужденная [навязанная] уступчивость [согласие]

compliancy *см.* **compliance**

complication 1. сложность, запутанность 2. совокупность разных ощущений 3. осложнение (болезни)

component компонент, составная часть; **affective attitudinal** ~ аффективный [эмоциональный] компонент установки; **conative** ~ волевой компонент; **instinctual** ~ *психоан.*

инстинктивный компонент; **major** ~ основной компонент; **minor** ~ второстепенный компонент

composed спокойный, владеющий собой, сдержанный

composite составной, сложный // механическое составное

composition 1. составление, построение; соединение 2. сочинение 3. склад (ума) 4. состав, структура; **age** ~ возрастной состав; **body** ~ состав тела; **community** ~ состав сообщества; **qualitative** ~ качественный состав; **quantitative** ~ количественный состав; **sex** ~ половой состав

compos mentis *лат.* находящийся в здравом уме и твердой памяти; вменяемый

compound сложное целое // составной, сложный; **complex** ~ сложное соединение

comprehend 1. понимать 2. охватывать, включать

comprehensibility понятность, постижимость, вразумительность

comprehension 1. понимание, разумение 2. охват, включение; **configural** ~ понимание сложных форм материала; **passive** ~ пассивное усвоение

comprehensive 1. понятливый, легко схватывающий 2. всеобъемлющий, исчерпывающий

compression компрессия, сжатие, сокращение; ~ **of ideas** сжатое изложение мыслей

compromise компромисс, соглашение сторон

compulsion 1. компульсия, иррациональная, навязчивая тяга к чему-л. 2. принуждение; **accuracy** ~ повышенное стремление к точности восприятия пятен (по Г.Роршаху); **inner [internal]** ~ непреодолимая внутренняя тяга к чему-л.; **repetition** ~ навязчивое действие

compulsive обязательный; принудительный

compulsiveness поведенческая персеверация

compulsivity *см.* **compulsiveness**

compulsory обязательный; принудительный

conation способность к волевому движению

conative конативный

conatus *лат.* **1.** стремление к самосохранению и самоутверждению (Спиноза) **2.** естественная тенденция, усилие, врожденное желание

conceal скрывать, утаивать

concealment утаивание, сокрытие; **partial** ~ частичное утаивание

conceivable мыслимый, постижимый

conceive 1. понимать, постигать, воспринять **2.** полагать, считать, иметь представление **3.** зачать

concentrate концентрировать, сосредоточивать (силы, внимание)

concentration концентрация (внимания, сил и т.д.)

concentrativeness способность умственного сосредоточения

concept понятие, идея; концепция; **abstract** ~ абстрактное понятие; **activity** ~ принцип активности научения; **body** ~ представление о собственном теле; **class** ~ общее понятие, понятие класса; **conditional-genetic** ~ динамическое понятие (по К.Левину); **dynamic** ~ динамическое понятие (по К.Левину); **general** ~ общее понятие; **geometrical** ~ геометрическое понятие [термин] (по К. Левину); **gradient** ~ градиентная концепция, теория градиентов; **«group»** ~ понятие «группы»; **mathematical** ~s математические термины [понятия] (по топологической теории К.Левина); **number** ~ понятие

системы чисел; **organic** ~ **of society** *идеал. филос.* понятие об обществе как об организме, аналогичном биологическому; **undefined** ~ исходное понятие (по К.Халлу); **self** ~ самооценка, оценка собственной личности; ~ **of equality** *лог.* понятие равенства; ~ **of identity** *лог.* понятие тождества

conception 1. концепция, представление, идея **2.** зачатие **3.** начинание; **inadequate** ~s несоизмеримые понятия

conceptional относящийся к концепции [понятию]

conceptual 1. концептуальный **2.** сенсорный, относящийся к восприятию

conceptuality 1. способность формировать понятия **2.** способность к абстрактному мышлению

conceptualization концептуализация, формирование понятий

conceptualize 1. образовывать понятие **2.** объяснять с помощью понятий

concern 1. беспокойство, забота **2.** интерес **3.** отношение, касательство **4.** важность **5.** фирма // **1.** иметь отношение **2.** беспокоить

concession уступка

conclude 1. делать вывод [заключение] **2.** решать

conclusion вывод, заключение, умозаключение; **empirical** ~ эмпирический вывод; **explicit** ~ эксплицитный вывод; **implicit** ~ имплицитный вывод; **inconsistent** ~ нелогичный вывод; **irrelevant** ~ *лог.* несоответствующее заключение; **suppressed** ~ *лог.* упущение заключения; **necessary** ~ *лог.* необходимое заключение; **probable** ~ *лог.* вероятное заключение

concomitance 1. сопутствие **2.** отношение между фактами, событиями

concomitant сопутствующий

concord 1. согласие 2. соглашение 3. *муз.* гармония

concordance согласие, гармония, соответствие

concrete 1. конкретный (в отличие от абстрактного) 2. частный (в отличие от общего) 3. реальный (не идеальный)

concreteness конкретность

concretion 1. акт [процесс] конкретизации 2. конкретность

concretism конкретизация абстрактных предметов

concretize конкретизировать

concretizing конкретизация

concussion сотрясение; контузия; ушиб; механическое повреждение; ~ of the brain сотрясение мозга

condensation *психоан.* конденсация

condition 1. состояние 2. условие, обстоятельство // 1. формировать условный рефлекс 2. определять, регулировать, обусловливать; chronic ~ хроническое состояние; communication ~s условия коммуникации [общения, связи]; controlled ~s контролируемые условия; critical ~s критические условия; dangerous ~s опасные условия [состояния]; emergency ~ критическая [аварийная] ситуация [условие, состояние]; environmental ~s условия (окружающей) среды; experimental ~ экспериментальное условие; favorable ~ благоприятное условие; hazardous ~ опасная ситуация [условие, состояние, положение]; initial ~s начальные условия; insanitary ~s антисанитарные условия; life ~s условия жизни; living ~s условия существования; medical ~s медицинские условия; mental ~ умственное состояние; normal ~ нормальное состояние [условия]; pathological ~s патологические [анормальные] усло-

вия; physical ~ физическое условие [состояние]; precedent ~s предварительные условия; psychological ~s психологические условия [обстоятельства]; psychosomatic ~ психосоматическое состояние; secondary ~ вторичное состояние; social ~s социальные условия; standard ~s нормальные условия; stress ~s стрессовые условия; условия, вызывающие стресс; условия [обстоятельства, состояния] стресса; stressful working ~s условия работы, вызывающие стресс; systemic ~ общее состояние организма; unsafe ~ опасное условие [состояние]; viewing ~s условия наблюдения; working ~s 1. условия труда 2. эксплуатационный режим

conditional условный

conditionalism детерминизм (по К.Юнгу)

conditioned условный

conditioning 1. формирование условных рефлексов 2. научение; approximation ~ формирование условных рефлексов путем последовательного приближения к конечной цели; aversive ~ выработка условнорефлекторного отвращения; avoidance ~ выработка условнорефлекторной реакции избегания; backward ~ отставленное обусловливание; classical ~ классическое формирование условных рефлексов; configural ~ выработка стереотипа; counter ~ дифференцировка (при формировании условного ответа); decorticate ~ подкорковое формирование условных рефлексов; delayed ~ отставленное формирование условных рефлексов; escape ~ выработка избегательного условного рефлекса; higher order ~

формирование условных рефлексов выше первого порядка; **inhibitory** ~ выработка условнорефлекторного торможения; **instrumental** ~ выработка инструментальных условных рефлексов; **negative** ~ отрицательное обусловливание; **operant** ~ выработка инструментальных условных рефлексов; **Pavlovian** ~ см. classical ~ ; **remote** ~ отставление (действие безусловного раздражения значительно позже, чем действие условного раздражителя); **respondent** ~ см. classical ~ ; **R-R** ~ выработка цепного условного рефлекса; **secondary [second-order]** ~ формирование условных рефлексов второго порядка; **semantic** ~ словесное обусловливание; **sensory** ~ сенсорное формирование условных рефлексов; **simultaneous** ~ симультанное формирование условных рефлексов; **Skinner's Operant** ~ система оперантного научения по Скиннеру; **type-R** ~ выработка классических условных рефлексов; **type-S** ~ выработка инструментальных условных рефлексов

conduct поведение // 1. вести, руководить, проводить 2. проводить (нервные импульсы, сигналы и т.д.); **ethical** ~ этичное поведение; **rational** ~ благоразумное поведение; **religious** ~ религиозное поведение; **safe** ~ безопасное поведение

conduction 1. передача нервного возбуждения 2. проводимость; проведение; **antidromic** ~ антидромное проведение; **avalanche** ~ возрастание интенсивности нервных импульсов при прохождении по эфферентным нервам; **bone** ~ костная проводимость звука, зву-

копроводимость костей; **cranial** ~ звукопроводимость костей черепа; **heat** ~ теплопроводность; **nerve** ~ нервная проводимость; **neural** ~ нервная проводимость; **sound** ~ проводимость звука; **synaptic** ~ передача возбуждения по синапсам

conductivity 1. проводимость 2. способность передавать нервные импульсы; **nervous** ~ нервная проводимость

cone 1. колбочка (сетчатки глаза) 2. конус, пирамида; **visual** ~ зрительный конус

confabulation 1. вымысел; бессмысленное истолкование какого-л. факта 2. бессмысленное толкование чернильных пятен (по Г. Роршаху)

confidence 1. доверие 2. уверенность, 3. самоуверенность

configuration конфигурация, форма, образ, очертание; **word** ~ зрительный образ слова

confined ограниченный; изолированный

confinement изоляция; ограничение; **physical** ~ физическое ограничение (перемещения и движений); физическая изоляция

confirmation подкрепление (по Е.Толману)

conflict конфликт; **actual** ~ психоан. реальный конфликт; **affective** ~ аффективный конфликт; **approach-approach** ~ конфликт типа «приближение-приближение»; **approach-avoidance** ~ конфликт типа «приближение-избегание»; **avoidance-avoidance** ~ конфликт типа «избегание-избегание»; **behavior** ~ поведенческий конфликт; **class** ~ классовый конфликт; **cognitive** ~ познавательный [когнитивный] конфликт; **conceptual** ~ концептуальный конфликт; **culture** ~ конфликт культур; **cultural** ~ конфликт вследствие различия культурных норм; **inner** ~ внутренний конфликт; **interethnic group** ~ конфликт между этническими группами; **international** ~ международный конфликт; **interpersonal** ~ межличностный конфликт; **intrapersonal** ~ внутренний конфликт; **intrapsychic** ~ интрапсихический конфликт; **mental** ~ внутренний конфликт; **negative-negative** ~ конфликт типа «избегание–избегание»; **norm** ~ *соц. психол.* конфликт норм; **positive-negative** ~ конфликт типа «приближение–избегание»; **positive-positive** ~ конфликт типа «приближение–приближение»; **role** ~ ролевой конфликт; **role-personality** ~ личностно-ролевой конфликт; **root** ~*психоан.* первичный конфликт; ~ **of interests** конфликт [столкновение] интересов

confluence слияние отдельных элементов ситуации [структуры]

conform 1. соответствовать 2. приспосабливать(ся) 3. подчиняться

conformance *см.* **social conformity**

conformity конформизм; **moral** ~ моральный конформизм; **social** ~ социальный конформизм; ~ **to norms** конформизм по отношению к (существующим) нормам

confound смешивать

confounding смешение; **artificial** ~ искусственное смешение; **associative** ~ сопутствующее смешение; **natural** ~ естественное смешение

confuse 1. смущать, приводить в замешательство 2. смешивать

confusion 1. смущение, замешательство 2. смешение; **laterality** ~ перепутывание (правой и левой) сторон; **mental** ~ помешательство; **size-age** ~ заблуждение относительно возраста (ребенка) из-за несоответствующего ему роста

congenerous родственный; однородный, несущий одинаковые функции

congenetic одинакового происхождения

congenital врожденный

congregation группа-конгломерат

congress; sexual ~ *см.* **coition**

congruence 1. соответствие, совпадение 2. *мат.* конгруэнтность; **characterologically-induced** ~ совместимость, обусловленная сходством характеров; **ideal** ~ идеальное соответствие; **institutionally-induced** ~ совпадение в результате общности социальных условий

congruent конгруэнтный; соответствующий, гармонирующий

congruity соответствие, сообразность

congruous *лог.* конгруэнтный

conjugate парный; сопряженный; соединенный // соединяться

conjugation 1. соединение, слияние 2. *биол.* конъюгация

conjunction конъюнкция, соединение, связь

conjunctivity конъюнктивность [соединение мысли и действия] (по Г.Меррею)

connate врожденный

connect соединять, связывать, сочетать

connection соединение, связь; **conditioned** ~ условная связь; **fibre** ~ связь [синапс] (нервных) волокон; **nervous** ~ нервная связь [синапс]; **synaptic** ~ синапс, синаптическая связь (нервных волокон, клеток); **temporary** ~ временная связь, замыкание

connectionism коннекционизм (точка зрения, считающая, что в основе всего поведения лежит связь между стимулом и ответом)

connective соединительный, связующий

connector вставочный нейрон

connexion *см.* **connection**

connotation 1. дополнительное, сопутствующее значение 2. *лог.* созначение, обозначение, относящееся к содержанию; **conceptual** ~ дополнительный оттенок понятия; **emotional** ~ эмоциональный оттенок значения

connote 1. иметь дополнительное значение 2. вызывать смысловые ассоциации

consanguineous 1. состоящий в кровном родстве 2. единокровный

consanguinity 1. кровное родство 2. единокровность

conscience 1. сознательность 2. общественное сознание 3. совесть 4. высокая мораль; **public** ~ общественное сознание; **tender** ~ совестливость

conscious 1. сознательный 2. относящийся к сознанию

consciousness 1. сознание 2. сознательность; **collective** ~ коллективное сознание; **double** ~ двойственное сознание; **group** ~ групповое сознание; **marginal** ~ периферия сознания, периферийное [латеральное] сознание; **social** ~ социальное сознание; **split-off** ~ параллельное сознание (по В. Джеймсу); **subliminal** ~ подсознание; ~ **of activity** осознание деятельности; ~ **of effort** осознание проприоцептивных ощущений; ~ **of kind** чувство принадлежности к своему виду

consecutive последовательный, последующий

consenescence старение

consensual согласованный (об ответе на возбуждение произвольным или непроизвольным движением)

consensus 1. консенсус, согласие, единодушие 2. согласованность; **general** ~ общее мнение

consent согласие; разрешение // соглашаться, давать согласие, разрешать

consentience единодушие, согласие

consequence 1. следствие, последствие, результат 2. вывод, заключение 3. значение; общественная значимость; **behavioral** ~s последствия поведения; **indirect** ~s косвенные последствия; **negative** ~s отрицательные последствия

consequent результат, последствие // 1. являющийся результатом чего-л. 2. последовательный; следующий за чем-л. 3. логически последовательный, логичный

consequential 1. логически вытекающий 2. важный, полный самомнения

conservation сохранение, хранение; ~ **of energy** сохранение энергии

conserve; **cultural** ~ памятник [произведение] культуры, кладезь культурных ценностей (по Дж. Морено)

consider 1. рассматривать, обсуждать, обдумывать 2. принимать во внимание, учитывать 3. полагать, считать 4. проявлять уважение

consideration 1. рассмотрение, обсуждение 2. соображение 3. внимание, уважение 4. важность

consistency 1. последовательность, логичность 2. постоянство 3. согласованность, непротиворечивость: **absolute** ~ *лог.* абсолютная непротиворечивость; **cognitive** ~ когнитивная согласованность; **internal** ~ внутренняя согласованность [совместимость, непротиворечивость]; **reaction** ~ согласованность реакций; **relative** ~ *лог.* относительная непротиворечивость

consolidation консолидация, укрепление, уплотнение
consonance 1. созвучие, гармония **2.** *муз.* консонанс
consonant 1. согласный звук **2.** буква, обозначающая согласный звук
constancy константность, постоянство, стойкость, неизменность; **brightness** ~ константность яркости; **color** ~ константность цвета; **distance** ~ константность [постоянство] расстояния; **form** ~ константность (восприятия) формы; **location** ~ константность местоположения; **object** ~ константность (восприятия) объекта; **perceptual** ~ константность восприятия; **place** ~ постоянство места; **shape** ~ константность (восприятия) формы; **size** ~ константность (восприятия) величины [размера]; ~ **of IQ** константность IQ [коэффициента интеллекта]; ~ **of organism** гомеостаз
constant константа, постоянная величина // постоянный, константный; **absolute** ~ абсолютная постоянная; **arbitrary** ~ произвольно выбранное значение константы; **metabolic** ~ метаболическая константа, константа обмена веществ; **multiplication** ~ коэффициент размножения; **numerical** ~ *см.* absolute ~ ; **statistical** ~ статистическая постоянная
constellation констелляция, совокупность, группа; **family** ~ структура семьи
constitution 1. телосложение, конституция **2.** состав, строение; **genetic** ~ генетическая структура; **strong** ~ сильный [здоровый] организм
constitutional органический, конституциональный
constitutional-specific конституционально-специфический

constrain 1. принуждать, вынуждать **2.** сдерживать, стеснять (движения)
constrained 1. вынужденный **2.** напряженный; смущенный **3.** скованный, неестественный (о движении)
constraint принуждение
constriction 1. сужение, стягивание, сжатие **2.** ригидность, стереотипность реакций **3.** «суженность» (особенность типа личности, для которой характерно отсутствие или малое количество ответов, связанных с движением или цветом) (по Г.Роршаху)
constrictor *анат.* констриктор, сжимающая мышца
construct конструкт, модель // создавать (напр., тест); **empirical** ~ эмпирический конструкт; **hypothetical** ~ гипотетический конструкт; **symbolic** ~ символический конструкт, символ (обычнослово)
constructing построение; **group** ~ стратегия построения группы; **matching group** ~ попарная стратегия построения группы; **random group** ~ случайная стратегия построения группы; **stratified random group** ~ случайная стратегия построения группы с предварительным выделением слоев
construction 1. построение **2.** структура, устройство **3.** формирование (идей, понятий) **4.** конструкция **5.** телосложение; **category** ~ выделение [установление] категорий; **logical** ~ логическое построение; **test** ~ создание теста
constructive 1. созидательный; творческий; конструктивный **2.** подразумеваемый
constructiveness конструктивность
constructor создатель; **test** ~ составитель теста

consultant консультант; **psychological** ~ консультант-психолог
contact контакт // быть в контакте; **direct** ~ прямой контакт; **eye** ~ зрительный контакт; **immediate** ~ непосредственный [прямой] контакт; **intergroup** ~ межгрупповой контакт; **occupational** ~s профессиональные связи [контакты]; **visual** ~ зрительный контакт
contagion *соц. психол.* «заражение» (распространение на других людей эмоциональных состояний и форм поведения в результате подражания или внушения); **behavior** ~ неосознанное подражание поведению других людей; **group** ~ «групповое заражение»; **mass** ~ «массовое заражение»; **psychic** ~ подражательность в душевных и нервных расстройствах; **social** ~ «заражение» (как механизм социально-психологического влияния членов группы друг на друга)
contain 1. содержать 2. сдерживать (чувства)
containment сдерживание; ~ **of conflict** сдерживание конфликта
contamination контаминация; **criterion** ~ контаминация критерия; ~ **of speech** речевая контаминация
contemplate 1. созерцать 2. обдумывать, размышлять 3. намереваться 4. рассматривать
contemplation 1. созерцание 2. размышление 3. намерение, рассмотрение 4. созерцаемое, объект мысли 5. *идеал. филос.* восприятие Бога
content содержание // довольный, удовлетворенный; **category** ~ содержание категории; **communication** ~ содержание коммуникации; **dream** ~ *психоан.* содержание сновидений; **latent** ~ *психоан.* латентное содержание; **manifest** ~ *психоан.* явное содержа-

ние; **mental** ~ психическое содержание, содержание сознания
context контекст; **ideological** ~ идеологический контекст; **social** ~ социальный контекст
contiguity 1. смежность, близость 2. ассоциация (идей)
continence 1. сдержанность 2. воздержание; **sexual** ~ половое воздержание
contingency вероятность, возможность
contingent возможный
continuity 1. континуальность, непрерывность, целостность 2. преемственность; **intergenerational** ~ преемственность поколений; **personality** ~ непрерывность развития (черт) личности; ~ **of the germ plasm** непрерывность зародышевой плазмы
continuum континуум; **abnormal‒normal** ~ континуум «нормальный‒анормальный»; **illness‒wellness** ~ континуум «здоровье‒болезнь»; **polar** ~ континуум; **stimulus** ~ стимульный континуум
contour контур, очертание; **isophonic** ~ изофонический контур
contract контракт, договор, соглашение; ~ **with reality** восприятие реальности в соответствии с групповыми культурными стандартами
contractibility сократительная способность мышц
contraction сокращение; сужение; сжатие; уменьшение; **habit** ~ тик; **heart** ~ сердечное сокращение; **hunger** ~ сокращение пустого желудка; **muscle [muscular]** ~ мышечное сокращение, сокращение мышцы; **tonic** ~ тоническое сокращение
contradict 1. противоречить 2. опровергать
contradiction 1. противоречие 2. противоположность 3. опровержение

contraindication противопоказание

contralateral расположенный на противоположной стороне

contrast контраст, противоположность // противопоставлять, сравнивать, сопоставлять; behavioral ~ поведенческий контраст; brightness ~ яркостный контраст, контраст яркости; color ~ цветовой контраст; marginal ~ маргинальный контраст

contrasuggestibility устойчивость к внушению

contrectation стремление ласкаться, обниматься

contribution вклад, содействие

control 1. управление, руководство 2. контроль, проверка 3. регулировка // 1. управлять, руководить 2. контролировать 3. сдерживать (напр., эмоции); autocratic ~ диктаторское управление [руководство]; behavior ~ контроль поведения; biological ~ биологический контроль [регулирование]; confusion [confounding] ~ контроль смешения; cortical ~ контроль коры; co-twin ~ близнецовый метод; ego ~ эго-контроль; emotional ~ эмоциональный контроль; experimental ~ экспериментальный контроль; external ~ внешний контроль [регуляция]; feedback ~ регулирование с обратной связью; genotypic ~ генотипический контроль; hormonal ~ гормональная регуляция; humoral ~ гуморальная регуляция; hypnotic ~ гипнотическая регуляция [контроль]; individual ~ индивидуальный контроль; informational ~ информационный контроль; internal ~ внутренний контроль [регуляция]; motor ~ двигательный контроль; nervous ~ нервная регуляция; neural ~ нервная регуляция; noise ~ контроль уровня шума; physical ~ физический контроль [управление]; physiological ~ физиологический контроль; posture ~ управление [контроль] позой [положением]; reflex ~ рефлекторная регуляция; scientific ~ научный [экспериментальный] контроль; selective ~ выборочный контроль; sex ~ регулирование пола; social ~ социальный контроль; spirit ~ спиритический контроль; statistical ~ статистический контроль; stimulus ~ регуляция поведения стимулами; verbal ~ вербальный контроль; visual ~ визуальный контроль

controllable поддающийся контролю

controlled контролируемый, управляемый

convention 1. договор 2. обычай; условность; social ~ общественная условность

conventional 1. обычный, привычный 2. обусловленный, оговоренный 3. условный

conventionality условность

convergence конвергенция, сближение, схождение, сходимость; binocular ~ бинокулярная конвергенция; ~ in probability сходимость [сближение] по вероятности

converse 1. лог. обратное утверждение, отношение 2. предмет, противоположный другому // обратный, противоположный

conversion 1. перемена убеждений 2. лог. конверсия; операция обращения 3. изменение состояния; drive ~ развитие драйва путем смены цели; ~ of affect психоан. превращение [конверсия] аффекта

convert 1. обращать (в другую веру и т.п.) 2. превращать

convey 1. передавать (информацию, запах, звук, энергию) 2. выражать (идею и т.п.) **3**. переносить (инфекцию)

conveyance передача, перенос

convictions убеждения, взгляды; **instinctive** ~ подсознательные убеждения

convince 1. убеждать **2**. доводить до сознания

convolution *анат.* извилина (мозга); **Broca's** ~ левая нижняя извилина лобной доли головного мозга, «центр речи»; **frontal** ~ лобная извилина головного мозга

convulsion конвульсия, судорога, спазм мышц; **Jacksonian** ~ джексоновская эпилепсия

convulsive судорожный, конвульсивный

cooperation 1. кооперация, сотрудничество; коллегиальность **2**. (психологическая) совместимость; **animal** ~ кооперация среди животных; **antagonistic** ~ временное избегание антагонизмов между людьми и социальными группами в процессе достижения общей цели; **«one-sided»** ~ одностороннее сотрудничество

cooperativeness взаимопомощь; ~ **in subjects** взаимопомощь среди испытуемых

coordinate координата, система координат // координированный // координировать

coordination координация, согласованные действия; **eye-hand** ~ зрительная координация движений рук; **gross motor** ~ грубая двигательная координация; **hand** ~ координация (движений) рук; **hand-eye** ~ зрительная координация движений рук; **motor** ~ двигательная координация, координация движений; **neuromotor** ~ нейромоторная координация; **neuromuscular** ~ нервно-мышечная координация; **senso(ri)motor** ~ сенсомоторная [чувствительно-двигательная] координация

copresence соприсутствие

coprolalia копролалия

coprophilia копрофилия

coprophobia копрофобия

copulation копуляция, половое сношение, совокупление, соитие

copy 1. копия **2**. образец // копировать, подражать

cord 1. связка **2**. спинной мозг; **spinal** ~ спинной мозг; **vocal** ~ голосовая связка

core суть, сущность

cornea роговая оболочка, роговица

corneal относящийся к роговой оболочке, роговичный

corollary следствие, вывод, результат

corpora (*pl.*, *см.* **corpus**) тело

corporal телесный

corpora quadrigemina *лат. анат.* четверохолмие

corporeal телесный, вещественный, материальный

corpus (*pl.* **corpora**) *лат.* тело

corpus striatum *лат., анат.* полосатое тело

corpuscle 1. *анат.* тельце; клетка; частица **2**. атом, корпускула; **Dogiel** ~ тельце Догеля; **end** ~ окончание чувствительного нерва; **Golgi–Mazzoni** ~ чувствительное нервное окончание, тельце Гольджи–Мацони; **Meissner** ~ чувствительное нервное окончание, тельце Мейсснера; **Ruffini** ~ тельце Руффини; **tactile** ~ осязательное тельце; **terminal** ~ нервное окончание, концевое тельце

correct исправлять, корректировать // правильный, верный, точный

correction коррекция, поправка, исправление; **Sheppard's** ~ *стат.* поправка на группировку; ~ **for**

chance поправка на случайность; ~ for quessing поправка на случайное угадывание

correctness правильность, точность

correlate коррелят, соотносительное понятие // коррелировать, находиться в (каком-л.) соотношении

correlated 1. взаимосвязанный 2. корреляционный

correlation корреляция; biserial ~ бисериальная корреляция; bivariate ~ см. simple ~; chance-halves ~ корреляция в рядах альтернативных признаков; conditional ~ условная корреляция; curvilinear ~ корреляция криволинейной зависимости; direct ~ см. positive ~; footrule ~ коэффициент корреляции рангов Спирмана; heterotrait ~ корреляция разных черт; indirect ~ см. negative ~; inverse ~ см. negative ~; linear ~ линейная корреляция; multiple ~ множественная корреляция; negative ~ отрицательная корреляция; net ~ см. partial ~; neurological ~ связь между нервной и психической деятельностью; multiple ~ множественная [кратная] корреляция; part ~ корреляция между зависимой и независимой переменной, освобожденная от влияния всех других независимых переменных; partial ~ частная корреляция; Pearsonian [Pearson's] ~ корреляция произведения моментов (К. Пирсона); perfect ~ прямолинейная корреляция; point-biserial ~ точечно-бисериальная корреляция; polychoric ~ полихорическая корреляция; positive ~ положительная корреляция; primary ~ первичная [непосредственная] корреляция; product-moment ~ корреляция произведения моментов (К. Пирсона); R- ~ R-корреляция

(факторного анализа); rank difference ~ корреляция ранговых различий; ranking order ~ ранговая корреляция; rectilinear ~ см. linear ~ ; secondary ~ вторичная [опосредованная] корреляция; serial ~ сериальная корреляция; simple ~ простая корреляция; Spearman's footrule ~ см. footrule ~ ; split-half ~ см. chance halves ~ ; spurious ~ ложная [схоластическая] корреляция; stimulus-response ~ связь [корреляция] между стимулом и ответом; tetrachoric ~ тетрахорическая корреляция; total ~ полная корреляция; zero ~ нулевая корреляция; zero order ~ см. total ~ ; ~ by ranks см. rank difference ~

correlative коррелятивный, соотносительный

correspond соответствовать; сходиться, согласовываться

correspondence соответствие, аналогия, сходство; однозначное соответствие; point-to-point ~ взаимно-однозначное соответствие

correspondent 1. корреспондент 2. коррелят, соответствие

cortex 1. кора (головного мозга) 2. поверхностный слой органа; acoustic ~ слуховая кора, слуховая зона коры (головного мозга); association ~ ассоциативная кора, ассоциативная зона коры (головного мозга); adrenal ~ корковое вещество надпочечной железы, кора надпочечников; auditory ~ слуховая кора, слуховая зона коры (головного мозга); brain [cerebral] ~ кора головного мозга, мозговая кора; contralateral ~ локализация центров коры на противоположной стороне от соответствующих периферических нервов; extrinsic ~

внешняя кора; **intrinsic** ~ внутренняя кора; **motor** ~ двигательная зона коры (головного мозга); **optic** ~ зрительная кора, зрительная зона коры (головного мозга); **precentral** ~ прецентральная кора; **sensory** ~ сенсорная кора, сенсорная зона коры (головного мозг); **transitional** ~ промежуточный мозг; **visual** ~ зрительная кора, зрительная зона коры (головного мозга)

cortex cerebelli *лат.* кора мозжечка

cortex cerebri *лат.* кора головного мозга

cortical кортикальный, корковый

corticalization кортикализация

corticifugal идущий от коры

corticipetal идущий к коре

corticotrophin кортикотропин, адренокортикотропный гормон гипофиза

cortin кортин (гормон)

cortisone кортизон (гормон, вырабатываемый корой надпочечников)

cosatiation удовлетворение одной потребности через удовлетворение другой

cost цена; **psychic** ~ «психическая цена»

counselee клиент [пациент] (обращающийся за консультацией [помощью] к психологу)

counseling психологическое консультирование [консультация]; **client-centered** ~ консультирование, центрированное на клиенте; **directive** ~ рациональное консультирование; **individual** ~ индивидуальная консультация [консультирование]; **nondirective** ~ косвенное консультирование; **semantic** ~ смысло-корректирующая психотерапия [консультирование]; **therapeutic** ~ психотерапия; **vocational** ~ профориентация; консультации по вопросу о выборе профессии

counselor консультант; **psychological** ~ консультант-психолог

count счет, подсчет, сосчитанное число // 1. считать, подсчитывать 2. полагать, считать; **background** ~s фоновый счет; **blood** ~ гемограмма; анализ крови, формула крови, картина крови; **frequency** ~ подсчет частоты употребления (напр., слов); **paired** ~ парный счет, подсчет по парам; **semantic** ~ подсчет частоты употребления слова в определенном значении; **split** ~ подсчет по отдельности; **word** ~ подсчет частоты употребления (определенных) слов

counterbalancing позиционное уравнивание

counteridentification *психоан.* идентификация психоаналитика с клиентом

countersuggestion внушение, направленное на коррекцию предшествующего внушения

countertransference *психоан.* возникновение у психоаналитика подавляемых эмоций

counterwill способность противопоставить свою волю воле других (по О.Ранку)

couple 1. пара 2. супружеская пара // 1. соединяться 2. спариваться 3. связывать, ассоциировать

coupling 1. сцепление 2. спаривание, соединение; **associative** ~ ассоциативная связь

courage смелость, храбрость, мужество

course 1. курс, направление 2. ход, течение 3. порядок, очередь 4. линия поведения, действия 5. курс (лекций, обучения, лечения)

covariance *стат.* коварианса

covariation ковариация, сопряженная изменчивость

covert скрытый

coyness застенчивость, скромность

cram зубрежка // зубрить

cramp судорога, спазм; **heat ~s** тепловые судороги; **tonic ~** тоническая судорога

cranial черепной

craniography краниография, рентгенография [измерение] черепа

craniometry краниометрия [измерение черепов]

cranioscopy краниоскопия

cranium *лат. анат.* череп

craving страстное желание, стремление

crawling ползание

craze мания, мода, увлечение

create творить, создавать

creatinine креатинин

creative креативный, творческий, созидательный

creativeness [creativity] творческие способности

credibility достоверность, вероятность, правдоподобие; **communication ~** достоверность сообщения

credulity доверчивость, легковерие

creeping ползание

crest; neural ~ цепочка нервных клеток у зародыша позвоночных, расположенная параллельно спинному мозгу

cretin кретин

cretinism кретинизм

cretinous слабоумный, страдающий кретинизмом

crime 1. преступление **2.** неправильное, вредное поведение

criminal преступник // преступный; криминальный, уголовный

criminality преступность

criminology криминология

crisis кризис; критический [решительный] момент, перелом

criterion (*pl.* **criteria**) критерий, мера [способ] оценки; **behavior(al) ~** поведенческий эталон; **fine ~** тонкий критерий; **gross ~** грубый критерий; **intermediate ~** промежуточный критерий; **internal consistency ~** критерий внутренней согласованности; **linguistic ~** лингвистический [языковой] критерий; **physiological ~** физиологический критерий; **square ~** критерий среднеквадратичной ошибки; **training ~** критерий тренировки [подготовки, обучения]; **validity ~** критерий валидности

critical критический

criticism 1. критичность **2.** критицизм

critique критика; критический отзыв

cross-adaptation изменение чувствительности группы рецепторов при адаптации одного из них

cross-classification многомерная классификация

cross-conditioning формирование условного рефлекса на побочный стимул

cross-education *см.* **bilateral transfer**

crossing скрещивание

crossing-over *ген.* кроссинговер (перекрест хромосом)

cross-pressure ситуация конфликта

cross-validation перекрестная валидация

crossway перекресток; распутье, критический момент; **sensory ~** перекрест афферентных нервных волокон во внутренней капсуле

crowd толпа

crowding скученность; концентрация

cruel жестокий, бессердечный, безжалостный

cruelty жестокость, безжалостность, бессердечность

crus cerebri *лат. анат.* ножка головного мозга

crush сильное кратковременное увлечение

crutch поддержка, опора; **learning ~** вспомогательное средство обучения

cry крик // 1. кричать 2. плакать; birth ~первый крик новорожденного
crying плач
cryptesthesia *парапсихол.* интуиция
cryptogenetic неизвестного происхождения
cue 1. субъективный указатель стимула, признак стимула, стимул 2. внешний стимул [сигнал]; ориентир среды 3. ключевая информация [сигнал] 4. указатель значения; **binocular** ~ бинокулярный признак; **contextual** ~контекстуальный стимул [сигнал]; **discriminative** ~ отличительный стимул [сигнал]; **distal** ~ дистальный стимул [сигнал]; **distance** ~признак удаленности; **distinctive** ~ отличительный [характерный] стимул [сигнал]; **environmental** ~ внешний стимул, ориентир среды; **minimal** ~пороговый стимул [сигнал]; **monocular** ~монокулярный признак; **nonverbal** ~невербальный стимул [сигнал]; **paralinguistic** ~паралингвистический стимул [сигнал]; **proximal** ~проксимальный стимул [сигнал]; **response--produced** ~ вызванный стимул; **situational** ~ стимул [ориентир] ситуации; **spatial** ~ указатель третьего измерения; **visual** ~ визуальный стимул [сигнал]; **vocal** ~ голосовой стимул [сигнал]
cul-de-sac *фр.* тупик
cult культ
cultural культурный
culture культура; **civic** ~гражданская культура; **formal** ~ формальная культура; **guilt** ~внутриличностная система норм, регулирующая социальное поведение; **immaterial** ~ нематериальная культура; **material** ~материальная культура; **personal** ~ культура человека; **physical** ~ физическая культура, физкуль-

тура; **preliterate** ~ культура дописьменного периода; **primitive** ~ первобытная культура; **shame** ~ стыд (как социально-психологический механизм регуляции поведения человека в коллективе)
culturology культурология
cultus *см.* cult
cumulation кумуляция, накопление
cumulative кумулятивный
cunnus внешние женские половые органы
curare кураре (яд)
cure 1. лечение 2. лекарство // лечить; вылечивать; **faith** ~ лечение убеждением
curiosity 1. любознательность 2. любопытство; **infantile** ~ *психоан.* детское любопытство (в сексуальном плане)
current ток; течение // текущий; **action** ~ ток действия; **direct** ~ постоянный ток; **galvanic** ~гальванический ток; **neural** ~ нервный поток [импульс]; ~ **of injury** *физиол.* ток повреждения
curriculum курс обучения; учебный план; **enriched** ~ расширенная программа (обучения в школе)
cursive скоропись; рукописный шрифт
curve 1. кривая (линия) 2. график, кривая (диаграмма); **accelerated** ~ график ускорения, график зависимости ускорения от времени; **accumulation** ~ кривая накопления; кривая нарастающих частот, интегральная кривая; **action** ~ кривая действия; **age-progress** ~ кривая [график] возрастного развития; **autocatalytic** ~ *см.* **logistic** ~; **bell-shaped** ~ диаграмма нормального распределения; колоколообразная кривая; **bimodal** ~ двухвершинная кривая; **binominal** ~ *см.* **normal frequency** ~; **biologic** ~ *см.* **normal frequency** ~;

blood pressure ~ кривая кровяного давления; characteristic ~ характеристическая кривая; cumulative (frequency) ~ кривая накопления [нарастающих частот]; интегральная кривая; cumulative percentage ~ кумулята; distribution ~ кривая распределения; Ebbinghaus ~ кривая забывания Эббингауза; effect ~ кривая эффекта; exercise ~ кривая упражнения; exponential ~ зкспоненциальная кривая; forgetting ~ кривая [график] забывания; frequency ~ частотная кривая; Gaussian [Gauss'] ~ кривая нормального распределения (Гаусса); кривая ошибок [погрешностей]; generalized ~ обобщенная кривая (научения); growth ~ кривая роста [развития]; Laplacian ~ кривая нормального распределения; learning ~ кривая научения; logarithmic ~ *мат.* логарифмическая кривая; logistic ~ логистическая кривая; luminosity ~ кривая яркости; memory ~ кривая запоминания; mental growth ~ кривая психического развития; muscle ~ кривая мышечного сокращения; normal frequency ~ кривая нормального распределения; percentile ~ процентильная кривая распределения; performance ~ кривая выполнения (задания, теста) ; plane ~ *мат.* плоская кривая; practice ~ кривая научения; probability ~ кривая распределения вероятностей; regression ~ кривая регрессии; retention ~ кривая сохранения; S ~ 1. S-образная кривая 2. огива; saturation ~ кривая насыщения; sigmoid ~ S-образная кривая; smooth ~ кривая без случайных возмущений;

smoothed ~ сглаженная кривая; summation ~ огива; survival ~ кривая выживания; temperature ~ температурная кривая; theoretical frequency ~ *см.* normal frequency ~; three-dimensional ~ трехмерная кривая; U-shaped ~ U-образная кривая; visibility ~ кривая видимости; ~ of error кривая ошибок [нормального распределения]; ~ of means *см.* regression ~ ; ~ of normal error *см.* normal frequency ~; ~of rest фоновая кривая кожно-гальванической реакции (в условиях отсутствия стимуляции)

curve-fitting вычерчивание эмпирической кривой (по точкам); **empirical** ~ *см.* curve-fitting

curvilinear криволинейный

custody опека

custom 1. привычка 2. обычай; **taboo** ~ запрещенный обряд

cutaneous кожный

cycle цикл, период; круг; **activity** ~ цикл активности; **alternation** ~ перемежающийся цикл (ответов, реакций); **annual** ~ годовой цикл; **color** ~ цветовой круг; **developmental** ~ цикл развития; **diurnal** ~ суточный цикл; **functional** ~ функциональный цикл; **growth** ~ цикл роста; **life** ~ жизненный цикл; **sexual** ~ половой цикл; **work-rest** ~ цикл [режим] труда и отдыха

cycloid страдающий циркулярным психозом, циклотимик; человек с изменчивым настроением

cycloplegia паралич аккомодационной мышцы

cyclorama циклорама

cyclostat колесо активности

cyclothymia циклотимия, маниакально-депрессивный психоз

cylinder цилиндр; **axis** ~ аксон, нейрит

Dd

dactylology дактилология, ручная азбука, разговор при помощи пальцев

daltonism дальтонизм

damage повреждение, травма; нарушение // повреждать, поражать; **biological** ~ биологическое повреждение [поражение, травма]; **brain** ~ повреждение [поражение, травма] мозга; **central nervous system** ~ повреждение [поражение] центральной нервной системы; **cerebral** ~ повреждение [поражение, травма] мозга; **neurological** ~ нервное [неврологическое] повреждение [поражение]; **physical** ~ физическое повреждение [поражение]; **physiological** ~ физиологическое повреждение [поражение]

damp тормозить, ослаблять, останавливать

damping глушение, торможение, уменьшение

dance танец, пляска; **St. Vitus'** ~ хорея, пляска св. Витта

danger опасность; **imminent** ~ угрожающая [надвигающаяся] опасность; **probable** ~ вероятная [возможная] опасность; **psychological** ~ психологическая [психическая] опасность

dangerous опасный

dark 1. темный **2.** угрюмый, печальный

darkness темнота

Darwinism дарвинизм, эволюционное учение Дарвина

data данные; показатели, информация, характеристики; **archival** ~ архивные данные; **census** ~ данные переписи; **environmental** ~ данные среды; **experimental** ~ экспериментальные данные; **general biographic** ~ общие биографические данные; **human** ~ данные о человеке; **medical** ~ медицинские данные; **observational** ~ данные наблюдения; **operational** ~ рабочие данные; **perceptual** ~ сенсорная информация; **physiological** ~ физиологические данные; **primary** ~ исходные данные; **Q** ~ результаты [данные] опроса; **raw** ~ необработанные данные; **record** ~ паспортные сведения (об испытуемом и т.п.); **reference** ~ справочные [исходные] данные; **test** ~ тестовые [экспериментальные] данные

datum данная величина, исходный факт; показатель; информация; **sensory** ~ сенсорные данные, ощущение

dawdling затягивание в выполнении (неприятной) задачи

daydream мечты, фантазия, галлюцинация

daymare кошмар, преследующий человека во время бодрствования

day-work 1. прямая повременная работа **2.** дневная выработка **3.** поденная работа

deactivation дезактивация

dead мертвый

deadaptation дезадаптация

deaf глухой

deaf-and-dumb глухонемой

deaf-and-dumbness глухонемота

deaf-mute глухонемой

deafmutism глухонемота

deafness глухота; **adventitious** ~ приобретенная глухота (в результате травмы или болезни); **central [cortical]** ~ глухота при поражении коры головного мозга; **conduction** ~ глухота вследствие нарушения звукопроводящей системы; **congenital** ~ врожденная глухота; **functional** ~ функциональная глухота; **hysterical** ~ истерическая глухота; **mind** ~ психическая [душевная] глухота; **nerve** ~ глухота вследствие поражения слухового нерва; **organic** ~ органическая глухота; **perceptive** ~ перцептивный тип глухоты; **progressive** ~ прогрессирующая глухота; **psychic** ~ психическая [душевная] глухота; **tone** ~ неспособность различать звуковые тоны; **word** ~ словесная глухота, потеря способности понимать слышимые слова

death смерть; **somatic** ~ общая смерть организма; **specific** ~ смертность определенной группы (по полу, возрасту); **suicidal** ~ самоубийство, смерть в результате самоубийства; **systemic** ~ общая смерть организма

debate спор, полемика, дискуссия // обсуждать, дискутировать, спорить

debile слабый, вялый

debilitated ослабленный

debilitation ослабление, слабость

debility слабость, бессилие, пониженный тонус органа [тела], астения, болезненность; **mental** ~ слабоумие, дебильность; **nervous** ~ неврастения; **sexual** ~ половое бессилие

debriefing проведение опроса после проведения задания

decay ослабление, упадок, расстройство; распад, загнивание // слабеть, сдавать; **moral** ~ моральное разложение; **temporal** ~ времен-

ный упадок; **~ of sensation** угасание [затухание] ощущения

deceive обманывать, вводить в заблуждение

deceleration замедление, торможение

decency 1. благопристойное поведение 2. приличие, благопристойность

decenter децентрировать(ся)

deception 1. обман 2. иллюзия, обман зрения

decerebrate животное, у которого удалили полушария головного мозга; децеребрированное животное

decerebrated децеребрированный, с удаленным мозгом

decerebration децеребрация, удаление [отделение] головного мозга

decibel децибел (акустическая единица)

decide решать

decile *стат.* дециль

decision решение; **autocratic** ~ единоличное [диктаторское] решение; **group** ~ групповое решение, коллективное решение; **sensible** ~ разумное решение; **wrong** ~ ошибочное [неправильное] решение

decision-making принятие решений; **autocratic** ~ единоличное [диктаторское] принятие решений; **collective** ~ коллективное принятие решений; **group** ~ групповое принятие решений; **individual** ~ индивидуальное принятие решений; **marginal** ~ маргинальное принятие решений; **rational** ~ рациональное принятие решений

decisive 1. решительный 2. окончательный

decisiveness решительность

decoding декодирование, расшифровка, дешифровка

decompensation декомпенсация; **cardiac** ~ сердечная декомпенсация, декомпенсация сердечной деятельности; **cardiovascular** ~ сердечно-сосудистая декомпенсация; **emotional** ~ эмоциональный взрыв, аффект

deconditioning дезадаптация, декомпенсация, нарушение приспособительных реакций; детренированность

decorticate удалять кору головного мозга, декортицировать

decorticated с удаленной корой головного мозга

decortication декортикация, удаление коры головного мозга

decorum внешние приличия, декорум; благопристойность, воспитанность

decrease уменьшать(ся), падать // уменьшение, понижение

decrement декремент, уменьшение, снижение; **performance** ~ снижение [ухудшение] исполнения [работоспособности]; **sensory** ~ понижение [ухудшение] чувствительности; **visual acuity** ~ понижение [ухудшение] остроты зрения; **work** ~ снижение производительности

dedifferentiation дедифференциация

deduce делать вывод, заключать, выводить (заключение и т.п.)

deducible выводимый

deduction дедукция, вывод, умозаключение; **logical** ~ логический вывод

defatigation крайнее утомление [истощение, усталость]

defect дефект, недостаток, порок; **borderline** ~ пограничный дефект; **color** ~ дефект [недостаток] цветового зрения; **development** ~ порок развития; **functional** ~ функциональная недостаточность; **hearing** ~ понижение слуха; **hereditary** ~ наследственный дефект; **intrinsic** ~ внутренний дефект; **motor** ~ двигательный [моторный] дефект [нарушение]; **perceptual** ~ дефект [нарушение] восприятия; **physical** ~ физический дефект [недостаток]; **retention** ~ дефект памяти [сохранения]; **sensory** ~ сенсорный дефект [нарушение]; **speech** ~ дефект речи; **visual (acuity)** ~ дефект [недостаток] остроты зрения

defection 1. провал, неудача 2. нарушение (долга, верности)

defective несовершенный, недостаточный, плохой // человек, имеющий физические или моральные недостатки; дефективный субъект; **high-grade** ~ дебил; **low-grade** ~ имбецил; **mental** ~ умственно отсталый

defend 1. защищать 2. отстаивать, поддерживать (мнение и т.п.)

defense защита; **ego** ~ *психоан.* защитный механизм эго; **isolation** ~ изоляция (как защитный механизм) (по Г.Роршаху); **neurotic** ~ *психоан.* невротическая защитная реакция; **pathogenic** ~ *психоан.* невротическая защитная реакция; **perceptual** ~ перцептивная защита

defenselessness беззащитность, отсутствие защитных сил и средств

defensive защитный

defensiveness оборонительное [защитное] поведение

deficiency дефицит, недостаточность, недостаток, нехватка; **color** ~ цветовая слепота, дальтонизм; **hearing** ~ понижение слуха; **mental** ~ умственная отсталость, слабоумие; **primary mental** ~ врожденная умственная отсталость, врожденное слабоумие; **saturation** ~ недостаток насыщения; **secondary mental** ~ экзогенное слабоумие; **temperamental** ~

недостаток характера [темперамента]; **vitamin** ~ гиповитаминоз; **visual** ~ недостаток [дефект] зрения; ~ **of reflex response** недостаток [дефект] рефлекторной реакции

deficient недостаточный; недостающий; неполный; лишенный (чего-л.)

deficit дефицит, недостаток, нехватка; **behavioral** ~ поведенческий дефицит; **learning** ~ дефицит научения; **perceptual** ~ дефицит [недостатки] в восприятии; **psychological** ~ психологический дефицит

definite определенный, точный; ясный

definition дефиниция, определение; **arbitrary** ~ произвольное определение (значения слова); **circular** ~ тавтологическое определение; **conceptual** ~ определение понятий; **functional** ~ функциональное определение; **objective** ~ объективное определение; **operational** ~ операциональное определение; **problem** ~ постановка [определение] проблемы; **tentative** ~ рабочее определение

deflection 1. отклонение 2. *психоан.* отвлечение внимания от неприятного (как вид защитного механизма)

defloration дефлорация, лишение девственности

deformation деформация

deformity уродство; порок развития; **hereditary** ~ порок развития, врожденное уродство

degeneracy 1. дегенеративность 2. вырождение 3. упадок, испорченность (нравов)

degenerate дегенерат

degeneration 1. дегенерация, перерождение, вырождение 2. деградация; **retrograde** ~ ретроградная дегенерация; **social** ~ социальное

вырождение; **Wallerian** ~ *НФЗЛ* уоллерово перерождение

degenerative дегенеративный, вырождающийся

degradation деградация, ухудшение, вырождение

degrade деградировать, ухудшаться, вырождаться

degree 1. степень 2. градус 3. качество 4. степень родства 5. положение, ранг, звание; **dispersion** ~ степень дисперсии; **dissociation** ~ степень диссоциации; ~ **of accuracy** степень точности; ~ **of activity** степень [уровень] активности; ~ **of approximation** степень приближения; ~ **of belief** степень убежденности; ~ **of dominance** степень доминирования; ~ **of freedom** степень свободы; ~ **of intelligibility** степень понятности [разборчивости]; ~ **of specificity** степень специфичности

dehumanization дегуманизация

dehydration дегидратация, обезвоживание

dehypnotization пробуждение после гипноза

dehypnotize выводить из гипнотического состояния

deindividuation потеря индивидуальности

dejectedness уныние, подавленное состояние, депрессия

dejection уныние, подавленное состояние, депрессия

delay задержка, отсрочка // задерживать; ~ **of gratification** отсрочка удовлетворения [удовольствия, наслаждения]; ~ **of reward** отсрочка награды

delayed отсроченный

deliberate преднамеренный; обдуманный // размышлять, обдумывать, взвешивать

deliberation 1. осмотрительность 2. обдумывание

delinquency преступность (преимущественно несовершеннолетних); juvenile ~ детская преступность; sex ~ половое извращение

delinquent (малолетний) преступник; defective ~ правонарушитель с психическими отклонениями от нормы

delire [delirium] делирий, бред, бредовое состояние

delirious 1. бредовый 2. бессвязный (о речи)

delirium см. delire; fever ~ лихорадочный бред; exhaustion ~ делирий истощения (психических процессов); traumatic ~ травматический делирий; violent ~ буйный бред

delirium tremens лат. белая горячка

delusion 1. галлюцинация, бред 2. мания 3. заблуждение; expansive ~ бред величия; Mignon ~ бред высокого происхождения; nihilistic ~ бред отрицания; paranoid ~ навязчивые идеи параноика; persecutory ~ бред преследования; reference ~ бред отношений (неверная оценка больным отношения к нему других людей); systematized ~ систематизированный бред; ~ of grandeur бред [мания] величия; ~ of influence бред воздействия; ~ of littleness микромания; ~ of negation бред отрицания: ~ of persecution см. persecutory ~ ; ~ of reference см. reference ~

delusional [delusive] 1. галлюцинаторный, бредовый 2. относящийся к иллюзии, обманчивый, призрачный, иллюзорный

demand 1. потребность, нужда 2. требование // требовать; energy ~s энергетические потребности; environmental ~ требования среды

demeanour поведение; манера вести себя; unassuming ~ скромное поведение; unsociable ~ сдержанность

dementia 1. приобретенное слабоумие 2. сумасшествие, помешательство; alcoholic ~ корсаковский синдром; paralytic ~ прогрессивный паралич; paranoid ~ (praecox) параноидная шизофрения; primary ~ юношеское помешательство; senile ~ старческое слабоумие; ~ infantilis олигофрения; ~ paralytica паралитическая деменция, прогрессивный паралич; ~ praecox шизофрения; catatonic ~ praecox кататоническая шизофрения; ~ (praecox) simplex простая деменция

demographer демограф

demographic демографический

demography демография, народоописание

demon демон; spelling ~ орфографическая трудность

demonomania демономания

demonstrate 1. демонстрировать, показывать 2. доказывать

demonstration 1. демонстрация, показ, иллюстрация 2. доказательство, аргументация; Ames ~ демонстрация Эймса (зависимости восприятия величины и удаленности); ocular ~ наглядная демонстрация

demophobia демофобия

demoralize деморализовать, развращать

demoralization деморализация

demorphinization лечение наркоманов (постепеным снижением доз морфина)

dendrite дендрит, древовидно разветвляющийся отросток нервной клетки

dendron протоплазматический отросток нервной клетки, дендрит

denervate перерезать нерв, резецировать нерв, денервировать

denervated денервированный, лишенный нервов

denervation денервация, резекция нерва, лишение иннервации

denial 1. отрицание, отклонение **2.** отказ, несогласие

denomination 1. деноминация, название, обозначение **2.** класс, тип, категория

denominator *мат.* знаменатель

denote 1. означать, обозначать **2.** указывать; показывать; отличать

denotation 1. обозначение **2.** знак; указание; название, имя **3.** значение; точный смысл **4.** *лог.* объем понятия **5.** *лингв.* денотат

denotative денотативный, обозначающий, означающий

density плотность; концентрация; **crowd** ~ плотность толпы; **mean** ~ средняя плотность; **noise** ~ интенсивность шума; **relative** ~ относительная плотность

deny 1. отрицать, отвергать **2.** *лог.* утверждать противное

deontological этический

deontology деонтология, учение о нравственных нормах; этика

deordination 1. нарушение правил (нравственности) **2.** отход от нормы

department 1. отрасль, область знаний, науки **2.** отдел, отделение **3.** департамент, служба, власть **4.** факультет, кафедра

depend (on, upon) 1. зависеть, обусловливаться **2.** полагаться, рассчитывать, надеяться

dependability надежность (человека), благонадежность

dependence зависимость; обусловленность; **field** ~ полезависимость; **functional** ~ функциональная зависимость; **social** ~ социальная зависимость

dependency [dependancy] зависимость, подчиненность, несамостоятельность; **field** ~ полезависи-

мость; **passive** ~ пассивная зависимость [подчиненность]

dependent зависимый

depersonalization деперсонализация

depletion истощение; опустошение

deployment рассредоточение; **attention** ~ рассредоточение внимания

depolarization деполяризация

depopulation убыль [уничтожение] населения

deportment манеры, умение держать себя; поведение

deprave 1. развращать, портить; совращать **2.** ухудшать, искажать

depraved развращенный, порочный

depravity 1. порочность, испорченность **2.** безнравственный поступок

depress подавлять, угнетать, приводить в уныние

depressant *мед.* депрессант, успокоительное средство

depressed 1. подавленный, угнетенный **2.** ослабленный, уменьшенный

depression 1. депрессия, угнетенное [подавленное] настроение **2.** понижение, уменьшение; **agitated** ~ ажитированная депрессия (фаза психоза); **mental** ~ психическая депрессия; **mild** ~ легкая степень депрессии [угнетения, упадка]; **nervous** ~ нервное расстройство; **psychotic** ~ психотическая депрессия; **reactive** ~ реактивная депрессия; **retarded** ~ депрессивное состояние при маниакально--депрессивном психозе; **tension** ~ понижение [уменьшение] напряжения; ~ **of strength** упадок сил

deprivation депривация (утрата, лишение, потеря); **cultural** ~ культурная депривация; **educational** ~ депривация в сфере образования; **food** ~ лишение пищи; **relative** ~ относительная депривация; **sensory (input)** ~ сенсорная депривация; **sexual** ~ сексуальная депривация;

sleep ~лишение [потеря] сна; **social** ~ социальная депривация; **systematic** ~ систематическая депривация [недостаток]; **visual-pattern** ~ лишение [выключение] зрительной информации; **water** ~ лишение воды; ~ **of hearing** выключение слуха; ~ **of senses** выключение органов чувств; ~ **of vision** выключение зрения

deprive лишать, отнимать

depth 1. глубина **2.** интенсивность, сила, полнота; ~ **of color** густота [интенсивность] цвета; ~ **of feeling** сила чувства; ~ **of sound** сила звука

derange 1. расстраивать психику, сводить с ума **2.** расстраивать, спутывать

deranged психически неуравновешенный, ненормальный; душевнобольной

derangement психическое расстройство; нарушение умственной деятельности; **mental** ~ психическое расстройство; умопомешательство

dereism дереистический образ мышления

dereistic невыполнимый (о фантазиях)

derivation 1. источник, происхождение **2.** отвлечение **3.** отклонение (от естественного поведения) **4.** лечение отвлекающими средствами

derivative дериват, производное // производный

derive производить; получать; извлекать; происходить

derogate 1. умалять заслуги, достоинства; порочить **2.** унижать себя, ронять свое достоинство

derogation 1. унижение [умаление] достоинства **2.** умаление, ослабление, ущемление, подрыв (власти, авторитета)

descent 1. происхождение; родословная **2.** поколение **3.** понижение, падение, спуск **4.** *лог.* переход от общего к частному

describe описывать, изображать

description описание; **color** ~ интерпретация по цвету (по Г. Роршаху); **job** ~ профессиограмма; **trend** ~ описание тенденций

descriptive описательный

desensitization десенсибилизация; возвращение к нормальному психическому состоянию; восстановление нормального психического состояния или душевного равновесия

design 1. замысел, план (эксперимента) **2.** цель, намерение **3.** чертеж, эскиз, рисунок // планировать, составлять (эксперимент); **after-only** ~ экспериментальная программа, предполагающая только посттестовую проверку; **before-after** ~ экспериментальная программа, предполагающая пред- и пост-тестовую проверку; **block** ~ деление испытуемых на группы согласно замыслу экспериментатора; **experimental** ~ экспериментальный план [замысел]; **factorial** ~ факторный план

designer составитель тестов

desirability желательность; **social** ~ желательность в социальном плане

desire (сильное) желание; **sexual** ~ половое влечение; ~ **to please** желание [стремление] угодить [сделать приятное]; конформизм

despair отчаяние // отчаиваться, терять надежду

despond падать духом, унывать, терять веру [надежду]

despondent подавленный, унылый, мрачный

despondency уныние, подавленность, упадок духа

destination *теор. коммун.* адресат

destruction разрушение, уничтожение

destructive разрушительный, губительный, вредный

destructiveness склонность к разрушению, тенденция к выраженной агрессивности поведения

destrudo *психоан.* проявление инстинкта смерти

detachment 1. беспристрастность, непредубежденность, независимость (суждений и т.п.) **2.** отчужденность, оторванность; **emotional** ~ неэмоциональность; **intellectual** ~ беспристрастный анализ [суждение]; **somnolent** ~ сомнолентность

detail деталь; **edge** ~ ответ, детерминированный контурами пятна (по Г.Роршаху); **inside** ~ ответ на деталь, относящуюся к внутренней части пятна (по Г. Роршаху); **oligophrenic** ~ ответ, который рассматривается как свидетельство олигофрении у испытуемого (по Г.Роршаху); **rare** ~ редкая деталь (по Г.Роршаху)

detect обнаруживать, находить

detection обнаружение; **error** ~ опознавание ошибок; **signal** ~ обнаружение [распознавание] сигнала

detector детектор; **lie** ~ детектор лжи

deter удерживать, останавливать, отпугивать

deteriorate 1. ухудшать, портить **2.** вырождаться

deterioration расстройство, повреждение; ухудшение (состояния или качества); деградация; **functional** ~ функциональное нарушение [ухудшение]; **habit** ~ регрессия навыков; **intellectual** ~ расстройство интеллекта; **mental** ~ психическое [умственное] нарушение; **transient mental** ~ преходящее психическое [умственное] нарушение; **visibility** ~ ухуд-

шение видимости; нарушение [расстройство] зрения

determinant детерминанта, определитель, решающий фактор // решающий, определяющий; обусловливающий; **behavioral** ~s **of perception** поведенческие детерминанты восприятия; **behavior** ~ детерминанта поведения (по Е. Толману); **color** ~ цвет как детерминанта (по Г.Роршаху); **constitutional** ~ конституциональная детерминанта; **dream** ~ *психоан.* детерминанта фантазии; **extraneous** ~ посторонняя [внешняя] детерминанта; **form** ~ форма как детерминанта (по Г. Роршаху); **movement** ~ движение как детерминанта (по Г.Роршаху); **organismic** ~ индивидуальная детерминанта; **personal** ~ личностная [индивидуальная] детерминанта; **Rorschach** ~ детерминанта (по Г.Роршаху); **situation** ~ ситуация как детерминанта

determinate ясный, определенный; окончательный; решительный

determination 1. решимость, решительность **2.** определение, установление; **age** ~ определение возраста; **dynamic** ~ динамическая детерминация; **labile** ~ лабильная детерминация; **negative** ~ отрицательная детерминация; **phenotypic sex** ~ фенотипическое определение пола; **progressive** ~ прогрессивная детерминация; **qualitative** ~ качественное определение; **quantitative** ~ количественное определение; **sex** ~ определение пола

determine 1. детерминировать, определять **2.** обусловливать **3.** измерять, вычислять

determiner 1. детерминант **2.** *ген.* элемент хромосомы; **specific** ~ подсказка (в тесте)

determinism детерминизм; **cultural ~** культурный детерминизм [обусловленность] (признание ведущей роли культуры в формировании личности); **environmental ~** теория о решающей роли окружающей среды на формирование личности; **psychic ~** психическая предопределенность (положение фрейдизма о подчинении сознания «подсознанию»)

deterrence устрашение, запугивание

deterrent отпугивающий, устрашающий, удерживающий

dethronement развенчание; **~ of parents** потеря родительского авторитета

detraction ослабление внимания

development 1. развитие; рост 2. эволюция; **advanced sexual ~** преждевременное половое развитие; **arrested ~** задержанное развитие; **canalized ~** канализированное развитие, развитие, идущее по определенным путям; **child ~** развитие ребенка, детское развитие; **cognitive ~** когнитивное развитие; **determinate ~** детерминированное развитие; **ego ~** развитие «я» [эго]; **conceptual ~** развитие понятий; **genital-psychical ~** психогенитальное развитие; **impaired ~** задержанное развитие; **indeterminate ~** недетерминированное развитие; **infant ~** развитие ребенка; **mental ~** умственное [психическое] развитие; **moral ~** нравственное развитие; **precocious sexual ~** см. **advanced sexual ~**; **regulated ~** регулируемое развитие; **sex ~** половое развитие

developmental эволюционный

deviancy отклонение от нормы; **social ~** отклонение от социальных норм

deviant см. **deviate**

deviate человек с отклонениями от нормы // отклоняться

deviation девиация, отклонение; **absolute ~** абсолютное отклонение, модуль отклонения; **average ~** среднее отклонение; **behavior ~** отклонения в поведении (от общепринятой нормы); **concurrent [concomitant] ~** параллельные изменения; **individual ~s** индивидуальные отклонения; **group ~s** групповые отклонения; **mean ~** среднее отклонение; **mean-square ~** см. **root-mean-square ~**; **median ~** ошибка медианы; **normal ~** нормальное отклонение; **numerical ~** см. **absolute ~**; **physiological ~** физиологическое отклонение (от нормы); **probable ~** вероятное отклонение; **quartile ~** квартильное отклонение, полуразмах квартилей; **root-mean-square ~** среднеквадратичное отклонение; **sexual ~** половая аномалия; **social-relations ~** отклонения (от нормы) в социальных отношениях; **social-status ~** отклонения (от нормы) в социальном статусе; **square ~** квадратичное отклонение; **standard ~** стандартное отклонение; **~ of formula** мат. вывод (формулы)

device 1. устройство, установка, приспособление, прибор, механизм 2. прием, способ; **flash ~** тахистоскоп; **language acquisition ~** механизм овладения языком; **mnemonic ~** мнемонический прием; **optical ~** оптическое устройство [приспособление]; **protective ~** защитное устройство [приспособление]; **scanning ~** сканирующее устройство; **simulator ~** имитирующее [моделирующее] устройство; **training ~** тренажер, устройство для обучения [тренировки], учебно-тренировочный стенд

devolution перерождение, вырождение, инволюция

devotion преданность, глубокая привязанность, любовь

dexterity проворство, ловкость, умение

dextrad направо; в правую сторону

dextral расположенный на правой стороне тела

dextrality 1. правшество 2. асимметричность 3. проворство

dextrasinistral левша, обучившийся выполнять действия правой рукой

dextrousness умение левши выполнять действия правой рукой (в результате тренировки)

diad диада; **social** ~ социальная диада, диадическая группа, группа типа диады

diadic диадический, состоящий из двух элементов

diadochokinesis диадохокинез, чередование антагонистических двигательных импульсов

diagnose диагностировать, ставить диагноз

diagnosis диагноз; **differential** ~ дифференциальный диагноз; **provisional** ~ предварительный диагноз

diagnostic диагностический

diagram диаграмма, схема; рисунок; графическое изображение; **bar** ~ 1. пиктограмма 2. диаграмма; **column** ~ 1. гистограмма 2. диаграмма; **block** ~ гистограмма; **chromaticity** ~ диаграмма [график] цветности, цветовой треугольник; **correlation** ~ см. **scatter** ~ ; **scatter** ~ диаграмма рассеивания, диаграмма разброса

dial шкала, циферблат // 1. наносить деления 2. измерять; **thermometer** ~ шкала термометра

dialect диалект, наречие, говор

dialectic 1. диалектика 2. умение вести полемику // 1. диалектический 2. склонный к полемике

diaphragm диафрагма, перегородка, перепонка, мембрана; **Aubert** ~ *опт.* диафрагма Ауберта

diathesis диатез; **traumatophilic** ~ предрасположенность к травматизму

diaxon(e) *НФЗЛ* биполярный невроцит [нервная клетка]

dichotomy дихотомия, деление на две части

dichotomous дихотомический, делящийся или разделенный на две части

dichromatism способность различать лишь два цвета, частичный дальтонизм

dichromatopsia см. **dichromatism**

didactic дидактический; поучительный, нравоучительный

didactics дидактика

die умирать

diencephalon диэнцефалон, промежуточный мозг

diet диета; **absolute** ~ голодная диета [рацион]; **adequate** ~ адекватная [полноценная] диета [рацион]; **balanced** ~ сбалансированная диета [рацион]; **spare** ~ скудная диета [питание]; **special** ~ специальная диета [рацион]; **test** ~ экспериментальная [пробная] диета [рацион]

difference 1. разница, различие 2. *мат.* разность; **age** ~s возрастные различия; **anomalous** ~s различия, выходящие за рамки нормы; **class** ~s классовые различия; **chance** ~s случайные различия; **critical** ~ критическая разность; **equally noticeable** ~s *психофиз.* равнозаметные различия, различия между стимулами, обнаруживаемые с одинаковой частотой; **estimation** ~ погрешность [ошибка] оценки; **generic** ~ видовое различие; **group** ~s групповые различия; **individual** ~s индивидуальные различия; **just noticeable** ~ *психофиз.* различие между стимулами, впервые замечаемое наблюдателем; **just not-noticeable** ~ *психофиз.* различие между стимулами, при котором наблюдатель впервые перестает воспринимать их как различающиеся; **least significant** ~ наименьшая значимая [достоверная] разность; **light** ~ разница в восприятии света между двумя глазами; **mean** ~ средняя разность; **qualitative** ~ качественное различие; **quantitative** ~ количественное различие; **race** ~s расовые различия; **sensation** ~ разница между ощущениями; **sensed** ~ ощущаемая разница; **sex** ~s половые различия; **significant** ~ значимое различие; **specific** ~ 1. видовое различие 2. специфическое различие; **standard** ~ нормированная разность; **supraliminal** ~s сверхпороговые различия; **trait** ~ внутрииндивидуальное различие в выраженности личностных черт

differentia 1. *лог.* отличительное свойство (вида или класса) 2. отличительный [дифференциальный] признак

differential дифференциал // отличительный, характерный; **behavioral** ~ поведенческий дифференциал; **evaluative** ~ оценочный модуль; **growth** ~ гетерогенность развития; **semantic** ~ семантический дифференциал (по Ч.Осгуду)

differentiate дифференцировать, различать, отличать

differentiation 1. дифференциация, разграничение, установление различий, дифференцировка 2. развитие (в сторону усложнения) 3. *мат.* дифференцирование; **conceptual** ~ дифференциация понятий; **functional** ~ функциональная дифференцировка [дифференциация]; **individual** ~ установление индивидуальных различий; **intersubject** ~ установление различий между испытуемыми; **psychological** ~ психологическая дифференциация; **sex** ~ половая дифференцировка [дифференциация]; **social** ~ социальная дифференциация; **stimulus** ~ дифференциация стимула [стимулов]; **structural** ~ структурная дифференцировка [дифференциация]

differentiative дифференцирующий

difficult трудный

difficulty трудность; **item** ~ сложность (тестового) вопроса

diffidence неуверенность в себе, застенчивость, скромность

diffraction 1. *опт.* преломление лучей 2. *физ.* дифракция

diffuse диффузный, недифференцированный, разлитой, рассеянный

diffusion 1. диффузия, распространение, проникновение 2. расплывчатость; **cultural** ~ распространение культуры (в результате миграции); **light** ~ рассеяние света; **motor** ~ диффузная моторика (обычно в раннем детстве до сформирования навыков); ~ **of innovations** распространение новшеств [нововведений]; ~ **of knowledge** распространение знаний; ~ **of responsibility** размывание ответственности

diffusionism диффузионизм (теория о распространении культуры из определенных географических районов мира)

digenous двуполый

digest 1. переваривать (пищу) 2.

усваивать, воспринимать; овладевать **3.** приводить в систему; классифицировать

digestion 1. пищеварение, усвоение пищи **2.** усвоение (знаний, фактов и т.п.); понимание

digestive пищеварительный

digital 1. числовой **2.** пальцевой

dilapidation ухудшение (состояния или качества)

dilatation расширение; **heart ~** расширение сердца; **pupillary ~** расширение зрачков

dilemma дилемма, необходимость выбора

diligence прилежание, усердие, старание, старательность

diligent прилежный, усердный, старательный

dimension 1. признак, параметр, характеристика **2.** размер, величина; **average ~s** средние размеры [параметры]; **body ~s** размеры [параметры] тела; **conceptual ~** концептуальный признак [параметр]; **ecological ~** экологический признак [параметр]; **evaluative ~** оценочный признак [параметр]; **group ~** признак [характеристика] группы; **irreality−reality ~** параметр «реальность−нереальность» (по К.Левину); **physical ~** физический размер [параметр]; **social ~** социальный параметр [характеристика]; **~ of role enactment** признак [параметр, характеристика] ролевого исполнения; **~ of role expectation** признак [параметр, характеристика] ролевого ожидания

dimensionality размерность

diminish затухать, слабеть, уменьшать(ся), убавлять(ся)

diminution уменьшение, понижение, снижение; сокращение, убавление; ухудшение; **~ of awareness** понижение информированности; **~ of consciousness** понижение уровня сознания

dimming уменьшение силы света; **chromatic ~** изменение восприятия цвета при неожиданном уменьшении освещенности

dimorphism диморфизм; **sexual ~** половой диморфизм

dimorphous диморфный, существующий в двух формах

dioptre *опт.* диоптрия; **prism ~** *опт.* диоптрия

dioptrics диоптрика, учение о преломлении света

diotic дихотический, воздействующий на оба уха одновременно (о звуке)

diplacusis диплакузис, двойная слышимость

diplopia диплопия, двойное видение

dipsomania алкоголизм, запойное пьянство

direct прямой, непосредственный // **1.** направлять **2.** руководить

directed 1. направленный **2.** управляемый

directedness направленность

direction 1. направление **2.** руководство **3.** указание, распоряжение; **proximo-distal ~ of development** проксимально-дистальный принцип развития; **~ in thinking** когнитивный стиль

directness 1. прямота, прямизна **2.** непосредственность, откровенность

director директор, руководитель, начальник; **managing ~** управляющий

disability неспособность, нетрудоспособность, бессилие; **motor ~** недостаток двигательной способности, двигательная нетрудоспособность; **perceptual ~** потеря способности (адекватного) восприятия; нарушение восприятия; **reading ~** неспособность к чтению; **special** ~ специфический дефект [нарушение, патология]

disable выводить из строя, калечить

disabled искалеченный, поврежденный

disablement лишение трудоспособности, инвалидность

disadvantage 1. невыгодное [неблагоприятное] положение 2. недостаток 3. вред, ущерб // причинять вред, ущерб

disaesthesia неприятные ощущения в кожной и подкожной области

disaffection недружелюбие, неприязнь; недовольство

disappear исчезать, пропадать

disappearance исчезновение

disappoint разочаровывать

disappointment разочарование

disapproval неодобрение

disapprove не одобрять, осуждать

disarrangement расстройство, нарушение

disassociation 1. диссоциация 2. раздвоение личности

disaster катастрофа, бедствие; поражение

disbrain удалять головной мозг

disc диск, пластинка; **Maxwell** ~s диски Максвелла; **optic** ~ слепое пятно, сосок зрительного нерва, место вступления зрительного нерва в сетчатку

discernible видимый, различимый

discernment 1. распознание 2. умение различать, распознавать

discharge *НФЗЛ* разряд, разрядка; **long-lasting** ~ длительный разряд; **mass** ~ разряд многих нервных элементов; **neural** ~ разряд нейрона; **salivary** ~ слюноотделение; **spontaneous** ~ спонтанный разряд; ~ **of affect** *психоан.* разрядка аффекта; ~ **of anxiety** *психоан.* разрядка состояния тревожности

discipline 1. дисциплина, отрасль знания 2. дисциплинированность, порядок 3. обучение, тренировка; **formal** ~ формальная дисциплина

discomfort дискомфорт; **acute** ~ острый [резкий] дискомфорт; **extreme** ~ крайний дискомфорт; **general** ~ общий дискомфорт; **physical** ~ физический дискомфорт

disconfirmation неподтверждение, неподкрепление; ~ **of expectancy** неподкрепление ожиданий

disconnection 1. разъединение, отсоединение 2. разобщение; **synapse** ~ *НФЗЛ* разобщение синапсов

discontinuity разрыв непрерывности, прерывистость; скачок

discontinuous прерывистый, прерываемый, дискретный

discord 1. разногласие, разлад, несогласие 2. *муз.* диссонанс

discourage 1. мешать, препятствовать 2. отговаривать

discouragement 1. отговаривание 2. препятствие, противодействие

discover открывать, делать открытие

discovery открытие

discrepancy 1. противоречие, расхождение 2. различие, несходство; **mean** ~ *стат.* среднее квадратичное отклонение; **source-receiver** ~ *теор. инф.* расхождение [различие] между источником и получателем; ~ **with experimental error** *стат.* расхождение в пределах ошибки опыта

discrete прерывистый, дискретный

discreteness прерывистость, дискретность

discretion 1. благоразумие, рассудительность 2. осторожность, осмотрительность 3. прерывистость

discrimen сенсорное различие

discriminability различимость, выделимость; ~ **of autonomic activity** различимость [выделимость] автономной деятельности

discriminate различать, отличать, видеть различие

discrimination 1. различение, установление различия **2.** способность различать **3.** пристрастие **4.** дискриминация; **brightness** ~ различение яркости; **contrast** ~ различение контраста; **distance** ~ различение расстояний [удаленности предметов]; **flicker** ~ различение мельканий; **intensity** ~ различение интенсивности; **pattern** ~ восприятие структуры; **sense** ~ различение сенсорных данных; **sensory** ~ сенсорное различение; **speech** ~ различение речи; **spontaneous** ~ спонтанное различение; **visual** ~ зрительное различение

discriminative отличительный, отличающий, характерный

discursive 1. непоследовательный, перескакивающий с одного вопроса на другой **2.** *лог.* дискурсивный

discuss обсуждать, дискутировать

discussion дискуссия, обсуждение

disease болезнь; **Addison's** ~ аддисонова болезнь (хроническое нарушение деятельности надпочечников); **Alzheimer's** ~ старческий склероз мозга, болезнь Альцгеймера; **Beard's** ~ неврастения; **bodily** ~ соматическое заболевание; **constitutional** ~ болезнь, поражающая все тело; **fatigue** ~ заболевание вследствие переутомления; **genetically determined** ~ наследственная болезнь; **Grave's** ~ гипертиреоидизм, базедова болезнь, тиреотоксикоз; **Heller's** ~ олигофрения; **inherited** ~ унаследованное заболевание; **Krabbe's** ~ врожденный склероз мозга; **latent** ~ болезнь в скрытой форме; **Little's** ~ церебральная диплегия, болезнь Литтла; **manager** ~ заболевание руководителя; **mental** ~ психическая [душевная] болезнь; **metabolic** ~ нарушение обмена веществ; **nervous** ~ нервное заболевание; **organic** ~ органическое заболевание; **Pick's** ~ атрофия мозга, мозговая атрофия, старческое слабоумие, болезнь Пика; **secondary** ~ вторичное заболевание; **St.Anthony's** ~ хорея; **systemic** ~ общее заболевание организма; **vestibular** ~ болезнь вестибулярного аппарата

disgust отвращение

disharmony дисгармония, несогласие

disillusion разочарование, утрата иллюзий // разочаровывать, разрушать иллюзии

disillusionment разочарованность, разочарование

disinclination нерасположенность, несклонность, нежелание

disincline отбивать охоту, внушать отвращение

disinhibition растормаживание

disintegrate распадаться, разлагать(ся)

disintegration 1. дезинтеграция, распад **2.** разделение на составные части

disjunction 1. разъединение; расчленение; отделение **2.** *лог.* дизъюнкция

disjunctive *лог.* дизъюнктивное суждение // разделяющий, разделительный

disjunctivity дизъюнктивность, отсутствие координации мыслей и действий (по Г.Меррею)

disk *см.* также **disc, blood** ~ **1.** эритроцит, красное кровяное тельце **2.** тромбоцит, кровяная пластинка; **Delbeuf** ~ *зр.* диск Дельбефа; **Masson** ~ *зр.* диск с мальтийским крестом

dislocation смещение, сдвиг; перемещение

disobedience неповиновение, непослушание

disobedient 1. непослушный, непокорный 2. упрямый, не поддающийся воздействию

disobey не подчиняться, не повиноваться, не слушаться

disorder 1. расстройство, нарушение, болезнь 2. беспорядок; **acute brain** ~s острые мозговые нарушения; **affective** ~ аффективное расстройство; **behavior** ~ нарушение поведения; **character** ~s нарушения произвольного поведения; **chronic brain** ~ психоорганический синдром; **convulsive** ~ судороги; **cyclic** ~ цикличное нарушение; **emotional** ~ эмоциональное нарушение; **functional** ~ функциональное нарушение; **growth** ~ нарушение роста; **hearing** ~ нарушение слуха; **menopausal** ~s расстройства в менопаузе, климактерические расстройства; **metabolic** ~ расстройство обмена веществ; **mental** ~ психическое нарушение [расстройство]; **nervous system** ~ нарушение [расстройство] нервной системы; **neurotic** ~ нервное [невротическое] нарушение [расстройство]; **organic** ~ органическое нарушение; **perceptual** ~ нарушение [расстройство] восприятия; **personality** ~s личностные нарушения; **psychogenic** ~ психическое расстройство [нарушение]; **psychophysiologic automatic and visceral** ~s психофизиологические и висцеральные нарушения; **psychosomatic** ~s психосоматические нарушения; **psychotic** ~ психотическое расстройство; **sleep** ~ расстройство [нарушение] сна; **somatic** ~ соматическое нарушение; **speech** ~ расстройство речи; **substitution** ~ психоневроз; **transient situational personality** ~s транзиторные ситуационные

личностные нарушения; **vision** ~s нарушения зрения; **voice** ~s нарушения голоса

disorganization дезорганизация, расстройство; **personal** ~ дезорганизация личности; **social** ~ социальная дезорганизация [беспорядки]; ~ **of behavior** нарушение [расстройство] поведения; ~ **of skill** нарушение [расстройство] навыка

disorientation дезориентация, нарушение ориентировки (в пространстве и времени); **human** ~ дезориентировка человека; нарушение ориентировки человека (в пространстве); **spatial** ~ дезориентировка в пространстве

disparate диспарантный, различный, несходный, неодинаковый, несоизмеримый

disparation зр. диспарантность изображения объектов на сетчатке

disparition исчезновение

disparity 1. зр. диспарантность 2. несоответствие, неравенство, несоразмерность 3. различие; **binocular** ~ бинокулярная диспарантность; **retinal** ~ диспарантность изображения объектов на сетчатке; **visual** ~ см. **retinal** ~

dispersion дисперсия, рассеивание, разброс; **ergic** ~ см. **response** ~; **response** ~ дисперсия [разброс] ответов

displacement 1. смещение; перемещение 2. замещение, замена; **drive** ~ смещение «драйва»; **perceptual** ~ перцептивное смещение; ~ **of affect** смещение аффекта; ~ **of aggression** смещение агрессии; ~ **of hostility** смещение враждебности; ~ **of prejudice** смещение предубеждения

display 1. показ, демонстрация 2. устройство для демонстрации // показывать, демонстрировать; **pictorial** ~ графическое предъявление [показ] информации; **symbolic** ~ символическое представление [показ]

displeasure недовольство, неудовлетворенность, неудовольствие

disposition 1. характер, нрав **2.** настроение **3.** склонность; **affective** ~ аффективность; **emotional** ~ эмоциональность; **partisan** ~ фанатичность; **volatile** ~легкомыслие

disqualification 1. дисквалификация **2.** негодность (к чему-л.) **3.** недостаток, порок, препятствие

disqualify дисквалифицировать

disquiet беспокойство, волнение, тревога; дурные предчувствия

disregard 1. невнимание, равнодушие **2.** неуважение, пренебрежение // **1.** не обращать внимания, игнорировать **2.** не уважать

disrespect неуважение, пренебрежение, непочтительность // относиться без уважения

disrespectable не заслуживающий уважения

disrespectful непочтительный, невежливый, дерзкий

disruption крушение, разрыв, распад

dissection рассечение, препарирование, расчленение, анатомирование

dissent расхождение во взглядах, разногласие // расходиться во взглядах, не соглашаться, возражать

dissimilation 1. катаболизм **2.** диссимиляция (по К.Юнгу)

dissimulation диссимуляция; сокрытие своих (подлинных) мыслей, чувств и целей

dissociation 1. диссоциация, разъединение, отделение, разобщение **2.** временная потеря контроля над сознанием; ~ **of personality** раздвоение личности

dissonance 1. разногласие, несоот-ветствие, отсутствие гармонии **2.** *муз.* диссонанс; **affective** ~ аффективный диссонанс; **cognitive** ~ когнитивный диссонанс

distal дистальный, отдаленный от центра, периферический; наружный

distance расстояние, дистанция, промежуток, отрезок, период; **focal** ~ фокусное расстояние; **hearing** ~ расстояние ясного слышания; **interocular** ~ глазной базис; **interpupillary** ~ расстояние между зрачками; **minimum** ~ минимальное расстояние; **psychic [psychological]** ~ психологическое расстояние [дистанция]; **sense [sensible]** ~ ощущаемое различие; **social** ~ социальная дистанция

distant отдаленный, дальний, находящийся на расстоянии

distaste отвращение // питать отвращение

distinct 1. ясный, отчетливый, явный **2.** различный, разный

distinction 1. разница, отличие, различие **2.** различение, разграничение **3.** способность различать **4.** отличительный признак, особенность, характерная черта; **absolute** ~ абсолютное [полное] различие [разница]; **adequate** ~ адекватное различение [разграничение]; **inadequate** ~ неадекватное различение [разграничение]; **modal** ~ модальное различие [различение]; **mental** ~ различие, осуществляемое деятельностью ума; **real** ~ реальное [истинное] различие

distinctness 1. ясность, определенность, точность **2.** характерность, своеобразие, индивидуальность

distinguish 1. отличать, различать **2.** распознавать

distoreceptor дистант-рецептор

distort искажать, искривлять, изменять

distortion искажение; **cognitive** ~ когнитивное искажение; **ego-enhancing** ~ завышенная оценка «я»; **judgement** ~ искажение суждения [мнения, оценки]; **perceptual** ~ перцептивное искажение; **size** ~ искажение величины [размера]; **systematic** ~ регулярное искажение

distract 1. отвлекать, рассеивать (внимание) 2. расстраивать; смущать; сердить

distractibility 1. состояние бреда, диссоциация сознания 2. отвлечение внимания

distraction 1. отвлечение внимания 2. сильное нервно-психическое возбуждение; помутнение рассудка; безумие

distractor отвлекающий вариант (в тестах на выбор ответа)

distress 1. горе, страдание 2. расстройство, нарушение; **mental** ~ умственное расстройство [утомление, истощение]

distribute 1. распределять, распространять 2. классифицировать

distribution 1. дистрибуция, распределение 2. размещение, расположение 3. классификация; **age** ~ распределение по возрасту; **age-grade** ~ распределение детей по классам в соответствии с их возрастом; **asymmetrical** ~ асимметричное распределение; **bell-shaped** ~ колоколообразное распределение; **bimodal** ~ бимодальное [двухвершинное] распределение; **binomial** ~ биномиальное распределение; **binormal** ~ двумерное нормальное распределение; **bivariate** ~ двумерное распределение; **bivariate-compounded Poisson** ~ двумерное пуассоново распределение; **blood** ~ распределение крови (в теле); **chi** ~

хи-распределение; **chi-squared** ~ распределение хи-квадрат; **conditional** ~ условное распределение; **continuous** ~ непрерывное распределение; **cumulative frequency** ~ функция распределения; **discontinuous** ~ прерывистое распределение; **discrete** ~ дискретное распределение; **exponential** ~ экспоненциальное распределение; **fan-shaped** ~ веерообразное распределение; **flat** ~ плосковершинное распределение; **frequency** ~ распределение частот, (эмпирическая) плотность распределения; **Gauss** ~ см. **normal** ~ ; **grouped** ~ группированное распределение; **information** ~ распространение [распределение] информации; **joint** ~ совместное распределение; **mixed** ~ см. **joint** ~ ; **multidimensional** ~ многомерное распределение; **multimodal** ~ многовершинное распределение; **multivariate** ~ см. **multidimensional** ~ ; **multivariate normal** ~ многомерное нормальное распределение; **negative binomial** ~ отрицательное биномиальное распределение; **normal** ~ нормальное распределение, распределение Гаусса; **one-dimensional** ~ одномерное распределение; **peaked** ~ островершинное распределение; **Poisson** ~ пуассоново распределение; **probability** ~ см. **frequency** ~ ; **random** ~ случайное распределение; **ranked** ~ ранжирование; **rectangular** ~ прямоугольное распределение; **regularly spaced** ~ равномерное распределение; **restricted** ~ ограниченное распределение; **skew** ~ см. **asymmetrical** ~ ; **sex** ~ соотношение

по полу; **standardized** ~ норми-
рованное распределение; **tolerance** ~ допустимое распределение; **truncated** ~ усеченное
распределение; **uniform** ~ *см.*
regularly spaced ~ ; **unimodal** ~
унимодальное распределение;
univariate ~ *см.* **one-dimensional** ~ ; ~ **of attention** распределение внимания; ~ **of scores** распределение оценок
distribution-free не зависящий от
распределения, непараметрический
disturb 1. нарушать ход, движение,
равновесие **2.** волновать, тревожить, беспокоить **3.** нарушать,
расстраивать, срывать
disturbance 1. нарушение равновесия, покоя **2.** тревога, беспокойство **3.** нарушение, повреждение
4. *мед.* расстройство, отклонение;
acoustic(al) ~ акустическое [слу-
ховое] нарушение [расстройство];
circulatory ~ нарушение [рас-
стройство] кровообращения; **coordination** ~ расстройство [нару-
шение] координации; **emotional** ~
эмоциональное нарушение [рас-
стройство], нарушение [рас-
стройство] эмоциональной сферы;
functional ~ функциональное нарушение [расстройство]; **menstrual** ~ расстройство менструации; **metabolic** ~ нарушение [рас-
стройство] метаболизма [обмена
веществ]; **motor** ~ двигательное
нарушение [расстройство]; **neurological** ~ неврологическое нарушение [расстройство]; **neuromotor** ~ нейромоторное [двига-
тельно-нервное] нарушение [рас-
стройство]; **pathological** ~ патологическое расстройство; **perceptual** ~ нарушение [расстройство]
восприятия; **personality** ~s личностные нарушения; **personality**

pattern ~ патологическая структура личности; **personality trait**
~ эмоционально нестабильная
личность; **physiological** ~ физиологическое нарушение [рас-
стройство]; **psychiatric** ~ психическое нарушение [расстройство];
psychological ~ психологическое
нарушение [расстройство]; **psychosomatic** ~ психосоматическое
нарушение [расстройство]; **rhythm**
~ нарушение сердечного ритма;
sight ~ нарушение [расстройст-
во] зрения [поля зрения]; **systemic**
~ общее [системное] расстройство
(организма); **tactile** ~
расстройство осязания; **vestibular**
~ вестибулярное нарушение [рас-
стройство]; **visual** ~ зрительное
нарушение [расстройство]; ~ **of
consciousness** помрачение [затем-
нение] сознания; ~ **of development** нарушение развития; ~ **of
growth** нарушение [расстройст-
во] роста; ~ **of mind** психическое
заболевание; ~ **of respiration** нарушение [расстройство] дыхания;
~ **of speech** расстройство речи; ~
of vision нарушение [расстройст-
во] зрения
disturbed 1. нарушенный, прерван-
ный **2.** встревоженный, взволнованный
disuse неиспользование, неупот-
ребление
disvolution обратное развитие,
перерождение
diurnal суточный, дневной, ежедневный
divagation 1. несвязность речи **2.**
уклонение, отступление
diverge расходиться, отклоняться,
уклоняться от нормы
divergence [divergency] 1. дивергенция, расхождение **2.** отход,
отклонение (от нормы) **3.** расхо-
дящееся косоглазие; **biological** ~

биологическая дивергенция; **genetic** ~ генетическая дивергенция; **modal** ~ разность между модой и средней величиной; **physiological** ~ физиологическая дивергенция; ~ **of characters** расхождение признаков

diversion отклонение; ~ **of attention** отвлечение [отклонение] внимания

divide 1. делить, разделять **2.** классифицировать, подразделять **3.** распределять

divination предсказывание будущего, прорицание

divisibility делимость

divisible делимый

division 1. деление, разделение **2.** классификация, деление **3.** категория, отдел, раздел; **cranial** ~ парасимпатический отдел вегетативной нервной системы; **craniosacral** ~ парасимпатический отдел вегетативной нервной системы; **parasympathetic** ~ **of the nervous system** парасимпатический отдел нервной системы; **reduction** ~ *ген.* редукционное деление; **sacral** ~ крестцовый отдел вегетативной нервной системы; ~ **of labour** разделение труда; ~ **of responsibility** распределение [разделение] ответственности

divorce 1. развод, расторжение брака **2.** разрыв // разводиться

dizygotic *ген.* дизиготический, двуяйцевый (о близнецах)

dizziness головокружение

docile 1. послушный, покорный **2.** понятливый, способный к учению

docility 1. послушание, покорность **2.** понятливость, способность к учению, сообразительность

doctrine доктрина, учение; ~ **of interest 1.** принцип заинтересованности (в обучении) **2.** теория интереса (в педагогике); ~ **of**

tabula rasa доктрина «чистой доски» (по Дж.Локку)

document документ; **personal** ~ личностная документация

documentation протоколирование

dogma 1. догма **2.** убеждение, твердое мнение

dogmatic 1. догматический, доктринерский **2.** категоричный, безапелляционный **3.** высокомерный, излишне самоуверенный **4.** дедуктивный

dolichocephalic длинноголовый

dolichocephaly долихоцефалия, длинноголовие

dolichomorphic имеющий удлиненное строение тела

dolor 1. горе **2.** боль

domain область, сфера, поле (деятельности, знаний и т.п.); **decision** ~ область принятия решений

dominance 1. доминирование, преобладание **2.** лидерство; господство; **brain** ~ контролирующая роль мозга; **cerebral** ~ контролирующая роль мозга; **conditioned** ~ обусловленное доминирование; **eye** ~ доминирование (одного) глаза; **hemispherical** ~ доминирующая роль одного из полушарий; **lateral** ~ доминирование одной стороны тела; **linguistic** ~ доминирующая роль языка; **mixed cerebral** ~ диссонанс в доминировании одного из полушарий; **ocular** ~ доминирование (одного) глаза

dominance–submission лидерство [доминирование]–подчинение

dominant доминанта; основной признак // доминирующий, основной, преобладающий

dominate доминировать, преобладать

domination доминирование, господство, власть, преобладающее влияние

donatism ранняя стадия гипноза, характеризующаяся внезапной слабостью

doodling машинальное рисование или изображение чего-л. (при этом мысли сосредоточены на другом)

dope наркотик // давать наркотики

dope-addict наркоман

doping применение допинга

dormancy состояние покоя [бездействия], дремота; латентное состояние, неактивное состояние

dormant дремлющий; спящий; бездействующий, потенциальный

dormitive снотворное средство

dose доза; **threshold** ~ предельная доза

dotage старческое слабоумие, старость

dotard впавший в детство (старик)

doubt сомнение, скепсис // сомневаться

dramatization *психоан.* драматизация; ~ **of anxiety** *психоан.* воспроизведение состояния тревожности для терапевта

drawing рисунок, изображение; чертеж; **mirror** ~ зеркальное рисование; **Piderit** ~s рисунки Пидерита (метод исследования выражения эмоций)

dread ужас, страх; **light** ~ светобоязнь, фотофобия, гелиофобия; **talion** ~ боязнь возмездия

dream 1. сон, сновидение 2. мечта // 1. видеть сон 2. мечтать; **waking** ~ галлюцинация, иллюзия; мечта

drift дрейф, пассивное перемещение; **genetic** ~ *ген.* генетический дрейф, дрейф генов; **image** ~ перемещение изображения (на сетчатке глаза)

drill упражнение, тренировка, обучение // тренировать, обучать;

physical ~ физическая подготовка [тренировка, упражнение]

drive «драйв», влечение, побуждение, потребность, внутренний импульс; **achievement** ~ стремление к достижению цели; **acquired** ~ вторичный «драйв» [потребность]; **activity** ~ стремление [потребность] к активности; **aggressive** ~ агрессивный «драйв», внутренний импульс к агрессии; **alien** ~ иррелевантный [не соответствующий данной ситуации] «драйв» [побуждение, стремление, потребность]; **cognitive** ~ когнитивный «драйв» [внутренний импульс к познанию]; **ego** ~ эго-драйв; **exploratory** ~ исследовательский «драйв» [потребность]; **generalized** ~ генерализованный «драйв» [побуждение, стимул]; **homonomy** ~ стремление [побуждение] к конформизму (по А.Энжелу); **hunger** ~ пищевой «драйв», стремление [потребность] утолить голод; **instinctual** ~ инстинктивное влечение; **irrelevant** ~ иррелевантный [не соответствующий данной ситуации] «драйв» [побуждение, стремление, потребность]; **learnable** ~ «драйв» [побуждение, потребность], формируемый в процессе научения; **learned** ~ вторичный «драйв» [потребность]; **maternal** ~ материнский инстинкт; **primary** ~ первичный «драйв» [потребность]; **secondary** ~ *см.* acquired ~ ; **self-understanding** ~ стремление [потребность] к самопониманию; **sensory** ~ сенсорный «драйв» [потребность]; **sexual** ~ сексуальное влечение [«драйв»]; **social** ~ социальный «драйв» [стремление, потребность]; **socialized** ~ «драйв» [стремление], приобретенный в процессе социализации; **visceral** ~ висцеральный «драйв» (вызванный физиологической потребностью)

dropout ученик, исключенный из школы [бросивший школу]

dropping out редукция навыка

drug 1. лекарство **2.** наркотик; **ataractic** ~ транквилизатор; **habit-forming** ~ наркотик; **psychotropic** ~ психотропное средство [лекарство]; **tonic** ~ лекарство, повышающее тонус

drum барабан; **memory** ~ барабан для запоминания

drunkard пьяница, алкоголик

drunkenness 1. опьянение **2.** пьянство

dual двойственный, двойной

dualism дуализм, двойственность; **psychophysical** ~ психофизический дуализм

duct *анат.* проток, канал, проход; **acoustic** ~ наружный слуховой проход; **salivary** ~ слюнной проток

dull 1. тупой, бестолковый, тупоумный **2.** неясный

dullard тупица

dullness тупость

dumb 1. немой **2.** скрытый, латентный

dumbness немота

duplication 1. дублирование, повторение **2.** копирование

dura mater *лат. анат.* твердая мозговая оболочка

dura sinus *лат. анат.* пазуха твердой мозговой оболочки

duration продолжительность; **response** ~ продолжительность [длительность] ответа [реакции]; ~ **of life** продолжительность жизни

duty 1. долг, моральное обязательство **2.** функция, обязанность; дежурство

dyad [diad] диада, двойка, пара; **social** ~ социальная диада, диадическая группа

dyadic диадический, состоящий из двух элементов, двоичный

dynaception интероцептивное восприятие

dynamic 1. динамический **2.** активный, динамичный **3.** находящийся в развитии **4.** *мед.* функциональный

dynamics динамика; **behavior** ~ динамика поведения; **cognitive** ~ когнитивная динамика, динамика познания; **color** ~ цветовой шок (как невротическая реакция защиты от аффекта) (по Г. Роршаху); **group** ~ групповая динамика; **personality** ~ личностная динамика, динамика личности; **social** ~ социальная динамика

dynamis потенциальность, потенциальная сила

dynamism динамизм; **psychic** ~ теория психического динамизма (по В.Келеру)

dynamogenesis [dynamogeny] развитие энергии

dynamograph динамограф

dynamometer динамометр

dyne *физ.* дина (единица силы)

dysacousia дизакузия, расстройство слуха

dysarthria дизартрия, расстройство артикуляции

dysbulia расстройство воли

dyseneia плохая артикуляция (из-за глухоты)

dysfunction дисфункция, нарушение нормальной деятельности (функции)

dysesthesia расстройство чувствительности, ненормальная болезненность

disgeusia дисгевзия, притупление вкусовых ощущений

dysglossia дисглоссия, расстройство речи

dysgraphia писчий спазм, дисграфия

dyslalia дислалия, косноязычие

dyslexia дизлексия

dyslogia дизлогизм, расстройство речи из-за психического нарушения
dysmenorrhea альгоменорея, дисменорея
dismetria дисметрия
dismimia дисмимия
dysmnesia расстройство памяти
dyspareunia диспареуния
dysphagia затрудненное глотание
dysphasia расстройство речи, дисфазия
dysphemia дисфемия, нарушенная артикуляция, вызванная функциональными расстройствами
dysphonia дисфония
dysphoria дисфория
dysphrasia дисфразия (аграфия и алексия)

dysplasia дисплазия, нарушение [расстройство] роста
dysplastic относящийся к типу строения тела, характеризующемуся отклонениями от нормы
dyspraxia нарушение координации
dysrhythmia нарушение ритма (речи); **cerebral** ~ мозговая дизритмия
dyssexuality диссексуализм
dysthymia дистимия, унылое настроение
dystonia дистония, расстройство тонуса; **vegetative** ~вегетативная дистония
dystrophia дистрофия; **adiposogenital** ~ адипозо-генитальная дистрофия

Ee

eagerness сильное желание; пыл, рвение; **excessive** ~ излишне сильное желание (пыл, рвение)
ear 1. ухо, 2. слух; **external** ~ наружное ухо; **inner [internal]** ~ внутреннее ухо; **middle** ~ среднее ухо; **sensitive** ~ тонкий слух; **quick** ~ тонкий слух
ear-minded слуховой, воспринимающий на слух
ease свобода, легкость; ~ **of locomotion** свобода движения, легкость передвижения в жизненном пространстве (по К.Левину)
ecbatic обозначающий результат или следствие
eccentric 1. эксцентричный, странный 2. иррадиирующий (о боли)
eccentricity эксцентричность, странность
echo 1. эхо 2. отраженный звук 3. отражение

echolalia эхолалия, повторение слов, произнесенных другим человеком
echopathy повторение слов и движений другого человека
echophrasia эхолалия, повторение слов, произнесенных другим человеком
echopraxia эхопраксия, подражание жестикуляции [движениям] других людей
eclampsia эклампсия, конвульсия
eclecticism эклектизм, эклектицизм, эклектика
ecmnesia экмнезия
ecological экологический
ecology экология; **applied** ~ прикладная экология; **individual** ~ аутоэкология; **psychological** ~ психологическая экология; **social** ~ социальная экология
ecophysiology экофизиология

ecphory (память) экфория (активация следов памяти)

ecstasy экстаз, возбужденное (радостное) состояние

ectogenesis эктогенез

ectogenous 1. эктогенный, экзогенный 2. способный к самостоятельному существованию

educability способность к учению [обучению]

educable обучаемый, поддающийся учению

education 1. обучение 2. образование 3. воспитание; adult ~ обучение взрослых; all-round ~ разностороннее образование; compulsory ~ обязательное образование (обучение); cultural ~ привитие культурно-нравственных норм; experimental ~ экспериментальное обучение; free ~ бесплатное образование [обучение]; permissive ~ обучение с предоставлением значительной свободы выбора и действий ребенку; physical ~ физическое образование [воспитание, подготовка]; secondary ~ среднее образование; sex ~ половое воспитание; special ~ специальное обучение (в школе); technical ~ техническое образование; trade ~ профессиональное обучение [образование]; vocational ~ профессиональное обучение [образование]

educe выявлять (способности); развивать

eduction 1. выявление (способностей, возможностей) 2. вывод, результат

effect эффект, результат // 1. производить 2. выполнять, осуществлять 3. вызывать; adjacency ~ эффект смежности; adverse ~ отрицательный [неблагоприятный] эффект; arousal ~ «эраузл-эффект», эффект пробуждения, эф-

фект активности ЦНС; asymmetrical transfer ~ эффект асимметричного переноса; autokinetic ~ автокинетическая иллюзия [эффект] (иллюзия движения светового ориентира при его фиксации зрением в темноте); Baldwin ~ эффект Болдуина (замещение ненаследственных изменений наследственными); bandwagon ~ эффект группового давления; beneficial ~ положительный [благоприятный] эффект [действие]; biological ~ биологическое действие [эффект]; birth-order ~ эффект порядка рождения; centering ~ эффект центрации; chronostereoscopic ~ хроностереоскопический эффект; clonic ~ клонический [судорожный] эффект [действие]; clouding ~ эмоциональный барьер (по К.Юнгу); context ~ эффект [влияние] контекста; contrast ~ эффект контраста; converse ~ обратный эффект; crowding ~ эффект чрезмерной концентрации; cumulative ~ кумулятивное действие; delayed ~ отсроченный [замедленный] эффект; dimming ~ эффект усиления воспринимаемой яркости при уменьшении интенсивности освещения проекционного поля; Doppler's ~ *физ.* эффект [принцип] Доплера; educational ~s of mass media образовательное [воспитывающее] воздействие [роль] средств массовой информации; enhancement ~ эффект усиления; experimenter ~ воздействие [влияние] экспериментатора; factorial ~ факторный эффект; favorable ~ благоприятный эффект; final ~ конечный эффект; frequency ~ эффект [действие], зависящий от частоты; genetic ~ генетический эффект [действие, влияние];

habituation ~ эффект привыкания; **hampering** ~ мешающий [препятствующий, затрудняющий, задерживающий] эффект [действие]; **halo** ~ гало-эффект; **harmful** ~ неблагоприятный эффект; **hypnotic** ~ гипнотический [снотворный, усыпляющий] эффект [действие]; **immediate** ~ непосредственное воздействие; **inherence** ~ усиление свойств фигуры (в противопоставлении фону); **interaction** ~ эффект интеракции; **irreversible** ~ необратимый эффект; **lamination** ~ *соц. психол.* эффект расслоения; **leniency** ~ результат [следствие] снисходительности [нетребовательности]; **levelling** ~ эффект нивелирования [уравнивания]; **light-scattering** ~ эффект рассеивания света; **long-term** ~ длительный эффект [действие]; **maternal** ~ материнский эффект [влияние, действие]; **mental** ~ психическое действие [влияние]; **misleading** ~ вводящий в заблуждение эффект [влияние]; **neighbouring group** ~ эффект соседней группы; **neurophysiological** ~ нейрофизиологический эффект [влияние, действие]; **nonauditory** ~ неслуховой эффект [влияние]; **nonuniform** ~ неоднородный эффект [действие]; **order** ~ эффект порядка; **paradoxical** ~ парадоксальный эффект [действие]; **partial** ~ частичный эффект; **partial reinforcement** ~ эффект частичного подкрепления; **pathological** ~ патологический эффект [действие, влияние]; **perceptible** ~ ощутимый эффект [действие, влияние]; **perceptual** ~ эффект восприятия; **permanent** ~ постоянный эффект; **physiological** ~ физиологический эффект [дей-

ствие, влияние]; **position** ~ эффект положения; **practice** ~ результат тренировки [практики]; **primacy** ~ эффект первичности (при запоминании); **prolonged** ~ длительный эффект; **promoting** ~ стимулирующее действие; **pronounced** ~ резко выраженный эффект; **protective** ~ защитный эффект; **Pulfrich** ~ эффект Пульфриха; **range** ~ эффект ряда; **recency** ~ эффект новизны; **reflex** ~ рефлекторный эффект [действие]; **remote** ~ отдаленное действие; **retarding** ~ задерживающий эффект; **sampling** ~ эффект [значение] выборки; **screening** ~ эффект отбора (кандидатов); **selective** ~ избирательное действие; **sensitizing** ~ сенсибилизирующий эффект; **sensory** ~ сенсорный эффект [действие]; **sequence** ~ эффект последовательности; **serial** ~ сериальный эффект; **serial position** ~ (научение) позиционный эффект (в тестовой серии); **short-term** ~ краткосрочный эффект; **side** ~ побочное действие; **sleeper** ~ изменение мнения [решения] под влиянием полученной информации спустя некоторое время; **somatic** ~ соматический эффект; **soothing** ~ успокаивающий эффект [действие, влияние]; **Stiles−Crawford** ~ *опт.* эффект Крауфорда−Стайлза; **stroboscopic** ~ стробоскопический эффект; **subthreshold** ~ подпороговый эффект; **summation** ~ эффект суммации; **symmetrical** ~ симметричный эффект [действие]; **symmetrical transfer** ~ эффект симметричного переноса; **synergizing** ~ синергичный [однонаправленный, суммирующий, усиливающий] эффект [влияние, действие]; **systemic** ~ общее действие; **threshold** ~ пороговый эффект;

transfer ~ эффект переноса; **uniform** ~ однородный эффект [действие]; **variable** ~ непостоянный эффект; **warm up** ~ эффект врабатывания; **Wedensky** ~ *физиол.* парабиотический эффект, парабиоз; **Zeigarnik** ~ эффект Зейгарник; ~ **of expectancy** эффект [влияние] ожидания; ~ **of illusion** эффект [влияние] иллюзии; ~ **of set** эффект [влияние] установки

effective эффективный, действенный; действительный

effectiveness эффективность, действенность; **mass media** ~ эффективность [действенность] средств массовой информации; ~ **of stimulus** эффективность стимула [раздражителя]

effector 1. эффектор, нервное окончание, передающее возбуждение 2. ткань [орган], способная деятельно ответить на нервное возбуждение

effeminate женоподобный, изнеженный

effeminacy 1. изнеженность (мужчины) 2. женоподобие

effemination 1. утрата мужественности 2. *физиол.* феминизация, эффеминация

efferent *физиол.* эфферентный, центробежный

efficacy эффективность, действенность

efficiency 1. эффективность; производительность, продуктивность; коэффициент полезного действия 2. отдача, выход (реакции) 3. работоспособность; личные способности 4. умелость, подготовленность; **central nervous (system)** ~ эффективность центральной нервной системы; **mental** ~ умственная [психическая] эффективность; **perceptual** ~ эффективность восприятия; **physical** ~ физическая работоспособность [эффективность]; **physiological** ~ физиологическая работоспособность [эффективность]; **predictive** ~ прогнозируемая эффективность [успешность]; **psychomotor** ~ психомоторная эффективность; **visual** ~ эффективность зрения; **working** ~ работоспособность; эффективность работы; ~ **of labor** производительность труда; ~ **of performance** ~ эффективность исполнения [работы]

efficient 1. эффективный, действенный 2. квалифицированный, умелый, знающий свое дело 3. целесообразный

effort усилие, попытка; **conscious** ~ сознательное усилие; **constant** ~ постоянное [непрерывное] усилие; **least** ~ наименьшее усилие; **manual** ~ физическое усилие (руки); **muscular** ~ мышечное усилие; **physical** ~ физическое усилие

effortless 1. пассивный, не делающий усилий 2. легкий, не требующий усилий

egg яйцеклетка; яйцо

ego эго, «я» (сам); субъект мысли; **body** ~ телесное «я»; **reality** ~ эго, сориентированное на реальность; **supportive** ~ созвучный [гармоничный] с идеалом «я»

egocentric 1. крайний индивидуалист, эгоцентрист 2. сторонник или последователь эгоцентризма, солипсизма // эгоцентрический, эгоцентричный

egocentrism 1. эгоцентризм 2. крайний эгоизм или индивидуализм 3. солипсизм

ego-dystonic неприемлемый для эго

ego-id *психоан.* эго-ид (как параметр описания личности)

ego-integrative *психоан.* способствующий интеграции личности

egoism эгоизм

egoistic(al) эгоистичный, эгоистический, себялюбивый

egomorphism 1. аутизм (по Л.Аскерсону) **2.** эгоморфизм (тенденция объяснять поведение других через собственную мотивационную систему)

ego-syntonic созвучный [гармоничный] с эго

egotic связанный с эго, относящийся к эго

egotism эгоизм

eidetic эйдетический

eidotropic ведущий к законченному [завершенному по форме] восприятию

ejection отрицание неприятных переживаний (как защитный механизм) (по З.Фрейду)

elaboration *психоан.* уточнение; **primary** ~ *психоан.* первичное уточнение; **secondary** ~ *психоан.* вторичное уточнение

elation приподнятое настроение, душевный подъем, энтузиазм, бурная радость

electroaesthesiometer электроэстезиометр

electrocardiogram электрокардиограмма

electrocardiograph электрокардиограф

electrode электрод; **biomedical sensor** ~ биомедицинский [медико-биологический] электрод-датчик; **implanted** ~ вживленный [имплантированный] электрод

electrodiagnosis электродиагностика

electroencephalogram электроэнцефалограмма

electroencephalograph электроэнцефалограф

electromyogram электромиограмма

electromyograph электромиограф

electromyography электромиография

electronarcosis электронаркоз

electrophysiology электрофизиология

electroretinogram электроретинограмма

electrotaxis реакция клеток на электричество

electrotherapy лечение электричеством, электротерапия

electrotonus электротонус, изменение возбудимости нерва [мышцы] при прохождении постоянного тока

element элемент; **component** ~ составной элемент; **detecting** ~ чувствительный [воспринимающий] элемент; **embedded** ~ включенный элемент; **human** ~ человеческий элемент; человек в системе «человек – машина», человек в системе «человек – среда обитания»; **mental** ~ элемент психики; **overlapping** ~ общий элемент (для нескольких тестов); **retinal** ~s рецепторы (в сетчатке глаза); **social** ~s социальные элементы (поведения); ~ **of matrix** элемент матрицы

elemental 1. образующий составную часть **2.** стихийный, природный **3.** элементарный, простой

elementalism [elementarism] атомизм

elementary 1. элементарный **2.** простейший, первичный **3.** первоначальный, начальный

eligibility 1. приемлемость **2.** *pl.* положительные [приемлемые] качества

eliminate 1. выделять, удалять из организма **2.** исключать **3.** очищать **4.** уничтожать, ликвидировать, устранять

elimination 1. устранение, исключение **2.** *физиол.* выделение, экскреция, удаление из организма **3.** очищение

elision *лингв.* элизия

elite элита, отборная часть, цвет (общества)

ellipsis эллипс, пропуск элемента [члена] высказывания, легко восстанавливаемого в данном речевом контексте

elongation удлинение

eloquence красноречие

emancipation 1. эмансипация 2. совершеннолетие, выход из-под родительской опеки

emasculation кастрирование

embarrass беспокоить, смущать, приводить в замешательство

embarrassment 1. смущение, замешательство, смятение 2. нерешительность, колебание

embeddedness включенность

embedding включение

embody 1. материализованность, облекать в материальную форму 2. воплощать, олицетворять 3. осуществлять (идеи, мысли)

embodiment 1. облечение в материальную форму 2. воплощение, олицетворение 3. объединение

embryo зародыш, эмбрион

embryology эмбриология

embryonic зародышевый, эмбриональный

emerge появляться, возникать

emergency чрезвычайная [аварийная] ситуация [положение] // чрезвычайный; запасной; аварийный

emergent появляющийся, возникающий

emergentism теория эмерджентного развития

eminence высокое положение, высокие заслуги

emission 1. выделение 2. излучение, испускание 3. *мед.* поллюция; **heat** ~ теплоотдача; **light** ~ световое излучение; **nocturnal** ~ ночные поллюции

emit 1. испускать, выделять 2. излучать; распространять

emmetrope эмметроп, имеющий нормальное зрение [рефракцию глаза]

emmetropia [emmetropism] эмметропия, нормальное зрение [рефракция глаза]

emmetropic имеющий нормальное зрение

emote проявлять эмоции, «переживать»

emotion эмоция; **acquired** ~s приобретенные эмоции; **adverse** ~ отрицательная эмоция; **aggressive** ~ агрессивная эмоция; **cold** ~ *физиол.* ложная эмоция; **conditioned** ~ условно-рефлекторная эмоция; **defensive** ~ защитная эмоция; **derived** ~ высшая эмоция; **induced** ~ индуцированная эмоция; **innate** ~ врожденная эмоция; **intended** ~ произвольная эмоция; **primary** ~s низшие эмоции; **shared** ~s общие эмоции; **specific** ~ специфическая эмоция

emotional эмоциональный

emotionality эмоциональность

emotionally эмоционально

emotive волнующий, возбуждающий [вызывающий] эмоции

emotivity эмоциональность

empathy эмпатия, сочувствие, сопереживание

emphasis выделение, акцент, подчеркивание; ударение; эмфаза; **production** ~ акцент на выпуск продукции

emphasize подчеркивать, придавать особое значение, выделять

empiric 1. человек, опирающийся лишь на опыт, недооценивающий теорию 2. узкий, сугубо практичный человек 3. эмпирик

empirical 1. эмпирический, опытный, основанный на опыте 2. считающий основой знания опыт 3. *филос.* придерживающийся эмпиризма

empiricism 1. эмпиризм 2. практицизм 3. эмпирический вывод; **scientific ~** 1. позитивизм 2. эмпиризм

employ 1. предоставлять работу, нанимать 2. употреблять, использовать, применять 3. заниматься

employability трудоспособность

employable трудоспособный

employed имеющий работу, работающий

employment 1. занятие, работа 2. профессия 3. занятость (рабочей силы) 4. прием (на работу) 5. применение, использование

emulate соревноваться

emulation соревнование; **socialist ~** социалистическое соревнование

enactment исполнение; **role ~** исполнение [выполнение, осуществление, реализация] роли

encapsulation инкапсуляция, изоляция; **psychological ~** психологическая инкапсуляция [изоляция] (механизм психологической защиты) (по К.Левину)

encephalitis энцефалит, воспаление головного мозга; **lethargic ~** эпидемический [летаргический] энцефалит

encephalization кортикация

encephalography энцефалография

encephalon энцефалон, головной мозг

encephalopathy энцефалопатия, заболевание головного мозга

encephalopsychosis энцефалопсихоз

encoded закодированный

encoding *теор. коммун.* кодирование

encorticalization кортикация

encourage 1. ободрять, воодушевлять 2. поощрять, поддерживать 3. подстрекать, потворствовать

encouragement 1. ободрение, воодушевление 2. поощрение, поддержка 3. подстрекательство, потворство

enculturation адаптация к культурным нормам

encystment инкапсуляция; **~ of the self** самоизоляция, инкапсуляция (механизм психологической защиты)

end 1. конец 2. цель 3. результат, следствие // заканчивать

end-brain конечный мозг полушария головного мозга

end-brush нервное окончание в виде кисточки [пучка]

ending окончание; **free nerve ~** свободное нервное окончание; **Krause ~** нервное окончание, тельце Краузе, концевые образования чувствительных нервов; **motor ~** окончание двигательного нерва; **muscle nerve ~** нервное окончание в мышце; **nerve ~** нервное окончание; **Ruffini papillary ~s** тактильные тельца Руффини; **sensory ~** чувствительное (нервное) окончание; **tactile ~** тактильное [осязательное] нервное окончание

endocranial внутричерепной

endocrine эндокринный, внутрисекреторный

endocrinology эндокринология

endocrinopathy заболевание вследствие нарушения работы желез внутренней секреции

endoderm эндодерма, внутренний слой клеток эмбриона

endogamy эндогамия

endogenic эндогенный, возникший внутри организма

endogeny эндогения, эндогенное развитие

endomorphic эндоморфный

endomorphy эндоморфия, висце-

ральный [пикнический] тип телосложения [конституции тела]
endophasia внутренняя речь
endoplasm эндоплазма, центральная часть протоплазмы клетки
endopsychic эндопсихический
endosarc эндоплазма
endothelium эндотелий
endowment дарование, талант;
mental ~s умственные способности; **natural** ~s природные
способности
endtest послетестовая процедура
endurance выносливость, стойкость, способность терпеть
endure 1. выносить, терпеть 2.
длиться, продолжаться
enduring выносливый, стойкий,
прочный
enelicomorphism распространение
на детей характеристик взрослых
людей
energy энергия; **action-specific** ~
специфическая энергия действия;
available ~ доступная энергия;
background ~ основной обмен;
bound ~ *психоан.* контролируемая энергия; **excess** ~ избыток
энергии; **free** ~ свободная энергия; **heat** ~ тепловая энергия;
kinetic ~ кинетическая энергия
(мышцы); **least** ~ наименьшая
затрата энергии [усилий]; **mental** ~ психическая энергия; **metabolism** ~ энергия обмена; **motive** ~ кинетическая энергия;
muscular ~ мышечная энергия;
nervous ~ нервная энергия; **neu-
tralized** ~ нейтрализованная
энергия; **psychic** ~ *см.* **mental** ~;
radiant ~ лучистая энергия, энергия излучения; **sexual** ~ сексуальная энергия; **sound** ~ звуковая
энергия, энергия звука; **specific**
~ **of nerves or of sensation** закон
специфической энергии органов
чувств (Мюллера)

enervate 1. обессиливать, расслаб-
лять, подрывать силы, расстраивать нервы 2. морально разлагать
enervation 1. слабость, расслаблен-
ность 2. расслабление, снижение
нервной энергии
engage 1. нанимать на работу 2.
заниматься 3. привлекать (внимание)
engagement дело, занятие, обязательство
engineer инженер, конструктор;
efficiency ~ специалист по научной организации труда; **human** ~
специалист по инженерной психофизиологии; **industrial** ~ специалист по организации производства; **method** ~ специалист по
рационализации методов работы
engineering проектирование, разработка; **anthropometric** ~ антропометрическое проектирование
[разработка]; **biological** ~
проектирование [разработка]
средств [систем] жизнеобеспече-
ния; **efficiency** ~ научная организация труда; **human (factor)** ~
инженерная психология, антропологическая [«человеческая»] ин-
женерия; **safety** ~ техника безопасности
engram энграмма
enhance усиливать, увеличивать
enhancement усиление, увеличение;
contrast ~ усиление контраста
enjoy 1. получать удовольствие,
наслаждаться 2. пользоваться,
иметь
enjoyment 1. удовольствие, наслаждение 2. обладание (чем-
либо)
enrich 1. обогащать 2. расширять
3. улучшать
enrichment 1. обогащение 2. усиление
ensemble 1. ансамбль, единое целое 2. *мат.* множество

entelechy 1. полное развитие **2.** действительная причина, внутренняя цель **3.** то, что имеет конец или конечную причину
enter 1. записывать, регистрировать **2.** входить, вступать
enterceptor интерорецептор, чувствительное нервное окончание для восприятия ощущений от тела
enterprise 1. предприимчивость, инициатива **2.** промышленное предприятие
entertainment развлечение
enthuse 1. вызывать энтузиазм, приводить в восторг **2.** приходить в восторг, проявлять энтузиазм
enthusiasm 1. энтузиазм, воодушевление **2.** (бурный) восторг
enthymematic(al) *лог.* **1.** относящийся к энтимеме **2.** состоящий из энтимемы
enthymeme *лог.* энтимема; силлогизм без второй посылки
entitative *филос.* **1.** имеющий реальное бытие, объективно существующий **2.** абстрагированный от всех связей и отношений
entity 1. бытие **2.** объективное, реальное существование; реальность **3.** сущность, существо **4.** существо, организм
entocranial внутричерепной
entoptic внутриглазной, расположенный внутри глазного яблока
entotic внутриушной
entrance 1. вход **2.** вхождение **3.** поступление **4.** вступление, начало
entrance 1. приводить в состояние транса [экстаза, оцепенения] **2.** привести в восторг, очаровать, заворожить
entrancement 1. транс, экстаз, оцепенение, завороженность **2.** приведение в транс [оцепенение, экстаз]

entrant кандидат (нанимающийся на должность)
entropy энтропия; **social** ~ социальная энтропия; ~ **of group** групповая энтропия
entry 1. (отдельная) запись, отметка (в таблице) **2.** содержание (графы или таблицы)
enumeration перечисление; перечень
enunciate 1. формулировать (теорию) **2.** произносить
enunciation 1. дикция, хорошее произношение **2.** формулировка
environment окружающая среда [условия, обстановка], окружение; **academic** ~ учебная обстановка; **artificial** ~ искусственная среда; **behavior** ~ поведенческая среда; **biological** ~ биологическая среда; **classroom** ~ классная обстановка, обстановка в классе; **closed** ~ замкнутая (окружающая) среда; **controlled** ~ контролируемая [регулируемая] среда; **disjoint** ~ разобщенная [разъединенная] среда [условия]; **educational** ~ обстановка [среда, условия], в которой происходит обучение; **economic** ~ экономическая обстановка [среда, условия]; **external** ~ внешняя среда; **extreme** ~ экстремальная среда; **general** ~ обычная [общая] среда (обитания); **habitable** ~ обитаемая среда, пригодная для жизни среда; **hazardous** ~ опасная [вредная] окружающая среда; **heterogeneous** ~ гетерогенная [разнородная] окружающая среда; **immediate** ~ ближайшая [непосредственная] окружающая среда, ближайшее окружение; **induced** ~ искусственная окружающая среда; **inhabitable** ~ обитаемая среда, пригодная для жизни среда; **internal** ~ внутренняя среда; **inter-**

personal ~ обстановка [среда, условия], в которой осуществляются межличностные отношения; **intraspecific** ~ внутривидовая среда; **liveable** ~ пригодная для жизни окружающая среда [условия]; **medical** ~ медико-биологические свойства окружающей среды; **objective** ~ объективная (окружающая) среда [обстановка]; **organizational** ~ обстановка в организации, организационная среда; **physical** ~ физическая среда; **political** ~ политическая обстановка; **preschool** ~ дошкольная среда [окружение, обстановка]; **psychological** ~ психологическая среда [окружение]; **school** ~ школьная среда [окружение, обстановка]; **sensory** ~ воспринимаемая органами чувств окружающая среда, сенсорная окружающая среда, комплекс внешних раздражителей; **sensory-starved** ~ среда [условия] сенсорного голода [обедненной афферентации, обеднения чувствительными раздражителями]; **social** ~ социальное окружение [среда]; **stressful** ~ (окружающая) среда, вызывающая стресс; **subjective** ~ субъективная (окружающая) среда [обстановка]; **suitable** ~ подходящая [пригодная] среда (обитания); **verbal** ~ языковая среда; **working** ~ рабочая среда [условия, обстановка]

environmental относящийся к внешней [окружающей] среде

environmentalism теория о решающей роли окружающей среды в формировании личности

environs окружающая среда, окружение

envy зависть // завидовать

eonism трансвеститизм

epencephalon зародышевое образо-

вание, из которого развивается варолиев мозг и мозжечок; задний мозг

ependyma эпендима

epenthesis эпентеза (появление в составе слова дополнительного звука)

epicritic относящийся к повышенной чувствительности

epidemic эпидемия // эпидемический, распространяющийся очень быстро

epigamic эпигамный

epigenesis 1. эпигенез 2. преобразование частей зародыша во время развития

epigenetics эпигенетика, динамика развития

epilepsy эпилепсия; **essential** ~ идиопатическая эпилепсия; **concealed** ~ скрытая эпилепсия; **focal** ~ джексоновская эпилепсия; **idiopathic** ~ идиопатическая эпилепсия; **Jacksonian** ~ джексоновская эпилепсия; **latent** ~ скрытая [латентная] эпилепсия; **masked** ~ бессудорожная форма эпилепсии; **sensory** ~ нарушения чувствительности, заменяющие эпилептические судороги; **sleep** ~ нарколепсия; **symptomatic** ~ симптоматическая эпилепсия

epileptiform эпилептоформный, подобный эпилепсии, похожий на эпилепсию

epinephrin(e) эпинефрин, адреналин (гормон)

epiphenomenalism эпифеноменализм (учение, утверждающее, что сознание является эпифеноменом)

epiphenomenon эпифеномен (побочное, сопутствующее явление)

episode эпизод

epistemology гносеология, теория познания, эпистемология

epithalamus эпиталамус

equalitarianism эгалитаризм

equality равенство, однообразие, одинаковость

equate равнять, уравнивать, выравнивать

equation уравнение; **allometric** ~ аллометрическое уравнение (уравнение связи между скоростями роста двух органов или частей тела); **characteristic** ~ характеристическое уравнение; **empirical** ~ эмпирическое уравнение; **color** ~ цветовое уравнение: **growth** ~ уравнение роста; **heat** ~ тепловой баланс; **indeterminate** ~ неопределенное уравнение; **linear** ~ уравнение первой степени; **metabolic** ~ метаболическое уравнение, уравнение обмена веществ; **multiple regression** ~ уравнение множественной регрессии; **normal** ~ нормальное уравнение; **normal frequency-curve** ~ уравнение дифференциальной функции нормального распределения; **partial regression** ~ см. **multiple regression** ~; **personal** ~ индивидуальные различия; поправка на личные особенности, характер; **rational** ~ рациональное уравнение; **Rayleigh** ~ опт. формула Рэлея; **regression** ~ уравнение регрессии; **specification** ~ уравнение множественной регрессии; **system** ~ уравнение системы

equifinality эквифинальность

equilibration сохранение равновесия

equilibrium равновесие; **apparent** ~ кажущееся равновесие; **balanced** ~ сбалансированное равновесие; **dynamic** ~ динамическое равновесие; **genetic** ~ генетическое равновесие; **growth** ~ равновесие роста; **metabolic** ~ равновесие обмена веществ; **physiological** ~ физиологический баланс [равновесие]; **psychical** ~ психическое [душевное] равновесие; **relative** ~ относительное равновесие; **stable** ~ устойчивое равновесие; **static** ~ статическое равновесие; **unstable** ~ неустойчивое равновесие

equipment оборудование, аппаратура; оснащение, снаряжение; **ancillary** ~ вспомогательное оборудование; **experimental** ~ экспериментальное оборудование; **recording** ~ регистрирующая аппаратура; **test** ~ тестовое оборудование

equipoise равновесие

equipotentiality эквипотенциальность; **cerebral** ~ церебральная эквипотенциальность

equity справедливость, беспристрастность

equivalence эквивалентность; **behavioral** ~ эквивалентное поведение; **motor** ~ моторная эквивалентность; **neural** ~ компенсирующая способность отделов нервной системы; **response** ~ эквивалентность реакций; **stimulus** ~ эквивалентность стимулов

equivalent эквивалент // эквивалентный; **age** ~ возрастной эквивалент; **anxiety** ~ психоан. биологические корреляты тревожности; **biological** ~ биологический эквивалент [аналог]; **grade** ~ эквивалентный класс; **psychic** ~ психическая эпилепсия

equivocal двусмысленный, сомнительный, неясный

equivocation лог. эквивокация, двусмысленность

erection физиол. эрекция

erethism патологическая повышенная возбудимость ткани или органа

erg 1. физ. эрг (единица работы) 2. побудительная сила, потребность (по К.Кэттелу)

ergic целенаправленный

ergograph эргограф
ergometer эргометр
ergonomics эргономика
ergotherapy трудовая терапия, лечение движением
ergotism 1. логический вывод 2. аргументация
erogenous эрогенный
Eros 1. Эрос, бог любви 2. *психоан.* либидо
erotic эротический
eroticism [erotism] эротизм, эмоциональная фаза полового импульса; ego ~ автомоносексуализм, нарциссизм; lip ~ губной эротизм; oral ~ оральный эротизм
erotization *психоан.* эротизация (придание объекту сексуальной ценности или привлекательности)
erotogenic эротогенный
erotomania эротомания
err ошибаться, заблуждаться
erratic 1. неустойчивый 2. беспорядочный 3. изменчивый 4. *стат.* случайный
erroneous ошибочный, неправильный, ложный
error 1. ошибка 2. погрешность, отклонение; absolute ~ абсолютная ошибка; accidental ~ случайная ошибка; actual ~ истинная ошибка [величина ошибки]; adjusted ~ *см.* corrected ~; appreciable ~ существенная ошибка; approximation ~ ошибка аппроксимации [приближения]; average ~ средняя ошибка; biased ~ *см.* constant ~; chance ~ случайная ошибка; compensating ~s взаимокомпенсирующиеся погрешности [ошибки]; constant ~ постоянная ошибка; contrast ~ ошибка контраста; corrected ~ скорректированная ошибка; cumulative ~ *см.* constant ~; estimation ~ ошибка [погрешность] оценки;

experience ~ ошибка механизма отражения опыта (по В. Келеру); experimental ~ экспериментальная ошибка; fortuitous ~ *см.* chance ~; graphic ~ ошибка в написании; grouping ~ *стат.* ошибка группировки; human (factor) ~ ошибка, связанная с личным фактором [индивидуальными особенностями, личностью]; inappreciable ~ незначительная погрешность [ошибка]; incidental ~ случайная ошибка; individual ~ индивидуальная ошибка; instrumental ~ ошибка, связанная с отклонениями в работе инструментов наблюдения; leniency ~ ошибка снисходительности; mean ~ средняя ошибка; mean-(root)-square ~ среднеквадратичная ошибка; median ~ ошибка медианы; motivated ~ ошибка, связанная с мотивацией; perceptual ~ ошибка восприятия; permissible ~ допустимая ошибка; persistent ~ *см.* constant ~; perseverative ~ персеверативная ошибка; probable ~ вероятная ошибка; process ~ ошибка при обработке данных; random ~ случайная ошибка; refractive ~ аномалия рефракции; relative ~ относительная ошибка [погрешность]; sampling ~ выборочная ошибка, ошибка выборки; space ~ пространственная ошибка; standard ~ стандартная [средняя квадратичная] ошибка; standard ~ of estimate стандартная [средняя квадратичная] ошибка оценки; standard ~ of mean стандартная [средняя квадратичная] ошибка средней; standard ~ of measurement стандартная [средняя квадратичная] ошибка измерения; standard ~ of sampling стандартная [средняя квадратичная] ошибка выборки; **statistical ~** статистическая ошибка; **stimulus ~** ошибка стимула (по Е.Титченеру); **subjective ~** субъективная ошибка; **systematic ~** систематическая ошибка; **time ~** временная ошибка; **tracking ~** ошибка слежения; **Type I ~** ошибка первого рода; **Type II ~** ошибка второго рода; **Type III ~** ошибка третьего рода; **unbiased ~** случайная ошибка; **variable ~** случайная ошибка; **verbal ~** ошибка в употреблении слова, лексическая ошибка; **~ in perception** ошибка восприятия [в восприятии]; **~ of central tendency** ошибка тенденции усреднения; **~ of difference** ошибка разности; **~ of estimate** ошибка оценки; **~ of expectation** ошибка, обусловленная установкой; **~ of fitting** ошибка [погрешность] выравнивания; **~ of identification** ошибка распознавания [опознавания]; **~ of judgement** ошибка суждения [умозаключения]; **~ of mean** ошибка среднего; **~ of measurement** ошибка измерения; **~ of observation** ошибка наблюдения; **~ of recognition** ошибка в узнавании [опознавании], ошибка узнавания [опознавания]; **~ of refraction** зр. недостаток [аномалия] рефракции

erythrocyte эритроцит, красное кровяное тельце

erythrogenous эритрогенный (вызывающий ощущение красного)

erythropsia зр. эритропсия

escalation 1. эскалация, расширение, распространение 2. скользящая шкала

escape избегание, бегство // избегать, спастись; **~ from reality** уход от реальности

escapism эскапизм

esophoria эзофория, эндофория, сходящееся косоглазие

esoteric эндогенный, возникающий в самом организме

esotropia сходящееся косоглазие

esprit de corps фр. кастовый дух

essence 1. сущность, суть 2. существенное качество 3. субстанция

essential сущность, неотъемлемая часть // существенный, необходимый; **minimal ~s** необходимые достаточные сведения

establish основывать, создавать

establishment 1. основание, создание, установление 2. учреждение 3. структура личности (по Г.Меррею)

esteem уважение, почтение // уважать, (высоко) ценить; **social ~** уважение в обществе

esthesiometer эстезиометр

esthesis [esthesia] восприятие, ощущение

esthete эстет

esthetics эстетика

estimate оценка // оценивать; **approximate ~** приблизительная оценка; **classification ~** определение квалификации; **combined regression ~** комбинированная регрессионная оценка; **minimum variance ~** оценка с наименьшей дисперсией, наилучшая оценка; **omnibus ~** см. **overall ~**; **overall ~** полная оценка; **sampling ~** оценка, полученная путем взятия проб; **sufficient ~** достаточная оценка; **unbiased ~** несмещенная оценка; **visual ~** визуальная оценка; **~ of efficiency** оценка эффективности

estimated 1. предполагаемый, предположительный; примерный, приблизительный 2. планируемый, теоретический, расчетный

estimation расчет, вычисление; оценивание, оценка; **combined ~**

комбинированная оценка, статистическая оценка нескольких систем исходных данных, взятых вместе; **simultaneous** ~ совместная оценка, одновременная статистическая обработка двух или более рядов данных
estimator эксперт (оценщик)
estrangement отчуждение, отчужденность
ethical 1. этический 2. этичный, моральный, нравственный
ethics 1. этика 2. мораль, нравственность, этичность
ethnic этнический
ethnie этническая группа
etnocentrism этноцентризм
ethnography [ethnology] этнография, учение об этнических группах
ethnopsychology этнопсихология
ethology 1. учение об этике 2. эмпирическое изучение человеческого характера и поведения
ethos 1. этос, нравственный облик 2. характер, дух (установления, системы)
etiologic(al) этиологический
etiology этиология
eubiotics соблюдение требований гигиены; гигиенические условия жизни
euesthesia нормальное состояние органов чувств
eugenesic имеющий способность к размножению, дающий потомство
eugenesis способность к размножению, способность давать здоровое потомство
eugenics евгеника
euharmonic благозвучный; гармонически совершенный
eunoia разумность
eunuch 1. евнух 2. кастрат
eunuchism евнухоидизм
eupathy душевное равновесие, мудрое спокойствие
euphemism эвфемизм

euphonic благозвучный
euphony благозвучие
euphoria [euphory] 1. эйфория 2. повышенно радостное настроение
eustress ~ «юстресс» (положительный стресс как результат стремлений, придающих смысл жизни)
euthanasia 1. легкая безболезненная смерть 2. эйтаназия; умерщвление безнадежно больных (по гуманным соображениям)
euthenics эвтеника
evade избегать
evalute 1. оценивать 2. *мат.* вычислять, выражать численно
evaluation 1. оценка, оценивание, определение 2. вычисление; **job** ~ тарификация работы; **objective** ~ объективная оценка; **subjective** ~ субъективная оценка; **training** ~ оценка обучения [подготовки, тренировки]
evaluative оценочный
evenness 1. ровность 2. (душевное) спокойствие, уравновешенность
event 1. событие, эпизод 2. случай 3. явление; **antecedent** ~ предшествующее явление [случай, событие]; **cerebral** ~ мозговое явление; **pathophysiological** ~ патофизиологическое явление; **precedent** ~ предшествующее явление [случай, событие]
evidence 1. свидетельство, данные, факты 2. доказательство; **anecdotal** ~ единичный случай наблюдения, казус; **clinical** ~ клинические данные [свидетельства]; **experimental** ~ экспериментальные данные; **external** ~ внешний признак; **indirect** ~ косвенные доказательства [данные]; **physiological** ~ физиологические данные [свидетельства]; **radiological** ~ рентгенологические данные; **subjective** ~ субъективные данные [свидетельства]

evident очевидный, явный, ясный
eviration 1. кастрация **2.** приобретение черт характера другого пола
evocation 1. вызывание (духов) **2.** воскрешение в памяти **3.** воплощение (в искусстве); творчество
evoke вызывать
evolution эволюция, развитие, постепенное изменение; **adaptive ~** адаптивная [приспособительная] эволюция; **consequential ~** последовательная эволюция; **creative ~** эволюция, понимаемая как созидательный процесс; **continuous ~** непрерывная эволюция; **convergent ~** конвергентная эволюция; **cultural ~** развитие культуры; **directional ~** направленная эволюция; **discontinuous ~** прерывистая эволюция; **emergent ~** эмерджентная эволюция; **indeterminate ~** неопределенная эволюция; **mental ~** развитие [эволюция] психики; **nonadaptive ~** неадаптивная [неприспособительная] эволюция; **organic ~** развитие организмов; **progressive ~** прогрессивная эволюция; **rectilinear ~** направленная [поступательная] эволюция; **regressive ~** регрессивная эволюция; **saltatory ~** скачкообразная эволюция [развитие]; **social ~** общественное развитие
evolutionary эволюционный
evolutionism эволюционизм, теория эволюции
evolve развивать(ся), эволюционировать; выделять, испускать
evolvement развитие, процесс развития
exacerbation 1. злоба, озлобленность, раздражение **2.** *мед.* пароксизм, обострение болезни
exact точный; аккуратный; строгий, неуклонный

exactitude точность, аккуратность
exactness 1. точность **2.** тщательность, старательность
exaggeration 1. преувеличение **2.** ухудшение
exalt 1. возносить, возвеличивать **2.** усиливать (эффект) **3.** возбуждать (воображение) **4.** приводить в восторг [экзальтацию]
exaltation 1. восторг, восторженное состояние, экзальтация **2.** возбуждение
examination 1. исследование, изучение **2.** осмотр, обследование **3.** экзамен; **Alpha ~** альфа-тест (применявшийся для проверки уровня интеллекта солдат армии США во время I мировой войны); **Beta ~** бета-тест (применявшийся в армии США во время I мировой войны для определения интеллектуального уровня неграмотных солдат); **blood ~** исследование крови; **mental ~ 1.** психодиагностическое исследование **2.** интеллектуальный тест; **microscopic ~** микроскопическое исследование; **neurological ~** неврологическое исследование; **objective ~** объективная проверка [экзамен]; **physical ~** исследование состояния здоровья, медицинский осмотр; **subjective ~** субъективная проверка [экзамен]
examine 1. исследовать, изучать, проверять **2.** экзаменовать **3.** рассматривать, осматривать
example пример; образец; **experimental ~** экспериментальный пример [образец]
exasperate 1. сердить, раздражать, выводить из себя, изводить **2.** усиливать (боль и т.п.)
exasperated 1. раздраженный, выведенный из себя **2.** озлобленный

exasperation 1. раздражение **2.** озлобление, гнев, злоба **3.** обострение, усиление (боли, болезни и т.п.)

exceed превышать, превосходить

excel 1. превосходить **2.** выделяться, отличаться, выдаваться

excellence 1. совершенство, выдающееся мастерство; высокое качество **2.** превосходство, преимущество

exception 1. исключение **2.** возражение

exceptional исключительный, необычный, незаурядный

excess 1. избыток, излишек **2.** невоздержанность, неумеренность **3.** крайность, чрезмерность

exchange обмен // менять(ся), обменивать(ся); **energy** ~ обмен энергией; **heat** ~ теплообмен; **social** ~ социальный обмен

excitability 1. возбудимость **2.** *физиол.* чувствительность (органа, ткани к раздражителю)

excitable возбудимый, легко возбуждающийся, приходящий в волнение

excitant возбуждающий // возбуждающее средство

excitation 1. возбуждение, раздражение **2.** волнение; **conditioned** ~ условное возбуждение; **nerve** ~ нервное возбуждение; **neural** ~ нервное возбуждение

excitative возбудительный

excite 1. возбуждать, волновать **2.** побуждать, стимулировать

excited возбужденный, взволнованный

excitement возбуждение; волнение; **cerebral** ~ мозговое возбуждение; **emotional** ~ эмоциональное возбуждение; **psychic** ~ психическое возбуждение; **sexual** ~ половое возбуждение; **veneral** ~ половое возбуждение

exciter 1. возбудитель **2.** двигательный нерв, нейрон

exciting возбуждающий

exclude исключать

exclusion исключение; **false** ~ ложное исключение; **valid** ~ валидное исключение

exclusiveness исключительность; **social** ~ исключительность в социальном плане

excretion *физиол.* экскреция, выделение, отделение

execrate ненавидеть, питать отвращение

execration 1. отвращение, ненависть **2.** предмет отвращения

execution выполнение, исполнение

executive руководитель, администратор // исполнительный

exercise упражнение, тренировка// упражнять(ся), тренировать(ся); **bodily** ~s гимнастика, физические упражнения; **formal** ~s формальное заучивание; **muscular** ~ мышечная нагрузка [тренировка]; **physical** ~ физическое упражнение [зарядка, нагрузка]; **strenuous** ~ интенсивное [вызывающее напряжение] физическое упражнение [зарядка, нагрузка]; **violent** ~ упражнение, требующее большого физического напряжения

exert 1. напрягать **2.** оказывать влияние

exertion 1. напряжение **2.** старание, усилие

exhalation выдох, выдыхание

exhale выдыхать(ся)

exhaust 1. истощать, исчерпывать **2.** изнурять, выматывать силы

exhausted изнуренный, истощенный

exhaustion 1. истощение, изнурение **2.** изнеможение; **battle** ~ военный психоз; психическая травма (в ходе боевых действий); **emotional** ~ неврастения; **nervous** ~ нервное истощение

exhaustiveness вырожденность, исчерпанность

exhibit 114

exhibit 1. показывать, проявлять **2.** выставлять, экспонировать
exhibition 1. демонстрация, показ **2.** проявление
exhibitionism эксгибиционизм
exhilarate 1. веселить **2.** оживлять, подбодрять
exhilaration 1. веселость, веселье; приятное возбуждение **2.** оживление, придание живости, веселья
exist 1. существовать, жить, быть **2.** иметься, встречаться
existence существование
existent существующий
existential 1. жизненный **2.** наличный, существующий
existentialism экзистенциализм
exogamy экзогамный брак, брак вне одной семьи, племени, рода
exogenous 1. исходящий извне, идущий с поверхности внутрь **2.** *биол.* экзогенный
exolinguistics *теор. инф.* экзолингвистика
exopsychic экзопсихический
exoteric экзогенный, внешний, вызванный внешней причиной
expand 1. расширять, развивать **2.** расширяться, развиваться **3.** излагать подробно **4.** *мат.* раскрывать (формулу)
expansion экспансия, расширение, рост
expansive экспансивный, несдержанный
expansiveness экспансивность, несдержанность; **emotional ~** эмоциональная экспансивность [несдержанность]
expect 1. ждать, ожидать **2.** рассчитывать, надеяться
expectable ожидаемый, вероятный
expectancy 1. ожидание **2.** вероятность; **disconfirmed ~** неподтвержденное [неподкрепленное] ожидание; **generalized ~** генерализо-

ванное ожидание: **life ~** вероятная продолжительность жизни; **reward ~** ожидание награды
expectation ожидание, вероятность чего-л.; **disconfirmed ~** неподтвержденное [неподкрепленное] ожидание; **mutual ~** взаимное ожидание; **natural ~** естественное ожидание; **self-fulfilling ~** сбывшееся ожидание; **social role ~** ожидание (определенной) социальной роли
expenditure 1. потребление **2.** расход; **least ~ of energy** наименьшая затрата усилий [энергии]
experience 1. (жизненный) опыт **2.** переживание // испытывать, чувствовать; **academic ~** учебный опыт; **adequate ~** адекватный опыт; **affective ~** аффективное переживание; **aha ~** ага—переживание; **clinical ~** клинический опыт; **compensatory ~** компенсаторный опыт; **conscious ~** сознательный опыт; **direct ~** непосредственный опыт; **early ~** ранний опыт; **effort ~** ощущение мышечного усилия; **educational ~** педагогический [учебно-воспитательный] опыт; переживания в связи с педагогическим [учебным] процессом; **emotional ~** эмоциональный опыт; **empathic ~** эмпатический опыт, опыт сопереживания; **human ~** человеческий опыт [испытания, переживания]; **immediate ~** непосредственный опыт; **insufficient ~** недостаточный опыт; **past ~** прошлый опыт; **perceptual ~** перцептивный опыт; **play ~** опыт игры; **preschool ~** дошкольный опыт [подготовка]; **previous ~** предшествующий опыт; **race ~** архетип (по

К.Юнгу); sense ~ сенсорный опыт; sensory ~ сенсорный опыт; specialized ~ специализированный опыт; unexpected ~ неожиданный опыт [испытания, переживания]; unusual ~ необычный опыт [испытания, переживания]; visual ~ зрительный опыт, опыт зрительных восприятий [ощущений]

experienced опытный, квалифицированный

experiencer субъект как носитель опыта

experiential эмпирический, опытный, основанный на опыте

experiment эксперимент, опыт // производить опыты [эксперименты]; animal ~ эксперимент на животном; Aristotle's ~ иллюзия Аристотеля; artificial ~ искусственный эксперимент; «as if» ~ мысленный эксперимент; association ~ ассоциативный эксперимент; behavioral ~ поведенческий эксперимент; blank ~ контрольный [слепой] эксперимент; Blix's temperature ~ эксперимент Бликса по температурным ощущениям; «bold and timid man» ~s эксперименты на выявление «храброго и робкого»; card ~ эксперимент с карточками, бланковый эксперимент; check ~ контрольный опыт; choice ~ эксперимент с реакцией выбора; complex ~ опыт с участием многих факторов; комплексный [сложный] эксперимент; completely appropriate ~ эксперимент полного соответствия; control ~ контрольный эксперимент; controlled ~ контролируемый эксперимент; critical ~ критический [решающий] эксперимент; cross-individual ~ кросс-индивидуальный эксперимент; crucial ~ важный экспери-

мент; deferred reaction ~ эксперимент, предполагающий отсроченное действие; functional ~ функциональный эксперимент; group ~ групповой эксперимент; Hawthorne ~ *инж.психол.* хоторнский эксперимент; «impossible task» ~ эксперимент по методике невозможной [невыполнимой] (по трудности) задачи [задания]; infinite ~ бесконечный эксперимент; intergroup ~ межгрупповой эксперимент; laboratory ~ лабораторный эксперимент; manned ~ эксперимент с участием человека, эксперимент на человеке; memory ~s эксперименты по изучению памяти; Meyer's contrast ~ контрастный опыт Мейера; multiple-choice ~ эксперимент на множественный выбор; multiple-factor ~ многофакторный эксперимент [опыт]; multiplied ~ многократный опыт; multivariate ~ многомерный эксперимент; perfect ~ безупречный эксперимент; pristine ~ чистый эксперимент; single-subject ~ эксперимент с одним испытуемым; Stratton's ~ эксперимент Стрэттона (в области зрительного восприятия); trial ~ пробный эксперимент, эксперимент для разведки; weight ~ *психофиз.* эксперимент по измерению дифференциального порога проприоцептивного анализатора

experimental экспериментальный, опытный

experimentalize экспериментировать, производить опыты

experimentation экспериментирование, проведение опытов [исследования]; human ~ проведение опытов с участием человека; physiological ~ проведение физиологических опытов; psychological ~

проведение психологических опытов

experimentator [experimenter] экспериментатор

experimentum crucis *лат.* критический эксперимент

expert эксперт

expertise 1. экспертиза, заключение специалиста **2.** компетентность; эрудиция; специальные знания

expiation заглаживание (вины)

expiration экспирация, выдох

expiratory выдыхательный, экспираторный, относящийся к выдоху, дыхательный

explain объяснять

explanation 1. объяснение **2.** толкование, истолкование; **alternative** ~ альтернативное объяснение; **causal** ~ причинное объяснение; **constructive** ~ конструктивное объяснение; **genetic** ~ генетическое объяснение; **historical** ~ историческое объяснение; **reductive** ~ редукционистское объяснение [толкование, анализ]

explicit эксплицитный, ясный, точный, недвусмысленный

exploitation использование (в своих интересах); **parental** ~ давление родителей (на ребенка в процессе воспитания)

exploration исследование; **manned** ~ исследование с участием человека; **mental** ~ исследование психологических причин затруднений в адаптации

exploratory 1. исследовательский **2.** пробный

exponent 1. *мат.* экспонент, показатель степени **2.** знак, тип, образец

expose 1. выставлять; выдерживать **2.** подвергать воздействию

exposition 1. экспозиция, показ, демонстрация **2.** толкование, объяснение **3.** описание, изложение **4.** *лог.* выбор

ex post facto *лат.* имеющий обратную силу

exposure экспозиция; воздействие; **brief** ~ кратковременное воздействие [экспозиция]; **concomitant** ~ сопутствующее воздействие; **continuous** ~ продолжительное [непрерывное] воздействие; **experimental** ~ экспериментальное воздействие [экспозиция]; **fractional** ~ дробное воздействие [экспозиция]; **initial** ~ первоначальное воздействие [экспозиция]; **long-term** ~ продолжительное воздействие [экспозиция]; **short-term** ~ кратковременное воздействие [экспозиция]

express выражать

expression выражение; **emotional** ~ внешнее проявление эмоций; **facial** ~ выражение лица; **sex** ~ проявление пола; **stereotyped** ~ стереотипное выражение [проявление]; **verbal** ~ вербальное [языковое, словесное] выражение

expressive экспрессивный, выразительный

expressiveness экспрессивность, выразительность

expressivity экспрессивность

extension 1. распространение **2.** протяженность **3.** *анат.* распрямление; **concept** ~ расширение объема понятия; **ego** ~ развитие [расширение] эго

extensity экстенсивность

extensor экстензор, мышца-разгибатель

extent степень, мера

external внешний

externalization экстернализация

exteroception внешнее ощущение

exteroceptor экстерорецептор

exterosystem сложная система

врожденных механизмов, посредством которой осуществляется связь организма с внешним миром

extinction 1. угасание, торможение (условного рефлекса) **2.** исчезновение; **differential** ~ дифференциальное торможение; **latent** ~ латентное торможение; **secondary** ~ вторичное торможение

extinguish гасить, тормозить (рефлекс)

extinguished погашенный, угасший, исчезнувший

extirpation удаление

extrajection *психоан.* проекция (приписывание другим людям своих переживаний, черт характера)

extramural заочный

extraneous 1. посторонний **2.** стоящий вне (чего-л.)

extrapolate экстраполировать

extrapolation экстраполяция

extrapunitive экстрапунитивный

extrapunitiveness экстрапунитивность

extrasensory экстрасенсорный

extrasocial внесоциальный; необщественный

extraspectral неспектральный, внеспектральный

extratensive экстратенсивный (о типе личности, характеризующемся лабильной аффективностью, открытой экспрессией, широкими, но несколько поверхностными социальными контактами) (по Г.Роршаху)

extratensivity экстратенсивность

extraversion экстраверсия

extraversion-introversion экстраверсия-интроверсия

extravert экстраверт

extreme крайний, предельный, экстремальный // крайность, крайняя степень

extremity 1. конечность **2.** чрезмерность, крайность **3.** противоположность; **phantom** ~ фантомная боль; ощущение боли в ампутированной конечности

extrinsic 1. внешний **2.** неприсущий, несвойственный

extroversion *см.* **extraversion**

extrovert *см.* **extravert**

eye глаз; **compound** ~ сложный глаз; **cyclopean** ~ циклопический глаз; **leading** ~ ведущий глаз; **light-adapted** ~ глаз, адаптированный к свету; **reduced** ~ схематический глаз; **schematic** ~ *см.* **reduced** ~; **unaided** ~ невооруженный глаз

eyedness доминирование глаза

eye-mindedness наглядно-образное мышление

eye-movement движение глаз

eyeshot поле зрения

eyesight зрение; **acute** ~ острое зрение

eyestrain перенапряжение зрения, переутомление глаз

Ff

fabrication 1. вымысел, выдумка **2.** симптом корсаковского синдрома

fabulation *см.* **fabrication**

face 1. лицо **2.** лицевая поверхность

facial лицевой

facilitation фасилитация, облегчение; **associative** ~ ассоциативное облегчение; **neural** ~ *физиол.*

облегчение; **reproductive** ~ (научение) облегчение воспроизведения; **retroactive** ~ *физиол.* ретроактивное облегчение; **social** ~ социальное облегчение [фасилитация]

facility 1. приспособление, устройство **2.** средство, удобство **3.** стенд, установка **4.** легкость **5.** способность, дар

fact факт; событие, явление; **number** ~ арифметический факт; **primary arithmetic** ~s основы арифметики; **social** ~ социальный факт

factitious искусственный

factor 1. фактор, **2.** *мат.* множитель, коэффициент **3.** *ген.* ген; **A** ~ *см.* **abstraction** ~; **abstraction** ~ способность к абстрагированию; **accessory** ~ дополнительный [вспомогательный] фактор; **additive** ~ аддитивный фактор; **age** ~ возрастной фактор; **areal** ~ пространственный фактор; **bionomic** ~ экологический фактор; **bipolar** ~ биполярный фактор; **causal [causative]** ~ причинный фактор; **cognitive** ~ когнитивный фактор; **common** ~ групповой [общий] фактор; **complementary** ~ дополнительный фактор; **conditioning** ~ обусловливающий фактор; **control** ~ регулирующий фактор; **correction** ~ поправочный коэффициент; **conversion** ~ переводной коэффициент [множитель]; **cumulative** ~ кумулятивный фактор; **determining** ~ определяющий фактор [момент]; **disturbing** ~ нарушающий [повреждающий] фактор; **efficiency** ~ фактор эффективности; **emotional** ~ эмоциональный фактор; **environmental** ~ фактор внешней среды; **ethnic** ~ этнический фактор; **external** ~ внешний фактор;

extrapsychic ~ внепсихический [не относящийся к психической сфере] фактор; **F** ~ фактор «динамизм» (по Р.Кеттелу); **feedback** ~ коэффициент обратной связи; **first--order** ~ *факторн. ан.* фактор первого порядка; **food** ~ пищевой фактор; **g** ~ *см.* **general** ~; **general** ~ общий фактор; **genetic** ~ генетический фактор; **gestalt** ~ гештальт-фактор; **group** ~ *факторн. ан.* групповой фактор; **growth** ~ фактор роста; **hereditary** ~ наследственный фактор; **hidden** ~ скрытый фактор; **human** ~ человеческий [личный] фактор; **inhibitive** ~ тормозящий фактор; **internal** ~ внутренний фактор; **intrinsic** ~ *см.* **internal** ~; **key** ~ ключевой фактор; **metabolic** ~ метаболический фактор, фактор обмена веществ; **minor** ~ второстепенный фактор; **motivational** ~ мотивационный фактор; **multiple** ~s множественные факторы; **noise** ~ фактор [коэффициент] шума; **number** ~ числовой фактор; **overlapping** ~ общий фактор (для нескольких тестов); **p** ~ персеверация; **personal(ity)** ~ личностный фактор; **physiological** ~ физиологический фактор; **position** ~ позиционный фактор; **primary** ~ главный [первичный] фактор; **psychological** ~ психологический фактор; **psychophysical** ~ психофизический фактор; **quality** ~ показатель качества; **reasoning** ~ фактор логического мышления; **reflection** ~ фактор отражения; **representative** ~ репрезентативный фактор; **reproduction** ~ коэффициент размножения; **Rh** ~ *см.* **rhesus** ~; **rhesus** ~ резус-фактор; **s** ~ - *см.* **specific** ~; **safety** ~ коэффициент безопасности; **second-order** ~ *факторн. ан.* фактор второго порядка; **sensory-phys-iological** ~ сенсорно--физиологический фактор; **situational** ~ ситуационный фактор; **social** ~ социальный фактор; **space** ~ пространственный фактор; **specific** ~ *факторн. ан.* специфический фактор; **stress** ~ фактор, вызывающий стресс, стрессовый фактор; **structure** ~ структурный фактор; **temperature** ~ температурный фактор; **temporal** ~ временной фактор; **time** ~ фактор времени; **unit** ~ комплексный признак; **use** ~ коэффициент использования; **vital** ~ жизненный фактор; **w** ~ *см.* **will** ~; **will** ~ *факторн. ан.* фактор воли

factorial факторный

factoring факторизация, разложение (на факторы)

factorization факторизация

factorize факторизовать, выделять факторы; проводить факторный анализ

factual действительный, фактический

factuality действительность

facultative факультативный, необязательный, случайный

faculty способность; **fusion** ~ слияние двух изображений в одно при бинокулярном зрении; **inventive** ~ изобретательность, находчивость; **mental** ~ умственная способность; **moral** ~ способность морального суждения, наличие морального чувства; **rational** ~ мыслительная способность; ~ **of conservation** память

fad прихоть, причуда, фантазия; скоропроходящее увлечение

fade 1. постепенно исчезать (из памяти) 2. стираться, сливаться (об оттенках) 3. замирать (о звуках)

fail 1. ослабевать, терять силы 2. не удаваться, потерпеть неудачу 3. не хватать, иметь недостаток в чем-л.

failing 1. недостаток, недостаточность 2. слабость 3. ошибка // 1. недостающий 2. слабеющий; **human** ~ человеческая слабость [недостаток, недостаточность]

failure 1. неудача, провал 2. недостаточность, недостаток, отсутствие 3. оплошность, ошибка 4. авария 5. неудачник; **affective** ~ неспособность к эмоциональной адаптации; **ego** ~ *психоан.* неспособность «эго» контролировать импульсы «ид»; ~ **of compensation** недостаточная компенсация

faint обморок, потеря сознания // слабеть, падать в обморок // слабый; ничтожный; **dead** ~ полная потеря сознания

fainting [**fainting-fit**] обморок, потеря сознания

faintness 1. низкая интенсивность стимула 2. обморочное состояние, дурнота, слабость 3. тусклость, бледность

faith 1. вера, религия 2. вера, доверие 3. кредо, убеждения, взгляды; **animal** ~ животная вера, инстинктивная уверенность, не имеющая разумного основания; **religious** ~ религиозная вера

faking фальсификация

fallacious ошибочный, ложный

fallaciousness ошибочность, ложность

fallacy 1. ложное рассуждение, ложный аргумент, софизм 2. ошибка, заблуждение 3. ошибочность, обманчивость; **logic** ~ *лог.* логическая ошибка; **material** ~ *лог.* ошибка в сущности; **pathetic** ~ антропоморфизм; **pathological** ~ восприятие психологических процессов в понятиях патологии; **psychologist's** ~ субъективизм психолога; ~ **a priori** *лог.*

априорная ошибка; ~ **in form** ошибка в форме; ~ **of generalization** *лог.* ошибка в обобщении; ~**of inference** *лог.* ошибка в результате рассуждения; ~ **of interrogation** *лог.* ошибка вопроса; ~ **of observation** *лог.* ошибка наблюдения

fallibility ошибочность, погрешность

fallible подверженный ошибкам

false ложный, ошибочный, неправильный

falsification фальсификация, искажение; **retrospective** ~ ретроспективное искажение

falsity 1. ложность, ошибочность, недостоверность 2. ложь

familial семейный, родственный

familiar близкий, хорошо знакомый; привычный

familiarity хорошее [близкое] знакомство

family семья, семейство, группа; **authoritarian** ~ авторитарная семья; **broken** ~ неполная [разбитая] семья; **democratic** ~ демократическая семья; **laisez-fair** ~ *см.* **permissive** ~ ; **occupational** ~ группа родственных профессий; **permissive** ~ семья с либеральными отношениями; **word** ~ гнездо слов (с общим корнем); ~ **of orientation** родительская семья

fanatic фанатик, изувер // фанатический, изуверский

fanaticism фанатизм, изуверство

fancy 1. фантазия, воображение 2. воображаемый [мысленный] образ // воображать, представлять себе

fantasm фантом, иллюзия, призрак

fantastic фантастический, воображаемый, нереальный

fantasy 1. фантазия, воображение 2. иллюзия, игра воображения; **creative** ~ творческое воображение [фантазия] (по К. Юнгу);

forced ~ *психоан.* стимулированная фантазия; **foster-child** ~ тайное сомнение в подлинности своих родителей; **night** ~ *психоан.* сновидение; **punishment** ~ воображаемое наказание; **rebirth** ~ *психоан.* фантазия рождения вновь

fantom иллюзия, фантом

faradic *физ.* фарадический

far-sight дальнозоркость, гиперметропия

far-sighted дальнозоркий

far-sightedness дальнозоркость, гиперметропия

fasciculus *НФЗЛ* пучок, гроздь

fasciculus gracilis *НФЗЛ* нежный пучок Голля

fascinate очаровывать, пленять; зачаровывать взглядом

fascination 1. приковывание [привлечение, фиксация, застойная концентрация] внимания 2. очарование, обаяние

fashion 1. образ, манера 2. мода, стиль

fatal фатальный, роковой, неизбежный

fatalism фатализм

fatality 1. рок, фатальность 2. несчастный случай; смерть (от несчастного случая)

father отец, родитель; предок

fatherhood отцовство

fatiguability утомляемость

fatigue утомление, усталость // утомлять, изнурять; **auditory** ~ слуховое утомление; **bodily** ~ физическая усталость; **chromatic** ~ цветовое утомление; **color** ~ *см.* **chromatic** ~; **combat** ~ утомление в условиях боевой обстановки; нервное заболевание (вызванное перенапряжением в бою); **cumulative** ~ кумулирующееся [накапливающееся] утомление; **mental** ~ умственное [пси хическое] утомление; **minor ~** легкое [небольшое] утомление [усталость]; **muscle [muscular] ~** мышечное утомление; **nervous ~** нервное утомление; **ocular ~** утомление глаза; **retinal ~** ретинальное утомление, задержка изображения на сетчатке после прекращения возбуждения; **skill ~** ухудшение навыков в результате утомления; **visual ~** зрительное утомление

fault 1. недостаток, неисправность, порча, авария, повреждение, дефект **2.** ошибка, вина

faulty 1. имеющий недостатки; неправильный, ошибочный **2.** испорченный, поврежденный, неисправный, негодный

fear страх, боязнь // бояться, страшиться; **free-floating ~** «свободно плавающий» страх

feature особенность, характерная черта; признак, свойство; **hereditary ~** наследственная черта [особенность]; **special ~** индивидуальная [характерная] особенность

febrile лихорадочный

febrility лихорадочное состояние

fecundity плодовитость

feeble-mindedness слабоумие; **high-grade ~** высокая степень слабоумия; **primary ~** врожденное слабоумие

feedback обратная связь; **auditory ~** обратная связь в слуховом анализаторе; **autonomic ~** автономная обратная связь; **kin(a)esthetic ~** кинестетическая обратная связь; **negative ~** отрицательная обратная связь; **neurohumoral ~** нейрогуморальная обратная связь; **parallel ~** параллельная обратная связь; **positive ~** положительная обратная связь; **proprioceptive ~** НФЗЛ проприоцептивная обратная связь

feeding питание, кормление; **demand ~** кормление по требованию; **sham ~** мнимое кормление

feeling 1. чувство **2.** ощущение **3.** осязание **4.** настроение **5.** мнение, впечатление // чувствительный; **ambivalent ~** противоположные эмоции одновременно в отношении одного и того же лица (любовь и ненависть); **anxious ~** чувство беспокойства [тревоги]; **asthenic ~** астеническое состояние; **depressive ~** чувство депрессии; **disagreeable ~** неприятное чувство; **dizzy ~** чувство головокружения; **dominance ~** чувство доминирования; **gregarious ~** стадное чувство; **inferiority ~** чувство неполноценности; **innervation ~** иннервационное ощущение; **passivity ~** ощущение [чувство] пассивности; **reality ~** чувство реальности; **safe ~** чувство безопасности; **secondary inferiority ~** чувство неполноценности в результате очередной неудачи; **sex ~** эротическое [сексуальное] чувство; **superiority ~** чувство превосходства над окружающими; **tender ~** нежное чувство, желание защищать и лелеять маленьких и беспомощных; **~ of difference** чувство (собственной) исключительности; **~ of guilt** чувство вины; **~ of tiredness** чувство усталости; **~ of uneasiness** чувство неловкости [неудобства]; **~ of unreality** чувство [ощущение] нереальности; **~ of well-being** хорошее самочувствие

feeling-into эмпатия

feigning притворство

felt-need осознаваемая [осознанная] потребность

female 1. женщина **2.** зоол. самка // женский, женского пола

feminine женский, свойственный женщинам; женственный

femininity женственность

feminization феминизация

fenestra окно, отверстие (в перепонке)

fenestration фенестрация, образование окошечка (в ухе для лечения глухоты, в сердечных клапанах)

feral 1. дикий, неприученный 2. грубый, нецивилизованный

fertility 1. фертильносгь, плодовитость 2. оплодотворение; **differential** ~ дифференциальная [различная] фертильность [плодовитость]

fertilization оплодотворение

fetal плодный, относящийся к плоду; зародышевый, эмбриональный

fetish фетиш

fetishism фетишизм

fetus плод, зародыш, эмбрион

fever 1. лихорадка, жар 2. нервное возбуждение; **sthenic** ~ резко выраженная лихорадка; **subcontinuous** ~ перемежающаяся лихорадка

fiber волокно, нить; **afferent** ~ афферентное [центростремительное] волокно; **association** ~s ассоциативные волокна; **axial** ~ аксон, нейрит; **commissural** ~ *анат.* комиссуральное волокно, комиссура, спайка; **efferent** ~ эфферентное [двигательное] волокно; **epicritic** ~ *НФЗЛ* эпикритическое волокно; **internuncial** ~ волокна, связывающие нервные клетки; **motor** ~ двигательное нервное волокно; **muscle** ~ мышечное волокно; **nerve** ~ нервное волокно; **projection** ~s *НФЗЛ* проводящие пути; **protopathic** ~ *НФЗЛ* протопатическое волокно; **reticular** ~ ретикулярное волокно; **secretory** ~s центробежные нервные волокна, возбуждающие секрецию

fibre *см.* fiber

fibril 1. фибрилла, тонкое волоконце 2. тонкое нервное волокно

fibrillation 1. фибрилляция, мерцание 2. образование тонких волокон; **stimulogenous** ~ стимулогенная фибрилляция (по С. Боку)

fiction фикция, вымысел, выдумка; **directive** ~ оторванное от реальности чувство собственного превосходства (по А. Адлеру); **neurotic** ~ невротический вымысел (о собственном превосходстве)

fictitious воображаемый, фиктивный

fidget 1. беспокойное состояние; нервные [суетливые] движения 2. суетливый [беспокойный] человек // 1. суетиться 2. быть в волнении [не в состоянии сосредоточить внимание]

fiducial принятый за основу сравнения, надежный, заслуживающий доверия

field поле, область, сфера деятельности; **behavior** ~ поведенческое поле; **behavior stimulus** ~ поведенческая среда; **binocular** ~ бинокулярное поле зрения; **central** ~ **of vision** центральное поле зрения; **central visual** ~ центральный участок поля зрения; **common** ~ общее (психологическое) поле; **distal visual** ~ дистальный участок поля зрения; **excitatory** ~ *НФЗЛ* очаг возбуждения; **mathematical** ~ математическое поле; **minimum audible** ~ поле [область] минимального слышания; **monocular vision** ~ монокулярное поле зрения; **noise** ~ шумовое поле; **occupational** ~ область родственных профессий; **perceptual** ~ перцептивное поле; **periph-**

eral ~ of vision периферическое поле зрения; peripheral visual ~ периферический участок зрения; phenomenal [phenomenological] ~ феноменальное поле; power ~ контролируемое поле, поле контроля; proximal visual ~ проксимальный участок поля зрения; psychological ~ психологическое поле; psychophysical ~ психофизическое поле (по К.Коффке); receptive ~ рецепторное поле; retinal ~ ретинальное [сетчаточное] поле; scalar ~ *топол.* скалярное поле; sensory ~ сенсорное поле; shared ~ общее (психологическое) поле; stimulus ~ стимульное поле (совокупность действующих стимулов); subliminal ~ подпороговая область, область подпорогового возбуждения; vector ~ *топол.* векторное поле; viewing [visual] ~ поле зрения; ~ of attention поле внимания; объем внимания; ~ of consciousness зона ясного сознания; ~ of force ~ *физ.* силовое поле; ~ of regard *зр.* поле рассматривания; ~ of touch область ощущений; ~ of view поле зрения; обзор; ~ of vision поле зрения

field-theoretical связанный с теорией поля

figural фигуративный, предметный

figure 1. цифра, буква 2. фигура, внешний вид, облик 3. личность, фигура 4. изображение, рисунок, диаграмма, чертеж // изображать; ambiguous ~ двойственная фигура [изображение]; composite ~ составная фигура; dot ~ точечная фигура [изображение]; embedded ~ включенная фигура; father ~ человек, обладающий авторитетом отца; good ~ «хорошая» [прегнантная] фигура; Gottschaldt ~s замаскированные фигуры, фигуры Готтшальда; hidden ~ скрытая фигура; Lissajou's ~ фигуры Лиссажу; mother ~ человек, обладающий авторитетом матери; nonsense ~ бессмысленная фигура; power ~ социальный авторитет; Purkinje ~s темные линии от кровеносных сосудов сетчатки; rabbit-duck ~ амбивалентная фигура «кролик-утка»; reversible ~ обратимая фигура (в восприятии); Rubin's (goblet) ~ фигура Рубина, образованная двумя «полумесяцами» (каждый из которых может видеться как профиль, образующий фигуру на фоне); significant ~ *мат.* значащая цифра

figure-and-ground фигура-фон

figure-ground фигура-фон

filial филиальный; дочерний, сыновний

filiate проследить источник, установить происхождение [связи]

filiation 1. отношение родства 2. усыновление 3. ответвление, ветвь

filiform papilla *лат.* нитевидные сосочки языка

film 1. пленка 2. оболочка, перепонка

filter фильтр // фильтровать; acoustic ~ звукофильтр; optical ~ оптический фильтр, светофильтр

final 1. последний, заключительный, конечный 2. целевой

findings результаты исследования, полученные данные [сведения]; analysis ~ данные анализа; experimental ~ экспериментальные данные [результаты]; laboratory ~ данные лабораторного исследования; metabolic ~ данные (полученные при исследовании) обмена веществ

fineness тонкость; discriminating ~ дифференцирующая способность, тонкость различения

finger 1. палец руки 2. указатель, стрелка, показатель

finite ограниченный, имеющий предел

fire-worship поклонение огню (как разновидность религии)

firing *физиол.* 1. возникновение потенциала действия 2. разряд (импульсов); ~ **of receptor** *НФЗЛ* разряд импульсов в рецепторе; ~ **of sensory cell** *НФЗЛ* разряд импульсов чувствительной (нервной) клетки

fission 1. дробление, разделение, расщепление 2. деление клетки, деление ядра; **cultural** ~ культурная дифференциация, расслоение [дробление] культуры; **group** ~ дифференциация [расщепление] группы

fissure *анат.* щель, борозда, извилина; **calcarine** ~ *анат.* шпорная борозда; **central** ~ *анат.* центральная борозда; **lateral** ~ *анат.* сильвиева борозда; **Rolandic** ~ *анат.* роландова борозда; **sagittal** ~ *анат.* саггитальная [продольная] щель (мозга); **Sylvian** ~ *анат.* сильвиева борозда

fit 1. припадок, приступ, пароксизм 2. *стат.* соответствие стандарту // годный, соответствующий // соответствовать; **best** ~ *стат.* наиболее точный подбор [соответствие]; **conniption** ~ истерический припадок, возбуждение

fitness пригодность, соответствие; приспособленность; **mental** ~ (при)годность по умственным способностям; **physical** ~ физическая (при)годность, годность по состоянию здоровья

fixate фиксировать

fixation 1. фиксация, фиксирование, закрепление 2. навязчивая идея, комплекс, мания 3. сгуще-

ние, плотность; **abnormal** ~ патологически неизменчивое поведение; **affective** ~ чрезмерная привязанность; **anxiety** ~ *психоан.* фиксация состояния тревожности; **binocular** ~ *зр.* бинокулярная фиксация; **central eye** ~ фиксация глаза в центральном положении; **child-parent** ~ фиксация [чрезмерная привязанность] ребенка на родителях; **eye** ~ фиксация глаза, зрительная фиксация; **father** ~ фиксация [чрезмерная привязанность] на отце; **libido** ~ фиксация либидо; **mother** ~ 1. материнский комплекс 2. фиксация [чрезмерная привязанность] ребенка на матери; **negative** ~ негативная фиксация; **parental** ~ фиксация на родителях, чрезмерная привязанность к родителям; **positive** ~ положительная фиксация; **visual** ~ зрительная фиксация, фиксация зрения; ~ **of affect** аффективная фиксация

fixed 1. неподвижный, закрепленный 2. навязчивый 3. назначенный, установленный

fixed-alternative с фиксированными альтернативами

fixedness стереотипность, закрепленность, отсутствие гибкости

fixity фиксированность; **functional** ~ функциональная фиксированность

flabbiness вялость, слабость

flabby 1. слабый, вялый 2. невыполненный

flaccid 1. вялый, безвольный, слабый, с пониженным тонусом 2. дряблый, отвислый

flaccidity вялость, слабость

flagellation 1. порка, телесное наказание 2. самобичевание 3. флагеллация (форма полового извращения), мазохизм

flash вспышка // гореть, сверкать, вспыхивать // мгновенный

flashmeter тахистоскоп

flattening уплощение, выравнивание; **emotional** ~ эмоциональное выравнивание; ~ **of affect** уплощение аффекта

flavor 1. аромат, приятный запах или вкус 2. особенность, оттенок

flexibility гибкость, приспособляемость

flexible гибкий, податливый, легко приспосабливающийся

flexion флексия, сгибание

flexor флексор, мышца-сгибатель

flicker мелькание; трепетание, дрожание // 1. мигать, мелькать 2. трепетать, дрожать, 3. изменяться; **auditory** ~ слуховые пульсации; **binocular** ~ бинокулярные мелькания; **chromatic** ~ хроматические мелькания

flight 1. бегство 2. полет; течение; **topical** ~ поток идей [мыслей]; ~ **from reality** уход от реальности; ~ **into illness** *психол.* бегство в болезнь;~ **of color** переливание цветов; ~ **of ideas** скачка идей

floor минимальный уровень; ~ **of a test** нижний порог теста

flow течение, ток // течь; **blood** ~ ток крови, кровоток; ~ **of communication** поток коммуникации

flowery благоухающий (о запахе)

fluctuations флуктуации, колебания, отклонения; **function** ~ функциональные флуктуации; ~ **of attention** флуктуации внимания

fluency 1. плавность, беглость (речи) 2. *факторн. ан.* скоростной фактор; **conceptual** ~ концептуальная беглость; **word** ~ беглость речи

fluid жидкость // 1. жидкий 2. изменчивый, подвижный; **cerebrospinal** ~ спинномозговая жид-

кость; **spinal** ~ спинномозговая жидкость

flush покраснение (лица), румянец

flutter 1. мерцание, трепетание, фибрилляция 2. волнение, трепет; **auditory** ~ слуховые пульсации; **sound** ~ слуховые пульсации

flux поток (магнитный, световой); течение, истечение; **sound energy** ~ поток звуковой энергии; **luminous** ~ световой поток; **radiant** ~ поток излучений, лучистая энергия

focal фокальный, фокусный, очаговый

focus фокус, средоточие, центр // 1. собирать [помещать] в фокусе 2. устанавливать на фокус 3. сосредоточивать (внимание); **eye** ~ (оптический) фокус глаза; ~ **of attention** центр внимания

focusing 1. установка на фокус, фокусировка 2. установка на точное определение природы стимула

foetal *см.* fetal

foetus *см.* fetus; **premature** ~ недоношенный плод

fog неясность; замешательство; неведение; **mental** ~ затуманенное сознание

fold складка, сгиб // складывать, сгибать; загибать; **neural** ~ *анат.* медулярная складка

folie *фр.* мания, психоз

folie a deux *фр.* индуцированный психоз

folium *анат.* листок (червячка мозжечка)

folkways нравы [представления, обычаи], свойственные определенной социальной группе

follicle *анат.* фолликул, пузырек, мешочек, сумка; **hair** ~ волосяной мешочек

follower последователь, подчиненный

followership подчиненность

fontanel *анат.* родничок

food пища, питание, еда

foot 1. нога, ступня 2. фут (мера длины); **end ~ НФЗЛ** концевая луковица, окончание чувствительного нерва

foot-candle фут-свеча (единица освещенности)

footedness правшество, левшество (ног)

footrule; Spearman ~ коэффициент корреляции рангов Спирмана

forbear предок, предшественник

force 1. сила, мощь 2. насилие, принуждение 3. убедительность, смысл, резон // заставлять, принуждать; **cohesive ~s** *гештальтпсихол.* сила сцепления; **driving ~** движущая сила; **electromotive ~** электродвижущая сила; **field ~** сила поля (по К.Левину); **motive ~** движущая сила; **muscular ~** мышечная сила; **psychic ~** психическая энергия; **restraining ~s** *гештальтпсихол.* силы, препятствующие сцеплению; **resultant ~** результирующая сила

forced 1. принудительный, вынужденный 2. неестественный, натянутый, принужденный

forcing (of development) форсирование развития

forebrain передний мозг (зародыша)

forecasting предсказание

foreconscious предсознательный

fore-exercise предварительное (по отношению к основному тесту) упражнение

foreperiod предварительный период (в эксперименте)

forepleasure *психоан.* смещенное получение полового удовлетворения

foreshortening уменьшение видимой длины линии в перспективе

foresight предвидение, предусмотрительность

forethought предвидение, предусмотрительность

forewarning предостережение

forget забывать

forgetful забывчивый, рассеянный

forgetting забывание; **intentional ~** преднамеренное забывание; **selective ~** избирательное [селективное] забывание

form 1. форма, внешний вид, очертание 2. фигура (особ. человека) 3. вид, разновидность 4. бланк, анкета 5. класс (в школе) // 1. формировать, образовывать 2. составлять; **abortive activity ~s** абортивные формы действия; **comparable ~** сопоставимая форма (напр., теста); **equal ~** одинаковая [равная] форма; **equivalent ~** эквивалентная форма; **life ~** форма жизни; живой организм; **low ~s of life** низшие формы жизни; **number ~** числовая диаграмма; **parallel ~** параллельная форма; **personality research ~** анкета [форма] по изучению личности; **similar ~** сходная форма; **test ~** тест, тестовая форма [бланк, анкета]; **transitional ~** переходная форма; **~ of address** форма обращения

formal 1. формальный 2. внешний 3. правильный, соответствующий правилам

formalism 1. формализм 2. приверженность к внешним формам

formant (речь) формант

formality 1. формальность 2. установленный порядок

formation 1. образование, формирование 2. структура, строение; **character ~** формирование характера [личности]; **compromise ~** *психоан.* формирование [нахождение] компромисса (между инстинктивными требованиями и цензурой); **concept** ~ образование [формирование] понятий; **fantasy** ~ фантазирование; **habit** ~ **1.** формирование навыка **2.** научение; **impression** ~ формирование впечатлений; **new** ~ новообразование; **personality** ~ формирование личности; **reaction** ~ *психоан.* формирование реакции (как один из защитных механизмов); **reticular** ~ *анат.* ретикулярная формация; **reversal** ~ *см.* **reaction** ~; **substitute** ~ *психоан.* замещение; **symptom** ~ *психоан.* формирование симптомов

formication мурашки по телу
form-quality гештальт-качество
formula формула; **Brown–Spearman** ~ формула Спирмана–Брауна (для оценки надежности теста); **Hoyt** ~ формула Хойта (для подсчета надежности); **prophecy** ~ *стат.* формула прогнозирования; **Spearman–Brown** ~ *см.* **Brown–Spearman** ~; **stereometric** ~ пространственная формула

formulate 1. формулировать **2.** выражать в виде формулы
formulation формулировка; **question** ~ формулировка [постановка] вопроса
fornix *анат.* мозговой свод
fortuity случайность, случай, случайное событие
fortuitous случайный, случающийся неожиданно или по неизвестной причине
fortunate счастливый, удачный
foster приемный, неродной
foundation основание, основа, обоснование; **anatomical** ~ анатомическая основа [основание, обоснование]; **psychological** ~ психологическая основа [основание, обоснование]
fraction 1. частица, доля **2.** *мат.* дробь; **proper** ~ *мат.* правильная

дробь; **Weber** ~ фракция [дробь, отношение, доля] Вебера
fractionation фракционирование, разбивка, дробление, деление
fragmentation фрагментация, дробление, расчленение
fragrant ароматный, благоухающий
frail 1. хрупкий **2.** хилый, болезненный **3.** нравственно неустойчивый
frailty 1. слабость, хрупкость **2.** моральная неустойчивость; **human** ~ слабость [хрупкость, болезненность] человека; (нравственная) неустойчивость человека
frame 1. структура, система **2.** телосложение **3.** строение, каркас; **4.** фрейм // создавать, составлять; **reference** ~ **1.** система координат **2.** система отсчета; **spare** ~ сухощавое телосложение; ~ **of mind** настроение; ~ **of reference** система отсчета
framework 1. структура; рамки **2.** решетка
freedom свобода, независимость; **psychological** ~ психологическая независимость; ~ **of movement** свобода движения (отсутствие барьеров в психологическом поле)
frenzy буйство, бешенство, безумие
frequency частота; **audio** ~ звуковая частота; **categorial** ~ *стат.* категориальная частота (доля случаев, приходящаяся на каждую используемую в опыте категорию или класс); **critical flicker** ~ критическая частота мельканий; **critical fusion** ~ критическая частота слияния мельканий; **cumulative** ~ накопленная частота; **fixation** ~ частота (зрительных) фиксаций; **fundamental** ~ основной тон (голоса); **fusion** ~ **of flicker** (критическая) частота слияния мельканий; **marginal** ~ маргинальная частота; **response** ~ частота ответа; **vibration** ~

частота колебаний; **voice** ~ звуковая [тональная] частота; **wave** ~ частота волны

frequent частый, часто повторяемый или встречающийся

freudian фрейдистский, относящийся к Фрейду [учению Фрейда]

Freudianism фрейдизм

friction трение, взаимное раздражение, антагонизм (в отношениях людей)

friendliness дружелюбие

friendship дружба; **Platonic** ~ платонические отношения [любовь]

fright испуг, страх

frigid холодный, неспособный к эмоциям

frigidity 1. холодность, безразличие 2. половая холодность, пониженное половое влечение

fringe край; ~ **of consciousness** периферия сознания

fringer отверженный член группы

frontal 1. лобный 2. передний

frustration фрустрация, истощение нервной системы; **existential** ~ экзистенциальная фрустрация

fugue 1. бегство при эпилепсии, бессознательное бродяжничество душевнобольного 2. амнезия на события, связанные с прошлым

fulfil 1. выполнять, осуществлять 2. завершать

fulfilment 1. исполнение, выполнение, осуществление 2. завершение; **wish** ~ *психоан.* воображаемое [галлюцинаторное] исполнение желаний

fumble-and-success научение методом проб и ошибок

fun развлечение, удовольствие

function 1. функция, назначение 2. отправление (организма) 3. *pl.* должностные обязанности 4. *мат.* функция // функционировать,

действовать; исполнять назначение; **arousal** ~ функция активации коры; **autonomic (nervous)** ~ вегетативная функция, функция автономной [вегетативной] нервной системы; **biunique** ~s *лог.* взаимно однозначные функции; **body** ~ функция организма [тела]; **bounded** ~ ограниченная функция; **central nervous** ~ функция [деятельность] центральной нервной системы; **characteristic** ~ характеристическая функция; **cue** ~ информация, информативная функция; **discriminant** ~ дискриминантная [классифицирующая] функция; **distribution** ~ функция распределения; **ego** ~ *психоан.* функция «эго»; **exponential** ~ экспоненциальная [показательная] функция; **expressive** ~ экспрессивная функция; **exteroceptive** ~ НФЗЛ экстероцептивная функция; **homologous** ~ гомологичная функция; **interoceptive** ~ НФЗЛ интероцептивная функция, функция интероцепции; **inverse** ~ *мат.* обратная функция; **linear** ~ линейная функция; **logarithmic** ~ логарифмическая функция; **logistic** ~ логистическая функция; **maintenance** ~ гомеостаз, гомеостатическая функция; **mental** ~ психическая функция; **metabolic** ~ обмен веществ, функция обмена веществ; **motion [motor]** ~ моторная [двигательная] функция; **objectifying** ~ объективирующая функция; **periodic** ~ периодическая функция; **personality** ~ личностная функция; **phi-gamma** ~$\varphi(\gamma)$ функция, интегральная функция нормального распределения; **physiological** ~ физиологическая функция; **power** ~ *стат.* функция мощности; **primary** ~ первичная функция; **probability** ~ вероятностная функция; **propositional** ~s пропозициональные функции; **proprioceptive** ~ НФЗЛ проприоцептивная функция, функция проприоцепции; **psychometric** ~ психометрическая функция; **psychophysical** ~ психофизическая функция; **recepto-combined** ~ рецепторно-сочетательная функция; **regulating** ~ регулирующая функция, функция регуляции; **reproductive** ~ репродуктивная функция; **respiratory** ~ дыхательная функция; **secondary** ~ 1. вторичная функция 2. НФЗЛ последействие (по О.Гроссу); **sense-associative** ~ сенсорно-ассоциативная функция; **sexual** ~ половая функция; **speech** ~ речевая функция; **transfer** ~ функция передачи [переноса], передаточная функция; **truth** ~ лог. истинностная функция, функция истинности; **vigilance** ~ см. **arousal** ~; **visual** ~ зрительная функция, функция зрения; **vital** ~ жизненно важная функция, жизнедеятельность

functional функциональный, действующий, активный
functionalism 1. функциональная психология 2. функционализм
functionalistic функционалистский
function-engram энграм-функция (по К. Юнгу)
functioning функционирование, работа, действие; **coherent** ~ согласованное [координированное] функционирование (физиологической системы)
fundamentals основы (науки); **color** ~ основные цвета (спектра); **psychological** ~ исследовательская парадигма в психологии
fury неистовство, бешенство, ярость
fusion 1. слияние, сращение, синтез 2. психоан. уравновешенное единство инстинкта жизни и смерти; **binaural** ~ бинауральное слияние; **binocular** ~ слияние двух изображений в одно при бинокулярном зрении; **group** ~ слияние групп в одну (в результате целенаправленного или стихийного процесса); **flicker** ~ слияние мельканий

Gg

gage 1. измерительный прибор 2. датчик // 1. измерять 2. градуировать; **strain** ~ тензодатчик, тензометр
gain 1. прирост, увеличение, рост 2. выгода // получать, добиваться; ~ **from illness** уход в болезнь, выгода от ухода в болезнь
gait походка
galvanocontractibility способность мышцы сокращаться при воздействии электрическим током

galvanometer гальванометр
galvanotropism гальванотропизм (простое ориентировочное движение к или от источника электростимуляции)
game игра; **athletic** ~ спортивная игра; **competitive** ~ состязательная игра, состязание, соревнование; **cooperative** ~ коллективная игра; **dramatic** ~ драматическая игра; **imitation** ~ имитационная

игра; **language** ~ языковая игра; **mixed** ~ смешанная игра; **non-zero sum** ~ игра с ненулевой суммой; **square** ~ игра, в которой участвуют четыре человека; **strategic** ~ стратегическая игра; **variable sum** ~ игра с переменной суммой; **zero sum** ~ игра с нулевой суммой

gamete гамета, половая [зародышевая] клетка

gametic относящийся к половой клетке

gamic 1. половой 2. способный к оплодотворению

gamma гамма, коэффициент контрастности

gang неформальная группа (часто банда, шайка)

ganglion (*pl.* **ganglia**) (нервный) ганглий [узел]; **basal** ~ базальный ганглий; **spinal** ~ спинальный ганглий; **sympathetic** ~ узел симпатического нерва

ganglionervous относящийся к симпатической нервной системе

gap 1. промежуток, интервал, пропуск 2. глубокое расхождение (во взглядах и т.п.)

gauge *см.* **gage**

gazing; **crystal** ~ гадание с помощью «магического кристалла»

gear 1. механизм, аппарат 2. приспособления, принадлежности

gelotherapy создание веселого настроения у душевнобольного

gender 1. *грам.* род 2. пол

gene ген; **major** ~ главный [основной] ген, олигоген; **recessive** ~ рецессивный ген

genealogy генеалогия

gene-mutation мутация генов

general 1. общий 2. обычный

generality 1. утверждение общего характера; общий закон [принцип] 2. всеобщность; **attitude** ~ обобщенность установки; **ecological** ~ экологическая общность; **interethnic** ~ ме-

жэтническая общность; **intraethnic** ~ внутриэтническая общность

generalization 1. генерализация, обобщение 2. общее правило; **associative** ~ ассоциативная генерализация; **mediated** ~ опосредованная генерализация; **response** ~ генерализация ответов; **semantic** ~ семантическая генерализация; **stimulus** ~ генерализация стимулов; **verbal** ~ вербальная [словесная] генерализация [обобщение]

generalize 1. обобщать 2. распространять, вводить в общее употребление 3. образовывать общие понятия путем обобщения

generalized 1. общий, типичный 2. обобщенный

generate 1. порождать, вызывать 2. производить, генерировать

generation 1. поколение 2. род, потомство 3. порождение, зарождение; **filial** ~ дочернее поколение, первая генерация; **parental** ~ родительское поколение; **rising** ~ потомство, подрастающее поколение; **sexual** ~ половое поколение; **succeeding** ~ последующее поколение

generic 1. родовой 2. общий

genesis генезис, возникновение, происхождение

genetic генетический

genetics генетика; **behavioral** ~ генетика поведения

geneticism теория о решающей роли врожденных и рано проявляющихся в онтогенезе признаков

geneticist генетик

genetopathy болезнь, оказывающая влияние на детородную функцию

genidentic имеющий тот же генезис

genital генитальный, половой, относящийся к половым органам

genitals гениталии, половые органы

genius 1. гений 2. одаренность, гениальность

genotype генотип
gens род [клан] по мужской линии
gentleness мягкость, доброта
genus (*pl.* **genera**) 1. род 2. сорт, вид
geotropism геотропизм
geriartrics гериатрия
geriopsychosis сенильный [старческий] психоз
germ зародыш, зачаток, эмбрион
germinal зародышевый, зачаточный
germinative зародышевый, зачаточный
gerontal [gerontic] старческий
gerontology геронтология, учение о болезнях старческого возраста
gerontopsychiatry геронтопсихиатрия
gerontopsychology геронтопсихология
gestalt гештальт; **autochtonous** ~ автохтонный гештальт; **good** ~ хорошая форма; **physical** ~ физический гештальт
gestalting гештальтирование, гештальт-образование
gestaltism гештальтизм, гештальт-психология
gestation 1. беременность 2. созревание (плода)
gesticulate жестикулировать
gesticulation жестикуляция
gesture жест; **agonistic** ~ агонистический жест; **autistic** ~ аутистический жест; **plus** ~ напускное превосходство (по А.Адлеру); **significant** ~ одинаково понимаемый жест; **token** ~ символический (условный) жест
geusis проба на вкус
g-factor общий фактор
ghost 1. привидение, призрак, дух 2. душа, дух; **Bidwell's** ~ одна из разновидностей последовательного образа Пуркинье (возникающего при восприятии разделенного на черные и белые секторы вращающегося диска)
gibberish невнятная или непонятная речь

gift дар, дарование, талант, способность
gifted одаренный, талантливый, способный
gigantism 1. *мед.* гигантизм 2. исполинский (гигантский) рост
girlhood девичество
given 1. данное 2. то, что дано непосредственно в опыте
gland *физиол.* железа, лимфатический узел; **adrenal** ~ надпочечная железа; **blood** ~ железа внутренней секреции, эндокринная железа; **ductless** ~s железы внутренней секреции; **endocrine** ~ железа внутренней секреции, эндокринная железа; **exocrine** ~ железа внешней секреции; **parathyroid** ~ паращитовидная [околощитовидная] железа; **parotid** ~ околоушная железа; **pineal** ~ шишковидная железа; **pituitary** ~ гипофиз, мозговой придаток, шишковидная железа; **salivary** ~ слюнная железа; **secreting** ~ секреторная железа; **sex** ~ половая железа; **suprarenal** ~ надпочечник
glandular железистый
glare 1. яркий [ослепительный, слепящий, резкий] свет 2. ослепление от сильного света
glittering сверкающий, блестящий
global глобальный, общий, всеобщий
globus hystericus *лат. мед.* истерический комок
gloom 1. мрачность, уныние, подавленное настроение 2. ипохондрик, меланхолик
gloomy угрюмый, печальный, хмурый
glossal относящийся к языку
glossiness лоск, глянец, глянцевитость
glossolalia глоссолалия
glossosynthesis образование новых слов (как симптом некоторых патологических состояний)
glottal гортанный, глоттальный
glottis голосовая щель

glow 1. яркость красок 2. свечение, накал // светиться, сверкать

goal цель; **collective** ~ коллективная (общая) цель; **cultural** ~ культурная цель; **ego** ~ цель, способствующая интеграции личности; **group** ~ групповая цель, социальная цель; **induced** ~ индуцированная цель; **life** ~ жизненная цель (по А.Адлеру); **nonoperative** ~ неоперативная цель; **operative** ~ оперативная цель; **organizational** ~ цель организации; **shared** ~ общая цель

god 1. Бог, божество 2. идол, кумир

gonad гонада, половая железа

gonadotropic влияющий на половые железы

goniometer прибор для измерения подвижности суставов

good-me первичное осознание одобрения

good-natured добродушный

goodness 1. доброта 2. добродетель 3. хорошее качество; ценные свойства

good-tempered с хорошим характером, добродушный

goodwill 1. доброжелательность 2. добрая воля

govern 1. управлять, руководить 2. определять, обусловливать 3. владеть (собой), сдерживать (себя)

governable послушный, подчиняющийся

governance власть, руководство, управление

governing 1. руководящий, управляющий 2. основной, главный

gradation 1. постепенный переход от одной стадии к другой, из одного состояния в другое 2. градация, последовательность расположения

grade 1. степень, ступень 2. ранг 3. оценка, отметка 4. класс (в школе) 5. градус // располагать по рангу (степени); **centesimal** ~ процентиль

gradient градиент, перепад, разница; **anterior-posterior** ~ передне-

задний градиент; **avoidance** ~ градиент избегания; **axial** ~ осевой градиент; **error** ~ градиент ошибок; **excitation** ~ градиент возбуждения; **goal** ~ градиент цели; **growth** ~ градиент роста; **pressure** ~ *психофизиол.* градиент давления; **temperature** ~ температурный градиент; ~ **of effect** градиент эффекта; ~ **of generalization** градиент генерализации; ~ **of reinforcement** градиент подкрепления; ~ **of texture** градиент текстуры

gradual градуальный, постепенный; последовательный

gradualism градуализм (эволюция за счет постепенного накопления мелких [незначительных] изменений)

graduality постепенность; последовательность

graduation 1. градация, постепенный переход из одного состояния в другое 2. окончание высшего учебного заведения

grammar грамматика; **base structure** ~ грамматика базовых структур; **generative** ~ порождающая грамматика; **surface structure** ~ грамматика поверхностных структур; **transformational** ~ трансформационная грамматика

grand mal *фр.* развернутый эпилептический припадок

graph 1. график, диаграмма, кривая 2. *мат. лингв.* граф; **composite** ~ составной граф; **correlation** ~ диаграмма рассеивания (разброса); **rectangular** ~ гистограмма; **semilogarithmic** ~ логарифмическая функция; **temperature** ~ температурная кривая

graphic 1. графический 2. письменный

graphology графология, изучение почерка

graphomania графомания

graphometry графометрия (проективная процедура, при которой испытуемого просят описать, что он нарисовал, будучи с завязанными глазами)

gratification удовлетворение, наслаждение, удовольствие; **need** ~ удовлетворение потребности; **sexual** ~ сексуальное удовлетворение

grating решетка; **acuity** ~ черно-белая решетка для определения остроты зрения

gravity 1. серьезность, важность **2.** тяжесть, опасность (положения, болезни и т.п.) **3.** степенность, уравновешенность **4.** тяжесть, сила тяжести

gray серый цвет; **cortical** ~ серое вещество (мозга); **Hering** ~s ахроматическая таблица Геринга

gregarious стадный, общительный

gregariousness стадное чувство (инстинкт)

grey *см.* gray

grief 1. горе, печаль **2.** огорчение

grievance 1. жалоба, недовольство **2.** обида

grimace гримаса

grooming уход (связанный с наведением гигиены)

groove *анат.* борозда; **neural** ~ медуллярная борозда;

ground 1. основа, основание **2.** фон; **eye** ~ глазное дно

group группа // группировать, классифицировать [распределять] по группам; **age** ~ возрастная группа; **association** ~ группа-ассоциация; **associational** ~ ассоциативная группа; **blanket** ~ исключения (группа явлений, выпадающих из общей классификации); **blood** ~ группа крови; **C** ~ *см.* control ~ ; **clinical** ~ клиническая группа (больных со сходными симптомами); «**closed**» ~ «закрытая» группа; **coacting** ~ совместно действующая группа (людей); **comparable** ~s сопоставляемые (сравниваемые по определенному признаку) группы; **control** ~ контрольная группа; **cooperative** ~s сотрудничающие группы; **criterion** ~ критериальная группа; **direct-contact** ~ контактная группа; **E** ~ *см.* experimental ~ ; **encounter** ~ группа встреч; **endogamous** ~ эндогамная группа; **equivalent** ~s эквивалентные (качественно однородные) группы; **ethnic** ~ этническая группа; **experimental** ~ экспериментальная группа; **face-to-face** ~ контактная группа; **functional** ~ функциональная группа; **growth** ~ группа роста, группа развития личности; **interest** ~ группа по интересам; **linkage** ~ совокупность наследственных признаков; **marginal** ~ маргинальная группа; **membership** ~ группа, к которой принадлежит данный человек; **minority** ~ группа меньшинства (напр., национальное меньшинство, религиозная группа и т.д.); **natural** ~ стихийно возникшая [сложившаяся] группа; **nominal** ~ номинальная группа; **open** ~ открытая группа; **peer** ~ группа ровесников; **primary** ~ первичная группа; **random** ~ случайная выборка; **reference** ~ референтная группа; **sample** ~ выборка; **secondary** ~ вторичная группа; **segmentary** ~ группа, в которой отсутствует единство [имеются группировки]; **selected** ~ **1.** группа избранных **2.** отобранная для исследования группа; **social** ~ социальная группа; **socioreligious** ~ социально-религиозная группа; **standardization** ~ эталонная (нормативная) группа; **training** ~ группа социально-психологического тренинга; **unitary** ~ единая группа; **vertical** ~ социально неоднородная группа; **we** ~ референтная группа; **work** ~ рабочая группа

grouping группировка, классификация; **ability** ~ группировка [подбор] (учащихся) по способностям; **homogeneous** ~ *см.* **ability** ~; **readiness** ~ *см.* **ability** ~; **status** ~ формирование группы по статусному признаку; **x⁻y⁻z** ~ *шк.* распределение учеников на три группы в соответствии с их способностями для последующего раздельного обучения

grow 1. расти **2.** становиться

growing 1. рост **2.** выращивание // растущий; способствующий росту, стимулирующий рост

grown-up взрослый (человек)

growth рост, развитие; **abnormal** ~ ненормальный рост; **accretionary** ~ органический рост; **allometric** ~ аллометрический рост (неодинаковый по скорости рост различных частей тела); **anatomical** ~ анатомический рост [развитие]; **areal** ~ соматический рост; **continuous** ~ непрерывный рост; **developmental** ~ рост, развитие; **differential** ~ дифференциальный рост; **disharmonic** ~ несбалансированный рост; **early** ~ начальный рост, рост на ранних стадиях; **educational** ~ образовательный рост; развитие в результате образования; **embryonic** ~ эмбриональный рост; **horizontal** ~ горизонтальное расширение выполняемой работы (одинаковой по сложности); **lineal** ~ линейный рост; **mental** ~ психическое развитие; **new** ~ новообразование; **physiological** ~ физиологическое развитие; **ponderal** ~ увеличение веса одного органа или всего тела; **skeletal** ~ рост скелета; **social** ~ социализация; **split** ~ гете-

рохронность (неравномерность) развития; **surface** ~ поверхностный рост; **vertical** ~ усложнение выполняемых действий (работы)

grudge 1. недовольство **2.** зависть // неохотно давать [позволять]

guessing угадывание; предположение, прогноз, расчет

guess-work догадки; предположения

guidance руководство, ориентация; **educational** ~ педагогическое руководство; **vocational** ~ профориентация, консультации по вопросу о выборе профессии

guilt вина, виновность

guiltlessness невинность, невиновность

guilt-ridden страдающий от сознания своей вины (иногда воображаемой)

gust густ (единица вкуса)

gustation 1. вкус (ощущение) **2.** проба на вкус

gustative вкусовой

gustum вкусовое ощущение

gymnastic 1. гимнастика **2.** упражнение, умственная тренировка // **1.** гимнастический **2.** относящийся к умственным, логическим упражнениям

gynandrous 1. мужеподобный (о женщине) **2.** обладающий как мужскими, так и женскими половыми признаками

gyral относящийся к мозговой извилине

gyrus *анат.* извилина (головного мозга); **paracentral** ~ *анат.* парацентральная извилина

Hh

habit 1. привычка, навык 2. свойство, особенность; breathing ~ особенность [свойство, манера] дыхания; complaint ~ ипохондрия, угнетенное состояние; drug ~ наркомания; eating ~ особенность [привычка, манера] питания; feeding ~ особенность [привычка, манера] питания [кормления]; motor ~ моторный навык; nervous ~ вредная привычка (связанная с нервами); oral reading ~ привычка при чтении про себя шевелить губами; pernicious ~ вредная привычка; position ~ склонность занимать привычное место; reflex ~ рефлекторное действие [привычка], привычное действие; sensory ~ сенсорный навык; social ~ социальная привычка

habitat среда, окружение; psychological ~ психологическая среда

habitual привычный

habituation привыкание, адаптация, приспособление; приучение; drug ~ привыкание к наркотикам; selective ~ избирательное привыкание [адаптация]

habitus 1. характер, склад, склонность 2. телосложение, конституция

hair 1. волос, волосок 2. волокно

half-grown недоразвитый

half-sighted близорукий

half-witted слабоумный

hallucinate галлюцинировать

hallucination галлюцинация; auditory ~ слуховая галлюцинация; gustatory ~ вкусовая галлюцинация; haptic ~ тактильная [осязательная] галлюцинация; hypnagogic ~ гипнагогическая галлюцинация (галлюцинация дремотного, полусонного состояния); induced ~ вызванная галлюцинация; microptic ~ галлюцинация, при которой предметы кажутся уменьшенными в размерах; olfactory ~ обонятельная галлюцинация; tactile ~ тактильная [осязательная] галлюцинация; visual ~ зрительная галлюцинация

hallucinatory галлюцинаторный

hallucinosis галлюциноз; состояние галлюцинации; acute ~ острый галлюциноз; alcoholic ~ острый галлюцинаторный психоз

halo 1. ареола 2. кольцо вокруг желтого пятна 3. ореол, сияние

hammer; control ~ контрольный молоток; sound ~ «звуковой молоток» (механическое устройство для измерения времени реакций)

hand 1. рука, кисть руки, пясть 2. стрелка

handedness правшество или левшество, праворукость или леворукость

handicap дефект, недостаток; physical ~ физический недостаток

handicapped человек с физическими [умственными] недостатками; mentally ~ умственно неполноценный [отсталый]

hand-language азбука глухонемых

handwriting почерк; uneven ~ неровный почерк

haphalgesia гиперестезия

haphazard случай, (чистая) случайность // случайный, необдуманный, сделанный наугад
haphephobia фобия прикосновения
haploid *генет.* гаплоидный
haplology пропуск слогов при произнесении слов из-за чрезмерно быстрой речи
happening случай, событие
happiness 1. счастье 2. счастливый случай, удача
happy 1. счастливый 2. довольный, веселый 3. удачный
haptic осязательный
haptics учение об осязании
haptometer инструмент для измерения тактильной чувствительности
hard-of-hearing с притуплением слуха
hardship 1. трудность 2. лишения, нужда
harm вред, ущерб // наносить вред; **physical** ~ физический вред (ущерб)
harmful вредный, вредоносный
harmless безвредный, безопасный
harmonic гармоничный, музыкальный, мелодичный // гармонический призвук, обертон
harmonious гармоничный
harmony 1. гармония, созвучие, благозвучие 2. согласованность, взаимное соответствие, соразмерность; **pre-established** ~ доктрина о (предопределенной) независимости умственного и физического развития
harshness 1. резкость, неприятность (звуков) 2. грубость, резкость, суровость (поведения)
hashish гашиш
haste поспешность, опрометчивость
hastiness 1. поспешность 2. необдуманность 3. вспыльчивость
hate ненависть // ненавидеть
hatred ненависть

haunt преследовать, тревожить, не давать покоя (в мыслях)
haunted преследуемый (мыслями, снами и т.п.)
haunter навязчивая идея; мысль, неотступно преследующая кого-л.
haunting преследующий, западающий в память, навязчивый (мысль и т.п.)
hazard опасность, риск; **environmental** ~ вредное воздействие окружающей среды; **mental** ~ опасность [вредность] для психики [умственной деятельности]; **psychological** ~ психологическая опасность
head 1. голова 2. ум, рассудок, способность 3. глава, руководитель, начальник // возглавлять, вести
headache головная боль; **reflex** ~ головная боль рефлекторного происхождения; **sick** ~ головная боль, сопровождающаяся тошнотой; мигрень
headship 1. руководство 2. главенство
heal лечить, успокаивать, исцелять
healing лечение // лечебный, целебный; **mental** ~ психотерапия
health здоровье; **mental** ~ психическое здоровье, здоровая психика; **tender** ~ слабое здоровье
healthy здоровый
hearing слух; **double** ~ двойной слух; **colored** ~ цветовой слух, хроместезия; **visual** ~ понимание речи по движению губ говорящего
hearing-mute немой со способностью слышать
heart сердце
heat 1. жар, тепло; температура; нагрев 2. период течки (у животных) // 1. нагревать 2. раздражать
hebephrenia *мед.* гебефрения
hebetic относящийся к периоду половой зрелости

hebetude летаргия, помрачение сознания, тупоумие

heboid *см.* **hebetic**

hedonic жаждущий наслаждений

hedonism 1. гедонизм 2. жажда наслаждений

height высота; рост

heliotropism гелиотропизм

hematophobia гематофобия

hemeralopia куриная слепота

hemeralopsia *см.* **hemeralopia**

hemianaesthesia потеря тактильной чувствительности на одной стороне тела

hemianalgesia потеря болевой чувствительности на одной стороне тела

hemianopia [hemiopia] односторонняя слепота

hemiballismus *мед.* гемибализм

hemiopia односторонняя слепота

hemisphere *анат.* полушарие головного мозга [мозжечка]

hemoglobin гемоглобин

hemophobia гемофобия, патологический страх вида крови

Herbartianism гербартианство, доктрина Гербарта

herd стадо, толпа

hereditarianism точка зрения, признающая ведущую роль наследственности в формировании поведения

hereditary наследственный

hereditation влияние наследственности

heredity наследственность; **species** ~ видовая наследственность

heritable наследственный, передающийся по наследству

heritage наследие; черты, передаваемые от родителей потомкам; **social** ~ социальное наследие

hermaphrodite гермафродит

hermaphroditism гермафродитизм

hero герой; **culture** ~ национальный герой

heroin героин

hesitation 1. колебание, нерешительность 2. заикание

heterocentric гетероцентрический

heterochrony гетерохрония, несовпадение по времени двух процессов

heterodox неортодоксальный

heteroerotic гетероэротический

heteroerotism [heteroeroticism] гетероэротизм

heterogamy гетерогамия

heterogeneity гетерогенность, разнородность

heterogenous гетерогенный, разнородный, различный по природе

heterolalia (речевая) гетерофемия

heteromorphic аномальный, отклоняющийся от нормального типа

heteromorphosis гетероморфоз

heteronomy гетерономия

heteropathy 1. *физиол.* ненормальная реакция на возбуждение 2. создание болезненных явлений для нейтрализации другого поражения

heterophemia (речевая) гетерофемия

heterophilic гетерофильный

heteroscedastic *стат.* гетероскедастический (имеющий дисперсию, существенно зависящую от другой случайной величины)

heterosexuality гетеросексуальность

heterosociality социальные отношения между людьми разного пола

heterosuggestion внушение

heterozygous гетерозиготный, гибридный

heuristic эвристический

hierarchy иерархия; **correlation** ~ иерархия корреляций; **dominance** ~ иерархический принцип организации поведения; **habit** ~ иерархия навыков (по Халлу); **occupational** ~ классификация профессий; **personality** ~ иерархия свойств личности; **response** ~ иерархия реакций; ~ **of habits** иерархия навыков

hieroglyphics иероглифическое письмо

hindbrain задний [ромбовидный] мозг, задняя часть головного мозга

hippocampus гиппокамп, аммонов рог

historigram *стат.* график временного ряда

history история; **case** [**clinical**] ~ история болезни; **life** ~ история жизни; жизненный цикл; **medical** ~ история болезни; анамнез; **past** ~ анамнез; **patient** ~ история болезни; **personal** ~ история личности; анамнез; **physical** ~ история (анамнез) состояния здоровья; **social** ~ социальный анамнез

hobby любимое занятие, хобби

hodology годология (раздел в геометрии, рассматривающий векторное пространство)

holergasia психическое расстройство, касающееся всей личности

holism холизм, «философия целостности»

home дом, домашний очаг, семья; **broken** ~ неполная (разбитая) семья; **foster** ~ семья, берущая ребенка на воспитание

homeostasis гомеостаз; **cognitive** ~ когнитивное равновесие; **physiological** ~ физиологический гомеостаз

homesickness ностальгия, тоска по родине

homicide убийство

homing способность находить путь к дому

hominid гоминиды, семейство гоминид отряда приматов класса млекопитающих

hominify очеловечивать, превращать в человека

homo гомо, человек

homocentric концентрический, имеющий один центр

homochromatic равноцветный

homogamy гомогамия, инбридинг

homogeneity гомогенность, однородность; **attitudinal** ~ общность установок; **crowd** ~ однородность толпы

homogeneous 1. гомогенный, однородный 2. однофазный

homogenesis (homogeny) рождение потомков, подобных родителям

homogenous гомогенный, однородный

homograph *лингв.* омограф

homolateral относящийся к одной и той же стороне

homologous гомологический, имеющий сходное происхождение

homology гомология, соответствие; подобие в происхождении и функции; **behavioral** ~ гомология поведенческих реакций; **gestalt** ~ гомология гештальтов

homonym *лингв.* омоним

homophony 1. (унисонная) гомофония 2. *лингв.* одинаковое звучание (слов); омофоничность

homoplasy аналогия (в эволюции)

homoscedastic *стат.* гомоскедастичный, с постоянной условной дисперсией

homosexual гомосексуальный

homosexuality гомосексуализм

homosociality взаимоотношения между людьми одного и того же пола

homozygote *ген.* гомозигота

homozygous *ген.* гомозиготный

hope надежда // надеяться

horde орда, толпа

horizontal горизонтальный

horme целенаправленное стремление

hormone гормон; **adrenocorticotropic** ~ адренокортикотропный гормон, АКТГ; **growth** ~ гормон роста; **somatotropic** ~ гормон роста

horn *анат.* роговидный отросток; ~ **of Ammon** *анат.* аммонов рог, гиппокамп; **anterior** ~s *анат.* передние рога спинного мозга

horoscope гороскоп

horror ужас, отвращение (и страх); омерзение

hospital госпиталь, больница, лазарет, лечебница; **psychopathic** ~ психиатрическая диагностическая больница; **receiving** ~ психиатрическая диагностическая больница

hospitalization госпитализация

hostile враждебный

hostility враждебность, враждебное отношение, вражда, антагонизм; «**autistic**» ~ аутистическая враждебность; **parental** ~ родительская враждебность; **repressed** ~ подавляемая враждебность; **social** ~ социальная враждебность

hour 1. час 2. время, срок 3. *pl.* время работы; **labour** ~s рабочее время; **leisure** ~s часы досуга; **working** ~s рабочее время

hue цвет, оттенок, тон; **color** ~ цвет, оттенок; **extraspectral** ~ неспектральный оттенок; **invariable** ~s цветовые тона, на которых не проявляется эффект Бецольда – Брюке; **unitary** ~s основные цвета; **primary** ~ основной оттенок

human человеческий, свойственный человеку

humidity влажность, сырость

humility 1. скромность 2. покорность

humor 1. юмор 2. настроение 3. *физиол.* жидкость, влага, секреция; **aqueous** ~ камерная [водянистая] влага; **vitreous** ~ стекловидное тело

hunger 1. голод, длительное недоедание, голодание 2. чувство голода 3. жажда, сильное желание // 1. голодать 2. жаждать, сильно желать; **affect** ~ потребность в чувстве; **specific** ~ избирательное ощущение голода

hurt 1. повреждение 2. обида // 1. повредить 2. обидеть, оскорбить 3. болеть

husband муж, супруг

hybrid гибрид

hydrophobophobia боязнь бешенства

hydrotherapy гидротерапия, водолечение

hydrotropism гидротропизм

hygiene гигиена; **factory** ~ фабричная гигиена, промышленная санитария; **food** ~ гигиена пищи [питания]; **industrial** ~ промышленная гигиена, гигиена труда в промышленности; **mental** ~ психогигиена; **personal** ~ личная гигиена; **sex** ~ гигиена пола; **social** ~ социальная (общественная) гигиена; ~ **of work** гигиена труда

hypacusia пониженная острота слуха

hypaesthesia пониженная тактильная чувствительность

hypalgesia гипоальгезия, пониженная болевая чувствительность

hyperacusia гиперакузия, исключительно хороший слух

hyperalgesia гиперальгезия, повышенная чувствительность к боли

hyperalgia гиперальгезия, повышенная чувствительность к боли

hyper-arousal «гипер-эраузл», перевозбуждение, излишняя активация ЦНС

hypercathexis гиперкатексис

hypercritical слишком строгий [придирчивый]

hypererethism чрезмерная возбудимость

hyperergasia [hyperergia] гиперергия, повышенная функциональная активность

hyperergy повышенная чувствительность, сверхчувствительность; аллергия

hyperesthesia гиперестезия, повышенная чувствительность, сверхчувствительность

hyperexcitability *см.* **hypererethism**

hyperfeminization гиперфеминизация

hyperfunction гиперфункция

hypergnosis гипергнозия

hyperkinesthesia гиперкинестезия, повышенная кинестетическая чувствительность

hyperkinesis гиперкинезия, двигательное возбуждение, непроизвольные движения

hyperlogia гиперлогия, чрезмерная болтливость

hypermasculinization гипермаскулинизация

hypermetrope гиперметроп, дальнозоркий

hypermetropia гиперметропия, дальнозоркость

hypermnesia гипермнезия, повышенное сохранение в памяти (событий, явлений и т.п.); **hypnotic** ~ воспроизведение (восстановление) в памяти событий в состоянии гипнотического сна

hypermotility повышенная подвижность

hypermotivity повышенная возбудимость

hyperopia гиперметропия, гиперопия, дальнозоркость

hyperorexia повышенный аппетит, булемия

hyperosmia гиперосмия, обостренное обоняние

hyperosmic гиперосмический, относящийся к обостренному обонянию

hyperphoria гиперфория (отклонение от оси одного из глазных яблок кверху при закрытом втором глазе)

hyperphrasia гиперфразия, чрезмерная болтливость

hyperphrenia гиперфрения, повышенное умственное [психическое] возбуждение; ускоренная умственная [психическая] деятельность

hyperpituitarism гиперфункция гипофиза

hyperplane *мат. факторн. ан.* гиперплоскость

hyperprosexia гиперпросексия, отвлекаемость внимания

hyperplasia гиперплазия

hyperreaction гиперреакция, повышенная реакция

hyperreactor человек с повышенной реактивностью

hyperreflexia повышение [усиление] рефлексов; повышенные [усиленные] рефлексы

hypersensibility сенсибилизация, анафилаксия

hypersensitivity повышенная чувствительность, сверхчувствительность

hypersensitization повышение [увеличение] чувствительности

hypersomnia гиперсомния, патологическое увеличение продолжительности сна

hypersusceptibility сенсибилизация, анафилаксия; повышенная чувствительность [восприимчивость]

hypertension гипертензия, гипертония, повышенное (артериальное) давление; **essential** ~ гипертония

hyperthymia повышенная эмоциональная возбудимость

hyperthyroidism гипертиреоидизм,

гиперфункция щитовидной железы

hypertonicity [hypertonia, hypertonus] гипертония, повышенный тонус

hypertrophy гипертрофия, чрезмерное развитие; **work ~** рабочая гипертрофия, гипертрофия от усиленной деятельности

hypertropia гипертропия (отклонение оси одного из глазных яблок кверху при фиксации второго глаза на объекте)

hypervigilance сверхбдительность

hyperwakefulness повышенная бдительность; сильная бессонница; чрезмерно длительное бодрствование

hypesthesia гипоестезия, недостаточная чувствительность

hypnagogic снотворный, вызывающий сон, гипнотический; относящийся к галлюцинациям и сновидениям; происходящий во время сна

hypnic снотворный, вызывающий сон, гипнотический

hypnoanalysis психоанализ в состоянии гипноза

hypnogenesis вызывание гипнотического состояния

hypnogenetic снотворный, вызывающий сон, гипнотический

hypnogenic снотворный, вызывающий сон, гипнотический

hypnoidal относящийся к состоянию между сном и бодрствованием

hypnoidization введение в гипнотическое состояние

hypnolepsy гипнолепсия, непреодолимая сонливость

hypnology гипнология, учение о сне

hypnopompic сны, продолжающиеся после возвращения сознания

hypnosis гипноз

hypnotherapy 1. лечение гипнозом **2.** лечение удлиненным сном, гипнотерапия

hypnotic снотворное средство // снотворный, гипнотический

hypnotism гипнотизм; **self-induced ~** самовнушение

hypnotist гипнотизер

hypnotizability предрасположенность к гипнозу

hypnotization гипнотизирование

hypnotize гипнотизировать, вызывать гипнотический сон; подвергать гипнозу

hypochondria ипохондрия, угнетенное состояние

hypochondriac страдающий ипохондрией // ипохондрик

hypocrisy лицемерие, притворство

hypocrite лицемер, ханжа

hypocritical лицемерный, ханжеский

hypodermic подкожный, относящийся к гиподерме

hypodynamia гиподинамия, гипокинезия

hypodynamic гиподинамический, гипокинетический

hypofunction гипофункция

hypogenesis гипогенез, пониженное развитие, задержка развития

hypokinesis гипокинезия

hypomania легкая [умеренная] форма мании [помешательства]

hypometabolism гипометаболизм, пониженный обмен веществ

hypometria уменьшенный [ограниченный] диапазон движений

hypomnesia гипомнезия, пониженная [плохая] память

hypomotility пониженная подвижность

hypomyotonia гипомиотония, гипотония мышц, пониженный мышечный тонус

hypophonia гипофония, слишком тихий голос, похожий на шепот

hypophoria гипофория, отклонение от оси глазного яблока вниз

hypophrasia гипофразия, потеря речи или замедленная речь (характерные для депрессивной стадии некоторых психозов)

hypophrenia гипофрения, слабоумие

hypophysis гипофиз

hypopituitarism гипофункция гипофиза

hypoplasia гипоплазия, недоразвитие

hypoplastic гипопластический, недоразвитый

hypoprosexia недостаток внимания, недостаточное внимание

hypopsychosis вялость мыслительных процессов

hyporeactor человек с пониженной реактивностью

hyporeflexia понижение [ослабление] рефлексов, пониженные [ослабленные] рефлексы

hyporexia пониженный аппетит

hyposalivation понижение [уменьшение] слюноотделения, пониженное [уменьшенное] слюноотделение

hyposensitive с пониженной чувствительностью

hyposensitization понижение [уменьшение] чувствительности

hyposmia гипосмия, пониженное обоняние

hyposomnia гипосомния, патологическое уменьшение продолжительности сна

hyposthenia гипостения, понижение [ослабление] тонуса

hyposthenic гипостенический

hyposynergia гипосинергия, недостаточная [нарушенная] координация отдельных групп мышц

hypotaxia гипотаксия, недостаточная [нарушенная] координация движений

hypotension гипотензия, гипотония; пониженное (артериальное) давление

hypothalamus гипоталамус

hypothesis гипотеза; **ad hoc** ~ гипотеза ad hoc [для данного случая]; **and-summation** ~ гипотеза суммации (в противоположность взглядам гештальтпсихологов); **constancy** ~ гипотеза о строгом параллелизме ответной реакции и силы раздражителя; **frustration–aggression** ~ гипотеза «фрустрация–агрессивность» (исследовательской группы Долларда о том, что любая фрустрация создает внутреннее побуждение [мотив] к агрессии); **mind-twist** ~ гипотеза о функциональном происхождении психических нарушений; **mnemic** ~ теория памяти; **null** ~ основная [нулевая] гипотеза; **phi-gamma** ~ $\varphi(\gamma)$-гипотеза (о том, что данное распределение является нормальным); **quotient** ~ гипотеза о постоянстве отношения едва заметного прироста ощущения и его исходной величины; **reinforcement** ~ 1. гипотеза подкрепления (по И.П. Павлову) 2. теория подкрепления в формировании условных связей; **U** ~ гипотеза о том, что организмы могут адаптироваться к разнообразному кругу стимулов и эффективно функционировать в пределах этого круга (по Х.Хельсону); ~ **of circular reaction** *детск. псих.* гипотеза циркулярной реакции (в речевом поведении)

hypothesize выдвигать гипотезу

hypothetical гипотетический

hypothymia гипотимия, ослабленные эмоциональные реакции и депрессия

hypothyroid пониженная функция щитовидной железы

hypothyroidism гипотиреоидизм, гипофункция щитовидной железы

hypotonia (hypotonus, hypotony) гипотония, гипотензия, пониженное (артериальное) давление

hypotonic 1. имеющий пониженное осмотическое давление 2. отличающийся пониженным мышечным тонусом

hypotrophy гипотрофия, недораз-витие, перерождение [падение] функции

hypotypic не вполне типичный

hysteria истерия; **anxiety** ~ истерия с ведущим симптомом тревожности

hysterical истеричный, истерический

hysterics истерика

hysteriform сходный с истерией

hysterogenic вызывающий приступ истерии

hysteroid истероидный

Ii

ictus 1. ритмическое (метрическое) ударение 2. *мед.* удар

id *психоан.* ид (один из структурных компонентов личности по З.Фрейду)

idea 1. идея, мысль 2. идея, представление, понятие; **abstract** ~ абстрактная идея; **autochthonous** ~ спонтанно возникающая идея; **compulsive** ~ навязчивая идея; **controlling** ~ детерминирующая идея [мысль]; **fixed** ~ навязчивая идея; **incoherent** ~s непоследовательные (бессвязные) мысли; **insistent** ~ навязчивая идея

ideal идеал, образец // 1. идеальный, совершенный 2. воображаемый, абстрактный, мысленный 3. *филос.* идеалистический; **ego** ~ *психоан.* идеал «я»; **narcissistic ego** ~ нарциссическое представление о себе

idealism 1. идеализм 2. идеализация, идеалистический подход

idealist идеалист

idealistic идеалистический

idealization идеализация

idealize 1. идеализировать 2. пред-ставлять в идеалистическом свете

ideally 1. мысленно, умозрительно, в воображении, теоретически 2. идеально, превосходно; в соответствии с идеалами

ideate 1. представлять себе, воображать; вызывать в воображении; мыслить, думать 2. формировать идею (понятие)

ideation способность формирования и восприятия идей

idée fixe *фр.* навязчивая идея, иде-фикс

identical одинаковый, сходный, идентичный, тождественный

identifiable определимый, идентифицируемый

identification 1. идентификация, отождествление 2. определение, выяснение, распознавание; **cross-parent** ~ идентификация с родителем противоположного пола; **factor** ~ идентификация факторов

identify 1. идентифицировать, отождествлять, устанавливать тождество 2. определять, устанавливать

identity 1. идентичность, тождество, тождественность **2.** подлинность; **ego** ~ тождественность (своего) «я»; **formal** ~ формальное тождество; **personal** ~ идентичность личности; ~ **of interests** общность интересов

ideograph [ideogram] 1. идеограмма **2.** значок, символ

ideography идеография, идеографическое письмо

ideologic(al) идеологический

ideologist идеолог

ideology идеология

idiocy идиотизм; **amaurotic** ~ амавротический идиотизм; **erethetic** ~ эретическая идиотия

idioglossia неправильное произношение согласных

idiom 1. идиома, идиоматическое выражение **2.** говор, наречие, язык; **personal** ~s индивидуальные внешние особенности поведения (жесты, мимика, речь, не имеющие адаптивного значения)

idioneurosis функциональный невроз, возникающий без возбуждения [стимулов]

idiopathic *мед.* идиопатический, неясного происхождения, беспричинный, спонтанный

idiopathy 1. индивидуальная особенность **2.** *мед.* болезнь без видимой причины

idiosyncrasy 1. *мед.* идиосинкразия **2.** отличительная черта характера; темперамент; склад ума **3.** особенности поведения, манеры **4.** характерная особенность структуры

idiot идиот

idiotropic погруженный в свои внутренние переживания, индивидуалистический

idiotypic относящийся к наследственности

idol идол

ignorance 1. невежество, невежественность **2.** незнание, неосведомленность

ignorant 1. невежественный **2.** несведущий

ignore не обращать внимания, игнорировать, пренебрегать

ill 1. больной, нездоровый **2.** плохой **3.** злой, враждебный

ill-bred дурно воспитанный, невоспитанный; неучтивый, грубый

ill-breeding невоспитанность, плохое воспитание; неучтивость, грубость

ill-disposed 1. склонный к дурному, злой **2.** недружелюбный, враждебный

ill-effect отрицательное действие [эффект]

illegitimacy 1. незаконность **2.** непоследовательность, нелогичность

illegitimate 1. незаконный **2.** нелогичный, логически неправильный

illiteracy неграмотность

illiterate 1. неграмотный **2.** необразованный

illness болезнь, заболевание, нездоровье; **functional psychotic** ~ функциональный психоз; **iatrogenic** ~ ятрогенное заболевание; **mental** ~ **1.** психическое заболевание **2.** психогенное заболевание; **psychiatric** ~ психическая [душевная] болезнь; **psychosomatic** ~ психосоматическое заболевание

illogic нелогичность

illogical нелогичный

ill-tempered со скверным характером, сварливый, брезгливый

ill-treatment дурное обращение

illuminance освещенность; **retinal** ~ освещенность сетчатки

illumination 1. освещение **2.** освещенность **3.** разъяснение, истолкование; **threshold** ~ пороговая освещенность

illusion иллюзия; **assimilation** ~ ассимилятивная иллюзия; **audiogravic** ~ аудиогравическая иллюзия; **audiogyral** ~ аудиогиральная иллюзия (кажущееся смещение источника звука при действии на организм углового ускорения); **autokinetic** ~ автокинетическая иллюзия (иллюзия движения неподвижного объекта при его пристальном рассматривании); **chess-board** ~ шахматная иллюзия; **contrast** ~ иллюзия контраста; **geometrical** ~ геометрическая иллюзия; **haunted swing** ~ иллюзия раскачивания; **Hering** ~ иллюзия Геринга; **horizontal–vertical** ~ иллюзия «горизонталь–вертикаль»; **Müller-Lyer** ~ иллюзия Мюллера–Лайера; **ocular** ~ зрительная иллюзия; **oculogyral** ~ окулогиральная иллюзия (кажущееся движение наблюдаемого объекта в условиях действия угловых ускорений); **optical** ~ оптическая иллюзия; **perceptual** ~ иллюзия восприятия, сенсорная иллюзия; **Poggendorff** ~ иллюзия Поггендорфа; **proof reader's** ~ ошибка корректора; **sense [sensory]** ~ сенсорная иллюзия, иллюзия восприятия; **size-weight** ~ иллюзия веса–размера; **staircase** ~ двойственная фигура, изображающая лестницу; **stroboscopic** ~ стробоскопическая иллюзия; **windmill** ~ иллюзия мельницы; **Zöllner** ~ иллюзия Цельнера; ~ **of movement** иллюзия движения
illusive обманчивый, иллюзорный, нереальный
illusiveness обманчивость, иллюзорность, призрачность
illusory призрачный, иллюзорный, нереальный
image 1. образ, представление 2. изображение; **blurred** ~ искаженное изображение; **body** ~ образ [схема] тела; **discriminating** ~ различаемый образ [представление]; **double** ~ двойное изображение; **composite** ~ составной образ [фигура]; **eidetic** ~ эйдетический образ [представление]; **hard** ~ контрастное изображение; **inverted** ~ обратное [перевернутое] изображение; **memory** ~ образ памяти; **mirror** ~ зеркальное изображение; **movement** ~ образ [представление] движения; **parent** ~ 1. родительский образ, образ родителя 2. человек с родительским авторитетом; **primary memory** ~ первичный образ памяти; **Purkinje-Sanson** ~s зеркальные изображения Пуркинье-Сансона; **retinal** ~ изображение на сетчатке (глаза); **Sanson** ~s *см.* **Purkinje-Sanson** ~s; **semantic** ~ семантический образ; **sharp** ~ четкое изображение; **social** ~ общепринятое представление; **undistorted** ~ неискаженный образ [изображение]; **virtual** ~ действительное изображение; **visible** ~ видимое изображение
imagery образность; **eidetic** ~ эйдетическое воображение; **mental** ~ психические образы
imaginary воображаемый, нереальный
imagination воображение, фантазия; **active** ~ активное воображение; **collective** ~ коллективная фантазия [воображение]; **creative** ~ творческое воображение; **reproductive** ~ репродуктивное воображение
imaginative 1. одаренный богатым [творческим] воображением 2. образный
imagine воображать, представлять себе, выдумывать

imbalance 1. отсутствие равновесия, неустойчивость **2.** несоответствие; **oculomotor** ~ нарушение глазодвигательного равновесия [баланса]
imbecile 1. имбецильный, слабоумный, дефективный, неразумный **2.** физически слабый, бессильный; **irresponsible** ~ невменяемый, лишившийся рассудка
imbecility 1. имбецильность, слабоумие **2.** неспособность; **moral** ~ неспособность усвоить моральные нормы
imitable поддающийся имитации
imitate имитировать, копировать, подражать
imitation имитация, подражание, копирование; **deliberate** ~ (пред)-намеренное подражание [имитация]; **nondeliberate** ~ непреднамеренное подражание
imitative подражательный
immanence 1. внутреннее качество **2.** филос. имманентность
immanent 1. постоянный, присущий, свойственный **2.** филос. имманентный
immaterial 1. невещественный, духовный **2.** несущественный, не имеющий значения
immaterialism 1. филос. имматериализм, невещественность **2.** духовность
immateriality 1. невещественность, духовность **2.** что-л. невещественное, нематериальное
immature незрелый, недоразвитый, инфантильный; ранний
immaturity незрелость, недоразвитость, инфантильность; **emotional** ~ эмоциональная незрелость; **social** ~ социальная незрелость [инфантильность]
immediacy 1. непосредственность **2.** незамедлительность, безотлагательность

immobile иммобильный, неподвижный
immobility иммобильность, неподвижность; **tonic** ~ мышечная гипертония
immune 1. невосприимчивый, иммунный **2.** неуязвимый
immunity иммунитет, невосприимчивость; ~ **to contagion** соц. псих. устойчивость к заражению
impact 1. влияние, воздействие **2.** толчок, импульс
impair 1. ослаблять, уменьшать **2.** ухудшать, портить, поражать
impaired поврежденный; пораженный
impairment ухудшение, расстройство, повреждение; **functional** ~ функциональное нарушение [ухудшение, повреждение]; **hearing** ~ понижение [ухудшение, поражение] слуха; **performance** ~ нарушение [ухудшение] исполнения
impalpability неосязаемость, неощутимость
impalpable неосязаемый, неощутимый
impassible 1. нечувствительный (к боли и т.п.) **2.** безучастный, равнодушный, бесстрастный
impassive апатичный, безразличный
impatience 1. нетерпение, нетерпеливость **2.** раздражительность; нетерпимость
impatient 1. нетерпеливый **2.** раздраженный, нетерпимый
impediment 1. помеха, препятствие **2.** заикание, дефект речи
imperative императив // повелительный, властный; **social** ~ социальный [общепринятый] императив
imperceptible незаметный, очень незначительный
imperception неспособность со-

здать мысленное представление, отсутствие понимания

impercipient невоспринимающий; невосприимчивый

imperfect 1. несовершенный, дефектный 2. неполный, незавершенный

impersonal 1. беспристрастный, объективный, бесстрастный 2. *грам.* безличный

impersonality беспристрастность

impersonate олицетворять, воплощать

impersonation 1. олицетворение, воплощение 2. изображение кого-л.

impersuadable не поддающийся убеждению [уговорам]

impertinence дерзость, наглость, нахальство

impertinent наглый, дерзкий, грубый, нахальный

impetuous стремительный, порывистый; пылкий

impetus 1. толчок, импульс 2. импульс, стимул, побуждение

implantable имплантируемый, вживляемый (об электродах, датчиках)

implantation имплантация, вживление (электродов, датчиков); пересадка

implement орудие, инструмент // 1. выполнять, осуществлять 2. снабжать инструментами 3. восполнять

implication импликация, скрытый смысл, значение; **diagnostic ~** диагностическое значение; **physiological ~** физиологическое значение; **therapeutic ~** терапевтическое значение

implicit имплицитный, подразумеваемый, не выраженный прямо

implicitly имплицитно, косвенным образом

implicitness имплицитность, неясность

implied подразумеваемый, предполагаемый

impotence 1. бессилие, слабость, беспомощность 2. *мед.* импотенция; **moral ~** моральная слабость; **~ of mind** умственное бессилие, слабоумие

impotent 1. бессильный, слабый 2. *мед.* импотентный

impracticable 1. невыполнимый, неосуществимый 2. неподатливый, упрямый 3. не пригодный к использованию

impress 1. производить впечатление, поражать 2. внушать, внедрять в сознание // след, впечатление, отпечаток

impressible впечатлительный, восприимчивый

impression впечатление; **absolute ~** полное [безусловное] впечатление; **auditory ~** слуховое впечатление; **dual ~** двойственное впечатление; **erroneous ~** ошибочное [ложное] впечатление; **false ~** ложное [неправильное] впечатление; **sense ~** 1. сенсорные данные 2. ощущения; **surface ~** поверхностное [внешнее] впечатление; **visual ~** зрительное впечатление

impressionability впечатлительность, восприимчивость

impressionable впечатлительный, восприимчивый, чувствительный

imprint след, отпечаток // 1. оставлять след 2. запечатлевать, фиксировать, закреплять (в памяти)

imprinting импринтинг, запечатление

improve улучшать(ся), совершенствовать(ся)

improvement улучшение, совершенствование

impuberal незрелый, не достигший зрелости [возмужалости]

impuberty незрелость

impudence бесстыдство, дерзость, наглость

impudent бесстыдный, дерзкий, наглый

impulse импульс; побуждение; возбуждение // давать толчок, побуждать; afferent (nervous) ~ афферентный (нервный) импульс; centrifugal ~ центрифугальный [центробежный] импульс; centripetal ~ центрипетальный [центростремительный] импульс; corticipetal ~ импульс, идущий к коре (головного мозга); efferent (nervous) ~ эфферентный (нервный) импульс; interoceptive ~ интероцептивный импульс; irresistible ~ непреодолимое стремление; motor ~ двигательный импульс; nerve [nervous] ~ нервный импульс; neural ~ см. nerve ~ ; thought ~s психоан. элементы сновидений, являющиеся результатом реальных жизненных событий, а не инстинктивных желаний

impulsion побуждение, стимулирование

impulsive 1. импульсивный, легко поддающийся воздействию 2. побуждающий, движущий

impulsiveness импульсивность

impunitive импунитивный

impunity безнаказанность

inability неспособность, неумение

inabstinence невоздержание, невоздержанность

inaccuracy 1. неточность, неаккуратность 2. ошибка, погрешность, неточность

inaccurate неточный, неправильный, неверный, ошибочный

inaction бездействие

inactivate инактивировать, делать неактивным, лишать активности

inactivation инактивация, лишение активности

inactive бездеятельный, пассивный, инертный, бездействующий

inactivity бездеятельность, пассивность, инертность

inadaptability 1. неприспособленность, неумение приспособиться 2. неприменимость

inadaptation отсутствие адаптации [приспособления]

inadequacy 1. неадекватность 2. чувство [ощущение] собственной неполноценности

inadequate неадекватный, неполноценный

inadvertence [inadvertency] 1. невнимательность, небрежность, беспечность 2. недосмотр, оплошность 3. неумышленность

inadvertent 1. невнимательный, небрежный, беспечный 2. ненамеренный

inalterable неизменный, не поддающийся изменению

inanimate 1. неодушевленный, неживой 2. безжизненный, вялый

inanimation 1. неодушевленность 2. безжизненность, инертность, пассивность

inanition 1. недостаток пищи, голод 2. истощение, изнурение (вследствие голодания)

inappetence отсутствие аппетита

inappreciation недооценка

inappropriateness неадекватность

inapt 1. неспособный 2. неподходящий, несоответствующий, негодный

inaptitude [inaptness] 1. неумение, неспособность 2. неуместность, непригодность, несоответствие

inarticulate 1. нечленораздельный, невнятный 2. бессловесный, немой

inarticulation нечеткая артикуляция, невнятная речь

inattention 1. невнимательность 2. невнимание, отсутствие заботы;

selective ~ избирательное невнимание [невнимательность]

inattentive невнимательный, небрежный

inaudibility плохая слышимость, невнятность

inaudible неслышный, невнятный

inborn врожденный

inbred 1. врожденный 2. рожденный от родителей, состоящих в кровном родстве между собой

inbreeding инбридинг, узкородственное размножение

incapability неспособность

incapable неспособный

incapacitate делать нетрудоспособным; делать неспособным [несостоятельным, непригодным]

incapacitation потеря трудоспособности; становление неспособным [несостоятельным, непригодным]

incapacity нетрудоспособность; неспособность, несостоятельность, непригодность

incentive побудительный мотив [стимул] // побудительный, стимулирующий; **group** ~ групповой стимул [побудительный мотив]; **insufficient** ~ недостаточный стимул; **promotional** ~ побудительный мотив продвижения по службе; **social** ~ социальный стимул

incest инцест, кровосмешение

incidence частотность

incident случай, происшествие, случайность, эпизод // свойственный, присущий; случайный; **work-connected** ~ производственная [профессиональная] травма

incidental 1. свойственный 2. несущественный, случайный

incitable возбудимый

incite возбуждать, побуждать, стимулировать

incitement 1. стимулирование, побуждение 2. стимул, возбудитель

inclinable 1. склонный, расположенный 2. имеющий тенденцию

inclination 1. влечение, склонность 2. наклон, угол наклона

incline 1. иметь склонность, быть предрасположенным 2. склонять, нагибать

inclined склонный, предрасположенный

include включать, заключать в себе

inclusion 1. включение 2. присоединение; **false** ~ ложное включение; **valid** ~ правильное включение

inclusive включающий в себя, содержащий

incognizable непознаваемый

incoherence несвязность, бессвязность, непоследовательность; ~ **of speech** бессвязность речи

incoherent 1. несвязный, бессвязный, непоследовательный 2. несоответствующий, неподходящий

incommunicable непередаваемый, несообщаемый

incommunicative необщительный, неразговорчивый, сдержанный

incompatibility несовместимость; **psychological** ~ психологическая несовместимость; ~ **of temper** несоответствие [несовместимость] характеров

incompatible несовместимый

incompetence 1. некомпетентность, неспособность 2. *мед.* функциональная недостаточность

incompetent некомпетентный, несведущий; неспособный, неумелый

incomplete 1. неполный 2. дефектный, несовершенный 3. незавершенный, незаконченный

incomprehensible непонятный, непостижимый

incomprehension непонимание, отсутствие понимания

incomprehensive 1. непонятливый **2.** ограниченный

inconclusive 1. недоказательный, неубедительный **2.** не доведенный до конца, незавершенный

inconcrete неконкретный, абстрактный

inconformity нонконформность

incongruent несоответственный

incongruity несоответствие, несообразность, несочетаемость, несовместимость

incongruous несоответственный, неподходящий, несочетаемый, несовместимый, неуместный

inconnected несвязанный

inconscient 1. подсознательный **2.** неосознанный, бессознательный

inconsecutive непоследовательный, нелогичный

inconsequence непоследовательность, нелогичность

inconsequent непоследовательный, нелогичный

inconsistence несовместимость, несообразность

inconsistency 1. несовместимость, несоответствие, несообразность **2.** изменчивость **3.** непоследовательность, противоречия; **status** ~ несовместимость со статусом

inconsistent 1. несовместимый, несоответствующий **2.** неустойчивый, изменчивый **3.** непоследовательный, противоречивый

inconstancy непостоянство, непостоянность, изменчивость

inconstant непостоянный, неровный

incontinence 1. недержание **2.** невоздержанность

inconvincible не поддающийся убеждению, упрямо стоящий на своем

incoordinate некоординированный, несогласованный

incoordination несогласованность, дискоординация, некоординированность; **functional** ~ функциональная несогласованность [дискоординация, некоординированность]; **motor** ~ отсутствие моторной координации, моторная несогласованность [дискоординация, некоординированность]; **muscular** ~ несогласованность [дискоординация, некоординированность] в работе мышц

incorporation 1. объединение, присоединение **2.** *лингв.* инкорпорация

incorrect 1. неправильный, неверный **2.** некорректный, недостаточный

increase возрастание, рост, увеличение, умножение // увеличивать(ся), усиливать(ся); ~ **of pressure** повышение давления; ~ **of weight** увеличение веса

increment 1. увеличение, возрастание **2.** *мат.* бесконечно малое приращение, инкремент; дифференциал; **sensation** ~ сенсорный инкремент; **social** ~ стимулирующее влияние группы [социального окружения] на индивида [личность]; ~ **in activity** повышение активности

incretion 1. инкреция, внутренняя секреция **2.** функция щитовидной железы

incretory *физиол.* внутрисекреторный

incubus кошмар, страшное сновидение

inculcation внушение

incumbency 1. должность, пребывание в должности **2.** долг, обязанность

incurable 1. неизлечимый, неисцелимый **2.** неискоренимый

indecency 1. неприличное поведение **2.** непристойность, непристойное выражение

indecent неприличный, непристойный

indecipherable 1. не поддающийся расшифровке **2.** неразборчивый, нечеткий

indecision нерешительность, неуверенность, колебание

indecisive 1. нерешительный, колеблющийся **2.** нерешающий, неокончательный

indecorous неблагопристойный, некорректный, некрасивый

indecorum нарушение приличий, неблагопристойность, некорректность

indefinable неопределимый, не поддающийся определению

indefinite 1. неопределенный, неясный **2.** неограниченный

indefiniteness неопределенность; ~ **of localization** неопределенность локализации

independence независимость, самостоятельность

independent 1. независимый, самостоятельный **2.** непредубежденный **3.** *мат.* независимый

indetermination 1. неопределенность **2.** нерешительность, колебание

indeterminism индетерминизм

index (*pl.* **indices**) **1.** индекс, указатель, показатель **2.** *мат.* показатель степени, коэффициент; **acceptance‑rejection** ~ индекс принятия‑отвержения; **acquaintance** ~ индекс [объем] знакомств; **anatomical** ~ анатомический индекс, коэффициент окостенения; **arousal** ~ показатель степени возбуждения системы; **class** ~ классификационный индекс [знак]; **color** ~ цветовой [цветной] показатель [индекс]; **compatibility** ~ индекс [показатель] совместимости; **consistency** ~ коэффициент согласованности [надеж‑

ности]; **cranial** ~ черепной индекс; **deterioration** ~ индекс ухудшения; **endomorphy** ~ индекс [показатель] висцерального типа телосложения [конституции тела], индекс [показатель] эндоморфии; **frequency** ~ показатель частоты, индекс встречаемости; **internal consistency** ~ коэффициент внутренней согласованности; **lambda** ~ коэффициент соотношения ответов, недетерминированных формой, с детерминированными формой ответами (по Г. Роршаху); **M‑F** ~ индекс «женственность‑мужественность»; **masculinity‑femininity** ~ индекс «женственность‑мужественность»; **morhological** ~ морфологический индекс; **performance** ~ показатель исполнения [работоспособности]; **physical fitness** ~ показатель физической (при)годности, показатель (при)годности по состоянию здоровья; **predictive** ~ прогностический показатель; **refractive** ~ индекс [показатель] рефракции (глаза); **reliability** ~ индекс [показатель, коэффициент] надежности; **selection** ~ селекционный индекс; индекс избирательности (по Г. Айзенку); **skelic** ~ скелетный индекс (соотношение длины ног и длины туловища); **survival** ~ индекс [показатель] жизнестойкости организма [выживаемости]; ~ **of attitude** показатель установки; ~ **of attraction** показатель [индекс] аттракции; ~ **of autonomic activation** показатель [индекс] активации автономной нервной системы; ~ **of body built** индекс телосложения; ~ **of body function** индекс [показатель] функции организма [тела]; ~ **of cor‑**

relation коэффициент корреляции; ~ of discrimination индекс различения; ~ of independence критерий [индекс] независимости; ~ of refraction показатель [коэффициент] преломления; ~ of reliability индекс [показатель, коэффициент] надежности; ~ of retest consistency коэффициент ретестовой надежности; ~ of precision индекс точности (величина, обратная дисперсии); ~ of variability стандартное отклонение, среднее квадратичное отклонение

indexterity неуклюжесть, неловкость, неумелость

indicate 1. укрывать, покрывать 2. служить признаком, означать

indication 1. показание (прибора) 2. примета, симптом, признак; ~ of instrument показание прибора; physiological ~ физиологическая индикация; физиологический симптом [признак]

indicator 1. указатель, показатель 2. индикатор, стрелка (прибора) 3. счетчик; anxiety ~ показатель тревожности; complex ~ особенности поведения, свидетельствующие о наличии какого-л. комплекса; emotion ~ внешнее проявление эмоций

indices см. index

indifference безразличие, равнодушие, индифферентность

indifferent 1. безразличный, равнодушный, индифферентный 2. не имеющий большого значения, маловажный

indifferentism безразличие, равнодушие; индифферентизм

indigested 1. непереваренный 2. непродуманный, неусвоенный 3. хаотический, беспорядочный

indigestion расстройство пищеварения, несварение, диспепсия

indirect непрямой, косвенный

indiscipline недисциплинированность

indiscreet 1. нескромный, несдержанный 2. неблагоразумный, неосторожный, опрометчивый

indiscretion 1. нескромность, невежливость, неучтивость, невоспитанность 2. неблагоразумие, неосторожность

indiscriminateness 1. неразборчивость, нетребовательность 2. беспорядочность

indiscrimination 1. неумение разобраться [различить], неспособность распознать 2. неразборчивость

indisposition 1. недомогание, нездоровье 2. нерасположение, нежелание 3. неспособность

indissociation индиссоциация (стадия в развитии восприятия объективного мира у ребенка, когда одно явление ясно не отграничено от другого или от собственного «я»)

indisturbable невозмутимый, спокойный

individual личность, человек, индивид // личный, индивидуальный

individualism индивидуализм

individuality 1. индивидуальность 2. особенность, индивидуальная черта 3. личность; graphic ~ индивидуальные особенности почерка

individualization индивидуализация; обособление, выделение

individuation 1. индивидуализация, индивидуализирование 2. индивидуальность

indocile 1. непослушный, трудновоспитуемый 2. непонятливый

indoctrination 1. индоктринация 2. подготовка, обучение

induce 1. побуждать, воздействовать (на кого-л.) 2. вызывать, причинять, стимулировать 3. *лог.* выводить путем индукции

inducement побуждение; побуждающий мотив [стимул]

induction 1. *лог.* индукция, индуктивный метод 2. вступление, введение 3. вызывание, провоцирование; **direct spinal** ~ *физиол.* одновременная суммация; **error** ~ вызывание [провоцирование, индуцирование] ошибки; **immediate spinal** ~ *см.* **direct spinal** ~ ; **logical** ~ логическая индукция; **negative** ~ *физиол.* отрицательная индукция (по И. П. Павлову); **perceptual** ~ перцептивная индукция; **sympathetic** ~ индукция синтонности; **visual** ~ зрительная индукция

inductive 1. *лог.* индуктивный 2. побуждающий, ведущий (к чему-л.) 3. вводный, вступительный

indulgence 1. снисхождение, снисходительность, терпимость 2. потворство, потакание, поблажка

indulgent 1. снисходительный, терпимый 2. во всем потакающий [потворствующий]

indurate черствый, бесчувственный, упрямый

induration черствость, ожесточение, упрямство

industrious трудолюбивый, усердный, надежный

ineffective 1. безрезультатный, напрасный, бесполезный, неэффективный 2. неумелый, неспособный

ineffectiveness неэффективность

inefficiency 1. неспособность, неумение 2. недейственность, неэффективность

inefficient 1. неспособный, неумелый 2. недейственный, неэффективный, малопроизводительный

inept *см.* **inapt**

ineptitude 1. неуместность 2. неспособность, неумелость 3. глупость; **mental** ~ умственная отсталость

inequation неравенство

inequity несправедливость, пристрастность

inert инертный, вялый, неактивный, бездейственный, медлительный

inertia 1. инерция 2. инертность, вялость, бездействие 3. *НФЗЛ* задержка (раздражения в ответ на стимуляцию); **cognitive** ~ инерция познания

inertness инертность, вялость

inexhaustible неутомимый, не знающий усталости

inexperience неопытность

inexperienced неопытный

inexplicit неясный, непонятный; неопределенный

infancy раннее детство, младенчество

infant младенец, дитя, ребенок; **postmature** ~ переношенный ребенок

infantile 1. инфантильный 2. детский, младенческий 3. находящийся на ранней стадии развития

infantilism 1. инфантилизм 2. задержка развития, умственная и физическая отсталость; **sexual** ~ сексуальный инфантилизм

infatuation 1. страстное увлечение 2. страстная влюбленность, безумная страсть

infecund бесплодный

infer 1. заключать, делать заключение [вывод], выводить 2. означать, предполагать, подразумевать

inference вывод, заключение, умозаключение; **unconscious** ~ неосознанное умозаключение

inferior стоящий ниже, подчиненный // низший, худший, плохой;

нижний; **constitutional (psycho-pathic)** ~ врожденная недостаточность

inferiority более низкое положение [достоинство, качество]; **functional** ~ функциональная [профессиональная] неполноценность (по А.Адлеру); **general** ~ общая (социальная) неполноценность; **morphologic** ~ морфологическая [анатомическая] неполноценность (по А.Адлеру)

infertile бесплодный

infertility бесплодность

infidel 1. атеист 2. язычник 3. неверный // неверующий

infidelity 1. неверие 2. безбожие; язычество 3. неверность

infinite 1. бесконечность, бесконечное пространство, безграничность 2. бесконечно малая величина // бесконечный

infinitesimal 1. *мат.* бесконечно малая (величина) 2. что-то очень маленькое, не поддающееся измерению // бесконечно малый

infinity 1. бесконечность 2. бесконечно большое число [количество]; **optical** ~ оптическая бесконечность

infirm 1. немощный, дряхлый, слабый (от старости) 2. нерешительный, слабовольный, слабохарактерный

infirmity 1. немощь, дряхлость, слабость, хилость 2. телесный [физический] недостаток 3. слабохарактерность, слабоволие

inflection 1. сгибание, изгибание, изгиб 2. *грам.* флексия, окончание 3. модуляция, изменение интонации

influence 1. влияние, воздействие 2. влиятельное лицо // влиять, оказывать влияние; **conditioned reflex** ~ условно-рефлекторное влияние; **contaminating** ~ загрязняющее [разлагающее] влияние; **direct** ~ непосредственное влияние; **excitory** ~ возбуждающее действие [влияние]; **family** ~ влияние семьи; **inhibitory** ~ тормозящее действие [влияние]; **legitimate** ~ законное влияние; **mass media** ~ влияние [воздействие] средств массовой информации; **negative** ~ отрицательное влияние; **normative** ~ нормативное влияние; **parental** ~ родительское влияние, влияние родителей; **peer** ~ влияние ровесников; **positive** ~ положительное влияние; **prenatal** ~ пренатальное влияние; **reference-group** ~ влияние референтной группы

influenceability подверженность влиянию [воздействию]

influx приток; **afferent** ~ центростремительный импульс

information 1. информация, сведения, данные 2. сообщение, передача сведений; **adapted** ~ адаптирование информации с учетом аудитории (по Ж. Пиаже); **afferent** ~ НФЗЛ афферентная информация; **anthropometric** ~ антропометрические данные; **auditory** ~ слуховая информация; **available** ~ доступная [имеющаяся] информация; **checking** ~ контрольная информация [данные]; **complementary** ~ дополнительная информация; **conflicting** ~ противоречивая информация; **discrepant** ~ противоречивая информация; **display** ~ приборная информация, информация системы индикации; **exteroceptive** ~ экстероцептивная информация; **false** ~ ложная информация; **input** ~ входящая информация; **interoceptive** ~ интероцептивная информация; **kin(a)esthetic** ~ кинестетическая информация; **misleading** ~ неправильная [вводящая в заблуждение] информация [данные]; **numerical** ~ количественная [цифровая] информация [данные]; **olfactory** ~ обонятельная информация; **prior** ~ предварительная [априорная] информация; **proprioceptive** ~ проприоцептивная информация; **qualitative** ~ качественная информация [данные]; **quantitative** ~ количественная информация [данные]; **selective** ~ избирательная информация; **sensory** ~ сенсорная информация; **status** ~ информация [данные] о статусе [положении]; **suppressed** ~ подавляемая информация; **tactile** ~ тактильная информация; **taste** ~ вкусовая информация; **transient** ~ *инж. псих.* оперативная информация; **useful** ~ полезная информация; **visual** ~ зрительная информация

infraconscious подсознательный

infrahuman относящийся к животному миру//животное

infuse 1. вселять, внушать 2. зарождать, заронять (чувство)

infusion 1. вливание 2. внушение (мысли и т.п.); **intravenous** ~ внутривенное вливание

ingenerate врожденный, присущий

ingenuity 1. изобретательность 2. искусность

ingratitude неблагодарность

ingredient ингредиент, компонент, составная часть

in-group консолидированная группа

inhabitation обитание

inhalation вдох; вдыхание

inhale вдыхать

inherence неотделимость, неотъемлемость

inherent 1. присущий, свойствен-

ный **2.** врожденный, прирожденный

inherit наследовать, перенять

inheritable наследуемый; наследственный

inheritance наследственность, наследование; **biparental** ~ дискретная наследственность (наследование организмом отличительных отцовских и материнских признаков); **blended** ~ смешанная наследственность; **complex** ~ комплексное наследование (наследование совокупности признаков); **criss-cross** ~ перекрестная наследственность (при которой потомок похож на родителя противоположного пола); **delayed** ~ задержанная наследственность; **intermediate** ~ промежуточное наследование, неполное доминирование; **maternal** ~ материнская наследственность; **matrilinear** ~ *см.* **maternal** ~ ; **multiple-factor** ~ многофакторная наследственность; **nulliplex** ~ *ген.* нуллиплексная наследственность; **particulate** ~ дискретная наследственность (наследование организмом отличительных отцовских и материнских признаков); **social** ~ усвоение культуры (в широком смысле); **unilateral** ~ сходство потомка с родителем того же пола; **unilinear** ~ однолинейная наследственность

inherited врожденный, унаследованный

inhibit тормозить, задерживать; подавлять, угнетать

inhibition торможение, задержка; подавление, угнетение; **associative** ~ ассоциативное торможение; **central** ~ центральное торможение; **conditioned** ~ условное торможение; **conditioned reactive** ~

условное реактивное торможение (по К.Халлу); **connective** ~ торможение, обусловленное целостным представлением объекта и затрудняющее выделение в воспоминании его частей; **cortical** ~ корковое торможение; **defensive** ~ защитное [охранительное] торможение; **delayed** ~ запаздывающее торможение; **differential** ~ дифференциальное торможение; **differentiating** ~ дифференцировочное торможение; **direct** ~ прямое торможение; **external** ~ внешнее торможение; **extinctive** ~ угасательное торможение; **feedback** ~ торможение по типу обратной связи; **growth** ~ задержка роста; **homogeneous** ~ гомогенное торможение; **hypothalamic** ~ гипоталамическое торможение; **internal** ~ внутреннее торможение; **passive** ~ пассивное торможение; **primary** ~ первичное торможение; **proactive** ~ проактивное торможение; **protective** ~ охранительное торможение; **psychic** ~ психическое торможение; **reactive** ~ реактивное торможение; **reciprocal** ~ взаимное торможение; **reflex** ~ рефлекторное торможение; **reproductive** ~ репродуктивное торможение; **retroactive** ~ ретроактивное торможение; **sleep** ~ сонное торможение; **social** ~ ограничения в поведении, обусловленные социальными факторами; **stepwise** ~ ступенчатое торможение; **sympathetic** ~ тормозящее действие со стороны симпатической нервной системы; **vocational** ~ ограничения, влияющие на успешность в профессиональной деятельности; ~ **of aggression** сдерживание [торможение] агрессии [агрессивности]; ~ **of delay** торможение, обуслов-

ливающее сокращение латентного периода реакции

inhibitory тормозящий, задерживающий; подавляющий, угнетающий

inhomogeneous негомогенный, неоднородный; неравномерный

inhuman 1. бесчеловечный, жестокий, безжалостный 2. нечеловеческий, не свойственный человеку

inhumane негуманный, бесчеловечный, жестокий

inhumanity бесчеловечность, жестокость

initial начальный, первоначальный, первичный, исходный

initiate 1. начинать, положить начало 2. стимулировать, побуждать

initiation 1. стимулирование, побуждение 2. начало 3. инициатива, начинание

initiative 1. инициатива 2. инициативность // инициативный

injection инъекция, введение, впрыскивание; **intravenous** ~ внутривенная инъекция

injure 1. ушибить, повредить, ранить 2. ранить, обижать

injury 1. телесное повреждение, ушиб, рана, травма 2. поражение, порча 3. вред; **birth** ~ родовая травма, травма плода во время родов; **extreme** ~ исключительно тяжелое повреждение [поражение, травма]; **fatal** ~ смертельное повреждение [поражение, травма]; **incapacitating** ~ выводящее из строя [вызывающее потерю трудоспособности] повреждение [поражение, травма]; **internal** ~ повреждение [поражение, травма] брюшных внутренностей и крупных кровеносных сосудов; **negligible** ~ незначительное повреждение [поражение, травма]; **nerve** ~ повреждение [поражение, травма] нерва;

nonfatal ~ несмертельное повреждение [поражение, травма]; **peripheral** ~ периферическое повреждение [поражение, травма]; **severe** ~ тяжелое повреждение [поражение, травма]; **tissue** ~ поражение [повреждение] ткани; **traumatic** ~ травматическое повреждение [поражение]; **visceral** ~ повреждение [поражение] внутреннего органа

innate врожденный

inner внутренний

inner-directed действующий по внутреннему убеждению, самостоятельно мыслящий, с независимыми суждениями

inner-directedness независимость суждений, самостоятельность

innervate иннервировать, возбуждать, раздражать

innervation иннервация, возбуждение, раздражение; **cross** ~ перекрестная иннервация; **reciprocal** ~ реципрокная иннервация органов тела; **sympathic** ~ симпатическая иннервация; **vascular** ~ вазорегуляция

innocence 1. невинность, чистота; целомудрие, девственность 2. простодушие, наивность, глупость

innocent 1. невинный, чистый, непорочный 2. наивный, простодушный 3. безобидный, безвредный

innovation 1. новшество, нововведение 2. введение новшеств, новаторство; **cognitive** ~ когнитивная инновация

innovator новатор, рационализатор

innutrition недостаточность питания

inobservance [inobservation] невнимание, невнимательность

inoccupation незанятость, праздность

inoculation 1. *мед.* прививка 2. внедрение (мыслей, идей, чувств и т.п.)

inodorous непахнущий, без запаха

inoffensive безобидный, безвредный

in-patient стационарный больной

input 1. входной сигнал 2. информация на входе 3. стимул

inquietude 1. беспокойство, тревожное состояние, тревога 2. душевное волнение

inquiry 1. исследование, научное изыскание 2. расспрашивание, наведение справок 3. вопрос

inquisitive пытливый, любознательный

inquisitiveness 1. пытливость, любознательность 2. любопытство

insane 1. душевнобольной, ненормальный, сумасшедший, безумный 2. безрассудный, бессмысленный

insanitary антисанитарный

insanitation антисанитария, антисанитарное состояние, несоблюдение элементарных требований санитарии

insanity душевная психическая болезнь; умопомешательство, безумие; **alternating** ~ циркулярный психоз; **circular** ~ циркулярный психоз; **confused** ~ помешательство, психоз, безумие; **confusional** ~ психоз; психическое заболевание, помешательство; шизофрения; **developmental** ~s психические нарушения переходного возраста; **doubting** ~ психоз сомнения [подозрительности, неуверенности]; **menopausal** ~ климактерический психоз; **moral** ~ моральный имбецилизм [идиотизм]; отсутствие морали; **partial** ~ частичное помешательство; **puerperal** ~ родовой психоз; **suicidal** ~ помешательство с наклонностью к самоубийству; **temporary** ~ аффект; **volitional** ~ волевой психоз, психоз, характеризующийся расстройством воли

insatiability ненасытность, жадность

insatiable ненасытный, жадный

insecure 1. непрочный, ненадежный 2. сомневающийся, неуверенный

insecurity чувство непрочности [ненадежности, неуверенности, сомнения, опасения]

insensibility 1. бесчувственность, безразличие, равнодушие, апатия 2. нечувствительность; бессознательное [обморочное] состояние

insensible 1. неощутимый, незаметный, неразличимый 2. нечувствующий, нечувствительный 3. равнодушный, бесчувственный

insensitive 1. нечувствительный 2. невосприимчивый

insensuous неощутимый, неосязаемый

insight 1. инсайт, догадка, озарение 2. проницательность, способность проникнуть в сущность 3. понимание, интуиция

insincere неискренний, лицемерный

insincerity неискренность, лицемерие

insistence 1. настойчивость, упорство 2. настояние, настойчивое требование; color ~ броскость [яркость] цвета

insistent 1. настойчивый, упорный, настоятельный 2. привлекающий внимание, бросающийся в глаза, необычный

in situ *лат.* на месте, в месте нахождения

insociable необщительный

insolence 1. высокомерие, надменность; пренебрежение 2. наглость, нахальство, дерзость

insolent 1. высокомерный, надменный 2. наглый, дерзкий, нахальный

insomnia бессонница; ~ of exhaustion бессонница, вызванная переутомлением

insomnious страдающий бессонницей

inspect просматривать, тщательно осматривать [изучать]

inspection 1. интроспекция, самонаблюдение, самоанализ 2. изучение, осмотр 3. инспектирование

inspiration 1. вдыхание, вдох 2. вдохновенная идея [мысль], «озарение» 3. стимулирование, побуждение, воздействие

inspire 1. вдохновлять, воодушевлять, стимулировать 2. вдыхать, дышать; вбирать в себя воздух

instability неуравновешенность, непостоянство, неустойчивость; emotional ~ эмоциональная неустойчивость, быстрая смена настроений; ~ of temper неуравновешенность характера

instance 1. пример, образец 2. частный случай

instigate побуждать

instigation побуждение

instigator (человек) стимулирующий терапию (при групповой терапии)

instinct инстинкт; agressive ~ инстинкт агрессии; complementary ~s взаимодополняющие инстинкты; death ~ инстинкт смерти (по З. Фрейду); delayed ~ инстинкт, проявляющийся через некоторое время после рождения; ego ~ *психоан.* эгоцентрический инстинкт; herd ~ стадный инстинкт; hoarding ~ собирательский инстинкт; homing ~ 1. инстинкт возвращения к месту рождения 2. органотропизм; life ~ *психоан.* инстинкт жизни; maternal ~ материнский инстинкт; parental ~ родительский инстинкт; reproductive ~ инстинкт размножения; passive ~ *психоан.* пассивный инстинкт, инстинкт, характеризующийся пассивной позицией субъекта; **possessive** ~ *психоан.* инстинкт обладания; **sex [sexual]** ~ половой инстинкт; **social** ~ стадный инстинкт

instinctive инстинктивный, бессознательный

instinctivity инстинктивность

instinctual инстинктивный

institution 1. институт, организация 2. общество 3. учреждение

institutionalization ассимиляция [высокая степень привыкания] к существующему порядку вещей

instruct 1. обучать, учить 2. инструктировать 3. информировать

instruction 1. обучение 2. инструктирование 3. инструкция, приказ, директива, распоряжение; **authoritarian** ~ авторитарное обучение; **democratic** ~ демократическое обучение; **directive** ~ (целе)направленное обучение; **formal** ~ формальное обучение; **informal** ~ неформальное обучение; **institutional** ~ исходная инструкция; **nondirective** ~ ненаправленное обучение; **remedial** ~ коррективный курс (обучения); **socialized** ~ организация коллективной работы в классе; **student-centered** ~ обучение, центрированное на учащихся; **teacher-centered** ~ обучение, центрированное на учителе

instrument 1. орудие, инструмент, аппарат, прибор 2. средство

instrumental 1. служащий средством, полезный, играющий важную роль 2. производимый с помощью инструментов

instrumentation 1. применение инструментов [приборов, аппаратуры и т.п.] 2. оборудование [оснащение] инструментами

insubmission непокорность, непо-

виновение, непослушание, неподчинение

insubmissive непокорный, неповинующийся, неподчиняющийся

insula *анат.* 1. островок Рейля 2. островок Лангерганса 3. круглый участок кожи

insult оскорбление, обида // оскорблять, наносить оскорбление, обижать

insulting оскорбительный, обидный

insusceptibility невосприимчивость, нечувствительность

insusceptible невосприимчивый; нечувствительный

intact интактный, нетронутый, невредимый, неповрежденный, целый

intactile неосязаемый, неощутимый

intake 1. поглощение, прием, потребление 2. общее число принятых в исправительное заведение 3. набор (служащих и т.п.)

intangibility неосязаемость

intangible неосязаемый, не воспринимаемый на ощупь

integer целое число

integral 1. нечто целое [неделимое] 2. *мат.* интеграл // целый; **probability** ~ вероятностный интеграл

integrate 1. объединять в единое целое, составлять единое целое 2. *мат.* интегрировать

integration 1. интеграция, объединение, сведение в единое целое 2. гармоническое взаимоотношение частей целого 3. ассимиляция 4. *мат.* интегрирование; **behavior** ~ интеграция поведения; **cerebral** ~ объединяющая и ведущая функция коры; **central** ~ центральная интеграция (афферентных сигналов); **educational** ~ равноправие в области образования, отсутствие расовой дискриминации в области образования; **group** ~ групповая интеграция; **man-machine functional**

~ функциональная интеграция системы «человек — машина»; **personality** ~ **1.** интеграция личности **2.** структура личности; **primary** ~ *психоан.* первичная интеграция; **racial** ~ расовая интеграция; **secondary** ~ *психоан.* вторичная интеграция; **social** ~ социальная интеграция, адаптация; ~ **of behavior** *см.* **behavior** ~

integrity 1. целостность **2.** высокие моральные качества; **mental** ~ психическая интеграция [целостность]

intellect 1. интеллект, ум, рассудок **2.** умственные способности

intellection 1. мышление **2.** познание **3.** понятие, представление, идея

intellectual 1. интеллектуальный, умственный, мыслительный **2.** мыслящий, разумный **3.** интеллигентный

intellectualism 1. интеллектуальность **2.** *филос.* интеллектуализм

intelligence ум, интеллект, умственные способности, умственное развитие; **abstract** ~ абстрактный ум; **academic** ~ способности к учебе; **adult** ~ развитый [зрелый] интеллект, интеллект взрослого; **artificial** ~ искусственный интеллект; **biological** ~ биологический интеллект; **borderline** ~ пограничный уровень интеллекта; **concrete** ~ конкретный ум; **dull** ~ тупоумие; **general** ~ общий интеллект; **innate** ~ врожденные умственные способности, природный ум; **marginal** ~ пограничный уровень интеллекта (между нормой и патологией); **measured** ~ диагностированный интеллект; **mechanical** ~ технические способности; **nonverbal** ~ невербальный интеллект; **practi-**

cal ~ практический интеллект; **psychometric** ~ интеллект как оценка по результатам психометрических тестов; **superior** ~ высший уровень интеллекта; **verbal** ~ вербальный интеллект

intelligent 1. умный, разумный **2.** понятливый, смышленый **3.** знающий, понимающий

intelligibility понятность, доступность (для понимания), ясность, внятность, вразумительность, интеллигентность

intelligible понятный, доступный (для понимания), ясный, внятный, вразумительный

intend 1. намереваться, хотеть, собираться **2.** направляться **3.** подразумевать, иметь в виду

intense 1. сильный, чрезмерный **2.** напряженный, интенсивный **3.** впечатлительный, эксцентричный

intenseness 1. сила, насыщенность **2.** напряженность, напряжение; ~ **of color** насыщенность цвета

intension *лог.* сущность понятия, содержание термина

intensity интенсивность; **light** ~ светосила, сила света; **luminous** ~ интенсивность свечения, сила света; **noise** ~ интенсивность шума; **response** ~ интенсивность реакции; **speech** ~ интенсивность [громкость] речи; **sound** ~ интенсивность [сила, громкость] звука; **stimulus** ~ интенсивность стимула; **threshold** ~ пороговая интенсивность; ~ **of passion** сила страсти; ~ **of sound** интенсивность [сила, громкость] звука

intensive 1. интенсивный, напряженный, усиленный **2.** глубокий, тщательный

intent 1. намерение, цель **2.** значение, смысл

intention намерение, стремление, цель

intentional интенциональный, преднамеренный

intentionalism интенционализм

intentionality преднамеренность

intentness 1. тщательность, заботливость **2.** напряженное внимание

interact взаимодействовать, воздействовать [влиять] друг на друга

interaction интеракция, взаимодействие; **afferent** ~ афферентное взаимодействие (по К.Халлу); **balanced** ~ сбалансированное взаимодействие; **direct interpersonal** ~ прямая [непосредственная] межличностная интеракция [взаимодействие]; **dyadic** ~ диадическое взаимодействие; **family** ~ взаимоотношения в семье; **group** ~ взаимоотношения в группе; **international** ~ международные взаимоотношения; **mother-child** ~ взаимоотношения между матерью и ребенком; **pupil-teacher** ~ взаимоотношения между учителем и учащимися; **sensory** ~ взаимодействие сенсорных систем; **social** ~ социальная интеракция [взаимодействие]

interactionism интеракционизм (теория, утверждающая, что ум и тело отличны и взаимодействуют друг с другом)

interactive взаимодействующий, воздействующие друг на друга

interbrain *анат.* промежуточный мозг, диэнцефалон

intercalation 1. вставка **2.** патологическое включение лишних звуков в слова или слов в речь

intercept *мат.* отрезок, отсекаемый от координатной оси

interchange обмен // обмениваться

intercommunicate общаться, разговаривать (друг с другом)

intercommunication 1. сообщение, связь **2.** тесное общение

interconnection 1. взаимная связь, взаимосвязь **2.** соединение

intercorrelations *стат.* интеркорреляции

intercourse 1. общение, деловая или дружеская связь **2.** половые сношения; **sexual** ~ половые сношения

interdependence взаимозависимость, зависимость друг от друга; **cooperative** ~ взаимозависимость типа «сотрудничество»; **competitive** ~ взаимозависимость, взаимоотношения типа «соперничество»; **role** ~ взаимозависимость ролей

interdependent взаимозависимый, зависящие друг от друга

interest интерес, заинтересованность, стремление, потребность // интересовать, возбуждать интерес [любопытство]; **common** ~s общие интересы; **conflicting** ~s противоречивые интересы, противоречащие друг другу интересы; **extrinsic** ~ внешний интерес [заинтересованность]; **intrinsic** ~ внутренний интерес [заинтересованность]; **nonpersonal** ~ неличный интерес [заинтересованность]; **personal** ~ личный интерес [заинтересованность]

interfere 1. мешать, служить препятствием, быть помехой **2.** вмешиваться, вторгаться **3.** *физ.* интерферировать

interference интерференция, вмешательство, помеха; **associative** ~ ассоциативное торможение; **habit** ~ интерференция навыков; **human** ~ вмешательство человека; **reproductive** ~ интерференция (в научении); **social** ~ социальная интерференция

intergrade промежуточная [переходная] форма; **sex** ~ гермафродит

interinhibitive взаимотормозящий

interior внутренняя сторона // внутренний

interiorization интериоризация

interjacent промежуточный; переходный

interjection 1. восклицание, возглас 2. *грам.* междометие 3. вмешательство (словом или замечанием); перебивание

interlingua язык-посредник, интерлингва

intermarriage 1. брак между родственниками 2. смешанный брак

intermediary промежуточный

intermediate промежуточный вид [форма] // промежуточный

intermission 1. промежуток между приступами болезни, интермиссия 2. перерыв, перебой

intermittence 1. наличие промежутков между приступами болезни, перерыв 2. прерывистость, перемежаемость

intermittent 1. перемежающийся, прерывистый 2. имеющий промежутки, периодический, ритмический

internal внутренний

internalization интернализация

interneuron промежуточный нейрон

interceptive внутренний, интероцептивный

interoception ~ *НФЗЛ* интероцепция

interoceptor *НФЗЛ* интероцептор

interofective 1. относящийся к внутренней жизни организма 2. относящийся к вегетативной [автономной] нервной системе

interosystem система внутренних органов, регулируемая нервной [гуморальной] системой (по Р. Монро)

interpersonal межличностный

interpolation интерполяция; **linear** ~ *мат.* линейная интерполяция

interposition загораживание, окклюзия (при восприятии пространства)

interpretation интерпретация, толкование, трактовка; **allegoric** ~ аллегорическое толкование; **dream** ~ интерпретация [анализ] сновидений; **faulty** ~ неправильная интерпретация [толкование]; **perceptual** ~ интерпретация восприятия; **psychological** ~ психологическая интерпретация [толкование]; **serial** ~ *психоан.* целостная интерпретация серии сновидений

interpretative толковательный, объяснительный, пояснительный

interpreter интерпретатор

interpreting интерпретирование, интерпретация; **sampling** ~ интерпретация [анализ] выборки

interrelate установить контакт (с другим человеком)

interrelation взаимоотношение, взаимосвязь, соотношение

interrelationship взаимная связь [родство]

interruption 1. перерыв, временное прекращение, задержка 2. вмешательство, помеха, препятствие

intersexuality интерсексуальность

intersocial межличностный

interstimulation интерстимуляция

intersubjective характерный для более чем одного наблюдателя

interval 1. промежуток (времени), интервал, пауза 2. расстояние, промежуток, интервал 3. *муз.* интервал; **class** ~ классовый интервал, интервал группирования; **closed** ~ замкнутый интервал; **confidence** ~ доверительный интервал; **fiducial** ~ доверительный интервал; **group** ~ классовый интервал, интервал группирования; **intertrial** ~ временной интервал между предъявлениями; **lucid** ~ период ясного сознания, короткая ремиссия при психозе, светлый промежуток; **median** ~ класс, в котором находится медиана; **modal** ~ модальный интервал; **open** ~ открытый интервал; **passive** ~ период покоя сердца; **photochromatic** ~ фотохроматический интервал; **preparatory** ~ подготовительный период; **scale** ~ деление шкалы; **step** ~ *см.* **class** ~; **tolerance** ~ доверительный интервал; ~ **of uncertainty** интервал неуверенности

intervention 1. оперантное поведение **2.** *психоан.* вмешательство **3.** промежуточное положение **4.** промежуточный период

interview 1. интервью **2.** сеанс психоанализа; **counseling** ~ сеанс психоанализа; **depth** ~ интервью с целью понять скрытые (осознанные и неосознанные) мотивы испытуемого; **diagnostic** ~ диагностическое интервью; **exit** ~ интервью по выяснению причин ухода (из школы, с работы); **group** ~ групповое интервью; **patterned** ~ формализованное интервью; **postexperimental** ~ интервью после завершения эксперимента; **sample** ~ выборочный опрос [интервью]; **stress** ~ интервью в условиях эмоциональной напряженности [стресса]; **structured** ~ формализованное интервью; **treatment** ~ сеанс психоанализа; **unstructured** ~ неформализованное интервью

interviewee интервьюируемый
interviewer интервьюер
interviewing интервьюирование
intimacy тесная связь, близость, интимность
intimate 1. глубокий, сокровенный **2.** внутренний **3.** интимный, личный, близкий

intimity интимность
intolerable невыносимый, нетерпимый
intolerance непереносимость, неустойчивость, невыносливость; ~ **of ambiguity** непереносимость неопределенности [многозначности] ситуации
intoxicant отравляющее [ядовитое, опьяняющее] вещество
intoxication 1. интоксикация, отравление, опьянение **2.** возбуждение, увлечение, упоение
intracranial внутричерепной
intractability 1. неподатливость **2.** упрямство, несговорчивость
intractable 1. несговорчивый, упрямый, неподатливый **2.** трудновоспитуемый; непослушный **3.** трудноизлечимый
intramural происходящий в стенах [пределах] (школы, больницы и т.д.)
intrapsychic имеющий психическое основание
intrinsic 1. подлинный, действительный **2.** внутренний **3.** присущий, свойственный (чему-л.)
introception интроцепция
introjection 1. интроекция **2.** отождествление себя с другим
intropunitive интропунитивный (по С.Розенцвейгу)
introspect 1. заниматься самоанализом [самонаблюдением] **2.** всматриваться, вникать
introspection интроспекция, самонаблюдение, самоанализ; **phenomenalistic** ~ феноменальная интроспекция
introspectionism интроспекционизм
introspective интроспективный, занимающийся самоанализом
introversible обращенный внутрь, сосредоточенный на себе
introversion интроверсия, сосредоточенность на самом себе [своих

внутренних переживаниях]; **active** ~ произвольная интроверсия; **passive** ~ непроизвольная интроверсия

introversive сосредотачивающийся на самом себе

introversiveness интроверсивность (по Г.Роршаху)

introvert интроверт, человек, сосредоточенный на самом себе [своих переживаниях], человек, склонный к интроспекции

introverted интровертированный

intrusion искажение (в экспериментах по памяти)

intuition 1. интуиция, чутье 2. знания, основанные на интуиции

intuitive 1. интуитивный 2. обладающий интуицией

invalid 1. *лог.* несостоятельный 2. невалидный

invalidate считать несостоятельным, неубедительным

invalidity недействительность, несостоятельность, невалидность

invariability постоянство, неизменность, неизменяемость

invariable неизменный, неизменяемый // постоянная (величина); **color** ~s постоянные цвета (желтый, синий, зеленый, красный)

invariance инвариантность, неизменяемость, неизменность, постоянство; **factorial** ~ постоянство факторной структуры

invariant инвариантный, постоянный, неизменяющийся // инвариант

invasion 1. посягательство (на что-л.) 2. *мед.* начало заболевания, приступ болезни; ~ **of privacy** нарушение (чьего-л.) уединения [одиночества]

invent 1. изобретать, создавать 2. выдумывать, придумывать

invention 1. изобретение, открытие 2. выдумка, измышление 3. изо-

бретательность, выдумка

inventive изобретательный; быстрый на выдумку; находчивый

inventiveness изобретательность; находчивость

inventor 1. изобретатель 2. выдумщик, фантазер

inventory 1. опросник, анкета 2. список, перечень; **adjustment** ~ опросник адаптированности; **conflict resolution** ~ опросник по разрешению конфликта; **environmental response** ~ опросник реакции на окружение; **Gordon personal** ~ личностный опросник Гордона; **Guilford-Martin personnel I** ~ личностный опросник I Гилфорда-Мартина; **horizontal** ~ срезовый опросник; **Horn Art Aptitude** ~ опросник художественных способностей Хорна; **interest** ~ опросник на интересы; **Minnesota Counseling** ~ опросник штата Миннесота для консультирования; **Minnesota Multiphasic Personality** ~ многофазовый личностный опросник штата Миннесота; **Minnesota Teacher Attitude** ~ опросник установок учителя штата Миннесота; **Minnesota Vocational Interest** ~ опросник профессиональных интересов штата Миннесота; **neurotic** ~ опросник, направленный на выяснение склонности испытуемого к неврозу; **occupational interest** ~ анкета [опросник] профессиональных интересов; **Peer Nomination** ~ опросник по внутригрупповому выбору; **personality** ~ личностный опросник; **psychoneurotic** ~ опросник, направленный на выяснение психоневротических характеристик личности; **self-report** ~ анкета самоотчета; **State-Trait Anxiety** ~ опросник «Состояния и свойства тревожности»; **Work Values** ~ опросник ценности специальностей; **worry** ~ опросник

причин беспокойства; ~ of anxiousness опросник тревожности
inverse обратный, противоположный, перевернутый
inversion 1. перестановка; перевертывание; изменение порядка [последовательности]; замена одного другим 2. *анат.* отклонение от нормального положения 3. *грам.* инверсия, обратный порядок слов 4. *мат.* обратное преобразование, обращение; инверсирование 5. половое извращение, гомосексуализм; **sexoesthetic** ~ трансвеститизм, склонность надевания платья другого пола; **sexual** ~ гомосексуализм, половое извращение; ~ of affect *психоан.* инверсия аффекта
invert человек, извращенный в половом отношении; гомосексуалист
invertebrate беспозвоночное
inverted 1. перевернутый 2. обратный, инвертированный
investigation исследование, изучение; **field** ~ полевое исследование; **metabolic** ~ исследование обмена веществ; **psychological** ~ психологическое исследование
investment *психоан.* катексис
invigorate 1. придавать силу; вселять энергию [бодрость] 2. воодушевлять, вдохновлять
invigoration 1. придание силы [энергии]; украшение; подкрепление; стимулирование 2. воодушевление; вселение уверенности
invisibility невидимость
invisible невидимый
involuntariness 1. непреднамеренность 2. непроизвольность
involuntary 1. непреднамеренный 2. непроизвольный
involution 1. обратное развитие, дегенерация 2. уменьшение, сокращение 3. *мат.* возведение в

степень; инволюция; **sexual** ~ климактерий, менопауза
involutional относящийся к обратному развитию
involve 1. включать, содержать 2. влечь за собой, вызывать 3. вовлекать 4. быть занятым [увлеченным]
involvement включенность, участие; **ego** ~ личная заинтересованность, личностная включенность; **emotional** ~ эмоциональная включенность; **group** ~ участие [включенность] группы; **organismic** ~ участие [включенность] организма; **social** ~ социальная включенность
inward внутрь // внутренний; духовный; умственный
inwardness 1. истинная природа, сущность 2. духовное начало
ipseity личность, индивидуальность
ipsilateral ипсилатеральный, относящийся к той же стороне, односторонний
iris радужная оболочка (глаза)
irradiance сияние, излучение, свечение
irradiant светящийся, излучающий
irradiate 1. освещать, озарять, излучать 2. разъяснять, вносить ясность
irradiation 1. облучение, воздействие лучистой энергии 2. иррадиация, лучеиспускание 3. *физиол.* иррадиация возбуждения; **acoustic(al)** ~ акустическое [звуковое] излучение, облучение звуковой частотой; **excitatory** ~ иррадиация [распространение] возбуждения
irrational неразумный, нерациональный, нелогичный
irrationality нерациональность, неразумность; помраченное состояние
irreceptive невосприимчивый

irreformable 1. неисправимый 2. не поддающийся изменению

irregular 1. неправильный; не отвечающий (каким-л.) нормам [правилам]; необычный 2. нестандартный, несимметричный, имеющий неправильную форму 3. нерегулярный 4. распущенный, безнравственный

irregularity 1. неправильность 2. нерегулярность, неравномерность 3. несимметричность 4. неровность; ~ **of behavior** иррегулярность поведения; ~ **of loudness** неравномерность громкости; ~ **of rhythm** нерегулярность ритма; ~ **of stimulation** нерегулярность стимуляции [возбуждения, раздражения]

irrelevant нерелевантный, несущественный

irreligious атеистический, неверующий

irreparable необратимый, невосстанавливаемый

irrepressible 1. неутомимый, неугомонный 2. неудержимый; необузданный

irresistance отсутствие сопротивления; подчинение, повиновение, покорность

irresolute нерешительный, колеблющийся; сомневающийся

irresolution нерешительность, колебание, сомнение

irresponsibility 1. безответственность 2. невменяемость

irresponsible 1. безответственный 2. невменяемый

irresponsive 1. не отвечающий, не реагирующий 2. неотзывчивый; невосприимчивый

irresponsiveness 1. нежелание отвечать 2. неотзывчивость, невосприимчивость

irrestrainable не поддающийся контролю; несдержанный

irretention неспособность удержать (что-л.) в памяти

irretentive не могущий удержать в памяти

irreverence непочтительность, неуважение

irreversibility необратимость; ~ **of conduction** *НФЗЛ* односторонняя проводимость

irreversible необратимый

irritability 1. раздражительность 2. *физиол.* раздражимость, чувствительность, возбудимость; **muscular** ~ мышечная возбудимость, возбудимость мышц; **nervous** ~ нервная возбудимость; раздражимость нерва; **neural** ~ нервная возбудимость; **reflex** ~ рефлекторная возбудимость

irritable 1. раздражительный 2. легковозбудимый 3. *физиол.* раздражимый

irritancy раздражение, раздражительность

irritate 1. раздражать, сердить 2. *физиол.* вызывать деятельность органа посредством раздражения

irritation 1. раздражение, гнев 2. болезненная чувствительность, возбудимость 3. *физиол.* раздражение, возбуждение; **nervous** ~ нервное раздражение [возбуждение]

irritative раздражающий

ischemia ишемия, местное [локальное] малокровие

island *анат.* островок; ~ **of Reil** островок Рейля

isochron изохрон (единица роста, представляющая 1-процентное изменение по любому показателю в ходе развития с самого начала до зрелости) (по С. Куртису)

isochronal изохронный

isolate изолировать, отделять, обособлять // изолированный индивид; **breeding** ~s индивиды, воспитанные в условиях автохтонной [изолированной] группы

isolation 1. изоляция, разобщение, изолирование **2.** стремление к уединению [изоляции] **3.** изолированность, уединение; **artificial ~** искусственная изоляция (части или функции организма с целью изучения); **biological ~** биологическая изоляция; **complete ~** полная изоляция; **perceptual [sensory] ~** сенсорная изоляция; **psychic ~** стремление к психической изоляции; **sexual ~** половая изоляция; **social ~** социальная изоляция; **sound ~** звукоизоляция; **visual ~** зрительная изоляция

isomorphism ~ изоморфизм
isomorphic изоморфный, одинаковой формы
isomorphy *лог.* изоморфизм
isotropic изотропный
issue 1. предмет обсуждения, спорный вопрос **2.** исход, результат **3.** *мед.* выделение **4.** выпуск, номер
item вопрос, пункт, задание (теста); **buffer ~** сбивающий [отвлекающий] вопрос; **cultural ~** вопрос, отражающий особенности культуры, к которой принадлежит испытуемый; **test ~** тестовый вопрос [задание]
iteration повторение

Jj

jactation *мед.* судорожные подергивания; конвульсивные движения; метание в бреду
jargon 1. жаргон **2.** невнятная речь (при некоторых формах умопомешательства или мозговых травмах); **expressive ~** гуление
jealous 1. ревнивый, ревнующий **2.** завистливый, завидующий **3.** заботливый, бдительный, ревниво оберегающий (что-л.)
jealousy ревность, подозрительность
jerk 1. рефлекс, резкое движение **2.** подергивание, вздрагивание; **Achilles ~** ахиллов рефлекс; **body ~** спонтанное напряжение тела; **myoclonic ~** резкое [судорожное] мышечное движение
job работа
joie de vivre *фр.* радостное чувство бытия
joint 1. *анат.* сустав, сочленение

2. место соединения; соединение, стык // **1.** общий, объединенный **2.** совместный, единый
joule джоуль (единица работы)
joy радость, веселье, удовольствие
judge эксперт (оценивающий исполнение испытуемого)
judgement 1. суждение, мнение, оценка **2.** рассудительность, здравый смысл; **absolute ~** абсолютное суждение; **affirmative ~** *лог.* утвердительное суждение; **comparative ~** сравнительное суждение [оценка]; **doubtful ~** неуверенный ответ; **equality ~** *психофиз.* суждение о равенстве стимулов; **group ~** групповое суждение [мнение], мнение группы; **existential ~** экзистенциальное суждение; **negative ~** *лог.* отрицательное суждение; **partitive ~** частное суждение; **value ~** оценочное суждение
Jukes семья, в которой у пяти

поколений отмечаются признаки вырождения

junction 1. соединение; место соединения **2.** *НФЗЛ* синапс, мионевральное соединение; **myoneural** ~ мионевральное соединение; **neuro-mascular** ~ нервномышечное соединение; **synaptic** ~ синапс

junior 1. младший (о сыне, брате) **2.** младший (по положению) **3.** юношеский

just 1. справедливый **2.** обоснованный **3.** верный

justice справедливость; **immanent** ~ вера ребенка в неизбежность наказания за проступок (по Ж. Пиаже)

justification 1. оправдание **2.** оправдывающие обстоятельства **3.** подтверждение, правомерность ; **insufficient** ~ недостаточное подтверждение

justify 1. оправдывать **2.** подтверждать

juvenescence 1. юность **2.** переход от отрочества к юности

juvenile юный, юношеский, молодой

juvenilism инфантилизм, недоразвитость [отставание в развитии], юношеские черты у взрослых

juxtaposition 1. смежное положение, положение бок о бок **2.** сопоставление **3.** наложение

Kk

kakergasia 1. малый психоз, невроз, психоневроз **2.** понижение умственной деятельности

kakergastic относящийся к малым психозам

kakesthesia 1. расстройство чувствительности **2.** недомогание

Kallikak семья, в которой одна ветвь дает душевнобольных потомков, а другая — потомков средней умственной одаренности

karyomit(e) хромосома

keenness 1. сообразительность **2.** проницательность

kenogenesis отклонение от нормального хода в развитии

kenophobia агорафобия, боязнь открытого пространства [толпы]

key 1. ключ **2.** ключ, разгадка (к решению вопроса и т.п.) **3.** ключ, код **4.** *муз.* ключ, тональность // основной, ключевой, главный // **1.**
запирать на ключ **2.** приводить в соответствие; **answer** ~ тестовый ключ; **coding** ~ кодовый ключ; **lip** ~ прибор, регистрирующий начало движения губ в процессе речи; **reaction** ~ ключ-переключатель (используемый для измерения времени реакции); **strip** ~ ключ в форме трафарета; **voice** ~ голосовой ключ

kin род, семья // **1.** родственный **2.** подобный, похожий

kind 1. вид, сорт, разновидность, класс, разряд **2.** отличительные особенности

kindness 1. доброта, сердечность **2.** благожелательность

kindred 1. родные, родственники, родня **2.** (кровное) родство, родственные отношения **3.** духовное родство, близость // родственный, связанный (кровным) родством

kinephantom неверная интерпретация видимого движения
kinesia болезнь движения
kinesimeter кинестезиометр
kinesipathy 1. лечение активными и пассивными движениями **2.** двигательные расстройства
kinesis кинез, движение
kinesitherapy лечение активными или пассивными движениями
kinesodic относящийся к проведению двигательных импульсов; эфферентный
kinesthesia кинестезия, мышечное чувство
kinesthesiometer кинестезиометр, инструмент для определения реакции мышц
kinesthetic кинестетический
kinetic кинетический, двигательный
kinetics динамика; кинематика; **apparent visual** ~ иллюзорное восприятие движения
kinship 1. (кровное) родство **2.** близость, сходство (характера и т.п.)

kinsman (кровный) родственник
kinswoman (кровная) родственница
kleptomania клептомания
knee-phenomenon коленный рефлекс
knob; synaptic ~ синаптическая бляшка
know 1. знать, иметь понятие [представление] **2.** осознавать, понимать
knowable 1. познаваемый **2.** опознаваемый
knower знающий (человек)
knowledge 1. знание **2.** осведомленность, сведения **3.** познание; **empirical** ~ эмпирические знания; **functional** ~ функциональные знания; **immediate** ~ непосредственные знания; **rational** ~ рациональное познание; ~ **by description** познание предметов опосредованно; ~ **of results** знание результатов (как эффект подкрепления)
kolytic снижающий, прекращающий
kymograph кимограф
kurtosis *стат.* эксцесс

Ll

label 1. этикетка, ярлык **2.** метка // **1.** прикреплять ярлык **2.** метить
label(l)ing 1. прикрепление ярлыков, этикетирование **2.** мечение, метка
labile 1. лабильный **2.** неустойчивый, непостоянный, колеблющийся; **emotionally** ~ эмоционально неустойчивый [лабильный]
lability лабильность, неустойчивость; **emotional** ~ эмоциональная неустойчивость [лабильность]
labor 1. труд, работа **2.** роды // **1.** трудиться **2.** родить; **manual**
~ ручной труд
laboratory лаборатория
laborous 1. трудный, утомительный, напряженный **2.** трудолюбивый, работящий, усердный, старательный
labour см. labor; **free** ~ труд лиц, не принадлежащих к профсоюзам; **forced** ~ принудительный труд; **inefficient** ~ непроизводительный труд; **juvenile** ~ труд подростков; **manual** ~ ручной [физический] труд; **premature** ~ преждевременные роды; **wage** ~ наемный труд

labyrinth 1. *анат.* лабиринт, внутреннее ухо **2.** лабиринт; **auditory** ~ слуховой лабиринт; **membran(e)ous** ~ перепончатый лабиринт (во внутреннем ухе); **vestibular** ~ вестибулярный лабиринт

lack недостаток // испытывать недостаток, не иметь; ~ **in aptitude** недостаток способности [годности, соответствия]; ~ **of attention** недостаток внимания; ~ **of balance** неуравновешенность; ~ **of capacity** отсутствие (нужных) способностей; ~ **of confidence** недостаток уверенности, неуверенность; ~ **of experience** недостаток опыта; ~ **of intelligence** недостаток ума; ~ **of parental affection** недостаток [дефицит] родительской любви; ~ **of practice** недостаток практики; ~ **of professional skill** недостаток профессионального навыка; ~ **of training** недостаток обучения [тренировки], недообученность

lacrimal слезный

lacrimation слезотечение, выделение слез

lactaton 1. лактация, выделение молока **2.** кормление грудью, период кормления грудью

lacuna 1. пробел, пропуск (в тексте, книге) **2.** пробел (в знаниях и т.п.) **3.** *анат.* лакуна, впадина, углубление, полость

ladder; counseling ~ этапы воздействия психотерапевта на пациента; **reading** ~ расположение материала для чтения по степени трудности; **social** ~ социальная лестница [иерархия]

lag 1. лаг, отставание, запаздывание **2.** задержка; сдвиг фаз; промежуток между раздражением и ответной реакцией **3.** скрытое время, латентный период // отставать, запаздывать; **cultural** ~ пережитки в области культуры;

initial ~ *НФЗЛ* начальная задержка (раздражения в ответ на стимуляцию); **social** ~ отставание социальных процессов развития от технико-экономического развития; **terminal** ~ *НФЗЛ* терминальная задержка (раздражения в ответ на стимуляцию); **time** ~ временная задержка; ~ **of sensation** задержка (реакции)

laissez faire *фр.* невмешательство, попустительство

lallation 1. лепет, лепетание, детская форма речи; употребление звука «л» вместо «р» **2.** заикание

lalling *см.* lallation

lalopathy расстройство речи

lalophobia лалофобия, боязнь [страх] говорить

laloplegia паралич речи

lalorrhea лалорея, логорея

Lamarckianism ламаркизм, теория о передаче по наследству приобретенных черт [особенностей]

landmark ориентир

language 1. язык **2.** речь; **active** ~ активный словарь; **artificial** ~ искусственный язык; **graphic** ~ письменный язык [речь]; **machine** ~ машинный [моделированный] язык, метаязык; **passive** ~ пассивный словарь; **sign** ~ язык жестов; **violent** ~ несдержанность в выражениях; «~ **of action**» «язык действия»

languid 1. слабый, истомленный **2.** вялый, апатичный, безжизненный

languish 1. вянуть, чахнуть, терять силы **2.** томиться; тосковать

languor слабость, вялость, апатичность, усталость

lapse 1. упущение, ляпсус, погрешность **2.** кратковременный припадок эпилепсии; легкая форма эпилептического припадка // **1.** проходить (о времени) **2.** отклоняться (от правильного пути); ~ of memory провал памяти

lapsus calami *лат.* описка

lapsus linguae *лат.* обмолвка, оговорка

lapsus memoriae *лат.* провал памяти

lassitude *см.* languor

latency [latence] латентность, скрытое состояние; reaction ~ латентный [скрытый] период реакции; латентный [скрытый] характер реакции; reflex ~ латентный период рефлекса; response ~ *см.* reaction ~ ; sex [sexual] ~ половая латентность; ~ of conditioning латентный период обусловливания [формирования условного рефлекса]

latent 1. скрытый, латентный 2. покоящийся, неактивный

lateral латеральный, боковой

laterality латеральность, латерализация функций (напр., о формировании праворукости или леворукости); особенность латерализации функций (напр., леворукость); hidden ~ скрытая особенность [отклонение] латерализации функций (напр., скрытая леворукость)

latitude широта взглядов, суждений , свобода (религиозная и т.п.)

lattice 1. решетка 2. сетка (координат и т.п.) 3. *мат.* структура; dynamic ~ динамическая решетка (по Р.Кэттелу)

law 1. закон 2. правила (поведения и т.п.); all-or-none [all-or--nothing] закон «все или ничего»; associative ~ *лог.* закон ассоциативности; biogenetic ~ биогенетический закон; Bunsen-Roscoe ~ *зр. воспр.* закон Бунзена-Рокко; Charpantier's ~ *зр. воспр.* закон Шарпантье; communitative ~ закон коммутативности; converse ~ *лог.* об-

ратный закон; derivative ~ *лог.* производный закон; Donder's ~ *зр.* закон Дондерса; Emmert's ~ закон (последовательных образов) Эммертса; empirical ~ эмпирический закон; Fechner's ~ (психофизический) закон Фехнера; general ~ s всеобщие законы; inverse square ~ закон обратных квадратов; Jackson's ~ закон Джексона (об утрате психических функций в зависимости от их эволюционного становления); Jost's ~ закон (ассоциаций) Йоста; Korte's ~s законы Кортэ (восприятия кажущегося движения); Lambert's ~ закон (поглощения света) Ламберта; Listing's ~ закон (движения глаз) Листинга; Merkel's ~ (психофизический) закон Меркеля; Müller-Schumann ~ закон (ассоциаций) Мюллера-Шумана; myelinogenetic ~ закон миелинизации; natural ~ 1. закон природы 2. естественный закон; normal ~ of error нормальный закон распределения ошибок (К.Гаусса и П.Лапласа); Ohm's ~ закон (слухового восприятия) Ома; parallel ~ (психофизический) закон параллельного сдвига впечатлений (Фехнера); parsimony ~ *лог.* закон экономии доводов, закон отрицания излишеств; Porter's ~ (психофизический) закон Портера; Weber—Fechner ~ (психофизический) закон Вебера-Фехнера; Weber's ~ (психофизический) закон Вебера; ultimate ~ *лог.* конечный, основной закон; ~ of analogy закон аналогии (в процессе научения); ~ of assimilation принцип аналогии; ~s of association законы ассоциации;

~ of average закон среднего математического; ~ of cohesion *гештальтпсихол.* закон сцепления; ~ of causation [causality] закон причинности; ~ of closure *гештальтпсихол.* закон завершения; ~ of common fate *гештальтпсихол.* закон общей судьбы; ~ of comparative judgement закон сравнительных суждений [оценок]; ~ of conservation of energy закон сохранения энергии; ~ of conservation of matter закон сохранения материи; ~ of contiguity закон смежности [ассоциации]; ~ of contradiction закон противоречия; ~ of contrast закон контраста; ~ of determined action *гештальтпсихол.* закон детерминированного действия; ~ of developmental direction закон направления развития от головы к хвосту; ~ of effect закон эффекта; ~ of equality *гештальтпсихол.* закон единства; ~ of excluded middle закон исключенного третьего; ~ of exercise закон упражнения [повторения, тренировки]; ~ of facilitation закон [явление] облегчения; ~ of fixation закон фиксации; ~ of frequency принцип частоты [повторения]; ~ of good continuation *гештальтпсихол.* закон хорошего дополнения; ~ of good shape *гештальтпсихол.* закон хорошей формы; ~ of identical visual direction закон идентичности зрительно воспринимаемого направления; ~ of identity закон тождества; ~s of learning законы научения; ~ of least action *гештальтпсихол.* принцип наименьшей затраты энергии; ~ of mobile equilibrium закон подвижного равновесия; ~ of nature закон природы; ~ of precision *гештальтпсихол.* закон прегнантности; ~ of primacy эффект края (в процессе научения); ~ of prior entry закон о том, что из двух одновременных предъявлений то, на котором сосредоточено внимание, воспринимается заметно раньше другого; ~s of readiness and unreadiness законы готовности и неготовности (по Е. Торндайку); ~ of recency принцип новизны; ~ of reinforcement закон подкрепления; ~ of repetition принцип [закон] повторения [упражнения]; ~ of resemblance закон сходства; ~ of self-preservation инстинкт самосохранения; ~ of similarity закон сходства; ~ of simplest path *гештальтпсихол.* закон кратчайшего пути; ~ of single variable правило единственной переменной (в эксперименте); ~ of sufficient reason закон достаточного основания; ~s of thought законы мышления; ~ of unity of opposites закон единства противоположностей; ~ of use закон упражнения [повторения, тренировки]; ~ of variability [variation] закон изменчивости

lax 1. слабый, вялый 2. небрежный, неряшливый 3. нестрогий, нетвердый 4. неточный, неопределенный

laxity 1. слабость, вялость 2. небрежность, неряшливость 3. распущенность, расхлябанность 4. неточность, неопределенность

lay дилетантский, непрофессиональный

layer слой; **epithelial ~** эпителиальный слой; **internal granular ~** внутренний зернистый слой;

mantle ~ плащевидная часть головного мозга; **marginal** ~ краевой слой; **nuclear** ~ *см.* mantle ~

layman дилетант, непрофессионал, неспециалист

lead 1. вести **2.** руководить, управлять // **1.** руководство, инициатива **2.** первенство

leader 1. лидер, руководитель, глава **2.** человек, обладающий чертами лидера; **discussion** ~ организатор (групповой) дискуссии; **positional** ~ позиционный лидер; **specialist** ~ деловой лидер; **status** ~ общепризнанный [неформальный] лидер

leadership 1. руководство, руководители **2.** управление, руководство; **appointed** ~ назначенное руководство [руководители]; **arbitrary** ~ деспотичное руководство; **authoritarian** ~ авторитарное руководство; **autocratic** ~ диктаторское руководство; **democratic** ~ демократичное руководство; **focused** ~ фокусированное руководство; **formal** ~ формальное руководство; **informal** ~ неформальное руководство; **laissez-faire** ~ руководство, характеризующееся попустительством [невмешательством в дела]; **participatory** ~ руководство с личным участием в работе; **supervisory** ~ руководство без личного участия в работе;

leading 1. ведущий, руководящий **2.** главный, основной

leakage 1. разрядка **2.** разглашение (клиентом) деталей лечения **3.** утечка

learn 1. изучать, учить **2.** усваивать, учиться **3.** узнавать

learnable поддающийся изучению [научению]

learning 1. научение **2.** учение, изучение; **accretion** ~ выработка неадекватных форм поведения под влиянием часто повторяющихся ассоциаций; **assimilative** ~ ассимилятивное научение [усвоение знаний]; **associative** ~ ассоциативное научение (в рамках ассоцианизма); **avoidance** ~ научение избеганию; **blind** ~ механическое научение; **collateral** ~ непреднамеренное научение; **conceptual** ~ научение понятиям, понятийное научение; **concomitant** ~ *см.* incidental ~; **directed** ~ направленное научение; **discriminative** ~ дискриминативное научение, научение различению; **distributed** ~ распределенное научение; **escape** ~ научение избеганию (наказания); **ideational** ~смысловое научение; **incidental** ~ непреднамеренное научение; **insightful** ~ инсайтное научение; **intraserial** ~ выработка понимания внутрисериальных связей; **instrumental** ~ инструментальное научение;**latent** ~ латентное научение; **logical** ~ логическое [осмысленное] научение; **meaningful** ~ логическое [осмысленное] научение; **mechanical** ~ механическое научение; **motor** ~ моторное научение; **observational** ~ научение через наблюдение; **operant** ~ оперантное научение; **part** ~ научение по частям; **passive** ~ непроизвольное научение; **perceptual** ~ перцептивное научение; **perceptual-motor** ~ сенсомоторное научение; **piecemeal** ~ научение по частям; **preverbal** ~ довербальное научение; **rational** ~ **1.** рациональное научение **2.** смысловое научение; **relational** ~ научение отношениям [связям] между предметами; **response** ~ выработка моторной схемы (у животного); **rote** ~ механическое научение; **selective** ~ селективное [избирательное] научение; **serial** ~ сериальное научение; **simple** ~ простое научение; **social** ~ социальное научение; **solution** ~ научение решениям; **subliminal** ~ подпороговое научение; **substance** ~ логическое [осмысленное] научение; **superficial** ~ поверхностное научение [обучение]; **trial-and-error** ~ научение методом проб и ошибок; **unspaced** ~ непрерывное научение; **verbal** ~ вербальное научение; **verbal-perceptual** ~ вербально-перцептивное научение; **verbatim** ~ механическое научение [заучивание]; **whole** ~ научение целому; ~ **to learn** формирование установок и выработка навыков учения

leaving; ~ **the field** «выход из (психологического) поля» (как вид психологической защиты)

left-handed 1. делающий все левой рукой **2.** приспособленный для левой руки

left-handedness леворукость

legibility 1. разборчивость, четкость (почерка, шрифта) **2.** четкость (делений прибора)

legible разборчивый, четкий (о почерке, шрифте и т.п.)

legislation законодательство; **labor** ~ трудовое законодательство

legitimacy 1. законнорожденность **2.** закономерность **3.** законность, правильность

legitimate 1. законнорожденный **2.** правильный, обоснованный, логичный **3.** законный

leisure досуг, свободное время

lemma *лог.* лемма, предположение, предпосылка

length 1. длина **2.** расстояние **3.** длительность, продолжитель-

ность; **dominant wave** ~ **1.** доминирующая длина волны (световых стимулов) **2.** длина волны, определяющая цветовой тон; **focal** ~ фокусное расстояние; **stem** ~ длина туловища; **wave** ~ длина волны

lenience [leniency] мягкость, снисходительность; терпимость

lenient мягкий, снисходительный; терпимый

lens 1. *анат.* хрусталик глаза **2.** линза; оптическое стекло; объектив; **cylindrical** ~ цилиндрическая линза

lerema лалорея, логорея

Lesbian лесбиянка

Lesbianism лесбийская любовь

lesion 1. повреждение, поражение **2.** рана **3.** ущерб **4.** нарушение, расстройство; **brain** ~ повреждение [поражение] головного мозга; **pathological** ~ патологическое нарушение [расстройство]; **retinal** ~ поражение сетчатки; **sensorineural** ~ поражение [повреждение] сенсорного нерва; **traumatic** ~ травматическое повреждение [поражение, нарушение]

lethal 1. летальный, смертельный **2.** фатальный

lethality летальность, смертность

lethargic(al) 1. летаргический **2.** страдающий летаргией **3.** вялый, сонный, апатичный **4.** действующий усыпляюще

lethargy 1. летаргия, длительный сон; ступор **2.** вялость, апатичность, бездеятельность

level 1. уровень **2.** степень **3.** ступень; **acceptable reliability** ~ допустимый уровень надежности; **activity** ~ уровень активности; **adaptation** ~ уровень адаптации; **adjustment** ~ уровень приспособления [адаптации]; **allowable** ~ допустимый уровень; **arousal** ~ уровень активности [тонуса, возбуждения] ЦНС; **attention** ~ уровень внимания; **auditory sensation** ~ надпороговый уровень интенсивности звука; **basal age** ~ уровень базального возраста; **basic energy** ~ основной обмен; **brightness** ~ уровень яркости; **comparison** ~ уровень сравнения; **confidence** ~ *стат.* доверительный уровень, уровень значимости, граница достоверности; **conceptual** ~ концептуальный уровень; **consciousness** ~ уровень сознания; **critical** ~ критический уровень; **developmental** ~ уровень развития; **educational** ~ образовательный уровень; **ego** ~ уровень развития «я» [личности] (по Ф. Хоппе); **energy** ~ энергетический уровень; **functional intelligence** ~ функциональный уровень интеллекта; **genital** ~ *психоан.* генитальный уровень; **intelligence** ~ интеллектуальный уровень; **irreality** ~ ирреальный [воображаемый] уровень [план действий] (по К. Левину); **luminance** уровень освещенности [яркости]; **maintenance** ~ уровень функционирования; **memory** ~s уровни памяти; **mental** ~ интеллектуальный уровень; **noise** ~ уровень [интенсивность] шума; **objective reality** ~ объективная реальность; **occupational** ~ 1. профессиональный уровень 2. профессиональный статус; **operant** ~ оперантный уровень; **reaction** ~ уровень реакции; **reality** ~ уровень реальности (по К. Левину); **risk** ~ *стат.* уровень [мера] риска; **sensation** ~ **of sound** воспринимае-

мая громкость звука; **significance** ~ уровень значимости; **sound** ~ уровень (интенсивности) звука; **sound pressure** ~ уровень звукового давления; **speech (communication) interference** ~ уровень помех, затрудняющих речевое общение, уровень помех (для) речевого общения; **superior adult** ~ повышенный уровень трудности тестов для взрослых; **tolerance** ~ уровень переносимости; **zero** ~ исходный [нулевой] уровень; ~ **of anticipation** уровень антиципации; ~ **of aspiration** уровень притязаний; ~ **of confidence** уровень достоверности, доверительный уровень; ~ **of consciousness** уровень сознания; ~s **of development** уровни развития; ~ **of factuality** уровень категоризации обобщения

leveling 1. выравнивание, приведение к одному уровню **2.** сглаживание различий

levitation подъем, вознесение, воспарение

lewd 1. похотливый, распутный **2.** непристойный, бесстыдный

lewdness похотливость

Lewinian характерный для взглядов К. Левина

lexical 1. лексический **2.** словарный

lexicology лексикология

lexicon лексикон

lexico-statistics лексическая статистика

liability 1. склонность, подверженность, предрасположенность (к чему-л.) **2.** обязанность или необходимость (делать что-л.)

liable 1. склонный, подверженный, расположенный **2.** обязанный

libertarianism *филос.* теория о свободе воли

libertine распутный человек

libidinal относящийся к либидо

libidinization либидинизация, эротизация

libidinous 1. сладострастный, чувственный 2. возбуждающий чувственность

libido 1. либидо 2. либидозное влечение 3. энергия либидо; **bisexual** ~ *психоан.* бисексуальное либидо; **ego** ~ *психоан.* эгоцентрическая энергия; **object** ~ *психоан.* объект либидо; либидо, направленное на внешние объекты; **organ** ~ эротические ощущения, ассоциируемые с определенным телесным органом

license 1. патент, официальное разрешение, лицензия 2. распущенность

licentiate обладатель диплома [лицензии]

licentious распущенный

licentiousness распущенность

life жизнь, существование; **antenatal** ~ внутриутробная жизнь (плода); **average** ~ средняя продолжительность жизни; **extrauterine** ~ внеутробная жизнь; **family** ~ семейная жизнь; **mental** ~ психическая жизнь; **postnatal** ~ внеутробная жизнь; **sedentary** ~ сидячий образ жизни; **social** ~ общественная жизнь, жизнь в коллективе, обществе

life-span продолжительность жизни

lifetime 1. время [продолжительность] жизни 2. срок службы, долговечность; **actual** ~ действительное время жизни; **mean** ~ среднее время жизни; **natural** ~ естественное время жизни

light 1. свет 2. освещение // 1. светлый 2. легкий, легковесный; **artificial** ~ искусственный свет; **continuous** ~ непрерывный свет; **day** ~ дневной свет; **diffused** ~ рассеянный свет; **flash** ~ прерывистый свет; **intermittent** ~ прерывистый свет; **reflected** ~ отраженный свет; **refracted** ~ преломленный свет; **scattered** ~ рассеянный свет; **shortwave** ~ коротковолновый свет; **visible** ~ видимый свет

light-induction световая индукция; **simultaneous** ~ одновременный световой контраст

lightness степень интенсивности цвета

like-minded согласный, придерживающийся того же мнения [тех же убеждений]

like-mindedness сходство в мнениях [убеждениях] у разных людей

likeness сходство; **family** ~ семейное сходство

liking 1. симпатия, расположение 2. любовь, вкус (к чему-л.)

limb конечность, (часть тела); **human** ~ конечность (часть тела) человека; **phantom** ~ фантомная боль, ощущение боли в ампутированной конечности

limen порог; **absolute** ~ абсолютный порог; **difference** ~ дифференциальный порог, порог различения

liminal 1. относящийся к порогу (раздражения, восприятия) 2. едва воспринимаемый, с трудом воспринимаемый

limit граница, предел // 1. ограничивать, ставить предел 2. служить границей [пределом]; **acceptance** ~s допустимые пределы; **age** ~ возрастной предел [граница]; **allowable** ~ допустимый предел; **audibility** ~ порог слышимости; **biological** ~ биологический предел; **class** ~ граница класса [интервала]; **confidence**

~s доверительные пределы, границы доверительного интервала; **control** ~s контрольные пределы; **endurance** ~ предел выносливости [переносимости]; **exposure** ~ предел экспозиции [воздействия]; **fatigue** ~ предел выносливости; **fiducial** ~s *стат.* доверительные пределы; **inner** ~ внутренний предел [граница]; **optical** ~ **of eye** оптическая граница [лимит, предел]; **outer** ~ внешний предел [граница]; **physiological** ~ физиологический предел, предел физиологических возможностей; **practice** ~ предел научения; **psychological** ~ психологический предел, предел психологических возможностей; **significance** ~ *стат.* предел достоверности; **survival** ~ предел выживания [выживаемости]; **tolerance** ~ предел переносимости [устойчивости]; **visibility** ~ предел видимости; ~ **of audition** предел слышимости

limitation 1. ограничение, ограниченность 2. предел, предельный срок 3. недостаток; **family** ~ ограничение роста семьи; **human** ~ ограничение [предел] возможностей человека; **physiological** ~ физиологическое ограничение [предел], предел физиологических возможностей; ~s **of senses** ограничения [ограниченные возможности, пределы возможностей] органов чувств

limited ограниченный; **physically** ~ ограниченно годный по состоянию здоровья

limpness 1. слабость, вялость 2. безволие, расхлябанность

line 1. линия 2. черта, особенность 3. происхождение, родословная линия, генеалогия 4. линия поведения, образ действий; **base** ~ нулевая линия, исходный уровень; абсцисса; **blood** ~ кровная линия, семейство; **curvilinear regression** ~ криволинейная линия регрессии; **emission** ~ линия спектра излучения; **empirical regression** ~ *стат.* линия выборочной (эмпирической) регрессии; **envelope** ~s *мат.* огибающие линии; **fixation** ~ *зр.* линия фиксации; **norm** ~ сглаженная кривая; **regression** ~ линия регрессии; **sight(ing)** ~ зрительная ось; **spectral** ~ линия спектра, спектральная линия; **spectrum** ~ линия спектра, спектральная линия; **visual** ~ зрительная линия, зрительная ось; ~ **of behavior** линия поведения; ~ **of breeding** генеалогическая линия; ~ **of direction** зрительная линия; ~ **of least resistance** линия наименьшего сопротивления; ~ **of regard** 1. линия зрения 2. линия визирования; ~ **of sight** зрительная линия; ~ **of vision** линия зрения

lineage 1. происхождение (по прямой линии), родословная 2. род

lineament 1. черты (лица); очертания, контуры 2. отличительная [характерная] черта

linear 1. линейный 2. идущий в прямом направлении

linearity прямолинейность

linga эмблема фаллического культа

lingual 1. языковой, относящийся к языку 2. по форме напоминающий язык

linguistics лингвистика, языкознание

link (связующее) звено; связь // соединять, связывать, сцеплять

linkage связь, сцепление, соединение; **functional** ~ функциональная связь; **neural** ~ нервное сцепление

lisp шепелявость

list список, перечень; **behavior check** ~ опросник для выявления предпочтительных форм поведения; **check** ~ контрольный бланк наблюдения; **Mooney problem check** ~ контрольный перечень проблем Муни для учащихся старших классов и студентов колледжей; **problem check** ~ вопросник для самоотчета

listener 1. слушатель 2. испытуемый при аудиометрическом исследовании

listless вялый, апатичный, равнодушный, безразличный

listlessness апатия, равнодушие, безразличие

literacy грамотность

literal 1. буквенный 2. буквальный, дословный

literate грамотный, образованный // грамотный [образованный] человек

live жить, существовать // 1. живой, энергичный, деятельный 2. важный, актуальный, жизненный 3. яркий (о свете)

liveliness 1. живость, оживление 2. веселость, бодрость; приподнятое настроение

load 1. нагрузка 2. факторная нагрузка // нагружать; **functional** ~ функциональная нагрузка; **mental work** ~ умственная [психическая] нагрузка; **perceptual** ~ перцептивная нагрузка; **sensory** ~ сенсорная нагрузка; **stress** ~ стрессовая нагрузка, вызывающая стресс нагрузка; **task** ~ рабочая нагрузка, нагруженность заданиями [задачами]; **test** ~ тестовая нагрузка; **teaching** ~ педагогическая (аудиторная) нагрузка; **ultimate** ~ предельная [критическая] нагрузка; **vocabulary** ~ словарная нагрузка; **work** ~ объем работы; полезная нагрузка

loading 1. нагрузка 2. факторная нагрузка; **factor** ~ факторная нагрузка

lobe анат. доля, долька; **frontal** ~ лобная доля (головного мозга); **occipital** ~ затылочная доля (мозга); **olfactory** ~ обонятельная доля (мозга); **optic** ~ зрительная доля (мозга); **parietal** ~ теменная доля (мозга); **temporal** ~ височная доля (мозга)

lobectomy удаление передних частей лобных долей (головного мозга); **prefrontal** ~ см. **lobectomy**

lobotomy лоботомия, удаление нервных волокон, соединяющих лобные доли головного мозга с таламусом; **prefrontal** ~ операция на белом веществе головного мозга

lobule анат. долька; **quadrate** ~ предклин, извилина на медиальной поверхности полушарий большого мозга

localization локализация; **auditory** ~ локализация ощущения звука; **brain** ~ локализация функций в мозгу; ~ **of function** локализация функций в головном мозгу; установление местоположения центров различных способностей в отдельных частях головного мозга

localize локализовать, определять местоположение, обнаруживать

locate локализовать, определять местоположение

location местоположение

locking 1. запирание 2. замыкание; блокировка; **autonomic** ~ физиол. тоническое сокращение гладкой мускулатуры (после прекращения возбуждения)

locomote передвигаться

locomotion передвижение, локомо-

ция, движение; **psychological** ~ психологическая локомоция (передвижение из одной в другую зону жизненного пространства) (по К. Левину); **social** ~ социальная мобильность, изменения в социальном статусе
locomotivity способность передвигаться
locomotorium двигательный аппарат организма
locus 1. место, точка или орган 2. *мат.* геометрическое место точек; ~ **of control** точка [локус] контроля
loftiness 1. возвышенность (мыслей, идеалов), благородство (целей) 2. высокомерие, надменность
lofty 1. возвышенный, высокий 2. высокомерный, надменный
logagnosia сенсорная афазия
logamnesia сенсорная афазия
logarithm *мат.* логарифм
logic логика; **affective** ~ аффективная логика, логика чувств; **combinatory** ~ комбинаторная логика; **dialectical** ~ диалектическая логика; **formal** ~ формальная логика; **inductive** индуктивная логика; **infinite-valued** ~ логика, основанная на континууме ценностей; **interrogative** ~ вопросительная логика; **modal** ~ модальная логика; **psychological** ~ психологизм; **symbolic** ~ символическая [математическая] логика; **weak** ~ слабая логика, нелогичное рассуждение
logical логический, логичный, последовательный
logicism логицизм, любая теория, ставящая логику на первое место
logistic логистический
logistics логистика, символическая логика
logomania логорея, лалорея
logopathy расстройство речи

logopedics логопедия
logopedist логопед
logoplegia логоплегия, неспособность к членораздельной речи
logorrhea логорея, лалорея
loneliness одиночество, одинокость
longevity 1. продолжительность жизни 2. долголетие
longitudinal лонгитюдинальный, продольный
long-sighted дальнозоркий
long-sightedness дальнозоркость
loquacious болтливый, говорливый, словоохотливый
loquacity болтливость, словоохотливость
loss потеря; **hearing** ~ потеря [понижение, ухудшение] слуха; **object** ~ *психоан.* утрата любви; **perceptive** ~ потеря [снижение] способности восприятия; **sense** [**sensitivity**] потеря чувствительности; **sleep** ~ потеря сна, бессонница; недосыпание; **visual** ~ потеря [понижение, ухудшение] зрения; **weight** ~ потеря веса [в весе]; ~ **of auditory acuity** потеря [понижение, ухудшение] остроты слуха; ~ **of consciousness** потеря сознания; ~ **of coordination** потеря [нарушение] координации; ~ **of memory** потеря памяти; ~ **of peripheral vision** потеря [выключение] периферического зрения; ~ **of reflex** потеря [выпадение, отсутствие] рефлекса; ~ **of sight** потеря зрения, слепота; ~ **of visual acuity** потеря [понижение, ухудшение] остроты зрения
loudness 1. громкость, звонкость, сила (звука) 2. шум, шумливость 3. уровень шума
love 1. любовь, привязанность, приязнь 2. любовь, страсть // любить; **erotic** ~ чувственная любовь; **object** ~ *психоан.* объект либидо; **partial** ~ *психоан.*

частичная любовь; **platonic ~** платоническая любовь; **puppy ~** детская любовь

low-skilled недостаточно подготовленный [умелый, квалифицированный], не имеющий достаточных навыков

loyal верный, преданный, лояльный

loyalty верность, преданность, лояльность; **institutional ~** верность [лояльность] (определенным) порядкам [режиму]; **party ~** верность [преданность] (делу) партии

lucid ясный, прозрачный

lucidity 1. ясность, прозрачность (значения, восприятия и т.п.) 2. ясное состояние [просвет, уменьшение болезненных явлений] у душевнобольных

luck 1. счастье, успех, удача, везение 2. судьба, случай

lumen 1. *физ.* люмен (единица

светового потока) 2. *анат.* просвет (вены, артерии)

luminance яркость, освещенность; **background ~** яркость фона

luminosity 1. яркость света 2. блеск 3. светимость 4. световая мощность 5. количество света; **absolute ~** абсолютная яркость

luminous светящийся, световой

lunacy 1. психоз, помешательство 2. сомнамбулизм

lunatic душевнобольной, безумный, помешанный

lunes припадки помешательства; дикие выходки

lust 1. вожделение, похоть 2. сильная страсть, желание, жажда (чего-л.)

luster блеск, сияние

lux (*pl.* **luces**) *физ.* люкс (единица освещенности)

lying ложь // ложный, лживый; **pathological ~** патологическая лживость

Mm

machine машина, механизм; **teaching ~** обучающая машина

machinery 1. механизмы, оборудование 2. механизм, структура 3. (организованный) аппарат; **bodily ~** механика тела; механика физиологических процессов, физиологические механизмы

macrobiotic долговечный, живущий долго

macrocephalous макроцефалический, большеголовый

macrocephaly макроцефалия, патологическое увеличение размеров черепа

macromania бред величия, мания величия

macroprocess макропроцесс

macropsia макропсия (патология зрения, заключающаяся в том, что воспринимаемые предметы кажутся больше, чем в действительности)

macroscopic макроскопический, видимый невооруженным глазом

macroscopy макроскопия, исследование невооруженным глазом

macrosmatic имеющий сильно развитое чувство обоняния

macrosomatic макросоматический

macula *лат.* макула, пятно, пятнышко

macula acustica *лат.* слуховое пятнышко

macula (lutea) *лат.* желтое пятно (на сетчатке глаза)

mad сумасшедший, помешанный

madness сумасшествие, душевное расстройство, безумие

magic магия, колдовство // магический, волшебный

magnetism 1. магнетизм **2.** гипнотизм; **animal** ~ животный магнетизм

magnetize 1. привлекать **2.** гипнотизировать

magnetotropism магнитотропизм

magnification 1. увеличение **2.** восхваление

magnify 1. увеличивать **2.** преувеличивать

magnitude 1. величина, размеры **2.** важность, значительность, величие; **response** ~ сила реакции

maintenance 1. поддержка, поддержание; сохранение **2.** материально-техническое обеспечение; **medical** ~ медицинское обеспечение; ~ **of arousal** поддержание состояния «эраузла» [активности ЦНС]

major 1. главный **2.** старший **3.** совершеннолетний

majority 1. большинство **2.** совершеннолетие

Make-a-Picture-Story тест составления рассказа по картинкам

make-belive 1. притворство **2.** выдумка, фантазия

make-up особенности, склад, тип, черты (характера); **mental** ~ умственный склад, психический склад; **personal** ~ индивидуальные особенности [склад, черты]; **physiological** ~ (индивидуальные) физиологические особенности

making; decision ~ принятие решения

maladaptation плохая адаптация, недостаточная приспособленность

maladjustment плохая адаптация, недостаточная приспособленность; **situational** ~ реактивный психоневроз; **social** ~ социальная дезадаптация; **vocational** ~ профессиональная непригодность [несоответствие]

malady болезнь, недомогание; **mental** ~ душевная болезнь

malaise недомогание; **general** ~ общее недомогание

maldevelopment неправильное развитие, недоразвитие, порок развития

male 1. мужчина, лицо мужского пола **2.** самец // мужской, мужского пола

malevolence злорадство, недоброжелательность, злоба

malevolent злой, злобный, недоброжелательный

malformation неправильное образование, уродство, порок развития

malformed уродливый

malfunction дисфункция, нарушение деятельности

malice злоба, злость

malicious злобный, злой

malign 1. пагубный, вредный, дурной **2.** злобный, злостный, злой **3.** *мед.* злокачественный

malignant *мед.* злокачественный

malinger притворяться больным, симулировать болезнь

malingerer симулянт

malingering притворство, симуляция

malleus *анат.* молоточек (слуховая косточка)

malnourished истощенный, недостаточно питающийся

malnutrition недостаточное [неправильное] питание, истощение, голодание malobservation неспособность воспринять [зарегистрировать] существенные элементы происходящего

malpractice 1. небрежное отношение к своим служебным обязанностям 2. нарушение этики профессии

malposture неправильное положение (тела), плохая осанка

Malthusianism мальтузианство

maltreatment дурное [плохое] обращение

mammal млекопитающее животное

Mammalia млекопитающие (как класс позвоночных)

man 1. человек 2. мужчина; Heidelberg ~ гейдельбергский человек; Java ~ первобытный яванский человек, питекантроп; marginal ~ маргинальный человек; Neanderthal ~ неандерталец; primitive ~ первобытный человек

manage 1. руководить, управлять, стоять во главе 2. справиться, суметь

manageability легкость управления

manageable 1. поддающийся управлению, легко управляемый, контролируемый 2. сговорчивый, послушный

management 1. управление, руководство 2. управление, дирекция, администрация 3. умение справляться (с работой); «consultative» ~ «консультативное» [коллективное] руководство; participative ~ управление [руководство], когда руководитель сам участвует в трудовой деятельности; personnel ~ работа с кадрами; scientific ~ научное управление (производством)

manager менеджер, руководитель, администратор, директор, управляющий

managerial 1. относящийся к управлению; административный, директорский 2. организаторский; организационный

managing руководящий, ведущий, управляющий

man-ape человекообразная обезьяна

manful мужественный, смелый, решительный

manhood 1. возмужалость, зрелость, зрелый возраст 2. мужское население (страны) 3. мужество, храбрость

mania 1. мания, помешательство 2. страсть, увлечение 3. маниакальный синдром; anxious ~ тревожность, проявляющаяся в маниакально-депрессивном психозе; dancing ~ плясовое бешенство [помешательство], тарантизм; persecution ~ мания преследования; suicidal ~ мания самоубийства

maniac маньяк

maniacal маниакальный, помешанный

manic маниакальный

manifest 1. проявлять 2. делать очевидным, ясно показывать, обнаруживать // очевидный, ясный, явный

manifestation манифестация, проявление; nervous ~ нервное явление, явление со стороны нервной системы

manifold множество, многообразие // разнообразный, разнородный

manipulation 1. манипуляция, обращение 2. управление операциями

mankind 1. человечество, человеческий род 2. мужчины, мужской род

manlike 1. мужской, подобающий мужчине 2. мужеподобный (о женщине)

manliness мужественность

manly 1. мужественный, смелый, отважный, подобающий мужчине **2.** мужеподобный (о женщине)

manner 1. метод, способ, образ действия **2.** манера, поведение **3.** обычаи, нравы **4.** воспитанность **5.** манерность

mannerism 1. манера, особенность (присущая кому-л.) **2.** манерность

mannerless дурно воспитанный, невежливый

manning (у)комплектование рабочей силы

mannish 1. мужеподобная, неженственная (о женщине) **2.** характерный для мужчины, свойственный мужчине

manometer манометр

man-rated отвечающий характеристикам [особенностям] человеческого организма

manual учебник, руководство // ручной

map карта; план // **1.** наносить на карту **2.** составлять карту; **cognitive ~** когнитивная карта (по Э.Толмэну)

marasmic истощенный; страдающий маразмом

marasmus маразм; истощение

margin край, грань, предел, граница; **~ of attention** периферическое сознание; **~ of human capacity** граница [предел] возможностей человека

marginality пограничность, маргинальность

marijuana марихуана (один из наркотиков)

marital супружеский, брачный

mark 1. признак, показатель **2.** отметка, оценка, балл; **class ~** классификационный знак [индекс]; **zero ~** нулевое деление шкалы

marriage брак, замужество, женитьба; **child ~** брак несовершеннолетних; **conflict-habituated ~** конфликтный брак; **devitalized ~** брак по привычке; **group ~** групповой брак; **plural ~** многоженство, полигамия; **total ~** брак, основанный на взаимном интересе партнеров к жизни друг друга; **vital ~** брак с сохранением автономии партнеров

marriageability брачный возраст; состояние, при котором можно выйти замуж или жениться

marriageable взрослый, достигший брачного возраста

marrow (костный) мозг; **bone ~** костный мозг; **spinal ~** спинной мозг

marry жениться, выходить замуж

masculine мужской, мужественный, мужеподобный

masculinism мужеподобность (о женщине)

masculinity 1. мужественность, энергичность **2.** мужеподобность

masculinity-femininity мужественность-женственность (один из параметров, принимаемых во внимание при описании человека)

mask маска, личина // маскировать, скрывать

masking маскировка; маскирующее действие [эффект]

masochism мазохизм

mass масса, толпа

master 1. справляться, одолевать **2.** овладевать (языком, знаниями и т.п.) **3.** руководить, управлять

mastery 1. господство, власть **2.** мастерство, совершенное владение

masturbation мастурбация

match подбирать под пару; сочетать

mate 1. сочетаться браком **2.** спариваться

material материал; вещество // **1.**

материальный, вещественный **2.** существенный, важный **3.** телесный, плотский; физический; **assimilative** ~ вспомогательный материал, облегчающий усвоение; **dream** ~ *психоан.* содержание сновидений; **practice** ~ тренировочный материал [серия]

materialism 1. *филос.* материализм **2.** меркантильность; **dialectic(al)** ~ диалектический материализм

materialization 1. материализация **2.** осуществление, реализация, претворение в жизнь

materialize 1. материализовать(ся) **2.** осуществлять(ся), претворять(ся) в жизнь

maternal 1. материнский, свойственный матери **2.** с материнской стороны

mating спаривание, скрещивание; **assortive** ~ ассортивное спаривание, спаривание подобных, подбор подобного к подобному

matriarchy матриархат

matrices *pl.* от **matrix**

matrilineal связанный с материнской линией

matrix (*pl.* **matrices**) матрица, основа, форма, шаблон; **allocation** ~ транспонированная матрица коэффициентов (в линейных моделях дисперсионного анализа); **characteristic** ~ характеристическая матрица; **conceptual** ~ концептуальная матрица; **correlation** ~ корреляционная матрица; **covariance** ~ ковариационная матрица; **dispersion** ~ *см.* **covariance** ~; **factor** ~ факторная матрица, матрица факторных коэффициентов; **factor structure** ~ **1.** матрица факторной структуры; **2.** факторная матрица; **inverse** ~ инверсивная [обратная] матрица; **product** ~ *факторн. ан.* сводная матрица (факторных нагрузок

переменных величин); **reciprocal** ~ *см.* **inverse** ~; **residual** ~ остаточная матрица; **square** ~ квадратная матрица; **structure** ~ структурная матрица, матрица структуры; **unit** ~ единичная матрица

matter 1. материя, вещество **2.** дело, вопрос, предмет (обсуждения и т.п.); **gray** ~ серое вещество (мозга); **inanimate** ~ неживая материя; **living** ~ живая материя; **non-living** ~ неживая материя; **white** ~ белое вещество (мозга)

maturate развиваться, созревать (о людях)

maturation созревание, возмужание, рост, развитие; **anticipatory** ~ ожидаемые изменения в организме по мере развития; **early** ~ раннее созревание; **sexual** ~ половое созревание

mature созревать // зрелый

maturity зрелость; **early sexual** ~ преждевременная половая зрелость; **emotional** ~ эмоциональная зрелость; **intellectual** ~ интеллектуальная зрелость; **mental** ~ психическая зрелость; **physiological** ~ физиологическая зрелость; **psychological** ~ зрелость основных психологических процессов; **sexual** ~ половая зрелость; **social** ~ социальная зрелость, социально зрелое поведение

maxim правило, принцип

maximation; **reciprocal** ~ процесс закрепления первоначальной самооценки другими людьми

maximize увеличивать до крайности [предела]

maximum максимум, максимальное значение, высшая степень; **survivable** ~ максимум [предел] выживаемости [переносимости] живым организмом

maze лабиринт; **elevated** ~ каскадный лабиринт; **Hampton Court** ~ лабиринт, повторяющий в уменьшенном масштабе лабиринт в Хэмптон Корт (в Англии); **one-choice** ~ лабиринт с одним выходом; **stylus** ~ графический лабиринт (решаемый без зрительного контроля); **temporal** ~ упорядоченный лабиринт

me; empirical [psychological] ~ представление о себе

mean средняя величина // **1.** намереваться **2.** подразумевать, иметь в виду **3.** означать **4.** иметь значение; **adjusted** ~ *см.* **corrected** ~; **arithmetic** ~ арифметическая средняя; **assumed** ~ произвольно принятая средняя; **corrected** ~ скорректированная средняя; **geometrical** ~ геометрическая средняя; **golden** ~ «золотая середина»; **guessed** ~ произвольно принятая средняя; **harmonic** ~ гармоническая средняя; **logarithmic** ~ *см.* **geometrical** ~; **obtained** ~ вычисленная средняя; **overall** ~ общая средняя; **quadratic** ~ средняя квадратичная; **true** ~ истинная средняя; **unweighted** ~ невзвешенная средняя; **weighted** ~ взвешенная средняя; **working** ~ *см.* **assumed** ~

meaning 1. смысл, значение **2.** ассоциируемые идеи; **causal** ~ причинный смысл [значение]; **connotative** ~ коннотативное значение; **conventional** ~ общепринятое значение; **emotional** ~ эмоциональное значение; **expectational** ~ ожидаемое значение; **expressive** ~ экспрессивное значение; **intellectual** ~ интеллектуальное значение; **latent** ~ латентное [скрытое] значение [смысл]; **linguistic** ~ лингвистическое [языковое] значение; **musical** ~ музыкальный смысл; **pragmatic** ~ прагматическое значение; **refe**-

rential ~ референтное значение; **syntactic** ~ синтаксическое значение; **unconscious** ~ неосознанное значение [смысл]

meaningful 1. значимый, имеющий значение [смысл] **2.** выразительный

means средство, способ

measure 1. мера, показатель, критерий **2.** мероприятие, средство // измерять, определять, оценивать; **comparable** ~s сравнимые [сопоставимые] показатели [измерения]; **criterion** ~ критериальная мера; **derived** ~ производная оценка [показатель]; **enforcement** ~ принудительная мера; **inefficient** ~s недейственные [неэффективные] меры; **intellectual** ~ показатель [критерий, мера] интеллекта [ума]; **grouped** ~ сгруппированные показатели [измерения]; **linear** ~ линейная мера, мера длины; **partition** ~ граничное значение; **perceptual** ~ критерий восприятия; **performance** ~ показатель [критерий, мера] исполнения; **personality** ~ показатель [критерий, мера] индивидуальных [личностных] качеств [особенностей]; **photometric** ~ фотометрический показатель [критерий, мера]; **physiological** ~ физиологический показатель [критерий, мера]; **precaution** ~ мера предосторожности; **preventive** ~ профилактическое мероприятие [мера, средство]; **probability** ~ вероятностная мера; **psychological** ~ психологический показатель [критерий, мера]; **psychomotor** ~ психомоторный показатель [критерий, мера]; **representative** ~ репрезентативный показатель [оценка]; **safety** ~s техника безопасности, меры предосторожности; **sigma** ~

показатель сигма; **standard** ~ стандартный показатель [оценка]; **true** ~ истинная мера [оценка, показатель]; ~ **of adequacy** мера адекватности; ~ **of motivation** показатель [критерий, мера] мотивации; ~ **of precision** мера точности; ~ **of relation** мера связи; ~ **of variability** мера изменчивости

measurement 1. измерение 2. система мер 3. размер, параметр, показатель; **absolute** ~ абсолютное измерение; **age** ~ определение возраста; **anthropomorhic** ~ антропометрическое измерение [параметр, показатель]; **attitude** ~ измерение [показатель] установки; **consecutive** ~s периодические измерения; **direct** ~ прямое измерение; **educational** ~ измерение [показатель] эффекта научения; **indirect** ~ косвенное измерение; **mental** ~ психологический [психический] параметр [показатель]; **multitrait** ~ измерение совокупности черт; **ocular** ~ измерение функций глаза; **performance** ~ измерение [определение] исполнения; **physiological** ~ физиологическое измерение [параметр, показатель]; **psychophysical** ~ психофизический параметр [показатель]; **precision** ~ точное измерение; **psychological** ~ психологический параметр [показатель]; **qualitative** ~ качественный анализ [измерение]; **relative** ~ относительное измерение; **response** ~ измерение [показатель] реакции; **temperature** ~ измерение температуры; **test** ~ тестовое измерение [показатель]; **voice-ear** ~ речевая [голосовая] аудиометрия, определение слышимости речи [голоса]

measuring измерение, определе-

ние, оценка; **conformity** ~ определение склонности (человека) к конформизму, определение степени конформности (человека)

meatus *анат.* проток, проход; **external auditory** ~ наружный слуховой проход

mechanical механический

mechanicalism *филос.* механицизм

mechanics 1. механика 2. автоматизированные [механические] навыки; **body** ~ биомеханика тела; механика тела; ~ **of ideas** механика представлений

mechanism 1. механизм, аппарат, устройство 2. способ (работы) 3. *филос.* механицизм; **accomodation** ~ *зр.* механизм аккомодации; **action** ~ механизм действий; **adjustment** ~ механизм адаптации [приспособления]; **attention-getting** ~ способ [механизм] привлечения внимания; **balance** ~ механизм (поддержания) равновесия [баланса]; **baroreceptor** ~ механизм барорецепции; **brain** ~ мозговой механизм; **cardio-vascular** ~ сердечно-сосудистый механизм; **cerebral arousal** ~ механизм мозгового «эраузла» [активности ЦНС]; **compensatory** ~ компенсаторный механизм; **cortical** ~ корковый механизм; **decision-making** ~ механизм принятия решений; **defence** ~ защитный механизм; **escape** ~ *см.* defence ~; **feedback** ~ механизм обратной связи; **homeostatic** ~ механизм гомеостаза; **information-processing** ~ механизм, осуществляющий переработку информации; **invigoration** ~ механизм придания сил [энергии, уверенности]; **involuntary** ~ непроизвольный (физиологический) механизм; **isolation** ~ *психоан.* изоляция как механизм защиты (отделение аффекта от интеллекта, блокирование неприятных эмоций); **mental** ~ психический механизм; **negative feedback** ~ механизм отрицательной обратной связи; **neuromuscular** ~ нервномышечный механизм; **ocular** ~ зрительный механизм, механизм зрения; **oculomotor** ~ глазодвигательный [окуломоторный] механизм; **perception [perceptive, perceptual]** ~ механизм восприятия; **physiological** ~ физиологический механизм; **positive feedback** ~ механизм положительной обратной связи; **postural** ~ постуральный механизм, механизм поддержания позы; **psychic** ~ психический механизм; **psychological defence** ~ механизм психологической защиты; **reflex** ~ рефлекторный механизм; **releasing [releaser]** ~ механизм-релизер; **respiratory** ~ дыхательный механизм, механизм дыхания; **self-punishment** ~ механизм самонаказания; **sexual behavior** ~ механизм, лежащий в основе сексуального поведения; **social** ~ социальный механизм; **starting** ~ пусковой механизм; **sour grapes** ~ рационализация как механизм защиты (с целью дискредитации недосягаемого); **vestibular** ~ вестибулярный механизм; **visual** ~ зрительный механизм, механизм зрения; **voluntary** ~ произвольный механизм

mechanomorphism механоморфизм

media (*pl.* от **medium**) средства; **mass** ~ средства массовой информации; **print** ~ печать (газеты, журналы, книги)

medial ~ средний, срединный

median 1. *мат.* медиана 2. *анат.* срединная артерия; **crude** ~ грубое значение медианы; **rough** ~ *см.* **crude** ~

mediate 1. промежуточный 2. опосредованный // 1. служить связью 2. занимать промежуточное положение

mediator медиатор; посредник; связующее [промежуточное] звено

medical медицинский, врачебный

medication 1. лечение 2. средство для лечения

medicine 1. медицина 2. лекарство; **mental** ~ психиатрия; **physical** ~ физиотерапия, физические методы лечения; **psychosomatic** ~ психосоматическая медицина

meditate 1. размышлять 2. созерцать

meditation 1. размышление 2. созерцание, медитация

meditative задумчивый, созерцательный

medium 1. среда, обстановка, окружающие условия 2. средство, способ 3. середина 4. медиум (у спиритов) // средний, промежуточный; **artificial** ~ искусственная среда; **refractive** ~ преломляющая среда; **test** ~ контрольная [исследуемая] среда

mediumistic относящийся к медиуму или характеризующий медиума (в спиритизме)

medulla *лат.* 1. мозг, мозговое вещество 2. сердцевина; ~ **oblongata** *лат.* продолговатый мозг; ~ **ossium** *лат.* костный мозг; ~ **spinalis** *лат.* спинной мозг

medullary 1. мозговой, медуллярный 2. относящийся к продолговатому мозгу 3. срединный; средний

megalocephaly макроцефалия, чрезмерно большая величина черепа

megalomania бред [мания] величия

megalopsia мегалопсия, макропсия

megrim 1. мигрень 2. головокружение

mel мел (единица высоты чистого тона)

melancholia меланхолия; **agitated** ~ психомоторное возбуждение при депрессии; **involutional** ~ психоз обратного развития; психоз климактерического периода

melancholic подверженный меланхолии, меланхолический

melancholy уныние, грусть; печаль, тоска, подавленность

melody мелодия

member 1. член 2. элемент [звено] системы

membership членство; **denominational** ~ принадлежность к определенному вероисповеданию; **overlapping** ~ частично совпадающее членство

membrane 1. мембрана, перепонка 2. пленка, оболочка; **basilar** ~ *анат.* базальная перепонка [мембрана]; **Bruch's** ~ *анат.* основная пластинка сосудистой оболочки; **tympanic** ~ *анат.* барабанная перепонка

memoric относящийся к памяти

memoriter наизусть

memorization заучивание наизусть, запоминание; **serial** ~ серийное запоминание; **substance** ~ запоминание смысла [осмысленного материала]

memorize запоминать, заучивать наизусть

memorizing запоминание

memory 1. память 2. запоминающее устройство; **associative** ~ ассоциативная память; **biological** ~ 1. архетип (по К. Юнгу) 2. биологическая память; **body** ~ память тела; **bound** ~ эффект включения прошлого опыта; **collective** ~ коллективная память; **constructive** ~ конструктивная память; **cover** ~ *психоан.* маскирующая память (случай в детстве, маскирующий сильные эмоциональные пере-

живания в тот же период); **echoic** ~ эхоическая память; **elusive** ~ слабая память; **eye** ~ зрительная память; **iconic** ~ иконическая память; **immediate** ~ непосредственная память; **inaccessible** ~ затрудненное воспроизведение; **inherited** ~ инстинкт; **image** ~ образная память; **incidental** ~ непреднамеренное запоминание; **kinesthetic** ~ кинестетическая память; **logical** ~ логическая память; **longterm** долговременная память; **musical** ~ музыкальная память; **organic** ~ клеточный [физиологический] уровень памяти; **phylogenetic** ~ филогенетическая память; **primary** ~ послеобраз, последовательный образ; **productive** ~ продуктивная память, воображение, фантазия; **racial** ~ архетип, коллективная память (по К. Юнгу); **reproductive** ~ репродуктивная память; **screen** ~ *см.* **cover** ~ ; **semantic** ~ семантическая память; **sensory** ~ сенсорная память; **shortterm** ~ кратковременная память; **unconscious** ~ 1. автоматическая память 2. *психоан.* память бессознательного; **visual** ~ зрительная память; ~ **of a channel** «память» канала

menacme менструальный период

menarche первое появление [начало] менструаций

mendacity лживость; **pathological** ~ патологическая лживость

Mendelism менделизм

meninges мягкие мозговые оболочки

meniscus мениск // менисковый; вогнуто-выпуклый, выпукло-вогнутый

meningitis менингит, воспаление мягкой мозговой оболочки

menopause менопауза, климактерический период [возраст]
menses менструации
menstrual менструальный
menstruate менструировать
menstruation менструации
mental 1. умственный 2. психический 3. мысленный
mentalism *филос.* ментализм
mentality 1. умственное состояние, функциональное состояние психики 2. способность мышления 3. умственное развитие; **backward** ~ отсталое умственное развитие
mentation процесс мышления, умственный процесс
menticide психологическая обработка
menticultural развивающий [совершенствующий] ум
menticulture развитие [совершенствование] ума
mentimeter метод определения умственных способностей
mention упоминание, ссылка // упоминать, ссылаться
mentism непроизвольное возникновение мысленных образов
mescal мескаль, мексиканская водка из сока алоэ (наркотик, вызывающий галлюцинации)
mesencephalon *анат.* средний мозг (у позвоночных)
mesmerism 1. гипнотизм 2. гипноз
mesmerize гипнотизировать
mesocephalic мезэнцефальный
mesoderm средний зародышевый листок, мезодерма, мезобластема
mesomorphic мезоморфный
mesomorphy мезоморфия, атлетический [мышечный] тип телосложения
message 1. информация, сообщение 2. сигнал; раздражение, передаваемое по нерву; **conflicting** ~ конфликтная [противоречивая] информация (от различных органов чувств); **one-sided** ~ одностороннее сообщение [информация]; **two-sided** ~ двустороннее сообщение [информация]; **verbal** ~ вербальное [речевое] сообщение [информация, сигнал]
metabolic относящийся к обмену веществ, обменный, метаболический
metabolism метаболизм, обмен веществ
metaboly метаболия, изменение формы
metacommunication метакоммуникация
metalanguage метаязык
metalinguistics 1. металингвистика (психолингвистика) 2. металингвистика (как наука о метаязыках)
metamers метамеры (цвета, имеющие разные физические характеристики, но вызывающие одинаковое зрительное ощущение)
metamorphose видоизменяться, трансформироваться
metamorphosis метаморфоза, изменение формы [строения]; неожиданные изменения в структуре личности
metaphysical метафизический
metaphysics метафизика
metapsychoanalysis метапсихоанализ (по О. Ранку)
metapsychology 1. философия психологии 2. физиологическая психология 3. номотетическая психология 4. парапсихология
metascience метанаука
metempirical *филос.* находящийся вне человеческого опыта, трансцендентальный
metempsychosis метемпсихоз, религиозная доктрина о переселении души после смерти
metencephalon задний мозг

meter 1. измеритель, счетчик, измерительный прибор 2. метр
meter-candle *физ.* метр-свеча, люкс (единица освещенности)
method 1. метод, способ 2. система, порядок; **adjustment** ~ процедура уравнивания стимулов; **analytical** ~ аналитический метод; **anticipation** ~ метод антиципации; **approximation** ~ метод последовательного приближения; **Aristotelian** ~ формально-логический метод; **association** ~ метод ассоциаций; **Baconian** ~ индуктивный метод; **behaviour** ~ бихевиористский метод (изучение поведения людей и животных как реакции на стимулы); **bifactor** ~ бифакторный метод; **biographical** ~ биографический метод; **bisection scaling** ~ *см.* **halving** ~; **case study** ~ казуистический метод; **centroid** ~ *факторн. ан.* центроидный метод; **center of gravity** ~ *см.* **centroid** ~ ; **coincidental** ~ *соц. псих.* экспресс-метод оценки (радио- или теле-) передачи; **constant** ~ *см.* **constant stimulus** ~ ; **constant R** ~ *см.* **constant stimulus** ~ ; **constant stimulus** ~ метод постоянного стимула; **contingency** ~ *стат.* метод сравнения эмпирических и теоретически ожидаемых частот; **correct associates** ~ *см.* **right associates** ~; **cross-cultural** ~ кросс-культурный метод; **cross-section** ~ метод поперечных срезов; **destruction** ~ метод экстирпации; **dialectical** ~ диалектический метод; **direct** ~ прямой метод; **disappearing differences** ~ метод исчезновения различий; **empirical** ~ эмпирический метод (исследования); **equal-appearing intervals** ~ метод равных интервалов (т.е. интервалов, представляющихся испытуемому равными); **equal sense differences** ~ *психофиз.* ме-

тод сенсорно равных различий (т.е. различий, воспринимаемых испытуемым как равные); **error** ~ *см.* **constant stimulus** ~ ; **exosomatic** ~ зкзосоматический метод Фере (для регистрации кожного сопротивления); **Féré** ~ *см.* **exosomatic** ~; **fractionation** ~ *психофиз.* метод фракционирования; **genetic** ~ генетический метод; **gradation** ~ s ступенчатые методы; **graphic** ~ графический метод; **halving** ~ метод расщепления [деления пополам]; **heuristic** ~ эвристический метод обучения (в основе которого лежит догадка учащихся); **historical** ~ исторический метод (в плане изучения жизненного пути человека); **hypothetico-deductive** ~ гипотетико-дедуктивный метод, метод гипотетической дедукции; **impression** ~ метод впечатления (вариант интроспективного метода); **indirect** ~ косвенный метод; **inductive** ~ индуктивный метод; **iteration** ~ *мат.* метод итерации; **kinesthetic** ~ кинестетический метод (корректировки речи и чтения); **least squares** ~ *мат.* метод наименьших квадратов; **logical** ~ *педаг.* логический метод; **longitudinal** ~ лонгитюдинальный метод; **manual** ~ азбука [язык] жестов; ручной метод; **mass** ~ массовый метод (исследования больших групп людей); **matched groups** ~ метод сравнения эквивалентных групп; **mathematico-deductive** ~ 1. метод постулатов, аксиоматический метод 2. гипотетико - дедуктивный метод (по С. Халлу); **mean-stimuli** ~ *см.* **equal sense differences** ~ ; **metric** ~s 1. психофизические методы 2. измерительные методы; **modified whole** ~ **of learning** модифицированный метод научения [обучения] целому; **Müller – Urban** ~ *психофиз.* метод Мюллера – Урбана; **multigroup** ~ метод множественных групп (по Р. Кэттелу); **multiple-group** ~ метод множественных групп; **narrative** ~ метод повествовательного изложения; **obstruction** ~ *зоопсих.* метод создания препятствий; **observation** ~s методы наблюдения; **oral** ~ устный метод (обучение глухонемых с помощью губной речи); **part-** ~ **of learning** метод научения по частям; **personal documents** ~ изучение личностной документации как метод; **phonetic** ~ фонетический метод; **phonic** ~ фонетический метод (обучения чтению); **positive and negative cases** ~ *см.* **constant stimulus** ~; **postulational** ~ метод постулирования; **preference** ~ метод предпочтительного выбора (одного из двух); **problem** ~ *педаг.* проблемный метод; **project** ~ *педаг.* метод проектов; **prompting** ~ метод подсказок (в психологии памяти); **psychophysical** ~s психофизические методы; **punched card** ~ применение перфокарт для машинной обработки материалов; **random halves** ~ **of reliability** метод расщепления для определения надежности; **rank order** ~ *стат.* метод упорядочения; **rating** ~ рейтинг-метод ; **rational** ~ рациональный метод; **recall** ~ метод воспроизведения; **recall score** ~ *см.* **retained members** ~ ; **recognition** метод узнавания; **reconstruction** ~ метод реконструкции; **retained members** ~ метод сохраненных членов [частей]; **saving** ~ метод сбережения (в научении); **scaling** ~ метод шкалирования; **scientific** ~ научный метод; **scopic** ~ скопический метод; **selection** ~ 1. метод узнавания 2. методика выбора

стимула, равного эталонному; **sense ratios** ~ метод сенсорных отношений (общее название методов, применяемых в сенсорном шкалировании. Суть его состоит в подборе стимула, находящегося в заданном отношении с предъявленным стандартом); **sentence completion** ~ метод законченных предложений; **serial** ~ сериальное научение; **split-half** ~ **of reliability** метод расщепления для определения надежности; **subtraction** ~ метод вычитания; **successive reproduction** ~ метод отставленного воспроизведения; **summation** ~ *стат.* метод суммирования; **valid** ~ валидный [надежный] метод; **word** ~ словесный метод обучения чтению; **work** ~ способ деятельности; ~ **of adjustment of equivalent stimulus** метод [процедура] уравнивания стимулов; ~ **of agreement** метод согласованности в научении (по Миллю); ~ **of concurrent deviations** метод параллельных изменений; ~ **of co-twin control** близнецовый метод; ~ **of difference** метод дифференциации в научении (по Миллю); ~ **of average error** метод средней ошибки; ~ **of equal and unequal cases** метод одинаковых и неодинаковых случаев; ~ **of equation** метод [процедура] уравнивания стимулов; ~ **of exclusion** метод исключения; ~ **of expression** метод измерения эмоций с помощью измерения физиологических изменений; ~ **of just noticeable differences** метод едва заметных различий; ~ **of least differences** *см.* ~ **of just noticeable differences**; ~ **of limits** *см.* ~ **of just noticeable differences**; ~ **of maximum likelihood** метод максимального прав-доподобия; ~ **of mean gradation** *см.* **equal sense differences** ~; ~ **of paired compar-**

ison метод парных сравнений; ~ of right and wrong cases метод истинных и ложных случаев; ~ of selection метод отбора; ~ of serial exploration *см.* ~ of just noticeable differences; ~ of successive intervals метод последовательных интервалов; ~ of triads метод триад, метод исключения третьего лишнего

methodical 1. систематический 2. методичный, методический

methodology 1. методология 2. методика [процедура] исследования; **experimental** ~ экспериментальная методика

meticulous педантичный, тщательный

meticulousness педантичность, тщательность

metoscopy 1. угадывание черт характера или предсказание будущего по чертам лица 2. совокупность физиономических черт человека

metrazol метразол (препарат, используемый в шоковой терапии)

metric 1. метрический 2. измерительный, относящийся к измерению

metronoscope метроноскоп (разновидность тахистоскопа)

MG-age возраст [период] максимального роста

microclimate микроклимат

microphonia микрофония, чрезмерно слабый голос

microplasia микроплазия, задержанное развитие

microprocess микропроцесс

micropsia микропсия

microsmatic обладающий слабо развитым чувством обоняния

microsociology микросоциология

microstructure микроструктура, микроскопическое строение

midbrain *анат.* мезэнцефалон, средний мозг

mid-interval *стат.* класс, в котором находится медиана

midpoint средняя точка

midscore среднее значение, медиана

might могущество, мощь, энергия, сила

migraine мигрень, головная боль

migrate мигрировать, совершать переселение

migration миграция, переселение, перемещение

milieu окружение, окружающая среда [обстановка]

milk молоко; **breast** ~ материнское молоко; **witch's** ~ молоко, отделяющееся от грудных желез новорожденных, «молоко ведьм»

militancy воинственность

militant 1. воинствующий, воинственный 2. активный, огневой

millilambert миллиламберт

milliphot миллифот (единица освещенности)

mimetic подражательный

mimesis *ОБ* мимикрия

mimicry 1. *ОБ* мимикрия 2. подражание, имитирование

mind 1. ум, разум; интеллект 2. психика; психическая деятельность 3. память 4. мнение, взгляд, мысль 5. настроение, состояние духа // 1. помнить 2. заботиться, заниматься 3. остерегаться; **collective** ~1. коллективный ум [разум] 2. коллективное [общее] мнение; **folk** ~ национальный дух; **group** ~ групповое сознание; **infantile** ~ примитивные умственные способности: **meditative** ~ созерцательный ум; **quick** ~ живой [сметливый] ум; **receptive** ~ восприимчивый ум; **social** ~ 1. общественное мнение 2. групповое сознание; **strong** ~ глубокий ум;

subconscious ~ подсознательная психическая деятельность, подсознание; theoretical ~ аналитический ум

mind-cure психотерапия

mind-deafness душевная глухота

minimal минимальный

minimize минимизировать, доводить до минимума

minimum минимум, минимальное количество

minor незначительный, второстепенный // 1. несовершеннолетний 2. второстепенная область исследования

minority меньшинство, меньшая часть

miosis 1. зр. ненормальное сокращение зрачка 2. ген. фаза редукции в развитии хромосом

miotic средство, суживающее зрачок // 1. сокращающий зрачок 2. уменьшающий 3. относящийся к редукции хромосом

misanthrope мизантроп, человеконенавистник

misanthropy мизантропия, человеконенавистничество

misapplication 1. неправильное использование [применение] 2. злоупотребление

misappreciate 1. недооценивать 2. неправильно расценивать

misapprehend понять ошибочно [превратно]

misapprehension 1. недоразумение 2. неправильное восприятие [представление, понимание]

misarrange 1. неправильно располагать [размещать, расставлять]; перепутать порядок 2. неудачно устроить [организовать]

misarrangement неправильное [неверное] расположение [расстановка, порядок]

misbehave дурно вести себя

misbehavior дурное [недостойное] поведение

misbelief ложное мнение, заблуждение

miscalculate ошибиться в расчете

miscalculation ошибка в расчете; просчет

miscegenation брак между людьми разных национальностей [рас, племен]; смешанный брак

misconceive 1. неправильно понять 2. иметь неправильное представление

misconception 1. недоразумение 2. ошибочное представление

misconduct 1. дурное поведе́ние, нарушение дисциплины, супружеская неверность 2. неумелое [плохое] выполнение своих обязанностей // 1. дурно вести себя 2. неумело выполнять свои обязанности

misdemeanor 1. мелкое преступление, судебно наказуемый поступок 2. дурное [скверное] поведение

misestimate неправильно [неверно] оценивать

misestimation неверная оценка

misfit 1. неприспособленный человек; неудачник 2. тот, кто не подходит для какой-л. должности

misfortune беда, несчастье, неудача

misgovern плохо управлять [осуществлять руководство]

misgovernment плохое управление [руководство]

misguidance неправильное руководство

misguide неправильно направлять

mishandle плохо [неправильно] обращаться

mishandling 1. плохое обращение 2. неправильное обращение (с прибором и т.п.)

misinstruct 1. давать неправильные указания 2. дезинформировать misintelligence 1. неправильное понимание (фактов); неверное впечатление 2. неправильные [неверные] сведения 3. неспособность, ограниченные способности

misinterpret неверно истолковывать [понимать]

misinterpretation неправильное истолкование [толкование, понимание]

misjudge составить себе неправильное мнение; недооценивать; неверно оценивать

misjudgement неправильное мнение [суждение]; недооценка

misleading ложный, вводящий в заблуждение

mismanage плохо [неправильно] управлять

mismanagement плохое [неправильное] управление

mismatch 1. плохое сочетание, несоответствие; неудачный подбор 2. плохая партия (о браке)

misogamy отвращение к браку

misogynist женоненавистник

misogynous женоненавистнический

misogyny женоненавистничество

misreading неправильное [ошибочное] чтение [считывание]; неправильное показание (прибора)

mission 1. миссия; цель жизни; призвание; предназначение 2. поручение, задача, задание

mistake ошибка // ошибаться, заблуждаться; human-error ~ ошибка, связанная с личностью [личным фактором]

misthought ошибочная мысль; ложное понятие; ошибочное мнение

misunderstand неправильно понять

misunderstanding неправильное понимание

misusage 1. неправильное употребление 2. дурное обращение

mitosis *ген.* митоз, непрямое деление ядра клетки

mix 1. смешивать, мешать, смешиваться, соединяться 2. соединять, сочетать

mixture 1. смесь 2. смешивание 3. микстура; binocular colour ~ бинокулярное смешение цветов; colour ~ смешение [смесь] цветов

mneme 1. след памяти; сохранение прошлого опыта отдельного человека или группы людей 2. сохранение в живом организме результатов ранней стимуляции

mnemism теория памяти

mnemonics мнемоника

mnemotechnics мнемотехника

mob толпа

mobility 1. мобильность, подвижность 2. изменчивость, непостоянство; horizontal ~ *соц. псих.* горизонтальная мобильность, смена ролей [статусов] в пределах одного социального класса [группы]; social ~ социальная мобильность [подвижность]; status ~ мобильность [незакрепленность] статуса; vertical ~ социальная мобильность

mobilisation; emergency energy ~ мобилизация энергии в аварийной [критической, чрезвычайной] ситуации [положении]

mock-up макет [модель] в натуральную величину (для учебных целей)

modal модальный

modality 1. модальность 2. модальное качество, атрибут 3. способ, метод; auditory sense ~ слуховое ощущение [чувство]; слух; cold sense ~ ощущение [чувство] холода, холодящее ощущение [чувство]; nonsense ~ несенсорная модальность; odor sense ~ ощущение [чувство] запаха, обоняние; pain sense ~ ощущение [чувство] боли, болевое ощущение [чувство]; **sense** ~ модальность [качество] ощущения; **sensory** ~ сенсорная модальность; **tactual sense** ~ тактильное ощущение [чувство], осязание; **taste sense** ~ вкусовое ощущение [чувство]; вкус; **visual sense** ~ зрительное ощущение [чувство], зрение; **warmth sense** ~ ощущение [чувство] тепла, тепловое ощущение

mode 1. метод, способ, образ действий, манера 2. форма, вид 3. сенсорная модальность 4. *стат.* мода; **apparent** ~ *см.* crude ~ ; **computed** ~ *см.* refined ~ ; **crude** ~ *стат.* грубое значение моды; **empirical** *см.* crude ~ ; **estimated** ~ *см.* refined ~; **inspection** ~ *см.* crude ~; **refined** ~ *стат.* более точное значение моды; **sense** ~ сенсорная модальность; **theoretical** ~ *стат.* теоретическая мода; **true** ~ фактическая мода; ~ **of appearance** *зр.* способ восприятия цвета [света] (в зависимости от особенностей предъявления); ~ **of life** образ жизни; ~ **of operation** режим работы (аппарата, прибора)

model 1. модель, макет, образец 2. действующая модель 3. система; **additive** ~ аддитивная модель; **communication** ~ коммуникационная модель; **conceptual** ~ концептуальная модель; **demonstration** ~ демонстрационная модель; **dyadic** ~ диадическая модель; **factor** ~ факторная модель; **general additive** ~ общая аддитивная модель; **graphic** ~ графическая модель; **impression formation** ~ модель формирования впечатлений; **information** ~ информационная модель: **learning** ~ модель научения; **mathematical** ~ математическая модель; **measurement** ~ модель измерения; **normative** ~ нормативная модель;

quasi-rational ~ квази-рациональная модель; **rational** ~ рациональная модель; **search** ~ модель исследования; **scaling** ~ модель шкалирования

modeling моделирование

moderation 1. умеренность, воздержание 2. выдержка, ровность (характера) 3. замедление

modest 1. скромный, сдержанный 2. скромный, застенчивый 3. умеренный, небольшой, ограниченный

modesty 1. скромность, сдержанность 2. скромность, застенчивость, благопристойность 3. умеренность

modifiable поддающийся изменению [модификации], могущий быть измененным

modification модификация, изменение (поведения, вида и т.п.); **intraocular** ~ преобразование света при прохождении через оптические среды глаза; ~ **of motivation** изменения [модификация] в мотивации

modifier модификатор; **dominance** ~*стат.* модификатор доминирования

modify 1. модифицировать, изменять 2. смягчать, снижать 3. *грам.* определять

modulation модуляция ; ~ **of loudness** модуляция громкости; ~ **of pitch** модуляция высоты тона; ~ **of rhythm** модуляция ритма

modulator модулятор

modus способ, образ; образ жизни

mogigraphia могиграфия, писчий спазм [судорога], графоспазм

mogilalia заикание

mogiphonia могифония

molar молярный

molarism целостный [молярный] подход

molecular молекулярный

7*

molecularism микроструктурный подход

molecule молекула; мельчайшая частица

molilalia *см.* mogilalia

molimina; pre-menstrual ~ предменструальное давление

moment 1. момент, миг, мгновение, минута **2.** количество движения; импульс **3.** инерция; **absolute** ~ *стат.* абсолютный момент; **factor** ~ *стат.* факторный момент; **product** ~ *стат.* смешанный момент; **second** ~ *стат.* центральный момент второго порядка

momentum 1. *физ.* инерция движущегося тела; количество движения; кинетическая энергия **2.** движущая сила, импульс, толчок

monadism монадология (направление идеалистической философии)

monaural монауральный, относящийся к восприятию звука одним ухом

mongolism монголизм, болезнь Дауна

monism *филос.* монизм

monitor монитор, контрольный прибор; управляющее [стабилизирующее] устройство // контролировать [наблюдать] работу (прибора, организма)

monitoring контроль, контрольное наблюдение, мониторинг

monocular 1. монокулярный, приспособленный для одного глаза **2.** одноглазый

monogamy моногамия, единобрачие, моногиния, единоженство

mono-ideism доминирование одной навязчивой идеи, преобладание одной цели

monomania мономания

monomaniac маньяк

monopathy 1. заболевание, поражающее одну часть тела **2.** душевное страдание от одиночества

monotonic 1. монотонный **2.** одинаковый

monotony 1. монотония **2.** монотонность, однообразие

monozygotic *ген.* однояйцевый

monster урод

monstrousness уродливость

mood расположение духа, настроение

moody 1. легко поддающийся переменам настроения **2.** унылый, угрюмый; со скверным характером

moon-madness помешательство

moot спорный

moral 1. мораль, поучение, нравоучение **2.** *pl.* нравы; нравственность, нравственный облик; правила [нормы] нравственного поведения // **1.** моральный, нравственный **2.** духовный, моральный **3.** нравоучительный, наставительный

morale моральное состояние; **group** ~ групповая атмосфера

moralism 1. моральное учение **2.** изречение, содержащее моральную истину

morality 1. мораль, принципы поведения **2.** *pl.* основы морали; этика **3.** *pl.* высокие моральные качества **4.** нравственное поведение

moralize 1. поучать; заниматься нравоучениями **2.** извлекать мораль [урок]; делать для себя выводы **3.** исправлять нравы

morals 1. нравы, нравственность; правила [нормы] нравственности [поведения] **2.** моральное состояние

morbid 1. нездоровый (психически); болезненно впечатлительный, склонный к меланхолии **2.** патологический **3.** ужасный, отвратительный

morbidity 1. болезненность **2.** заболеваемость

mores моральные нормы [правила, устои]

moron слабоумный, идиот
moronic слабоумный
moronity слабоумие
morpheme *лингв.* морфема
morphogenesis морфогенез, происхождение [развитие] части тела [органа, организма]
morphology морфология, анатомия
mortal смертельный, смертный
mortality смертность
mortido инстинкт смерти
mortification 1. унижение; чувство стыда [обиды]; причина стыда [обиды, унижения] 2. подавление, укрощение, смирение 3. *мед.* омертвение, гангрена
mortify 1. смирять, подавлять, укрощать (страсти, чувства и т.п.) 2. унижать, обижать 3. *мед.* омертветь, гангренизироваться
mosaic мозаика
mother мать
motherhood материнство
motif основная тема, главная особенность
motile подвижный, способный к произвольному движению // двигательный тип (человека)
motility подвижность, способность к самопроизвольному движению
motion 1. движение 2. телодвижение, жест; **apparent** ~ видимое [относительное, кажущееся] движение; **image** ~ движение [перемещение] изображения; **linear** ~ линейное движение; **oscillating** [**oscillatory**] ~ колебательное движение; **passive** ~ пассивное движение; **phenomenal** ~ *см.* apparent ~ ; **sensed** ~ ощущаемое движение; **slow** ~ замедленная демонстрация движения; **uniform** ~ равномерное движение; **voluntary** ~ произвольное движение
motivate 1. побудить 2. служить мотивом [причиной]
motivated мотивированный; заинтересованный; стремящийся; сознательно выполняющий, целенаправленный
motivation мотивация, побуждение; целенаправленность; **achievement** ~ мотивация достижения; **approval** ~ мотивация заслужить одобрение; **avoidance of anxiety** ~ стремление избежать тревоги [тревожности]; **extrinsic** ~ внешняя мотивация; **goal-directed** ~ целенаправленная мотивация; **individual's** ~ мотивация индивидуума [отдельного человека], индивидуальная мотивация; **internal** ~ внутренняя мотивация; **internalized** ~ интернализованная мотивация; **intrapsychic** ~ интрапсихическая мотивация; **member** ~ мотивация члена [членов] (группы); **membership** ~ мотивация [стремление] к членству (в группе); **primary** ~ первичная мотивация ; **secondary** ~ вторичная мотивация; **sexual** ~ сексуальная мотивация; **social** ~ социальная мотивация; **superego** ~ мотивация суперэго; **unconscious** ~ неосознанная мотивация; **universal** ~ универсальная мотивация; **utilitarian** ~ утилитарная мотивация; **viscerogenic** ~ висцерогенная мотивация; ~ **for success** мотивация успеха; ~ **to avoid failure** мотивация избежать неудачи
motive мотив, повод, побуждение // движущий, двигательный // побуждать; **approach** ~ мотив приближения; **avoidance** ~ мотив избегания; **biological** ~ биологический мотив; **deficit** ~ биологически обусловленная потребность; **economic** ~ материально-экономический мотив; **extrinsic** ~ внешний мотив; **intrinsic** ~ внутренний мотив; **mastery** ~ потребность профессионального совершенствования; **mixed**

~ смешанный мотив; **personal-social** ~ *см.* **social** ~; **physiological** ~ физиологически обусловленный мотив; **social** ~ социальный мотив; **ulterior** ~ скрытый мотив

motivity кинетическая энергия, двигательная сила

motoneuron мотонейрон, двигательный нейрон

motor 1. двигатель, мотор 2. двигательный мускул 3. двигательный нерв // моторный, двигательный

motor-ending окончание двигательного нерва

motorial двигательный, относящийся к движению; относящийся к двигательному центру

motoricity способность к движению

motorium двигательная зона [область] головного мозга; нервные центры головного мозга, связанные с движением

mould 1. форма, шаблон 2. характер // 1. делать по шаблону 2. формировать, создавать

movement 1. движение, перемещение, передвижение 2. жест, тело-движение; **adversive** ~ осевое движение [вращение]; **apparent** ~ кажущееся движение; **associated** ~s взаимосвязанные движения; **autokinetic** ~ аутокинетический эффект, иллюзия движения световых ориентиров; **body** ~ движение тела; **choreiform** ~s хорееобразные (тело)движения; **circular** ~ вращательное движение; **compensatory** ~ компенсаторное движение; **compulsory** ~ непроизвольное движение; **concomitant** ~ сопутствующее движение; **conjugate** ~ координированное движение (обоих глаз); **consensual** ~ непроизвольное движение; **control** ~ контрольное движение; **convulsive** ~ судорожное движение;

delta ~ дельта-движение; **directed** ~ направленное движение; **epsilon** ~ эпсилон-движение; **expressive** ~ экспрессивные движения; **eye** ~ s движения глаз; **gamma** ~ гамма-движение; **induced** ~ индуцированное движение; **instinctive** ~ инстинктивное движение; **intention** ~ начальное движение, движение намерения; **involuntary** ~ непроизвольное движение; **mass** ~ *социол.* массовое движение (за преобразование общества); **ocular torsial** ~ торзионное [вращательное] движение глаз; **parallel eye** ~ параллельное движение глаз; **phi** ~ фи-феномен, феномен кажущегося движения; **purposive** ~ целенаправленное движение; **random** ~ случайная активность; **reflex** ~ рефлекторное движение; **relaxed** ~ пассивное движение; **saccadic** ~ саккадическое движение; **skilled** ~s точные движения; **social** ~ социальное движение; **spontaneous** ~ порыв, стихийное движение, самопроизвольное движение; **tension** ~ движение при изотоническом сокращении мышц; **voluntary** ~ произвольное движение

multiform многообразный

multiformity полиморфизм, многообразие

multiple 1. множественный, многократный, многочисленный 2. составной, сложный 3. протекающий одновременно в нескольких частях тела

multiple-factor многофакторный

multiplication 1. умножение 2. размножение

multiplicity 1. сложность 2. разнообразие

multiplier коэффициент, множитель

multiply 1. умножать, множить 2. увеличиваться 3. размножаться

multitude множество, большое количество

multivariate характеризующийся несколькими переменными

mumbling бормотание, невнятная речь

murmur 1. (сердечный) шум 2. жужжание 3. шорох; **systolic ~** систолический шум

muscle мышца, мускул; **adductor ~** аддуктор, приводящая мышца; **antagonistic ~** мышца-антагонист; **ciliary ~** цилиарная [ресничная] мышца (глаза); **congenerous ~s** группа мышц, производящих одинаковое действие; **cross-striated ~** поперечно-полосатая мышца; **cross-striped ~** *см.* **cross-striated ~**; **eye ~** глазная мышца; **intrinsic ~** мышца, у которой обе точки прикрепления расположены на конечности; **involuntary ~** гладкая мышца; **joint ~** мышца, приводящая в движение сустав; **nonstriated ~** гладкая мышца; **oblique ~** косая мышца; **organic ~** непроизвольная мышца; **skeletal ~** поперечно-полосатая [скелетная] мышца; **smooth ~** гладкая мышца; **striate [striped] ~** поперечно-полосатая [скелетная] мышца; **synergistic ~** мышца-синергист; **tense ~** напряженный мускул; **unstriped ~** гладкая [непроизвольная] мышца; **visceral ~** гладкая [непроизвольная] мышца; **voluntary ~** поперечно-полосатая [скелетная] мышца

muscular мышечный, мускульный

musculature мускулатура

mussitation 1. бормотание, невнятная речь 2. беззвучное движение губ

mutability изменчивость, переменчивость, способность давать мутации, мутабельность

mutable изменчивый, переменчивый, непостоянный

mutate видоизменять(ся)

mutation 1. мутация, скачкообразное изменение 2. изменение, перемена, трансформация

mute немой; **hearing ~** немой

muteness немота

mutilation 1. увечье, повреждение 2. искажение (смысла)

mutism 1. немота 2. задержка речи

mutitas *см.* **mutism**

mutual взаимный, обоюдный

mutualism 1. симбиоз 2. взаимопомощь

mutuality 1. взаимность 2. взаимная зависимость 3. обоюдность

myasthenia миастения, мышечная слабость (как результат болезни)

mydriasis мидриаз, расширение зрачка

mydriatic вызывающий расширение зрачка

myelencephalon миелоэнцефалон

myelon спинной мозг

myoclonus миоклонические судороги

myosthesis мышечное чувство

myogenic миогенный

myograph миограф (прибор для регистрации мышечных сокращений)

myokinetic связанный с мышечным движением, миокинетический

myopia миопия, близорукость

myopic страдающий близорукостью

myope близорукий (человек)

myosis сужение зрачка

myotic вызывающий сужение зрачков // средство, вызывающее сужение зрачков

myotility мышечная сократимость

myotonia миотония

mysophobia мизофобия (патологический страх заразиться от грязи)

mystic 1. мистический, относящийся к мистике 2. таинственный, тайный

mysticism мистика, мистицизм

mystify 1. озадачивать, вводить в

заблуждение 2. мистифицировать 3. затемнять смысл; усложнять

myth 1. миф 2. надуманная, широко распространенная теория [идея]

mythomania мифомания, псевдология

Nn

nadir самый низкий уровень, крайний упадок

naive 1. наивный, простоватый 2. безыскусственный

name 1. имя 2. название, обозначение 3. фамилия // называть

nameless безымянный, неизвестный; анонимный

naming; **color** ~ называние цвета (при отсутствии его содержательных толкований) (по Г. Роршаху)

nanism нанизм, карликовый рост

nanoid карликового роста

narcism *см.* narcissism

narcissism самовлюбленность, самолюбование; **negative** ~ недооценка самого себя

narcoanalysis наркоанализ (лечение под наркозом)

narcodiagnosis наркодиагноз

narcolepsy нарколепсия

narcomania наркомания

narcosis наркоз

narcotherapy наркотерапия

narcotic наркотик; снотворное // наркотический, усыпляющий

narcotism 1. наркоз, состояние наркоза 2. хроническое отравление наркотическими веществами

narcotization наркотизация

narrow-minded 1. ограниченный, недалекий 2. с предрассудками 3. фанатичный

narrow-mindedness узость [ограниченность] кругозора [интересов]

nascency рождение, возникновение, процесс возникновения

nascent рождающийся, возникающий, в стадии возникновения

natal относящийся к рождению

natality 1. рождаемость 2. коэффициент рождаемости

nation нация, народ

native 1. врожденный, унаследованный 2. естественный, простой

nativism 1. *идеал.филос.* доктрина о том, что разум обладает некоторыми знаниями, получаемыми не через ощущения 2. *идеал. филос.* доктрина об особом значении факторов наследственности, физических особенностях человека при объяснении происхождения и развития разума, форм мышления, абстрактных понятий

nativity 1. рождение 2. гороскоп

natural 1. естественный, природный 2. обычный, нормальный

naturalism *филос.* 1. натурализм, доктрина, распространяющая понятия естественных наук на явления духовные 2. доктрина о том, что законы причинности, присущие естественному миру, могут объяснить все явления, в том числе и духовные

nature 1. природа 2. сущность 3. характер, прирожденные качества 4. нрав, натура 5. род, сорт, тип; **false** ~ ложная природа [характер]; **human** ~ человеческая на-

тура [природа]; **second** ~ **1.** вторая натура **2.** *психоан.* суперэго
nausea 1. тошнота **2.** отвращение
nearsight миопия, близорукость
nearsighted близорукий
nearsightedness миопия, близорукость
necessitate 1. делать необходимым [неизбежным] **2.** вынуждать
necessity 1. неизбежность, необходимость **2.** настоятельная потребность **3.** моральная необходимость; **cognized** ~ познанная необходимость; **external** ~ внешняя необходимость; **historical** ~ историческая необходимость; **hypothetical** ~ гипотетическая необходимость; **internal** ~ внутренняя необходимость; **logical** ~ логическая необходимость; **metaphysical** ~ метафизическая необходимость; **moral** ~ моральная необходимость; **natural** ~ естественная необходимость; **physical** ~ физическая необходимость
necrophilia некрофилия
need потребность, нужда, побуждающий стимул; **achievement** ~ потребность в успехе; **activity** ~ тенденция к активности; **affiliative** ~ потребность к аффилиации; **approval** ~ потребность одобрения; **autonomy** ~ потребность в автономии; **basic** ~ базовая потребность; **blamavoidance** ~ потребность избегания наказания (сдерживание собственных импульсов с целью избегания наказания, осуждения, потребность считаться с общественным мнением) (по Г. Меррею); **blamescape** ~ потребность избегания осуждения (с помощью бегства или непризнания вины) (по Г. Меррею); **cognizance** ~ потребность к познанию (по Г. Меррею); **cognitive** ~ любознательность; **conscious** ~ осознанная потреб-

ность; **derived** ~ вторичная потребность; **construction** ~ потребность к творчеству [созиданию] (по Г. Меррею); **counteraction** ~ потребность преодоления поражения (по Г. Меррею); **defendance** ~ потребность самозащиты (по Г. Меррею); **deference** ~ потребность в идеале (по Г. Меррею); **covert** ~ скрытая потребность; **dependence** ~ потребность в зависимости (от кого-л.); **dominance** ~ потребность в доминировании (по Г.Меррею); **evaluative** ~ оценочная потребность; **exhibition** ~ потребность быть в центре внимания (по Г. Меррею); **exposition** ~ потребность высказывать (собственные) суждения (по Г. Меррею); **external** ~ внешняя потребность; **felt** ~ ощущаемая потребность; **harmavoidance** ~ потребность избегания опасности (по Г. Меррею); **infavoidance** ~ потребность [стремление] избегания неудачи [унижения] (по Г.Меррею); **internal** ~ внутренняя потребность; **inviolacy** ~ потребность в автономии (по Г. Меррею); **manifest** ~ потребность, проявляющаяся в поведении; **neurotic** ~ невротическая потребность (по К. Хорни); **nutriance** ~ потребность в пище и воде (по Г. Меррею); **passivity** ~ пассивность [пассивное повиновение] (по Г. Меррею); **primary** ~ **1.** первичная [врожденная] потребность **2.** внутренняя потребность; **psychological** ~ психологическая потребность; **pupil** ~ **s** условия, необходимые для оптимального умственного, социального и физического развития учащегося; **quasi** ~ квази-потребность; **seclusion** ~ потребность в уединении (по Г. Меррею); **secondary** ~ вторичная потребность; **sentience** ~ потребность в эстетических удовольствиях (по Г. Меррею); **social** ~ социальная потребность; **somagenic [somatogenic]** ~ внутренняя потребность, потребность, имеющая соматогенетическую природу; **social-approval** ~ потребность социального одобрения; потребность заслужить социальное одобрение; **status** ~ потребность общественного признания; **tissue** ~ физиологическая потребность; **unaware** ~ неосознаваемая потребность; **viscerogenic** ~ висцерогенная потребность; ~ **for achievement** потребность (достижения) успеха, стремление к успеху; ~ **for affiliation** аффилиативная потребность; ~ **for independence** стремление к независимости, потребность в независимости; ~ **for power** стремление к власти; ~ **for self-respect** потребность самоуважения; ~ **for social support** потребность в социальной поддержке; ~ **for submission** потребность подчинения

neencephalon *анат.* новый мозг

negate отрицать, служить отрицанием

negation 1. отрицание **2.** отказ **3.** негативизм; **double** ~ *лог.* двойное отрицание; ~ **of the negation** отрицание отрицания

negative негативный, отрицательный // отрицание; **false** ~ ошибка исключения (в тестологии); **valid** ~ валидное исключение (в тестологии)

negativism негативизм

neo-analyst неопсихоаналитик (сторонник современного психоанализа)

neobehaviorism необихевиоризм

neocerebellum *анат.* новый мозжечок

neo-Freudian неофрейдист

neo-Freudianism неофрейдизм

neolalia 1. неолалия, речь, содержащая много новообразований, созданных говорящим **2.** тенденция к созданию неологизмов

neologism *лингв.* неологизм

neonate новорожденный

neophenomenology неофеноменология (психологическая школа, основной постулат которой состоит в том, что поведение в каждый момент детерминировано феноменологическим полем деятеля)

neoplasm новообразование; **brain** ~ опухоль мозга

neopsychoanalysis неопсихоанализ, неофрейдизм

nerve нерв, нервное волокно // нервный; **abducent** ~ отводящий нерв; **acoustic** ~ слуховой нерв; **afferent** ~ афферентный [центростремительный] нерв; **auditory** ~ *см.* **acoustic** ~ ; **autonomic** ~ вегетативный нерв; **centrifugal** ~ *см.* **efferent** ~ ; **centripetal** ~ см. **afferent** ~; **cranial** ~ черепно-мозговой нерв; **depressor** ~ нерв-депрессор; **efferent** ~ эфферентный [центробежный] нерв; **facial** ~ лицевой нерв; **gustatory** ~ вкусовой нерв; **hypoglossal** ~ подъязычный нерв; **inhibitory** ~ тормозящий [тормозной] нерв; **mixed** ~ нерв, содержащий чувствительные и двигательные волокна; **motor** ~ двигательный нерв; **oculomotor** ~ глазодвигательный нерв; **olfactory** ~ обонятельный нерв; **ophtalmic** ~ глазничный нерв; **optic** ~ зрительный нерв; **pathetic** ~ *см.* **trochlear** ~; **peripheral** ~ периферический нерв; **pneumogastric** ~ блуждающий нерв; **phrenic** ~ диафрагмальный [грудобрюшной] нерв; **second (cranial)** ~ второй черепной [зрительный] нерв; **secretory** ~ секреторный нерв; **sensory** ~ чувствительный нерв; **somatic** ~ двигательный нерв; **space ~ s** волокна слухового нерва, передающие импульсы к полукружным каналам; **spinal ~** спинномозговой нерв; **splanchnic ~** чревный [внутренностный] нерв; **sympathetic ~** симпатический нерв; **trigeminal ~** тройничный нерв; **trochlear ~** трохлеарный [блоковый] нерв; **trophic ~** трофический нерв; **vagus ~** блуждающий нерв; **vasoconstrictor ~** вазоконстриктор, сосудосуживающий нерв; **vasodilatator ~** вазодилататор, сосудорасширяющий нерв; **vasomotor ~** вазомоторный [сосудодвигательный] нерв; **visual ~** зрительный нерв

nerve-branch нервная ветвь

nerve-knot ганглий, нервный узел

nerveless 1. не имеющий нервной системы **2.** слабый, бессильный, вялый

nerve-unit нервная единица, нейрон

nervimotor нервомоторный

nervimuscular нервно-мышечный

nervism нервизм

nervous 1. нервный, относящийся к нерву **2.** нервный, нервозный, возбудимый, характеризующийся неустойчивостью нервной системы

nervousness нервозность, болезненная возбудимость нервной системы

nescience агностицизм, непознаваемость

network сеть; **social ~** система социальных отношений между людьми

neural 1. невральный; мозговой **2.** нервный; относящийся к нервной системе

neuralgia невралгия

neurasthenia неврастения; **cerebral ~** церебральная [мозговая] неврастения; **sexual ~** половая неврастения; **traumatic ~** травматическая неврастения

neuraxis спинной мозг

neurilemma эластическая оболочка нервного волокна, неврилемма

neurin неврин, экстракт нервной ткани; нервная энергия

neurite неврит, аксон нервной клетки

neuritis неврит, воспаление нерва

neuroanatomy анатомия нервной системы

neuroblast нейробласт

neuroceptor нейроцептор

neurocyte невроцит; **giant pyramidal ~** гигантопирамидальная нервная клетка, клетка Бетца; **multiform ~** многоформный невроцит, клетка Гольджи

neurofibril(la) нейрофибрилла

neurogenic нейрогенный

neurogenous *см.* **neurogenic**

neurogeny развитие нервной клетки

neuroglia невроглия

neurogram неврограмма

neurohumor нейрогумор

neurohumoral нейрогуморальный, нервно-гуморальный

neurolemma *см.* **neurilemma**

neurologist 1. невролог **2.** невропатолог

neurology неврология

neuromotor нейромоторный

neuromuscular нервно-мышечный

neuron(e) нейрон, нервная клетка; **adjustor ~** регулирующий нейрон; **afferent~** афферентный [центростремительный] нейрон; **bipolar ~** биполярный [афферентно-эфферентный] нейрон; **efferent ~** эфферентный [центробежный] нейрон; **effector ~** двигательный нейрон; **internuncial** вставочный нейрон; **long ~** аксон; **motor ~** мотонейрон, двигательный нейрон; **receptor ~** рецепторный нейрон; **sensory ~** сенсорный [чувствительный] нейрон; **unipolar ~** униполярный нейрон

neuronic нейронный

neuropath неврастеник, невропат; предрасположенный к нервным заболеваниям; страдающий нервной болезныо

neuropathic невропатический, нервнобольной; относящийся к нервным заболеваниям

neuropathist невропатолог

neuropathology невропатология

neuropathy нервное заболевание

neuropharmacology нейрофармакология, психофармакология; учение о веществах, действующих на нервную систему

neurophrenia нарушения в поведении, связанные с поражением центральной нервной системы

neurophysiological нейрофизиологический

neurophysiology нейрофизиология

neuropil(e) 1. нейропиль, сетчатка безмиелиновых волокон 2. концевые веточки нервного волокна

neuroplex(us) нервное сплетение

neuropsychiatric нервно-психиатрический

neuropsychiatrist психоневролог, невропатолог

neuropsychiatry психоневрология

neuropsychic нейропсихический

neuropsychopathy психоневроз

neuropsychosis психоневроз

neurosal относящийся к неврозу

neurosecretion секреторная функция нервной системы

neurosensory относящийся к чувствительному нерву

neurosis невроз; **actual** ~ органоневроз; **analytic** ~ невроз в результате слишком длительного лечения с помощью психоанализа; **anxiety** ~ невроз тревожности; **battle** ~ нервозность в бою, психическое расстройство во время боя ; **biological** ~ органический

невроз; **craft** ~ профессиональный невроз; **depressive** ~ депрессивный невроз; **compulsion** ~ навязчивый невроз, одержимость, наваждение; **ego** ~ *психоан.* невроз, связанный с нарушениями в функциях эго; **experimental** ~ экспериментальный невроз; **fright** ~ невроз страха; **iatrogenic** ~ ятрогенный невроз; **mixed** ~ смешанный невроз; **narcissistic** ~ *психоан.* нарциссистический невроз; **obsessional** ~ навязчивый невроз; **occupational** ~ профессиональный невроз; **pensional** ~ рентный невроз; **professional** ~ профессиональный невроз; **regression** ~ невроз, характеризующийся регрессией к более ранним в онтогенезе формам адаптации (поведения); **situation** ~ ситуационный невроз; **transference** ~ *психоан.* 1. невроз, при котором устремления либидо приобретают асоциальный характер 2. трансформация отношения пациента к психоаналитику, превращающая его в лицо, персонифицирующее фигуры родителей; **traumatic** ~ травматический невроз; **vegetative** ~ вегетативный невроз

neurospasm невроспазм, мышечный спазм вследствие нервных нарушений

neurosthenia ненормальный ответ нервов на стимулы

neurosyphilis сифилис центральной нервной системы

neurotic 1. нервный, невротический 2. предрасположенный к нервным заболеваниям

neuroticism невроз, невротическое состояние

neurotony нервное напряжение, тонус нервной системы

neurotropic обнаруживающий тропизм к нервной системе

neurovascular нервно-сосудистый
neuter 1. средний, нейтральный **2.** бесполый **3.** недоразвитый, бесплодный // **1.** кастрированное животное; кастрат **2.** человек, занимающий среднее [нейтральное] положение; **social** ~ неактивная [социально-пассивная] личность
neutral 1. нейтральный, индифферентный, средний **2.** бесполый
neutrality 1. нейтральность **2.** нейтралитет
neutralization нейтрализация
neutralizer нейтрализатор (в групповой терапии) (по С. Славсону)
newborn новорожденный
nexus 1. связь **2.** причинная зависимость
nightmare кошмар
nirvana нирвана
nirvanism ощущение нирваны
nisus побуждение (термин Лейбница)
nociceptive чувствительный к боли, ноцицептивный, болезненный
nociceptor ноцицептор, болевой рецептор
noctambulation сомнамбулизм
nocturnal ночной
node 1. узел, нарост, утолщение **2.** *мат.* точка пересечения двух линий **3.** центр психологического поля
noise 1. шум **2.** помеха, искажение; **avoidable** ~ устранимый шум; **background** ~ фоновый шум; **common** ~ обычный [простой] шум; **continuous** ~ непрерывный [постоянный] шум; **damaging** ~ повреждающий шум; **flicker** ~ помехи, вызываемые эффектом мерцания; **high-frequency** ~ высокочастотный шум; **high-intensity** ~ интенсивный шум: **high-pitched** ~ шум высокого тона, шум с преобладанием высоких тонов; **intense** ~ сильный шум; **low-frequency** ~ низкочастотный шум; **low-pitched**

шум низкого тона [частоты], шум с преобладанием низких тонов [частот]; **perceived** ~ воспринимаемый шум; **tapping** ~ шум, имеющий характер постукивания [стука, стучания]; **white** ~ белый шум
noiseproof защищенный от шума
nolism нежелание
nomad 1. кочевник, номад **2.** бродяга
nomadism номадизм, кочевой образ жизни
nomenclature 1. терминология **2.** список, перечень; **Standard (Psychiatric)** ~ стандартная номенклатура психических заболеваний
nominal 1. номинальный **2.** именной
nominalism *филос.* номинализм
nomogram номограмма
nomological связанный с наукой о законах разума
nomology номология (наука о законах разума)
nomothetic относящийся к изучению всеобщих законов
nonacademic неучебный
nonadditive неаддитивный
non compos mentis *лат.* умственно отсталый; невменяемый
nonconformity неконформность
nonconscious бессознательный
nondevelopment недоразвитие
noneducable не поддающийся обучению
non-ego 1. не-«я»; объект **2.** внешний мир [объект познания], противопоставляемый субъекту [эго]
non-existence 1. нечто несуществующее; то, чего нет **2.** *филос.* небытие
non-existent несуществующий
non-human не принадлежащий к человеческому роду
nonlinear 1. нелинейный **2.** криволинейный
nonliterate неграмотный
nonmetric 1. безразмерный, без-

мерный **2.** выраженный в неколичественных терминах

nonmoral аморальный, неэтичный

nonnormality несоответствие норме [стандарту]

non-obedience неповиновение, неподчинение

nonparametric непараметрический

nonrational нерациональный, иррациональный

nonreader человек, не овладевший навыками чтения после обучения обычными методами

nonresponse отсутствие ответа

non seguitur *лат.* вывод, не соответствующий посылкам; нелогичное заключение

non-sensibility нечувствительность

nonsocial 1. необщественный, асоциальный **2.** необщительный

nonvoluntary непроизвольный

norm норма, стандарт; **age** ~ возрастная норма; **collective** ~ коллективная норма; **behavioral** ~ норма поведения; **cultural** ~ культурная норма; **developmental** ~ возрастная норма; **ethnic** ~ этническая норма; **family** ~ семейная норма; **general** ~s общие нормы; **Gesell developmental** ~ возрастные поведенческие нормы Гезелла (для младенцев); **grade** ~ классная норма; **group** ~ **1.** групповая норма **2.** социальная норма; **ideal** ~ идеальная норма; **local** ~ местная норма; **national** ~ (обще)национальная норма; **occupation** ~ профессиональная норма; **percentile** ~ процентильная норма [оценка]; **regional** ~ региональная норма; **representative** ~ репрезентативная норма; **shared** ~ общая норма; **social** ~ социальная норма; **subgroup** ~ норма для подгруппы

normal 1. нормальный, обыкновенный; обычный **2.** средний // нормальное состояние [тип, образец]; **dull** ~ тупица

normality нормальность, обычное состояние; соответствие норме [стандарту]

normalization 1. нормализация, упорядочивание **2.** приведение к норме [стандарту]

normalize 1. нормализовать **2.** стандартизировать

normative нормативный

normlessness отсутствие нормы

nosophilia нозофилия

nosophobia нозофобия

nostalgia ностальгия, тоска по родине

nostology изучение физиологических периодов старения

notation 1. обозначение **2.** система обозначений **3.** система изображения величин; **color** ~ цветовой код

note 1. заметка **2.** тон, звук **3.** *муз.* нота **4.** сигнал // замечать, обращать внимание, отмечать

notice замечать, обращать внимание

noticeability ощутимость, заметность

noticeable 1. заметный, ощутимый **2.** достойный внимания

notion 1. понятие, представление, идея **2.** взгляд, мнение

nourishment кормление, питание; пища

nous *филос.* ум, разум, интеллект

novelty 1. новизна **2.** новшество; новость

noxa то, что пагубно для здоровья

noxious вредный, пагубный

nucleus (*pl.* **nuclei**) **1.** ядро (клетки) **2.** ядро центральной нервной системы **3.** ядро, центр; **amygdaloid** ~ миндалевидное ядро; **cortical relay** ~ ядро зрительного бугра; **dentate** ~ зубчатое ядро мозжечка; **red** ~ красное ядро покрова

nuisance 1. досада, неприятность 2. нудный человек 3. помеха

numb онемелый, оцепенелый

number 1. число, количество 2. номер 3. цифра // считать, перечислять; **binomial** ~ биномиальный коэффициент; **distribution** ~ коэффициент распределения; **prime** ~ простое число; **pure** ~ неименованное число; **rational** ~ рациональное число; **rejection** ~ критическое количество; ~ **of choices** число выборов (в реакции выбора); ~ **of responses** число (ответных) реакций; ~ **of signals** число сигналов

numbness оцепенение, нечувствительность; онемение; окоченелость

nurturance забота о младших [слабых, беззащитных]

nurture 1. воспитание; обучение 2. выращивание 3. питание, пища // 1. воспитывать; обучать 2. выращивать 3. питать

nyctalopia никталопия, дневная слепота; ночное зрение

nyctophobia никтофобия, боязнь темноты

nymphomania нимфомания

nystagmus нистагм; **asymmetrical** ~ асимметрический нистагм; **caloric** ~ калорический нистагм; **galvanic** ~ гальванический нистагм; **head** ~ нистагм головы; **horizontal** ~ горизонтальный нистагм; **induced** ~ вызванный нистагм; **optokinetic** ~ оптокинетический нистагм; **rotational** ~ вращательный нистагм; **spontaneous** ~ спонтанный нистагм; **vertical** ~ вертикальный нистагм; **vestibular** ~ вестибулярный нистагм

Oo

obdurate упрямый

obedience послушание, повиновение; **involuntary** ~ вынужденное повиновение

obedient послушный

obey 1. повиноваться 2. удовлетворять условиям

obfuscate 1. затемнять (свет, вопрос) 2. сбивать с толку, туманить рассудок

object 1. предмет 2. объект 3. цель // возражать, протестовать; **anxiety** ~ *психоан.* объект тревожности; **behavior** ~ объект поведения, закрепленный системой культуры; **goal** ~ цель; **libidinal** ~ *психоан.* либидональный [либидонозный] объект (вызывающий действие инстинктов); **love** ~ 1. объект любви 2. *психоан.* либидональный [либидонозный] объект; **sex** ~ сексуальный объект; **social** ~ социальный объект; **stimulus** ~ сложный [составной] стимул; ~ **of instinct** объект, вызывающий инстинктивную реакцию

objectification овеществление, воплощение

objectify воплощать; делать вещественным [предметным]

objectivation *психоан.* объективация

objective цель // 1. объективный 2. целевой 3. предметный, вещественный 4. *филос.* объективный, реальный, действительный; **interview** ~ цель (проведения) интервью

objectivism 1. объективная психология 2. теория, утверждающая объективность человеческих знаний

objectivity объективность
object-teaching наглядное обучение
oblique 1. косой, наклонный 2. непрямой / / отклоняться от прямой линии
obliterate вычеркивать, стирать, изглаживать (из памяти)
obliviscence 1. забывание 2. забывчивость
oblongata *анат.* продолговатый мозг
obnubilation затуманенное сознание, спутанность рассудка
obscenity непристойность, бесстыдство, цинизм
obscene непристойный
obscurantism обскурантизм, мракобесие
obscuration помрачение
observant 1. наблюдательный, внимательный 2. исполнительный
observation наблюдение; **clinical~** клиническое наблюдение; **field ~** полевое наблюдение; **mass ~** массовое наблюдение; **naturalistic ~** естественное наблюдение; **purposeful ~** целенаправленное наблюдение; **random ~** случайное наблюдение; **visual ~** зрительное [визуальное] наблюдение
observer наблюдатель; **lay ~** наблюдатель-непрофессионал; **participant ~** «включенный» наблюдатель; **passive ~** пассивный наблюдатель; **standard ~** идеальный наблюдатель
obsess 1. завладеть, преследовать, мучить (о навязчивой идее и т.п.) 2. овладеть, обуять (о страхе)
obsession 1. одержимость 2. навязчивая идея; **impulsive ~** невроз навязчивых состояний; **masked ~** *психоан.* замаскированная навязчивая идея; **somatic ~** страх мнимого физического недостатка
obstinate 1. упрямый; настойчивый 2. трудноизлечимый

occasion 1. случай, обстоятельство 2. событие 3. повод, основание, причина
occasional 1. случайный 2. случающийся время от времени
occasionalism *филос.* окказионализм
occlude закрывать, закупоривать
occlusion закрытие, закупорка
occult оккультный
occultism оккультизм
occupation профессия, род занятий
occur происходить, иметь место
occurrence 1. случай, происшествие 2. распространение; **response ~** ответ, реакция; **special ~** особый случай; **unexpected ~** неожиданный [непредвиденный] случай
ochlophobia патологический страх толпы
octave октава
ocular 1. глазной; окулярный 2. наглядный
oculogyral окулогиральный; относящийся к движению глазного яблока
oculogyration движение глазных яблок
oculogyric глазодвигательный; окулогиральный, вызывающий движение глаз
oculomotor окуломоторный; глазодвигательный, относящийся к движениям глаз
oculomotoric глазодвигательный
oculoreaction реакция глаза [глаз]
odd 1. случайный, странный, незнакомый 2. нечетный, непарный; лишний, добавочный 3. незанятый, свободный
odor 1. запах, аромат 2. обоняние
odorimetry ольфактометрия
odorous душистый, ароматный, имеющий запах

Oedipus; complete ~ *психоан.* полный Эдипов комплекс; **inverted** ~ *психоан.* извращенный [гомосексуальный] Эдипов комплекс

O-factor О-фактор

oestrum [oestrus] 1. стимул, побуждение 2. страсть; страстное желание 3. *биол.* течка

offend 1. оскорблять, обижать, вызывать раздражение [отвращение] 2. совершить проступок, нарушить (закон)

offense 1. оскорбление, обида 2. проступок, преступление, нарушение 3. нападение; **sex** ~ половые извращения

offensive 1. оскорбительный; обидный 2. отвратительный 3. агрессивный

officinal лекарственный; принятый в медицине

officious 1. назойливый, навязчивый; вмешивающийся не в свои дела 2. официозный, неофициальный

ogive *стат.* огива, S-образная кривая

ohm ом (единица электрического сопротивления)

old 1. старый 2. старческий

olfactie единица обоняния, порог ощущения запаха; ольфакта

olfaction обоняние

olfactometer ольфактометр

olfactory обонятельный

oligoencephaly врожденная умственная отсталость

oligolalia *см.* **oligologia**

oligologia олиголалия, скудность словарного запаса

oligophrenia олигофрения, слабоумие

omission 1. пропуск 2. упущение, оплошность

omit 1. упускать (что-л.), пренебрегать (чем-л.) 2. пропускать, не включать

oneiric относящийся к сновидениям

oneirism состояние мозгового автоматизма, продолжение сновидений после пробуждения

oneirology онейрология, толкование снов

oneiroscopy анализ сновидений в целях психиатрической диагностики

onirism галлюцинации, подобные сновидениям, в состоянии бодрствования

onliness одиночество; отсутствие у ребенка братьев и сестер

onomatology учение о наименованиях, номенклатура, терминология

onomatopoeia звукоподражание

onomatopoetic звукоподражательный

onset 1. начало (ощущения действия стимула) 2. начало (болезни)

ontogenesis онтогенез

ontogenetic онтогенетический

ontogeny онтогенез

ontology *филос.* онтология

opacity 1. помутнение, непрозрачность 2. темнота 3. неясность сознания

open-mindedness 1. широта кругозора 2. непредубежденность 3. восприимчивость

openness 1. прямота, откровенность, искренность 2. явность, очевидность 3. открытость; **figural** ~ *гештальтпсих.* открытость фигуры

operant оперантный

operate 1. работать, действовать 2. управлять

operation 1. операция, действие, работа; рабочий прием; манипуляция 2. опыт, эксперимент 3. действие лекарственного вещества; **drive-inducing** ~ стимуляция драйва; **erroneous** ~ ошибочная операция [действие]

operational операциональный

operationalism операционализм, теория, утверждающая, что значение понятия устанавливается рядом операций

operationism *см.* **operationalism**

operator 1. оператор 2. *мат.* оператор (знак, обозначающий операцию над другими знаками); **human** ~ человек-оператор; **motivated** ~ сознательно [целенаправленно] выполняющий работу оператор; **practiced** ~ обученный [подготовленный] оператор

ophthalmic глазной

ophthalmological офтальмологический

ophthalmometer офтальмометр

ophthalmoscope офтальмоскоп

ophthalmotrope офтальмотроп

opiate 1. наркотик 2. снотворное

opinion мнение, взгляд, убеждение; **public** ~ общественное мнение

opportunity ~ удобный случай, благоприятная возможность

oppose 1. противиться 2. противопоставлять 3. быть в оппозиции

opposite противоположный // противоположность; **direct** ~ прямая противоположность; **polar** ~ полярная противоположность

optic глазной, зрительный

optics оптика

optimism оптимизм; **oral** ~ *психоан.* оральный оптимизм, тенденция к оптимизму, берущая начало в оральной стадии развития

optimize оптимизировать, выбирать наивыгоднейшее решение

optimization оптимизация

optimum оптимум, наиболее благоприятные условия // оптимальный

option 1. выбор, право выбора 2. предмет выбора

optional необязательный, факультативный

optogram оптограмма

optometry оптометрия, определение рефракции глаза и подбор очков

optophone оптофон, прибор для чтения печатного текста слепыми

oral 1. оральный 2. устный 3. словесный 4. разговорный

orbital глазничный; орбитальный

order 1. порядок, последовательность 2. приказ 3. *ОБ* отряд, подкласс 4. сорт, род, ранг 5. *мат.* порядок, степень // 1. приказывать 2. упорядочивать, распределять в определенном порядке; **ABBA** ~ схема позиционно уравненной последовательности; **birth** ~ порядок [очередность] рождения (детей в семье); **counterbalanced** ~ позиционно уравненная последовательность; **cyclic** ~ цикличный порядок; **linear** ~ линейный порядок; **pecking** ~ *зоопсих.* «порядок клевания»; *соц. псих.* система действий для поддержания внутригрупповой иерархии в контактных группах; **rank** ~ ранговый порядок; **second** ~ второй порядок; **working** ~ рабочее [исправное] состояние; готовность к работе; ~ **of magnitude** порядок величины; ~ **of a matrix** *стат.* размерность матрицы; ~**of merit** ранговый порядок

ordering 1. упорядочение 2. распределение 3. управление, заведование 4. *мат.* вариант перестановки

orderly 1. аккуратный 2. спокойный, дисциплинированный 3. организованный 4. упорядоченный 5. правильный, регулярный

ordinal 1. порядковый 2. *ОБ* относящийся к отряду, подклассу 3. состоящий из рядов

ordinate *мат.* ордината

orectic возбуждающий аппетит [желание]

orexis аппетит
organ орган; **acoustic** ~ акустический орган, орган слуха; **analogous**
~ s аналогичные органы; **audito-**
ry ~ *см.* acoustic ~; **end** ~ концевой элемент органа; окончание
чувствительного [двигательного]
нерва; рецептор; **exteroceptive** ~
экстероцептор,　　　　　эксте-
роцептивный орган; **genital** ~
половой орган; **Golgi tendon** ~
чувствительные нервные окончания в сухожилиях; **gustatory** ~
орган вкуса; **hearing** ~ орган
слуха; **interoceptive** ~ интероцептор, интероцептивный орган;
motor end ~ двигательный концевой аппарат; **olfactory** ~ орган
обоняния; **reproductive** ~ орган
размножения; **sense [sensory]** ~
орган чувства, чувствительный
орган; **spiral** ~ кортиев орган (во
внутреннем ухе); **tactile** ~ орган
осязания; **vestibular sense** ~ вестибулярный орган чувства, вестибулярный чувствительный орган, орган вестибулярной чувствительности; **vocal** ~ орган
речи; ~ **of balance** орган равновесия; ~ **of Corti** концевой аппарат слухового нерва в улитке,
кортиев орган; ~ **of equilibrium**
см. ~ **of balance**; ~ **of hearing**
орган слуха; ~ **of sight** орган
зрения; ~ **of smell** орган обоняния; ~ **of taste** орган вкуса; ~ **of**
touch орган осязания; ~ **of vision**
орган зрения
organic 1. органический; входящий
в органическую систему **2.** организованный; систематизированный **3.** согласованный, взаимосвязанный
organicism *идеал. филос.* **1.** доктрина о том, что жизнь и жизненные
процессы являются проявлением
деятельности, возможной только

благодаря автономной структуре
организма **2.** понятие об обществе как об организме, аналогичном
биологическому
organicity 1. органичность **2.** *мед.*
органические изменения
organism организм; **human** ~ человеческий организм; **living** ~
живой организм; **low** ~ s низшие
организмы; **social** ~ социальный
организм, общество, социальная
группа
organismic организменный
organization 1. организация, система **2.** объединение **3.** формирование; **anatomical** ~ анатомическая структура [организация,
строение]; **cognitive** ~ когнитивная организация [схема]; **func-**
tional　　~　функциональная
структура [организация]; **logi-**
cal ~ логическая организация
(материала); **mental** ~ психическая организация [струк-
тура]; **perceptual** ~ организация
восприятия;　　**personality**　~
структура личности; **sensory** ~
сенсорная организация; **social** ~
социальная [общественная] организация, общество; **trait** ~
система черт; **visual** ~ зрительная организация
organize 1. организовывать **2.** де-
латься органическим
organizer организатор
organogenic органогенный
organon *филос.* органон, система
научного познания
orgasm оргазм
orgiastic разнузданный
orgy оргия; чрезмерное увлечение
orientation ориентация, ориенти-
ровка, ориентирование; **autopsy-**
chic ~ автопсихическая ориентация; **emotional** ~ эмоциональная
ориентация; **functional** ~ функциональная ориентация; **goal** ~

целевая ориентация, ориентация на цель; **productive** ~ продуктивная ориентация; **psychological** ~ психологическая ориентация; **social** ~ социальная ориентация; **space** ~ пространственная ориентация; **value** ~ ценностная ориентация; ~ **toward the self** ориентация на себя

origin 1. источник, начало, происхождение 2. *мат.* начало координат 3. *анат.* место прикрепления мышцы; **arbitrary** ~ *стат.* произвольное начало (отсчета); **psychological** ~ психологическое происхождение

original 1. первоначальный 2. подлинный 3. творческий

originate 1. порождать, давать начало 2. происходить, брать начало

origination 1. начало, происхождение 2. порождение

orthodox ортодоксальный, общепринятый

orthogenesis *идеал. филос.* ортогенез (теория о том, что социальная эволюция всегда следует в одном и том же направлении и проходит через те же стадии)

oscillate колебаться, качать(ся); вибрировать

oscillation осцилляция, колебание; качание; вибрация; **retinal** ~ s последействие возбуждения сетчатки

oscillograph осциллограф

oscillometer осциллометр

osmosis осмос

osphresis обоняние

osseous костный

ossicle *анат.* косточка; **auditory** ~s слуховые косточки

ossification 1. образование костного вещества 2. окостенение, превращение в кость; **social** ~ социальное окостенение

ossify превращать(ся) в кость; костенеть

ostentation показное проявление; хвастовство

ostentatious показной; нарочитый

ostracism 1. остракизм 2. изгнание из общества

ostracize 1. подвергнуть остракизму 2. изгонять из общества

other; **the** ~ не-«я», другой

otherness различие, отличие, непохожесть

other-minded инакомыслящий

other-wordly 1. духовный, интеллектуальный 2. потусторонний

otic ушной; слуховой

outbreak 1. взрыв, вспышка (гнева) 2. внезпное начало (эпидемии, болезни) 3. восстание, возмущение

outbreeding неродственное спаривание

outburst взрыв, вспышка

outcome 1. выход 2. исход, результат; **training** ~ результат обучения [подготовки, тренировки]

outer внешний

outer-directed о человеке, ориентирующемся в своем поведении на то, чтобы выгодно выглядеть во мнении других (по О. Ризману)

out-group они-группа, другие

outgrow 1. опережать в росте [развитии] 2. отделываться с возрастом (от дурной привычки)

outlet разрядка

outline 1. общее построение 2. схема, план, конспект // 1. нарисовать контур 2. наметить в общих чертах; сделать набросок

outlook 1. точка зрения 2. кругозор; **world** ~ мировоззрение

outpatient амбулаторный больной

output 1. продукция; выпуск; выработка 2. *теор. инф.* выход 3. производительность; **criterion** ~ критериальная выработка; **heat** ~

теплоотдача; **motor** ~ двигательная реакция; выход двигательного нерва [нервных волокон]

outrage 1. насилие 2. поругание, оскорбление // 1. производить насилие 2. оскорбить; надругаться

outward 1. внешний, наружный, поверхностный 2. направленный наружу

outwardness 1. внешность 2. объективность

ovary *анат.* яичник

overachievement превышение прогнозированного достижения

overachiever человек, превысивший прогнозированное достижение

overactivity повышенная деятельность, гиперфункция

overage переросток

overanxious 1. слишком обеспокоенный 2. очень старательный

overbalance избыток, перевес // 1. перевешивать, превосходить 2. вывести из равновесия 3. потерять равновесие

overbreathing усиленное дыхание; гипервентиляция

overburden перегрузка //перегружать

overcompensate компенсировать с избытком

overcompensation избыточная компенсация

overconfidence (излишняя) самоуверенность

overconforming сверхконформный

overconformity сверхконформность

overcount преувеличенный подсчет

overdetermined *психоан.* сверхдетерминированный (имеющий много причин)

overdependence излишняя [чрезмерная] вера [доверие, зависимость]

overdose чрезмерная доза

overestimation переоценка, завышенная [слишком высокая] оценка

overexcitation перевозбуждение

overexcitement повышенное возбуждение

overexposure 1. передержка 2. передозировка

overfatigue переутомление

overgrowth чрезмерное разрастание [рост]; гипертрофия

overheating перегрев, перегревание

overidealization сверхидеализация

overindividual социальный

overinhibited чрезмерно скованный [заторможенный]

overirritation повышенное раздражение

overlap 1. перекрывать 2. частично совпадать // частичное совпадение; **criterion** ~ область совпадения критериев; **sample** ~ частичное совпадение выборок

overlapping частичное совпадение; ~ **of groups** частичное совпадение групп; ~ **of response** частичное совпадение [наложение] ответной реакции

overlearn заучивать; выучивать наизусть; осваивать до автоматизма

overlearning избыточное научение

overload перегрузка; **channel** ~ перегрузка канала (сенсорной системы)

overmotivation повышенная мотивация [желание, стремление]

overorganization бюрократизация

overpressure 1. чрезмерное [избыточное] давление 2. слишком большое умственное [нервное] напряжение

overproduction перепроизводство

overprotection чрезмерная защита [опека]

overrate переоценивать, преувеличивать

overreaction гиперреакция; **emotional** ~ эмоциональная гиперреакция

over-responsive чрезмерно чувствительный, с повышенной реактивностью [чувствительностью]

overreward чрезмерная награда

oversatiation сверхнасыщение

overspecialization излишне узкая специализация

overstimulation чрезмерное раздражение

overstrain чрезмерное напряжение // переутомлять, перенапрягать

overstudy перегрузка занятиями // **1.** перегружать занятиями **2.** слишком много заниматься

overt внешний, открытый

overtask перегружать работой; давать непосильное задание

overtiredness переутомление

overtone обертон; **«emotional»** ~ «эмоциональный обертон», эмоциональная субъективная окраска (раздражителя)

overtrain перетренироваться

overvalue переоценка // переоценивать, слишком высоко оценивать; придавать слишком большое значение

overweight избыточный вес; вес (тела) выше нормы

overwork **1.** чрезмерная работа, утомление **2.** сверхурочная работа // слишком много работать; переутомляться

ovum *лат.* яйцеклетка

oxykinesia оксикинезия, болезненность движений

oxyesthesia оксиэстезия, (крайнее) обострение чувств [ощущений], гиперестезия

oxygeusia (крайнее) обострение чувства вкуса, вкусовая гиперестезия

oxylalia быстрая речь, скороговорка, тахилалия

oxyopia повышение остроты зрения, оптическая гиперестезия

oxyosmia оксиосмия, (крайнее) обострение обоняния, обонятельная гиперестезия

oxyosphresia *см.* **oxyosmia**

Pp

pacemaker **1.** «пейсмекер», водитель ритма, ритмоводитель **2.** лидер

pacing навязывание (определенного) ритма

paidophilia педофилия, половое влечение к детям

pain **1.** боль **2.** страдание; **growing** ~ невралгические боли в детском возрасте; **psychic** ~ душевная боль; **referred** ~ проводниковая боль

painful **1.** болезненный **2.** мучительный **3.** тяжелый

pain-killer болеутоляющее средство

painless безболезненный

painlessness безболезненность

painting; **finger** ~ моторное представление рисунка

pair пара // **1.** располагать(ся) парами **2.** спаривать; **gene** ~ *ген.* аллель

palatability вкусовые качества; приятный вкус

palatable вкусный, аппетитный, приятный на вид, по запаху

paleoencephalon *анат.* филогенетически древняя часть головного мозга

paleogenesis атавизм, проявление у потомства признаков предков

paleopsychology палеопсихология

palilalia палилалия, словесная персеверация

palingenesis 1. возрождение [восстановление, регенерация] организма [его части] 2. атавизм, проявление у потомков признаков предков

palingraphia палинграфия, зеркальное письмо

palinlexia палинлексия, чтение справа налево

palinmnesis ретроградная память

palinphrasia словесная персеверация

pallesthesia вибрационная чувствительность; ощущение вибрации

palliative паллиативный, смягчающий [облегчающий] боль

pallium *анат.* паллиум, плащ, плащевидная часть головного мозга

palmistry хиромантия

palmesthesis чувствительность к вибрации

palp пальпировать

palpate *см.* palp

palpation пальпация

palpable прощупываемый; ощутимый, осязаемый, доступный для пальпации

palpitation пальпитация, трепетание, пульсация, частое биение сердца

palsy паралич; **cerebral** ~ центральный паралич; **reflex** ~ рефлекторный паралич; **shaking** ~ дрожательный паралич, болезнь Паркинсона; **trembling** ~ дрожательный паралич

panel 1. группа 2. комиссия 3. приборная доска

pang 1. внезапная острая боль 2. *pl.* муки, мучения; **hunger** ~s голодные спазмы

panic паника // панический // пугать

panpsychism панпсихизм

pansexualism пансексуализм

pantheism пантеизм

pantophobia пантофобия, общий страх

papilla папилла, сосочек; **nerve** ~ осязательное тельце, тельце Мейснера; **optic** ~ сосок зрительного нерва; **sense** ~ чувствительный сосочек; **tactile** ~ осязательный сосочек; **taste** ~ вкусовой сосочек; ~ **of hair** волосяной сосочек

papillary папиллярный, сосковидный, сосочковый

parabiosis парабиоз

parabiotic парабиотический

parabulia парабулия, извращение воли

paracentral парацентральный, околоцентральный

parachromatopsia парахроматопсия, частичное затруднение в различении цвета

paracusia паракузия, извращение слуха, ложное слуховое ощущение

paradic регулярный, правильный

paradigm пример, образец, парадигма

paradox парадокс; **Fechner's** ~ *зр.воспр.* парадокс Фехнера (состоит в том, что когда стимулы разной интенсивности подаются каждому глазу в отдельности, сливаясь в одно зрительное впечатление, яркость совокупного зрительного изображения меньше, чем более яркого отдельного изображения)

paradoxic(al) парадоксальный

par(a)esthesia парестезия

paragenital парагенитальный

parageusia парагевзия, расстройство вкуса, извращение вкусовых ощущений

paragrammatism параграмматизм, акатография, речь с заметными отклонениями от грамматических [синтаксических] норм

parafunction извращение функции

paragraphia параграфия

paralalia паралалия, расстройство речи

paralexia паралексия (нарушения при чтении, проявляющиеся в форме замены букв, слогов, слов)

parallax параллакс; **binocular** ~ бинокулярный параллакс; **monocular** ~ монокулярный параллакс

parallelism параллелизм (доктрина о том, что разум и материя сопутствуют друг другу, а не связаны причинно); **cultural** ~ культурный параллелизм; **psychoneural** ~ нервно-психический параллелизм; **psychophysical** ~ психофизический [психофизиологический] параллелизм

paralog двухсложное бессмысленное слово

paralogism паралогизм, ложное умозаключение

paralysant вещество, вызывающее паралич

paralyse 1. парализовать, привести в недеятельное состояние 2. вызывать потерю мышечной силы или чувствительности

paralysis паралич; **flaccid** ~ вялый паралич; **general** ~ прогрессивный паралич; **general** ~ **of the insane** парез, полупаралич; **infantile** ~ детский спинномозговой паралич, острый эпидемический полиомиелит; **progressive** ~ прогрессивный паралич; **spastic** ~ спастический паралич

paralysis agitans *лат.* дрожательный паралич, болезнь Паркинсона

paralytic паралитик // паралитический

paralyze парализовать

paralyzed парализованный

parameter параметр, показатель, характеристика; **medical** ~ медицинский параметр [показатель]; **physical** ~ физический параметр [пока-

затель]; **physiological** ~ физиологический параметр [показатель]

paramimia парамимия

paramnesia псевдореминисценция, парамнезия

paranoia паранойя, параноидная шизофрения

paranoic параноик

paranoid параноидный

paraphasia парафазия (речевое нарушение, при котором больной вставляет в свою речь неподходящие слова)

paraphemia парафемия (неправильное использование слов и фраз)

paraphilia парафилия, половое извращение

paraphonia парафония, частичная афония [безгласие]

paraphrasia парафразия, неправильное употребление слов и фраз

paraphrenia парафрения, паранойя

paraplegic параплегический, пораженный параличом нижних конечностей [нижней части тела]

parapraxia [parapraxis] неспособность [нарушенная способность] выполнять двигательные акты

parasagittal идущий вдоль стреловидного шва

parapsis [paraphia] извращение осязательной чувствительности

parapsychology парапсихология

parareflexia изменение рефлексов, нарушение рефлекторной деятельности

paratypic 1. связанный с внешними влияниями 2. атипический

parathymia паратимия, извращенная эмоциональная реакция

parent родитель, родительница

parentage линия родства, родословная

parenthood отцовство, материнство; **planned** ~ регулируемая [планируемая] рождаемость; **voluntary** ~ *см.* **planned** ~

parity 1. паритет, равенство 2. параллелизм, аналогия, соответствие 3. способность к деторождению

Parkinsonism паркинсонизм, дрожательный паралич

parole *лингв.* речь

paroniria болезненные сновидения

parorexia парорексия, извращенный аппетит

parosmia паросмия, извращение обоняния, обонятельные галлюцинации

parosphresia 1. частичная аносмия, частичная потеря обоняния 2. паросмия, извращение обоняния, обонятельные галлюцинации

paroxysm пароксизм, приступ, припадок

paroxysmal судорожный, проявляющийся припадками

parsimony экономия

part 1. часть, доля 2. орган, член, часть (тела); **integral ~** неотъемлемая часть; **vital ~** (жизненно) важный орган

parthenogenesis партеногенез, девственное размножение

partial 1. частичный, частный 2. пристрастный 3. неравнодушный

partialization дифференциация (по О.Ранку)

participation участие; **differential ~** дифференцированное участие

particularism партикуляризм, исключительная приверженность

partile *стат.* партиль

part-instinct *психоан.* частный инстинкт

partisan приверженец, сторонник, фанатик // фанатичный, пристрастный, слепо верящий (чему-л.)

partisanship 1. слепая приверженность 2. горячая поддержка, защита (чего-л.); **political ~** политическая приверженность

partition 1. разделение 2. деление на части 3. перегородка

partner 1. участник 2. партнер 3. супруг, супруга

part-object *психоан.* анатомический орган как объект любви

parturient роженица // родовой, относящийся к родам

parturition роды, рождение, разрешение от бремени

passion 1. страсть, страстное увлечение 2. пыл, взрыв чувств 3. сильное душевное волнение

passionate 1. страстный, пылкий 2. горячий, вспыльчивый

passionless бесстрастный, хладнокровный, невозмутимый

passive пассивный, неактивный, бездеятельный, инертный

passivism инертность, податливость, покорность (в сексуальном плане)

passivity бездеятельность, инертность

paternalism 1. отеческое попечение 2. излишняя опека и контроль взрослых 3. лишение подчиненных права решать свои личные дела

path 1. путь 2. линия поведения [действия] 3. проводящий нервный путь; **conduction ~** проводящий путь; **final common ~** НФЗЛ общий конечный путь; **nervous ~** нервный путь; **overlapping ~** частично совпадающий путь; **somesthetic ~** проводящий путь общей чувствительности к коре головного мозга; **~ of association** ассоциативный (нервный) путь

pathic болезненный

pathoanatomy патологическая анатомия

pathogenesis патогенез

pathogenetic патогенетический

pathogenic патогенный, болезнетворный

pathognomy симптоматика, симптоматология

pathography изучение человека в

свете тех нарушений и болезней, от которых он страдает

pathologic(al) патологический

pathology патология

pathoneurosis патоневроз

pathophobia патофобия, страх перед болезнями и страданиями

pathopsychology патопсихология

pathos 1. страдания психического происхождения 2. страстное воодушевление, подъем, энтузиазм 3. пафос

pathway 1. путь 2. *НФЗЛ* проводящий путь; **afferent** ~ афферентный проводящий путь; **brainstem** ~ стволовой путь; **efferent** ~ эфферентный проводящий путь; **exteroceptive** ~ (нервный) проводящий путь от экстероцептора; **interoceptive** ~ (нервный) проводящий путь от интероцептора; **nerve** ~ нервный путь; **neural** ~ нервный [нейронный] проводящий путь; **neuromuscular** ~ нервномышечный проводящий путь; **optic** ~s зрительные пути; **proprioceptive** ~ (нервный) проводящий путь от проприоцептора; **retinal** ~ сетчаточный (нервный) проводящий путь; **sensory** ~ сенсорный [чувствительный] проводящий путь; **synaptic** ~ синаптический путь; **visual** ~ зрительный путь

patience терпение, терпеливость, настойчивость

patient пациент, больной // 1. страдающий от боли 2. терпеливый; **mental** ~ душевнобольной

patriarchy патриархат

patronage 1. покровительство, попечительство 2. покровительственное отношение

pattern 1. паттерн, образ жизни, манера поведения 2. структура 3. особенность характера 4. тип, способ 5. рисунок, узор; **action** ~ стиль поведения; **behavior(al)** ~ манера [модель] поведения; **career** ~ структура [модель] карьеры; **conceptual** ~ концептуальный образ [модель]; **culture** ~ 1. культурная модель 2. культурные стандарты; **diagnostic** ~ диагностическая характеристика; **diurnal** ~ суточная характеристика [картина]; **emotional** ~ эмоциональный паттерн; **fixed-action** ~ стереотипная модель поведения; **growth** ~ модель [структура] развития [роста]; **habit** ~ 1. навык 2. нейрофизиологические основы навыка 3. структура навыка; **information** ~ информационный образ; **irradiation** ~ модель иррадиации; **laterality** ~ характер [картина, особенности] латерализации [асимметрии] функций (праворукости или леворукости); **life-organization** ~ образ жизни; **maze** ~ картина [схема] лабиринта; **motor** ~ двигательный паттерн; **need** ~ характер [организация] потребностей (человека); **need-drive-incentive** модель мотивации «потребность—побуждение—стимул»; **occupational ability** ~ профиль профессиональных способностей; **perceptual** ~ воспринимаемый образ; характер восприятия; **press-need** ~ система «потребность—давление» (как единица и объект психологического анализа по Г.Меррею); **phenomenal** ~ феноменальная модель [структура, паттерн]; **recurring** ~ повторяющийся образ [картина]; **reflex response** ~ характер [тип, характеристика] рефлекторной реакции; **response** ~характер [тип, характеристика, модель] реакции; **rigid** ~ **of behavior** автоматизированный [негибкий, ригидный] характер поведения; **stimulus** ~ стимульная модель, характер [тип] стимула; **X-ray** ~ рентгенограмма; ~ **of mental abilities** структура [характер, характеристика] умственных способностей

patterning 1. моделирование 2. выработка реакции на целостную структуру

pause пауза, перерыв; **compensatory** ~ компенсаторная пауза; **eye** ~ зрительная фиксация; **expectant** ~ **in interviewing** ожидаемая пауза при проведении интервью; **fixation** ~ фиксационная пауза; **rest** ~ пауза отдыха

Pavlovianism учение Павлова об условных рефлексах

pavor страх, ужас, испуг

peak пик, максимум, высшая точка; **adaptive** ~ адаптивный пик, максимум приспособления

peakedness островершинность, положительный эксцесс

peccatophobia пеккатофобия, боязнь петь

peculiar особенный, специфичный, специфический

pedagog(ue) учитель, педагог

pedagogic педагогический

pedagogy педагогика; **therapeutic** ~ дефектология

pedant педант, доктринер

pedantic педантичный

pedantry педантичность, педантизм

pederasty педерастия

pedologia педология

pedomorphism педоморфизм (описание поведения взрослых в терминах детского поведения)

pedophilia педофилия

peduncle ножка, полоска белого вещества, соединяющая различные части мозга; **cerebellar** ~ мозжечковая ножка; **cerebral** ~ ножка головного мозга

peer 1. ровесник 2. ровня

pegboard плато с прорезями

pejorism пессимизм

pellet шарик, катышек; пилюля

penalty наказание, взыскание, штраф

pendulum маятник; **control** ~ контрольный маятник; **optical** ~ оптический маятник; **pursuit** ~ маятник слежения

penetrate 1. проникать 2. постигать, понимать, внимать

penetration 1. проникание, проникновение 2. проницаемость 3. проницательность

penis пенис

penmanship 1. искусство письма, каллиграфия 2. почерк

penology пенология, наука о наказаниях и тюрьмах

pentatonic *муз.* пентатонный (о звукоряде)

perceivable заметный, осязаемый

perceive воспринимать

percentile *стат.* процентиль

percept перцепт; **self** ~ *см.* **perceived self**; **visual** ~ зрительный перцепт

perceptible воспринимаемый, ощущаемый

perception 1. восприятие, ощущение, перцепция 2. понимание, осознание; **albedo** ~ восприятие альбедо; **associated** ~ ассоциированное восприятие; **auditory** ~ слуховое восприятие; **binocular** ~ бинокулярная перцепция [восприятие]; **depth** ~ восприятие глубины; глубинное [пространственное] зрение; **enriched** ~ обогащенное восприятие; **extrasensory** ~ сверхчувственное восприятие, телепатия; **false** ~ неправильное [ложное, ошибочное] восприятие; **form** ~ восприятие формы; **illusory** ~ иллюзорное восприятие, иллюзия; **impoverished** ~ обедненное восприятие; **intersensory** ~ комплексное восприятие; **kinesthetic** ~ кинестетическое восприятие [ощущение]; **light** ~ восприятие [ощущение] света; **literal** ~ адекватное восприятие; **object** ~ восприятие объекта; **rotation** ~ ощущение (собственного) вращения; **selective** ~ селективное [избирательное] восприятие; **sense** ~ восприятие; **shape** ~ восприятие формы; **social** ~ социальная перцепция; **space** ~ восприятие пространства; **speech** ~ восприятие речи; **stereo** ~ стереоскопическое восприятие; **tactile** ~ осязательное восприятие, осязание; **time** ~ восприятие [чувство] времени; **visual** ~ зрительное восприятие [ощущение]

perceptionalism доктрина, утверждающая, что восприятия точно соответствуют воспринимаемым предметам

perceptionism теория о том, что познание связано с чувственными восприятиями

perceptive перцептивный, воспринимающий, способный к восприятию, восприимчивый

perceptivity 1. восприимчивость 2. понятливость

perceptual перцептивный

perceptualization процесс формирования образа восприятия

percipient 1. воспринимающий (человек) 2. *парапсих.* находящийся под воздействием телепатии

perfect совершенный, идеальный // 1. совершенствовать 2. выполнять

perfectibility 1. совершенство 2. состояние совершенства

perfection 1. совершенство, безупречность 2. высшая ступень

perfectionism гиперисполнительность

perform исполнять, выполнять

performance 1. исполнение, выполнение, поведение 2. работа, производительность 3. поступок, действие; **duty** ~ выполнение служебных обязанностей; способность выполнения служебных обязанностей; **human** ~ работа [работоспособность] человека, исполнение работы человеком; **human psychomotor** ~ психомоторная работа [исполнение] человека; **linguistic** ~ языковая активность; **motion** [**motor**] ~ моторное исполнение, выполнение движений; работа, связанная с движениями; **muscular** ~ мышечная работа [исполнение], выполнение мышечной работы; **psychomotor** ~ психомоторная работа [исполнение], выполнение психомоторной работы; **role** ~ исполнение роли, ролевое исполнение; **sensomotor** ~ сенсомоторное исполнение [работа]; **subject's** ~ исполнение испытуемого; **task** ~ выполнение задания; **team** ~ бригадная работа; **threshold** ~ пороговое исполнение; **visual** ~ зрительная работа, выполнение зрительной работы

perch точка фиксации (при чтении)

pericardial перикардиальный

perimeter периметр, прибор для исследования периферического поля зрения

perimetry периметрия, определение границ поля зрения при помощи периметра; **sound** ~ определение точности локализации звука

perineural периневральный, относящийся к оболочке нерва

period 1. период, промежуток времени 2. круг, цикл 3. менструация; **critical** ~ критический период; **germinal** ~ зародышевый период; **growth** ~ период роста; **latent** ~ 1. латентный период, промежуток времени между раздражением и ответной реакцией 2. инкубационный период (болезни) 3. *психоан.* латентный [скрытый] период (в психосексуальном развитии ребенка); **organogenetic** ~ период органогенеза [закладки и развития органов у эмбриона]; **organokinetic** ~ органокинетический период (последние семь месяцев беременности); **practice** ~ 1. период предварительной тренировки 2. период научения [обучения]; **reaction** ~ период [промежуток времени] между раздражением и ответной реакцией; **reconditioning** ~ период восстановления; **refractory** ~ *НФЗЛ* рефрактерный период, период невозбудимости; **rest** ~ период отдыха [покоя]; **storm-and-stress** ~ «трудный» [подростковый] возраст; **training** ~ период обучения [тренировки]; **transition** ~ переходный период; **warming-up** ~ период врабатываемости

periodic 1. периодический 2. циклический

periodicity периодичность, частота

peripheral 1. внешний 2. периферический 3. периферийный

peripheralism периферическая теория

periphery периферия; ~ **of the retina** область сетчатки, наиболее удаленная от центра видения

permanence [permanency] постоянство, неизменяемость, прочность

permanent перманентный, постоянный, неизменный

permeability проницаемость

permeable проницаемый

permissible допустимый

permission позволение, разрешение

permissive 1. дозволяющий, позволяющий, разрешающий 2. необязательный, факультативный

permissiveness позволительность, дозволенность

permutation *мат.* перестановка

pernicious злокачественный, пагубный, вредный

perplex 1. ставить в тупик, приводить в недоумение, смущать, сбивать с толку 2. запутывать, усложнять

perplexed 1. ошеломленный, сбитый с толку, растерянный 2. сложный, запутанный

persecution преследование, гонение

perseverance настойчивость, стойкость, упорство

perseveration персеверация, бессмысленное [навязчивое] повторение одной и той же реакции [слова, движения]

persevere стойко [упорно] продолжать [добиваться]

persist 1. упорствовать, настойчиво [упорно] продолжать 2. устоять

persistence 1. стойкость, упорство 2. инерция 3. выносливость 4. постоянство; **academic** ~ стабильность состава учащихся; ~ **of sensation** стойкость [инерция] ощущения; ~ **of vision** стойкость [инерция] зрительного ощущения

person 1. человек, личность 2. отдельный человек, индивид 3. телесная форма человека; **composite** ~ составная фигура человека; **ethical** ~ нравственный человек; **insane** ~ ненормальный человек; **meditative** ~ человек, склонный к размышлениям; **trained** ~ тренированный [подготовленный] человек

persona внешняя роль, маска, личина

personal 1. личный, индивидуальный 2. телесный 3. относящийся к характеристике людей

personalism 1. *идеал. филос.* персонализм (доктрина о том, что конечная реальность состоит из множества духовных существ или отдельных людей) **2.** теория [учение], утверждающая особое значение личности **3.** индивидуализм

personalistic 1. личный, индивидуальный **2.** относящийся к персонализму

personalistics персоналистическая психология

personality 1. личность **2.** индивидуальность **3.** личные свойства; **affective ~** аффективная личность; **alternating ~** альтерирующая личность; **antisocial ~** антисоциальная личность; **attention--seeking ~** человек, стремящийся привлечь к себе внимание; человек, нуждающийся во внимании; **authoritarian ~** авторитарная личность; **basic ~** основная структура личности; **common ~** наиболее типичные образцы динамики поведения (по Г.Меррею); **compulsive ~** конформная личность; **cyclothymic ~** циклотимик, страдающий маниакально-депрессивным психозом; **deficient ~** неполноценный человек; **double ~** раздвоение личности; **dual ~** раздвоение личности; **emotionally unstable ~** эмоционально неустойчивая личность; **epileptoid ~** эпилептоидная личность; **expanded ~** личность в широком смысле (включая то, что человек считает неотъемлемой частью самого себя, напр. одежду, своих близких т.д.); **fallible ~** ошибающийся [подверженный ошибкам] человек; **hysterical ~** истерическая личность; **inadequate ~** социально неадекватная личность; **inappropriate ~** неподходящий [несоответствующий требованиям] человек; **intraconscious ~** проницательный человек; **laterality ~** человек с отклонениями в латерализации функ-

ций (напр., с леворукостью); **lifetime ~** свойственные личности и сменяющие друг друга в течение жизни стереотипы поведения (по Г. Меррею); **mature ~** зрелая личность; **momentary ~** особенности личности, проявляющиеся в отдельном поступке (по Г. Меррею); **multiple ~** множественная личность; **over-aggressive ~** излишне агрессивный человек; **paranoid ~** человек с параноидными реакциями, параноик; **primary ~** основная структура личности (у множественной личности); **problem ~** конфликтная личность; **psychopathic ~** психопат, психопатическая личность [человек]; **psychosexual ~** психосексуальный тип человека; **reckless ~** безрассудный [опрометчивый] человек; **schizoid ~** шизоидная личность, патологическая (диссоциированная) личность; **secondary ~** диссоциированная структура личности (у множественной личности); **shut-in ~** аутическая личность, замкнутый человек; **split ~** раздвоение личности; **total ~** общая характеристика человека [личности]; **vital ~** человек, полный жизни; **vulnerable ~** ранимая личность

personate характерный для человека // играть роль, выдавать себя за кого-л.

personation олицетворение, воплощение

personification олицетворение, воплощение, персонификация

personnel персонал, личный состав, кадры

personology персонология, изучение личности как раздел психологии

perspective 1. перспектива **2.** вид; **aerial ~** пространственная [воздушная] перспектива; **alternating ~** обратная перспектива; **angular**

~ угловая перспектива; **current** ~ текущая перспектива; перспектива, существующая в настоящее время; **linear** ~ линейная перспектива; **reversible** ~ обратная перспектива; **time** ~ временная перспектива

perspicacious проницательный

perspicacity проницательность

perspicuity 1. ясность, понятность 2. прозрачность, проницательность

perspicuous 1. ясный, понятный 2. ясно выражающий свои мысли 3. прозрачный

perspiration 1. перспирация, потение 2. пот, испарина

persuadable поддающийся убеждению

persuade 1. убеждать 2. склонить, уговорить

persuasible поддающийся убеждению

persuasibility способность поддаваться убеждению

persuasion убеждение

persuasive убедительный

persuasiveness убедительность

pertinacious упрямый, неуступчивый

pertinacity упрямство, неуступчивость

perturb 1. возмущать, приводить в смятение, нарушать (спокойствие) 2. волновать, беспокоить, смущать

perturbation 1. пертурбация 2. волнение, расстройство, смятение 3. нарушение спокойствия

perverse 1. упрямый, упорствующий 2. порочный, извращенный 3. превратный; ошибочный

perversion 1. извращение, искажение 2. извращенность; **sex** ~ половое извращение

perversity 1. упрямство, своенравие 2. извращенность; порочность

perversive извращающий

pervert лицо, страдающее различного рода извращениям; **sexual** ~ лицо, страдающее половыми извращениями

perverted 1. извращенный 2. совращенный 3. развращенный

pessimism пессимизм

pessimist пессимист

petit mal *фр.* временный припадок эпилепсии; легкая форма эпилептического припадка

petulance раздражение, капризная раздражительность, обидчивость

petulant раздражительный, нетерпеливый, обидчивый

phantasm 1. фантом, призрак 2. иллюзия, кажущееся свойство

phantasy фантазия, воображение, игра воображения

phantom 1. фантом, призрак 2. иллюзия

pharmacopsychosis лекарственный психоз

phase 1. фаза 2. стадия, период 3. аспект; **anal** ~ анальная фаза (развития); **circadian** ~ фаза суточного ритма; **critical** ~ критическая фаза; **excitatory** ~ фаза возбуждения; **genital** ~ *психоан.* генитальная фаза (развития); **inhibitory** ~ фаза торможения; **negative** ~ период негативизма (у подростка); **oral** ~ *психоан.* оральная фаза (развития); **paradoxical** ~ парадоксальная фаза; **phallic** ~ *психоан.* фаллическая фаза; **post-puberal** ~ постпубертатный период; **pregenital** ~ предгенитальная фаза (развития); **refractory** ~ НФЗЛ рефрактерный период, период невозбудимости; **supernormal recovery** ~ НФЗЛ период [фаза] экзальтации

phasic фазный, стадийный

phatic фатический, положительно оценивающий на эмоциональном уровне безотносительно к содержанию

phenobarbital фенобарбитал (снотворное)

phenomena *см.* **phenomenon**

phenomenal 1. феноменальный, необыкновенный **2.** познаваемый посредством чувств и непосредственного опыта **3.** имеющий дело с явлениями [наблюдаемыми фактами]

phenomenalism 1. феноменализм **2.** феноменология

phenomenology 1. феноменология **2.** описание и классификация явлений

phenomenon (*pl.* **phenomena**) явление, феномен; **acoustical** ~ акустический [звуковой] феномен [явление]; **arousal** ~ феномен «эраузла» [активности, повышения тонуса ЦНС]; **Aubert** ~ *зр.воспр.* феномен Ауберта; **auditory** ~ феномен [явление], относящийся к слуху; **Bezold – Brücke** ~ *зр.воспр.* феномен Бецольда – Брюке; **bioelectric** ~ биоэлектрический феномен [явление]; **break** ~ явление резкой смены направления движения (напр., глаза в результате утомления); **constancy** ~ константность восприятия; **déjà entendu** ~ *фр.* феномен «уже слышанного»; **déjà éprouvè** ~ *фр.* иллюзия повторного действия; **déjà vu** ~ *фр.* феномен «уже виденного»; **Honi** ~ эффект отсутствия ожидаемого иллюзорного восприятия в комнате Эймса; **mental** ~ психическое явление; **Pulfrich** ~ *зр.воспр.* феномен [эффект] Пульфриха; **physic(al)** ~ физический феномен [явление]; **physiological** ~ физиологический феномен [явление]; **psychic(al)** ~ психический феномен [явление]; **psychophysic** ~ психофизический феномен [явление]; **Purkinje** ~ феномен Пуркинье;

reflex ~ рефлекторное явление; **release** ~ *НФ3Л* расслабление, релизинг-эффект (восстановление деятельности центра при снятии воздействия вышележащего нервного центра); **social** ~ социальное явление; **staircase** ~ *физиол.* эффект суммации, лестничный феномен; **stepwise** ~ *гештальтпсихол.* феномен структурности; **Treppe** ~ *см.* **staircase** ~; **Zeigarnik** ~ эффект Зейгарник

phenotype фенотип

philosopy философия; **experiential** ~ эмпиризм; **mechanical** ~ механистическая философия, механицизм; **mental**~ ментализм; ~ **of psychology** философские основы психологии

phi-phenomenon «фи»-феномен, видимое движение

phlegmatic флегматичный

phobia фобия, страх, боязнь

phobiac страдающий фобией

phobophobia фобофобия

phon фон (единица громкости в децибелах)

phone *лингв.* фона (элементарный речевой звук)

phonate издавать звуки

phonation фонация, звукообразование

phonautograph фонавтограф (прибор для графической записи звуковых волн)

phoneidoscope фонендоскоп

phonelescope фонелескоп (фоноскоп для наблюдения, измерения и фотографической регистрации звуковых волн)

phoneme *лингв.* фонема

phonetic фонетический

phonetics фонетика

phonic звуковой

phonics акустика

phonism фонизм (разновидность

синестезии)
phonodeik фонодейк (прибор для записи звука на фотопленку)
phonogram фонограмма
phonopathy расстройство органов речи
phonophobia фонофобия
phonoscope фоноскоп
phoria фория
phorometry форометрия
phosphene (зрительный) фосфен
phot фот (единица освещенности, яркости)
photerythrous обладающий повышенной чувствительностью к красному концу спектра
photic световой, относящийся к свету
photism фотизм
photodynamic относящийся к действию света на организм
photokinesis фотокинез
photoma фотома
photomania мания, развивающаяся под влиянием света
photometer фотометр
photometry фотометрия; **flicker ~** фотометрия мельканий; **visual ~** визуальная [субьективная] фотометрия
photon фотон (единица яркости)
photopathy болезнетворное действие света
photoperceptive фоторецептивный, световоспринимающий
photoperceptor фоторецептор; нервное окончание, воспринимающее свет
photophobia фотофобия, светобоязнь
photophobic страдающий фотофобией [светобоязнью]
photopia фотопия, зрение в условиях яркого освещения [световой адаптации]; адаптация к свету, световая адаптация
photopic фотопический, относящий-

ся к дневному зрению [световой адаптации]
photopsia фотопсия
photoreceptive фоторецептивный, световоспринимающий
photoreceptor фоторецептор; концевой орган, воспринимающий световые раздражения
photosensibility светочувствительность
photosensitive светочувствительность
photosensitivity светочувствительность, фоточувствительность
photosensitization фотосенсибилизация
phototaxis фототаксис, фототропизм
phototonus чувствительность к свету
phototropism фототропизм, фототаксис
phrenasthenia френастения, слабоумие
phrenetic 1. маниакальный, безумный **2.** фанатичный // маньяк
phrenology френология
phyletic филогенетический
phylogenesis филогенез
phylogenetic(al) филогенетический
phylogeny филогенез
physical 1. физический, природный **2.** материальный **3.** телесный
physicalism физикализм
physician врач; **mental ~** психиатр
physics физика
physiogenetic физиогенетический
physiognomic физиономический, физиогномический
physiognomics физиогномика
physiognomy 1. физиогномика **2.** физиономия, лицо, облик
physiological физиологический
physiologist физиолог
physiology физиология; **applied ~**

прикладная физиология; **basic ~** общая физиология; **bodily ~** соматофизиология; **comparative ~** сравнительная физиология; **development(al) ~** физиология развития; **human ~** физиология человека

physiotherapeutic физиотерапевтический

physiotherapy физиотерапия

physique конституция, телосложение; **asthenic ~** астенический тип телосложения

pia *лат.* мягкая мозговая оболочка

pictograph пиктограмма

picture картина, рисунок, изображение; **Blecky ~** s картинки Блэки (детский проективный тест); **retinal ~** изображение на сетчатке; **X-ray ~** рентгенограмма

pillars; ~ of Corti *см.* **rods of Corti**

pitch высота (тона, звука); **absolute ~ 1.** абсолютный слух **2.** абсолютная высота (звука); **high ~** высокий тон; **relative ~** относительная высота (звука); **standard ~** стандартная высота (звука)

pitchfork камертон

pithecantropus erectus питекантроп, прямоходящий

pithecoid обезьяноподобный, напоминающий обезьяну

pithiatism 1. истерия в результате внушения **2.** лечение внушением

pituitary гипофиз // слизистый

pity жалость, сострадание, сожаление

pivot 1. точка опоры [вращения] **2.** центр, основной пункт

place 1. место **2.** положение, должность, служба // **1.** помещать **2.** помещать на должность, устраивать; **work ~** рабочее место

placebo плацебо, индифферентное вещество (применяемое для психотерапии или в качестве контроля в эксперименте)

placement 1. помещение, размещение **2.** определение на должность, распределение на работу; **conclusion ~** помещение выводов; **job ~** трудоустройство, распределение на работу

plan 1. план, проект **2.** замысел **3.** способ действий **4.** схема, диаграмма, чертеж **5.** система // составлять план, планировать; **life ~** план жизни (по А.Адлеру)

plane 1. плоскость **2.** уровень, стадия (развития); **coronal ~** плоскость, параллельная передней поверхности [лбу]; **horizontal ~** горизонтальная плоскость; **median ~** срединная плоскость, плоскость симметрии; **median ~** *см.* **medial ~** ; **sectional ~** площадь сечения; **transverse ~** горизонтальная [поперечная] плоскость; **vertical ~** вертикальная плоскость; **visual ~** плоскость, в которой лежат зрительные оси

planophrasia поток идей [мыслей]

plasm *физиол.* плазма; **germ ~** *физиол.* зародышевая плазма

plastic пластичный, податливый, гибкий

plasticity пластичность, гибкость; **physiological ~** физиологическая пластичность; **~ of libido** пластичность либидо

plate 1. пластинка, дощечка **2.** *анат.* пластинка; **alar ~** крыловидная пластинка (мозга); **basal ~** хрящевая пластинка при развитии черепа (у позвоночных); **end ~ 1.** концевая пластинка, окончание двигательного нерва **2.** костная пластинка верхней и нижней поверхности позвонка; **Ishihari color ~s** тест на определение цветовой слепоты; **motor end ~** концевая пластинка двигательного нерва на мышце; **neural ~**

мозговая [нервная] пластинка; **sole** ~ концевая пластинка двигательного нерва

plateau плато (на графике)

platonization 1. платонические отношения **2.** сублимация

platycephaly платицефалия, плоская форма черепа

plausibility правдоподобность, вероятность

plausible правдоподобный, вероятный

play игра; **aggressive** ~ агрессивная игра; **construction** ~ конструктивная игра; **parallel** ~ игра рядом; **free** ~ свободная игра; **organized** ~ организованная игра

playback прямое воспроизведение записанного интервью, чтобы испытуемый мог исправить или дополнить сказанное

pleasantness приятность, удовольствие

pleasantness-unpleasantness удовольствие-неудовольствие

pleasure удовольствие, наслаждение; **esthetic** ~ эстетическое наслаждение; **function** ~ удовольствие от проявления своих способностей (по К. Бюлеру); **mode** ~ удовольствие от процесса действия; **organ** ~ *психоан.* эротическое удовольствие, связанное со стимуляцией конкретного телесного органа

pleasure-ego *психоан.* содержание эго, связанное с удовольствием, полученным от удовлетворения инстинктов

plethysmograph плетисмограф

plexus сплетение (нервов и т.п.); **nerve** ~ нервное сплетение

plosive *фон.* взрывной (о согласном звуке)

plot график, диаграмма, план, чертеж // **1.** замышлять, задумывать **2.** составлять план, делать схему, вычерчивать кривую **3.** наносить (данные) на график; **experimental** ~ экспериментальный участок

plotting 1. составление плана [схемы], вычерчивание кривой [диаграммы] **2.** нанесение (данных) на график

pluralism плюрализм

plurality 1. множественность **2.** множество **3.** совместительство

plurel множество [группа, класс, категория] людей, объединенных на основании по крайней мере одного общего признака

point 1. точка **2.** очко **3.** деление, единица **4.** пункт, вопрос, дело // указывать; **anchoring** ~ точка отсчета; **associate** ~ s конгруэнтные точки; **base** ~ основная точка [пункт, ориентир]; **choice** ~ точка выбора; **cold** ~ холодовая точка; **congruent** ~ s конгруэнтные точки; **corresponding retinal** ~ s **1.** корреспондирующие точки (сетчаток обоих глаз) **2.** конгруэнтные точки; **critical** ~ критическая точка; кризис (болезни) (по С.Славсону); **disparate retinal** ~s диспарантные точки сетчатки; **distant** ~ дальняя точка (ясного видения); **far** ~ дальняя точка (ясного видения); **fixation** ~ точка фиксации; **focal** ~ фокальная точка, фокус; **identical** ~s корреспондирующие точки (сетчаток обоих глаз); **indifference** ~ нейтральная точка; **motor** ~ точка вхождения двигательного нерва в мышцу; **near** ~ **(of accomodation)** ближайшая точка (ясного видения); **near** ~ **(of convergence)** ближайшая точка конвергенции; **neutral** ~ нулевая точка; **nodal** ~ узловая (оптическая) точка (глаза); **reference** ~ начальная точка отсчета, исходная точка; начало координат; опорный ориентир;

scale ~ s отметки на шкале; **starting** ~ отправная точка [пункт]; **visual** ~ центр зрения; **zero** ~ нулевая точка; ~ **of contact** точка соприкосновения; ~ **of death** момент смерти; ~ **of fixation** точка фиксации; ~ **of regard** точка фиксации; ~ **of subjective equality** точка субъективного равенства; ~ **of tenderness** чувствительная [болезненная] точка; ~ **of view** точка зрения

pointer стрелка, указатель (прибора)

pointing; **past** ~ «показывание мимо» (опыт с указательным пальцем Барани)

poison яд, отравляющее вещество // отравлять; **fatigue** ~s токсины, вызывающие утомление, кенотоксины

polarity полярность; **ego-object** ~ противоположность «я» и не-«я» [объекта]

polarization поляризация; **mass** ~ поляризация масс

polarize поляризовать(ся)

poll подсчет голосов; число голосов // подсчитывать голоса

polling; **opinion** ~ опрос общественного мнения

polyandry многомужие

polychromatic многоцветный

polydiurnal по многу раз в день

polygamy полигамия, многобрачие

polygenes полигены, полимерные гены

polyglot полиглот // многоязычный, говорящий на многих языках

polygon; **frequency** ~ *стат.* полигон частот; **rectangular frequency** ~ гистограмма

polygraph полиграф, аппарат для полиграфической регистрации; **Keeler** ~детектор лжи

polygyny многоженство

polylogia логорея, многословие

polyneuropathy акродиния, трофодерматоневроз; **alcoholic** ~ алкогольный полиневротический синдром

polyopia полиопия, полиопсия, множественное зрение .

polyphony 1. многозвучие 2. *муз.* полифония

polyphrasia логорея, многословие

pool объединяться, сводить воедино, суммировать // пул, объединение; совокупность

pooling сведение воедино, суммирование, объединение

population 1. популяция, население 2. совокупность; **sampling** ~ выборочная совокупность, выборка; **specific** ~ специфическая популяция [совокупность]

porropsia *зр.* порропсия; зрительное восприятие объекта как более удаленного, чем в действительности

pose поза // 1. позировать 2. ставить, устанавливать; **postural** ~ положение тела, поза

posit класть в основу доводов, постулировать, утверждать

position 1. положение, место, позиция 2. поза 3. должность 4. отношение, точка зрения 5. состояние; **equilibrium** ~ положение [состояние] равновесия; **eye** ~ положение глаза [глазного яблока]; **ordinal** ~ порядковая позиция [положение]; **parental** ~ позиция родителей; **primary** ~ *зр.* исходная позиция (глаза); **secondary** ~ *зр.* позиция глаза, отличная от предшествующей; **superior** ~ высокое положение; ~ **in the family** положение в семье

positive 1. позитивный, положительный 2. уверенный 3. абсолютный, безусловный, определенный 4. эмпирический; **false** ~ ошибка включения (в тестологии)

positivism 1. позитивизм 2. догматизм **3.** положительность; **logical** ~ логический позитивизм

possession одержимость

possessiveness собственнический инстинкт

possibility возможность; ~ **of error** возможность (совершения) ошибки; ~ **of unconsciousness** возможность потери сознания, вероятность бессознательного состояния

posterior 1. задний **2.** последующий **3.** позднейший

posterior-anterior задне-передний

posterity потомство

postnatal постнатальный, послеродовой

post partum *лат.* после родов

postremity общее правило о том, что последнее из выполняемых в определенной ситуации действий в будущем в аналогичной ситуации организм повторит с наибольшей вероятностью

post-test послеэкспериментальный тест [обследование]

postulate постулат // постулировать, принимать без доказательства; **sensory integration** ~ постулат сенсорной интеграции (по Х.Бергу и М. Биттерману); ~ **of derived properties** *гештальтпсихол.* принцип вторичности свойств

postural постуральный, относящийся к позе [положению тела]

posture поза, положение; **equilibrium** ~ поза [положение], обеспечивающая равновесие; **freezing** ~ поза замирания [затаивания]; **normal** ~ нормальная поза [положение]; **threat** ~ угрожающая поза

potency 1. сила, могущество, власть **2.** эффективность, действенность **3.** потенция; потенциальные возможности

potent 1. сильный, мощный **2.** убедительный

potential потенциал // потенциальный, скрытый; **action** ~ потенциал действия; **bioelectric** ~ биоэлектрический потенциал; **brain** ~ потенциал головного мозга (при электроэнцефалографии); **breeding** ~ потенциал размножения, репродуктивный потенциал; **compound action** ~ суммарный потенциал; **effective reaction** ~ эффективный реактивный потенциал (по К.Халлу); **electromyographic** ~ электромиографический потенциал; **equilibrium** ~ потенциал равновесия; **excitatory** ~ потенциал возбуждения (по К.Халлу); **generalized inhibitory** ~ генерализованный тормозной потенциал (по К. Халлу); **inhibitory** ~ тормозной потенциал (по К.Халлу); **interaction** ~ потенциал интеракции; **muscle action** ~ потенциал действия работающего мускула; **performance** ~ потенциал [возможности] исполнения [выполнения работы]; **psychophysiological** ~ психофизиологический потенциал [возможности, способности]; **reaction** ~ потенциальная реакция (по К.Халлу); **reproductive** ~ потенциал размножения, репродуктивный потенциал; **response** ~ арсенал возможных ответов [реакций]; **rest** ~ потенциал покоя; **skin** ~ кожный потенциал; **specific action** ~ специфический потенциал действия; **survival** ~ потенциал выживания

potentiality потенциальность, потенциальная возможность

power 1. сила, мощь **2.** способность **3.** *опт.* сила увеличения **4.** *мат.* степень **5.** энергия, мощность; **adaptation** ~ приспособляемость; **begetting** ~ способность производить потомство, сила производительности, воспроизводственная мощь; **candle** ~ свеча (единица силы света); **coercive** ~ сила принуждения; **cognitive** ~ познавательная способность; **decision--taking** ~ способность принимать решение; **defining** ~ аккомодационная способность хрусталика; **discriminating** ~ дискриминационная способность; **inadequate** ~ неадекватная сила; **inventive** ~ изобретательность, находчивость; **mental** ~ интеллект; **motive** ~ движущая сила, энергия; **motor** ~ двигательная сила; **personal** ~ личная власть [сила]; **protective** ~ защитная [задерживающая] способность; **rational** ~ s умственные способности; **refractive** ~ сила рефракции; **reproductive** ~ сила воспроизведения, способность к размножению; **resistance** ~ сила сопротивления, сопротивляемость; **resolving** ~ разрешающая способность (глаза, оптической системы); **reward** ~ сила награды; **social** ~ социальный авторитет [власть]; **specific refractory** ~ удельная светопреломляющая способность; **visual** ~ зрительная способность; ~ **of a test** *стат.* мощность критерия

practicability осуществимость, целесообразность

practicable 1. осуществимый, реальный **2.** полезный, годный к употреблению

practical 1. практический **2.** полезный, целесообразный **3.** фактический

practice 1. практика **2.** тренировка, упражнение // **1.** тренироваться, упражняться **2.** применять на практике **3.** делать (что-л.) по привычке; **child-rearing** ~s воспитание детей; **clinical** ~ клиническая [лечебная] практи-

ка; **distributed** ~ распределенное научение [тренировка]; **feeding** ~ s кормление, особенности кормления [питания]; **massed** ~ концентрированное научение [тренировка]; **medical** ~ медицинская практика; **negative** ~ обучение на ошибках: **spaced** ~ повторение [воспроизведение, тренировка] с задержкой [интервалами]

practiced 1. опытный **2.** приобретенный на практике

pragmatic 1. прагматический **2.** практичный, практический

pragmatics прагматика

pragmatism прагматизм

praxiology праксиология (психология как наука о поведении)

praxis 1. практика, действие **2.** привычка, обычай **3.** практический пример, модель

preadolescence отрочество

precaution предосторожность

precedence 1. предшествование **2.** первоочередность; предпочтение, приоритет **3.** старшинство, более высокое положение, первенство

precedent предшествующий

preceding предшествующий

precenter задавать позицию глаза непосредственно перед предъявлением стимула

preception предварительное представление о предмете, облегчающее его восприятие

precis аннотация, конспект

precise 1. точный, определенный **2.** аккуратный, пунктуальный **3.** тщательный

preciseness точность

precision точность

preclude предотвращать, устранять, препятствовать

preclusion предотвращение, устранение

preclusive предотвращающий, превентивный

preclusiveness превентивность

precocious 1. рано развившийся **2.** преждевременный

precocity раннее развитие, преждевременная зрелость, акселерация

precoding предварительное кодирование

precognition *парапсих.* предсознание

preconceived предвзятый

preconception предвзятое мнение, предубеждение

preconscious предсознательный

precox шизофрения // преждевременно развившийся

predecessor предшественник

predelinquent личность, склонная к антисоциальному поведению

predetermine 1. предопределять **2.** предугадывать

predicate предикат, сказуемое // **1.** утверждать **2.** наводить на мысль **3.** *лог., грам.* предицировать

predication 1. утверждение **2.** *грам., лог.* предикация

predict предсказывать, прогнозировать

prediction предсказание, прогнозирование; **differential** ~ дифференциальный прогноз

predilection склонность

predispose предрасполагать

predisposition предрасположение, склонность; **hereditary** ~ наследственное предрасположение; **psychiatric** ~ предрасположенность к психической болезни [нарушению, расстройству]

predormition состояние, предшествующее сну

prefer предпочитать, отдавать предпочтение

preferable предпочтительный

preference предпочтение; **hand** ~ предпочтение [преобладание] в использовании (правой или левой) руки; **musical** ~ предпочтение в музыке; **sequence** ~ предпочтение (определенной) последовательности (действий); **subjective** ~ субъективное предпочтение

prefiguration 1. представление (кого-л., чего-л.) в (каком-л.) образе **2.** прообраз

prefigure представлять (себе) мысленно, рисовать в своем воображении, воображать

preformism преформизм (концепция о том, что уже в зародыше в готовом виде заложены свойства и признаки взрослого организма)

pregnancy беременность

pregnanat беременная

prehensile хватательный, приспособленный для хватания, цепкий

prehension 1. хватание, захватывание **2.** способность схватывать [понимать], сообразительность, цепкость (ума); **pincer** ~ хватательный рефлекс [движение]

pre-human существовавший на земле до появления человека

prejudge оценивать заранее, предрешать

prejudication предубеждение, заранее составленное мнение

prejudice предрассудок; пристрастное [предвзятое] мнение; **ethnic** ~ этнические предрассудки; **race** ~ расовые предрассудки

premature недоношенный (ребенок)

prematurity недоношенность, досрочность, преждевременность, преждевременная зрелость

premise *лог.* посылка // *лог.* исходить из посылки

prenatal пренатальный, внутриутробный, предродовой

preparation 1. приготовление, подготовка **2.** препарат **3.** лекарство

preparedness готовность

preperception предчувствие

prepotence [prepotency] преобладание, доминирование

prepotent преобладающий, доминирующий

presage предчувствие, предсказание, предвестник // предчувствовать, предсказывать, предвещать

presbyophrenia пресбиофрения, старческое слабоумие

presbyopia пресбиопия, старческая дальнозоркость

preschizophrenia; coarctated [inhibited] ~ шизофренический дебют

preschool дошкольное воспитательное учреждение

prescribe 1. предписывать **2.** прописывать (лекарство и т.п.)

prescription 1. предписание, распоряжение **2.** *мед.* рецепт; прописанное лекарство; **social** ~s социальные предписания

present настоящее // теперешний, настоящий // предъявлять; **psychological** ~ психологическое настоящее

presentation предъявление; **sequential** ~ последовательное предъявление; **serial** ~ серийное [сериальное] предъявление; **simultaneous** ~ симультанное предъявление; **tactile** ~ тактильное предъявление; **visual** ~ зрительное предъявление

presentiment предчувствие

pressure давление; **acoustic** ~ акустическое [звуковое] давление; **blood** ~ давление крови; **cross** ~ перекрестное давление; **internal** ~ внутреннее давление; **intrinsic** ~ внутреннее давление; **maximal [maximum]** ~ максимальное давление; **minimum audible** ~ минимальное звуковое давление, вызывающее ощущение; **reduced** ~ пониженное давление; **social** ~ социальное давление; **standard** ~

нормальное давление; **systolic** ~ систолическое давление; ~ **toward nonuniformity** давление [принуждение] к различию; ~ **toward uniformity** давление [принуждение] к единообразию

prestige престиж; **occupational** ~ престиж профессии

presumption 1. предположение, допущение **2.** самонадеянность, высокомерие

presumptive предполагаемый, предположительный

presumptuous слишком самоуверенный [самонадеянный, высокомерный]

presuppose 1. предполагать **2.** иметь в качестве предварительного логического условия

presupposition 1. предположение, допущение **2.** исходная посылка

pretence 1. отговорка **2.** притворство, обман

pretend притворяться, делать вид, симулировать

pretest предварительный тест [обследование]

prevent 1. предохранять, предотвращать, предупреждать **2.** препятствовать

prevention предотвращение, предупреждение, профилактика; **sickness** ~ предупреждение болезни

preventionism профилактика

preventive превентивный, предупредительный, профилактический

previse 1. предвидеть **2.** предупреждать, предостерегать

prevision предвидение

pride гордость, чувство гордости [собственного достоинства]; **neurotic** ~ спесь, гордыня (по К. Хорни)

primacy первенство, главенство; **genital** ~ *психоан.* генитальная первичность; **oral** ~ *психоан.* оральное начало в психосексуальном развитии

prima facie *лат.* кажущийся достоверным при отсутствии доказательств

primal; **color** ~ основной цвет

primary 1. что-л. имеющее первостепенное значение **2.** основной цвет // **1.** первоначальный, первичный **2.** основной; **color** ~s основные цвета; **colorimetric** ~s основные цвета колориметра; **psychological** ~s *см.* color ~s

primate примат

prime главный, основной, важнейший // **1.** простое число **2.** основной тон

primipara первородящая, женщина, рожающая в первый раз

primiparous относящийся к первородящей

primiparity первые роды; состояние после рождения первого ребенка

primitive 1. примитивный **2.** первобытный

primitivization примитивизация

primordial примордиальный, зародышевый, зачаточный

primordium зачаток

principal главный, основной, ведущий, выдающийся

principle принцип, правило, закон; **adhesion** ~ принцип ассоциации (по К. Левину); **availability** ~ принцип доступности; **Bayes'** ~ *стат.* теорема Бейеса; **cognitive-sign** ~ когнитивно-знаковый принцип; **configuration** ~ принцип конфигурации; **contemporaneity** ~ принцип теории поля К. Левина о том, что поведение или другие изменения в психологическом поле зависят от структуры поля в данный момент; **descriptive** ~ описательный принцип; **Doppler's** ~ *физ.* принцип Доп-

плера; **emphasis** ~ принцип значимости; **ethical** ~ s основы (теории) нравственности, этические принципы; **functional** ~ **of neural organization** функциональный принцип нервной организации; **growth** ~ принцип роста (по К. Роджерсу); **hierarchical** ~ иерархический принцип; **interaction** ~ принцип взаимодействия афферентных нервных импульсов (по К.Халлу); **least effort** ~ принцип наименьших усилий; **lust** ~ принцип радости; **least squares** ~ *стат.* способ наименьших квадратов; **nirvana** ~ инстинкт смерти; **maximization** ~ принцип максимизации; **optimal stimulation** ~ принцип оптимальной стимуляции; **pain** ~ принцип боли (одно из проявлений инстинкта смерти); **phylogenetic** ~ филогенетический принцип; **pleasure** ~ *психоан.* принцип удовольствия; **pleasure-pain** ~ *психоан.* принцип боли и удовольствия; **reality** ~ *психоан.* принцип реальности; **topographical** ~ *НФЗЛ* принцип топографического распределения афферентного возбуждения; ~ **of advantage** предпочтительный способ реагирования [объяснения]; ~ **of anterior-posterior development** закон направления развития от головы к хвосту; ~ **of associative shifting** принцип ассоциативного переноса (по Е. Торндайку); ~ **of cephalocaudad development** закон цефалокаудального развития; ~ **of conservation of effect** *см.* law of use; ~ **of continuity** принцип непрерывности ; ~ **of creative resultants** гипотеза творческого синтеза (по В. Вундту); ~ **of determined action** *гештальтпсихол.* принцип обусловленности составляющих целым; ~ **of disuse** принцип (постепенного) затухания неиспользуемых приобретенных реакций [ответов]; ~ of economy принцип экономии; ~ of individuating forereference принцип опережающего развития (отдельных систем и функций организма); ~ of least energy (expenditure) закон [принцип] наименьшей затраты энергии; ~ of maturation принцип созревания; ~ of multiple causation принцип множественной причинности; ~ of multiple response возможность множественного ответа; ~of organization принцип организации; ~ of parsimony принцип экономии

prior 1. прежний, предшествующий 2. более важный

priority 1. предшествование 2. старшинство, первенство, приоритет

prism *опт.* призма

private 1. личный, отдельный, частный, индивидуальный 2. неофициальный

proactive проактивный

probability *мат.* вероятность; acceptance ~ доверительная вероятность; complementary ~ взаимодополняющая вероятность; compoud ~ суммарная вероятность; conditional ~ условная вероятность; confidence ~ *см.* acceptance ~ ; contingent ~ *см.* conditional ~; error ~ вероятность ошибки; joint ~ суммарная вероятность; normal ~ вероятность нормального распределения; posterior ~ апостериорная вероятность; prior ~ априорная вероятность; rejection ~ вероятность отказа; reliability ~ степень надежности; response ~ вероятность ответа; survival ~ вероятность выживания; ~ of response вероятность ответа

probable 1. вероятный, возможный 2. предполагаемый

probation испытание, испытательный срок

probationer испытуемый, стажер, находящийся на практике

problem 1. проблема, вопрос, задача 2. трудность; alley ~ проблема восприятия параллельных линий; communication ~ проблема связи [общения]; constant-frame-of--reference ~ проблема постоянной точки отсчета; domestic ~ семейная [домашняя, бытовая] проблема; eureka-type ~ проблема [задание] эвристического типа; feeding ~ отсутствие аппетита (у ребенка); matching-from-sample ~ задача выбора по образцу; medical ~ медицинская проблема; methodological ~ методологическая проблема; mind-body ~ проблема связи между душой и телом (метафизический вопрос); nature-nurture ~ проблема относительного влияния наследственности и окружающей среды на развитие организма; nuclear ~ центральная [исходная] проблема; perceptual ~ проблема восприятия [перцепции]; personality ~ трудности адаптации, обусловленные личностными характеристиками человека; psychophysical ~ психофизическая проблема; two-decision ~ двухальтернативная задача; two-sample ~ задача сравнения двух выборок

problematic(al) проблематичный

problem-solving решение проблемы; rational ~ рациональное решение проблемы

procedure 1. метод, способ, методика 2. процесс; adjustment ~ процедура уравнивания стимулов; approximations ~ метод последовательного приближения; average error ~ *см.* adjustment ~; complete learning ~ метод полного заучивания; counterbalanced ~ позиционное уравнивание; **equivalent groups** ~ сравнение эквивалентных групп; **experimental** ~ экспериментальная процедура, методика опыта; **Likert~** метод шкалирования Ликерта; **mean error** ~ *см.* adjustment ~ ; **memorized (involved)** ~ энграмма; запечатленный [следовый] образ о прошлом событии; **minimal changes** ~ *психофиз.* метод минимальных изменений; **nondirective** ~ косвенная психотерапия; **operational** ~ последовательность операций; **pooling** ~ процедура суммирования; **recitation** ~ воспроизведение как этап до перехода к следующему заучиванию; **recognition** ~ метод узнавания (тест на узнавание); **reconstruction** ~ метод реконструкции; **relearning** ~ повторное научение; **reproduction** ~ 1. *см.* adjustment ~ 2. (память) воспроизведение; **rereading** ~ метод проверки после заданного [определенного] числа предъявлений (в заучивании); **right associates** ~ метод парных ассоциаций; **safety** ~ техника безопасности; **time-limit** ~ процедура с фиксированным временем выполнения; **training** ~ метод [методика] обучения [подготовки, тренировки]; ~ **of exhaustion** метод истощения (применительно к ощущениям)

process 1. процесс, ход развития, движение, течение 2. прием, метод, способ 3. *анат.* отросток, выступ // обрабатывать; **adaptive** ~ процесс адаптации, адаптационный процесс; **central** ~ *НФЗЛ* центральный процесс; **cognitive** ~ когнитивный процесс; **communication** ~ процесс коммуникации; **constant** ~ *психофиз.* метод Мюллера–Урбана; **Culler's phi** ~

психофиз. фи-процесс [метод] Каллера; **cultural** ~ культурный процесс; **discriminal** ~ процесс различения; **elimination** ~ процесс отбора (кандидатов и т.п.) путем отсева непригодных; **excitative** ~ процесс возбуждения; **group** ~ групповой процесс; **higher mental** ~s высшие мыслительные процессы; **inhibitory** ~ процесс торможения; **intellectual** ~ мыслительный процесс; **irreversible** ~ необратимый процесс; **latent** ~ *психоан.* латентный процесс; **learning** ~ процесс научения; **Markov** ~ *стат.* марковский процесс; **mental** ~ мыслительный [умственный, психический, интеллектуальный] процесс; **metabolic** ~ процесс обмена веществ [метаболизма], обменный [метаболический] процесс; **nerve-cell** ~ отросток нервной клетки; **normal thought** ~ нормальный мыслительный процесс; **perceptual** ~ процесс восприятия; **physiological** ~ физиологический процесс; **postdecision** ~ ход развития после принятия решения; **predecision** ~ ход развития до принятия решения; **primary** ~ *психоан.* первичный (психологический) процесс (воображение, сновидения, грезы); **psychological** ~ психологический процесс; **psychological selection** ~ процесс психологического отбора; **regenerative** ~ заживление, восстановление; **reproductive** ~ процесс воспроизведения; **reversible** ~ обратимый процесс; **secondary** ~ *психоан.* вторичный (психологический) процесс (мышление и др.); **sense [sensory]** ~ сенсорный процесс; **social** ~ социальный процесс; **stochastic** ~ стохастический процесс; **subliminal** ~ подпороговый процесс; **unlearning** ~ процесс потери навыков [знаний]; **Urban's constant** ~ *см*. constant ~ ; **visual** ~ зрительный [визуальный] процесс; **working** ~ трудовой процесс, процесс работы; ~ **of ageing** процесс старения

processing обработка; **information** ~ переработка информации; **data** ~ обработка данных [информации]; **central** ~ переработка информации в мозге

processor; **brain signal** ~ мозговой механизм обработки сигналов [информации]

procreation воспроизводство, воспроизведение, производство потомства

prodigy (необыкновенно) одаренный человек; **infant** ~ вундеркинд

prodrome продромальный [предшествующий началу] период (болезни)

produce 1. продукция; продукт 2. результат // 1. производить, давать, создавать 2. вызывать, быть причиной 3. представлять, предъявлять

product 1. продукт 2. результат 3. *мат*. произведение; **metabolic** ~ продукт обмена веществ; **scalar** ~ скалярная величина

production 1. производство, изготовление 2. производительность, выработка 3. продукт, изделие

productive 1. производительный, продуктивный 2. плодовитый 3. производящий, причиняющий

productiveness производительность, продуктивность

productivity производительность, продуктивность; ~ **of labor** производительность труда

profession 1. профессия, род занятий 2. лица какой-л. профессии

professional профессионал; человек интеллектуального труда

или свободной профессии // 1. профессиональный 2. имеющий профессию

professionalism профессионализм

proficiency опытность, умение, сноровка

profile 1. профиль 2. очертание, контур 3. краткий биографический очерк; **behavior** ~ профиль поведения; **mental [psychological]** ~ психологический профиль; **psychic** ~ психограмма; **trait** ~ личностный профиль

profit 1. польза, выгода 2. прибыль // 1. приносить пользу, быть полезным 2. пользоваться, воспользоваться 3. получать прибыль

progeny потомство; потомок

prognosis прогноз, предсказание (дальнейшего течения какого-л. процесса)

prognostic прогностический, предвещающий

program(me) программа, план // 1. составлять программу [план] 2. программировать; **adaptability** ~ программа отбора по признакам способностей к адаптации; **assessment** ~ метод экспертных оценок личности; **education(al)** ~ программа обучения [просвещения, образования]; **exercise** ~ программа подготовки [обучения, тренировки]; **intervention** ~ коррекционная программа; **physiological research** ~ программа физиологического исследования

programmatic схематичный

programming программирование

progress 1. прогресс, развитие, движение вперед 2. продвижение 3. достижение, успех 4. ход событий // 1. прогрессировать, улучшаться 2. делать успехи 3. продвигаться вперед; **academic** ~ успехи в учебе [обучении]; **evolutionary** ~ эволюционный прогресс (повышение уровня организации в процессе эволюции)

progression 1. продвижение [ход] вперед 2. *мат.* прогрессия 3. последовательность (событий и т.п.); **arithmetic** ~ арифметическая прогрессия; **geometric** ~ геометрическая прогрессия; **habit** ~ развитие навыков

progressive 1. прогрессивный, передовой 2. прогрессирующий 3. поступательный (движение)

project план, проект // 1. составлять проект 2. выступать, выдаваться

projection 1. проекция 2. выступ, нарост; **descending** ~ *физиол.* нисходящая проекция; **eccentric** ~ периферическая проекция ощущения; **optical** ~ оптическая проекция; проекция изображения; **play** ~ проекция во время игры; **visual** ~ зрительная проекция

projectivity проективность (по Г.Меррею)

projicient связывающий организм с внешним миром

prolactin пролактин (гормон)

prolegomena пролегомены, предварительные рассуждения, введение в изучение чего-л.

proliferate 1. *биол.* пролиферировать 2. размножаться, расти, распространяться 3. увеличивать, порождать

proliferation пролиферация, быстрое разрастание [размножение]

proliferous пролиферирующий, быстро разрастающийся [размножающийся]

prominence 1. выступ; выпуклость 2. видное положение

prominent 1. выступающий, выпуклый 2. заметный, бросающийся в глаза 3. известный, выдающийся

promiscuity 1. разнородность, сме-

шанность 2. неразборчивость (в отношениях и т.п.)

promiscuous 1. разнородный 2. смешанный 3. беспорядочный, неразборчивый (о знакомствах, связях)

promise 1. обещание 2. перспектива, надежда // 1. обещать, давать обещание [обязательство] 2. подавать надежду

promote 1. продвигать(ся) по службе 2. способствовать, поддерживать, поощрять 3. переводить в следующий класс (ученика)

promotion 1. повышение в должности, продвижение по службе 2. содействие (развитию), поддержка, поощрение

prompt подсказка, напоминание // 1. подсказывать, напоминать, побуждать 2. внушать (мысль), возбуждать (чувства) // быстрый

prompting 1. подсказка, подсказывание 2. побуждение

pronation 1. пронация (тела, кисти, предплечья) 2. положение лежа лицом вниз [горизонтально на животе]

proneness предрасположенность, склонность; **accident** ~ предрасположенность к аварийным ситуациям; **anxiety** ~ склонность к тревожности; **conformity** ~ предрасположенность [склонность] к конформности; ~ **to conflict** конфликтность

pronounce 1. произносить, артикулировать 2. высказывать (мнение); объявлять

pronouncedness определенность [выраженность] оттенка цвета

pronunciation 1. произношение, выговор 2. фонетическая транскрипция

proof 1. доказательство 2. проба, проверка; **irresistible** ~ неопровержимое доказательство; **valid** ~ убедительное доказательство

propagable 1. размножающийся, способный к размножению **2.** распространяемый, передающийся; заразный **3.** передаваемый по наследству из поколения в поколение

propaganda пропаганда

propagate 1. размножать(ся) **2.** распространять **3.** передавать от поколения к поколению (свойства и т.п.)

propagation 1. размножение, воспроизводство **2.** распространение (слухов, идей) **3.** передача (импульсов)

propensity 1. склонность, расположенность (к чему-л.) **2.** пристрастие

proper 1. присущий, свойственный **2.** правильный, должный

property свойство, качество; **additive** ~ аддитивное свойство; **emergent** ~ эмерджентное свойство; **functional** ~ функциональное свойство; **kinetic** ~ кинетическое свойство; **physical** ~ физическое свойство; **spectral** ~ спектральное свойство

prophecy предсказание, пророчество // предсказывать, пророчить; **self-fulfilling** ~ сбывающееся [сбывшееся] пророчество

prophylactic профилактический

prophylaxis профилактика

propinquity 1. близость **2.** родство

proportion 1. пропорция, соотношение, количественное соотношение **2.** часть, доля **3.** пропорциональность, соразмерность; **inverse** ~ *мат.* обратная пропорциональность

proportionality пропорциональность, соразмерность

propose 1. предлагать, вносить предложение **2.** предполагать, намереваться

proposition 1. *лог.* суждение **2.** утверждение, заявление, высказывание; **hypothetical** ~ гипотетическое утверждение

propositional пропозициональный, относящийся к высказыванию [суждению]

propriety правильность, уместность, пристойность (поведения)

proprioception проприоцепция

proprioceptor проприоцептор, нервный аппарат, воспринимающий стимулы от самого организма

proprium индивидуальность, личность (по Г.Олпорту)

prosencephalon передний мозг (зародыша)

prospect перспектива, план на будущее

prostrate 1. распростертый, лежащий ничком **2.** обессиленный, в прострации, изможденный // **1.** опрокинуть, повергнуть; падать ниц, лежать ничком **2.** истощать, изнурять **3.** сломить, давить нравственно

prostration 1. распростертое положение **2.** прострация, изнеможение, упадок сил; **nervous** ~ нервный срыв, истощение нервной системы, нервное расстройство

protanomaly протаномалия

protanopia протанопия, слепота на красный цвет

protect защищать, предохранять

protection защита, предохранение; **ear** ~ защита уха [слуха]; **personal** ~ индивидуальная [личная] защита; **physiological** ~ физиологическая защита; **visual** ~ защита зрения; **workmen's** ~ охрана труда рабочих

protective защитный, предохранительный

protector защитное приспособление, предохранитель

protectory заведение для беспризорных детей и несовершеннолетних нарушителей

protensity 1. продолжение во времени 2. обладание протяженностью

protest протест // протестовать, возражать; **body ~** физиологическая реакция организма на неблагоприятные факторы

protocol протокол опыта, последовательная запись хода эксперимента

protogynous характеризующийся созреванием женских элементов раньше мужских

protogyny протогиния, созревание женских половых элементов раньше мужских

protopathic 1. первичный, идиопатический 2. относящийся к способности воспринимать сильные болезненные раздражения

prototype прототип, первоначальная форма

proud 1. гордый, обладающий чувством собственного достоинства 2. надменный, самодовольный

prove 1. доказывать 2. испытывать, пробовать 3. оказываться

proveable доказуемый

provisional временный, предварительный

provocation 1. раздражение 2. побуждение, вызов; подстрекательство; **~ of behavior** побуждение [вызов] (определенного) поведения

provocative возбуждающий, провоцирующий

provoke вызывать, возбуждать

proximal 1. ближайший к месту прикрепления, расположенный у внутреннего конца; проксимальный 2. непосредственный

proximate ближайший, непосредственный

proximity близость, родство; **~ of blood** кровное родство

prudence 1. благоразумие, рассудительность 2. осторожность 3. бережливость, расчетливость

prudery притворная стыдливость, напускная скромность

pselaphesia тактильная чувствительность

pseudaphia нарушение тактильной чувствительности

pseudesthesia галлюцинация, ложное ощущение

pseudo-code псевдокод

pseudodementia псевдодеменция, ложное слабоумие

pseudohallucination псевдогаллюцинация

pseudolalia псевдолалия, произношение бессмысленных звуков

pseudologia псевдология, патологическая склонность ко лжи

pseudomalady ложная болезнь, воображаемое заболевание

pseudomemory псевдопамять

pseudomnesia псевдомнезия

pseudoparalysis псевдопаралич; **alcoholic ~** алкогольный псевдопаралич

pseudopsychology псевдопсихология

pseudophone псевдофон

pseudoreaction неспецифическая реакция

pseudoreminiscence конфабуляция, псевдореминисценция

pseudoscope псевдоскоп

pseudosensational имеющий ложное ощущение

pseudosmia обонятельная галлюцинация

pseudo-values ложные ценности

psychasthenia психастения

psyche душа, дух

psychergograph психэргограф
psychiater психиатр
psychiatric [psychiatrical] психиатрический
psychiatrics психиатрия
psychiatrist психиатр
psychiatry психиатрия; forensic ~ судебная психиатрия; social ~ социальная психиатрия
psychic 1. психический 2. духовный // 1. психические явления 2. *идеал. филос.* существо, имеющее душу
psychical психический, душевный
psychics 1. психика 2. психология
psychinosis функциональное душевное заболевание
psychism парапсихология
psychoacoustics психоакустика
psychoanalysis психоанализ; classical ~ классический психоанализ; Rankian ~ психоанализ Ранка
psychoanalyst психоаналитик, специалист по психоанализу
psychobiology психобиология
psychodiagnostics психодиагностика
psychocatharsis психокатарсис
psychodelia психоделия, ощущение мира через наркотический транс
psychodometer прибор для измерения скорости психических процессов
psychodrama психодрама
psychodynamic психодинамический
psychodynamics психодинамика
psychoeducational связанный с психологическими аспектами процесса обучения [образования]
psychogalvanometer психогальванометр, прибор для измерения КГР
psychogenesis психогенез
psychogenetic [psychogenic] 1. психогенный, имеющий душевное происхождение, возникающий под влиянием психики 2. относящийся к образованию психических черт
psychogenetics психогенетический анализ
psychogeny развитие интеллекта [психики]
psychognosis психогностика
psychognostic психогностический
psychogram психограмма
psychography психография
psychohygiene психогигиена
psychoid сходный с психическими явлениями // *идеал. филос.* гипотетический жизненный принцип, направляющий поведение организма
psychokinesis психокинез
psycholagny психолагния
psycholepsy психолепсия, приступ депрессии
psycholinguistics психолингвистика; anthropological ~ антропологическая психолингвистика; experimental ~ экспериментальная психолингвистика; mathematical ~ математическая психолингвистика
psychological психологический
psychologism психологизм
psychologist психолог; analytical ~ психоаналитик, специалист по психоанализу; consulting ~ психолог-консультант; counseling ~ консультант-психолог; school ~ школьный психолог
psychologistic психологистический
psychology психология; abnormal ~ патопсихология; act ~ 1. психология акта (направление в истории психологии) 2. психология действий (бихевиористский подход); Adlerian ~ психологическое учение А. Адлера; analytic(al) ~ аналитическая психология; animal ~ зоопсихология; applied ~

прикладная психология; **armchair** ~ 1. эмпирическая психология 2. рациональная психология 3. «кабинетная» психология; **association** ~ ассоциативная психология; **behavior** ~ бихевиоризм; **child** ~ детская психология; **clinical** ~ клиническая психология; **cognitive** ~ когнитивная психология; **collective** ~ групповая психология; **community** ~ коммунальная психология; **comparative** ~ сравнительная психология; **criminal** ~ криминальная психология; **cross-culture** ~ кросс-культурная психология; **cultural** ~ культурная психология, психология народов; **depth** ~ психология подсознательного; **developmental** ~ возрастная психология; **differential** ~ дифференциальная психология; **dynamic** ~ 1. динамическая психология 2. психология подсознательного; **educational** ~ педагогическая психология; **ego-** ~ эго-психология; **elementary** ~ элементарная психология, основы психологии; **empirical** ~ 1. эмпирическая [опытная] психология 2. психология интенциональных актов (Ф.Брентано); **engineering** ~ инженерная психология; **environmental** ~ экологическая психология, психология влияния (на человека) факторов (внешней) среды; **existential** ~ 1. экзистенциальная психология 2. психология экзистенциализма; **experimental** ~ экспериментальная психология; **folk** ~ этническая психология; **forensic** ~ судебная психология; **form** ~ гештальтпсихология; **functional** ~ функциональная психология, функционализм; **general** ~ общая психология; **genetic** ~ эволюционная психология; **Gestalt** ~ гештальтпсихология;

group ~ психология группы; **Herbartian** ~ психология Гербарта; **hormic** ~ гормическая психология; **humanistic** ~ гуманистическая психология; **individual** ~ индивидуальная психология; **industrial** ~ индустриальная [инженерная] психология; **infant** ~ психология младенческого возраста; **information** ~ информационная психология; **labor** ~ психология труда; **legal** ~ судебная психология; **marketing** ~ психология рынка; **mass** ~ психология масс; **mathematical model** ~ математическое моделирование в психологии; **medical** ~ медицинская психология; **military** ~ военная психология; **new** ~ новое в психологии, новое направление в психологии; **objective** ~ объективная психология; **organizational** ~ психология организации производства; **pedagogical** ~ педагогическая психология; **personalistic** ~ персоналистическая психология; **personnel** ~ раздел психологии труда, занимающийся вопросами подбора кадров; **phenomenological** ~ феноменологическая психология; **philosophical** ~ *см.* **rational** ~; **physiological** ~ физиологическая психология; **purposive** ~ психология целенаправленного поведения; **race** ~ этнопсихология; **rational** ~ рациональная психология; **reaction** ~ реактология; **response-oriented** ~ психологические теории, ориентированные на изучение реакций; **scientific** ~ научная психология; **self** ~ эго-психология; **social** ~ социальная психология; **statistical** ~ математическая психология; **stimulus-response** ~ психология в рамках двучленной схемы «стимул—реакция»; **structural** ~

структурная психология; **subjective** ~ субъективная психология; **topological** ~ топологическая психология (К. Левина); **variational** ~ см. **differential** ~ ; **vector** ~ векторная психология (К. Левина); ~ **of management** психология управления; ~ **of personality** психология личности; ~ **of religion** психология религии; ~ **of sport** психология спорта; ~ **of thinking** психология мышления

psychometric психометрический
psychometrician психометрист
psychometrics психометрия
psychometrist см. **psychometrician**
psychometry психометрия
psychomotor психомоторный
psychoneurosis психоневроз
psychoneurotic психоневротический
psychonomy психономия, наука о высшей нервной деятельности
psychopath психопат; **amoral** ~ аморальный психопат
psychopathic психопатический, страдающий психопатией
psychopathologist психопатолог
psychopathology психопатология
psychopathy психопатия, душевное заболевание; **sexual** ~ половое извращение
psychopedics психопедия; реабилитационные мероприятия, направленные на помощь детям в социальной адаптации
psychopharmacology психофармакология; учение о веществах, действующих на психику
psychophylaxis психопрофилактика, психогигиена
psychophysical психофизический
psychophysics психофизика
psychophysiological психофизиологический
psychophysiology психофизиология

psychoplegic психоплегический, понижающий мозговую активность
psychosensory психосенсорный
psychosexual психосексуальный, относящийся к психическим и эмоциональным компонентам полового инстинкта
psychosis психоз; **affective** ~ маниакально-депрессивный психоз; **alcoholic** ~ алкогольный психоз; **alternating** ~ циркулярный психоз; **arteriosclerotic** ~ атеросклеротический психоз; **circular** ~ циркулярный психоз; **depressive** ~ депрессивный психоз; **deteriorative** ~ проградиентный психоз; **epochal** ~ психоз переходного возраста; **exhaustion** ~ психоз истощения; **functional** ~ функциональный психоз; **idiophrenic** ~ органическое заболевание мозга, вызывающее нарушение психики; **gestational** ~ психоз беременности; **induced** ~ индуцированный психоз; **Korsakow's** ~ корсаковский алкогольный психоз; **manic** ~ маниакальный психоз; **manic-depressive** ~ маниакально-депрессивный психоз; **mass** ~ массовый психоз; **organic** ~ органический психоз; **polyneuritic** ~ корсаковский алкогольный психоз; **reactive** ~ реактивный психоз; **situation** ~ см. **reactive** ~; **schizo-affective** ~ шизотимия, шизофрения; **senile** ~ старческий психоз; **toxic** ~ токсический психоз; **traumatic** ~ травматический психоз; ~ **of association** индуцированный психоз; ~ **with cerebral syphilis** психоз на почве сифилиса мозга

psychosocial психосоциальный
psychosomatic психосоматический
psychosomatics психосоматика
psychosophy 1. психология 2. психология, логика и философия

psychostatics психостатика, изучение психологической структуры
psychosurgery 1. хирургическое вмешательство при душевных заболеваниях 2. операция на головном мозге душевнобольных
psychotechnician специалист в области психотехники
psychotechnics психотехника
psychotechnology прикладная психология
psychotherapeutic психотерапевтический
psychotherapist психотерапевт
psychotherapy психотерапия; **ambulatory** ~ амбулаторное психотерапевтическое лечение; **group** ~ групповая психотерапия
psychotic психотический
puberal зрелый, возмужалый, относящийся к периоду полового созревания
pubertal *см.* puberal
pubertas praecox *см.* precocious puberty
puberty период полового созревания, половая зрелость; **delayed** ~ запоздалая половая зрелость; **precocious** ~ преждевременная половая зрелость
pubescence возмужалость, половое созревание
public 1. общественный, государственный 2. открытый, гласный // 1. публика 2. народ
publicity 1. публичность, гласность 2. известность, слава 3. реклама, рекламирование
pudenda *анат.* наружные половые органы
puerile пуэрильный, детский, подобный детскому
puerility [puerilism] инфантилизм, задержка развития
puerperal послеродовый, родильный, относящийся к послеродовому периоду

pugnacious драчливый
pugnacity драчливость
pulsate 1. пульсировать, биться 2. дрожать, трепетать
pulsation пульсация
pulse пульс; **anacrotic** ~ анакротический пульс; **central** ~ центральный пульс; **peripheric** ~ периферический пульс; **quick** ~ частый пульс; **strong** ~ четкий пульс; **venous** ~ венозный [венный] пульс
pulsimeter сфигмометр
punch-drunk в состоянии шока; получивший травму головы
punctate точечный
punctiform точкообразный
punctual пунктуальный, точный
punctuality пунктуальность, точность
punctum; ~ **proximum** *лат.* ближайшая точка (ясного зрения); ~ **remotum** (самая) дальняя точка (ясного зрения)
puncture пункция, прокол; укол; **lumbar** ~ спинномозговая пункция, поясничный прокол
punish наказывать
punishment наказание; **corporal** ~ телесное наказание; **natural** ~ естественное наказание
punitive пунитивный
punitiveness пунитивность
pupil 1. *анат.* зрачок (глаза) 2. ученик; **Argyll–Robertson** ~ зрачок [синдром] Аргайла–Робертсона; **artificial** ~ искусственный зрачок; **fixed** ~ неподвижный зрачок; **supernormal** ~ одаренный ученик
pupillary зрачковый
pure 1. чистый 2. непорочный, целомудренный, безупречный 3. отчетливый, ясный
purification 1. очистка, очищение 2. *церк.* обряд очищения
purity чистота; **color** ~ чистота цвета

purple; visual ~ зрительный пурпур, родопсин, красный зрительный пигмент (сетчатки глаза)
purpose цель, намерение
purposive 1. целенаправленный 2. решительный
purposiveness целенаправленность
purposivism теория, рассматривающая цель как основное в поведении человека
pursuance выполнение, исполнение
pursue 1. преследовать (кого-л.), гнаться 2. придерживаться намеченного плана [курса]
pursuit 1. занятие 2. исполнение, выполнение 3. преследование 4. поиски, стремление; ocular ~ зрительное слежение; target ~ слежение за целью
pursuitmeter прибор для исследования реакции слежения
puzzle 1. затруднение, замешательство 2. вопрос, ставящий в тупик; загадка, головоломка // ставить в тупик 3. запутывать
pyramid 1. пирамида 2. pl. анат. пирамиды продолговатого мозга; color ~ цветовая пирамида
pyromania пиромания
pyrophobia пирофобия, страх огня

Qq

quadrant квадрант, четверть круга, сектор; left lower ~ левый нижний квадрант; left upper ~ левый верхний квадрант; right lower ~ правый нижний квадрант; right upper ~ правый верхний квадрант
quadrigemia анат. четверохолмие
qualification 1. квалификация, пригодность 2. ограничение 3. свойство, качество; instruction ~ учебная квалификация; physical ~ пригодность по состоянию здоровья; оценка [экспертиза] пригодности по состоянию здоровья
qualified 1. квалифицированный 2. пригодный
qualifier определитель, дифференциальный признак
qualify 1. квалифицировать, определять 2. ограничивать
qualitative качественный
quality 1. качество, свойство 2. род, сорт, класс; abstract ~ абстрактное качество; annoying ~ раздражающее [надоедающее, беспокоящее] свойство; decision ~ качество принятого решения; form [Gestalt] ~ качество формы; inherited ~ врожденное качество [свойство]; managerial ~ies организаторские способности; primary ~ies первичные [основные] качества [свойства]; secondary ~ies вторичные [второстепенные] качества [свойства]
quanta см. quantum
quantal дискретный
quantitative количественный
quantity количество, величина, размер, параметр; discrete ~ мат. дискретная величина; physical ~ физическая величина; ~ of illumination интенсивность освещения, освещенность
quantum (pl. quanta) 1. количество, сумма 2. доля, часть 3. квант
quartile стат. квартиль

quasi кажущийся, видимый

quasi-aggression квази-агрессивность, квази-агрессия

quasi-reality квази-реальность

queer 1. испытывающий головокружение, недомогание **2.** странный, эксцентричный

question 1. вопрос **2.** проблема **3.** сомнение // спрашивать, опрашивать; **closed** ~ закрытый вопрос; **direct** ~ прямой вопрос; **«ear»** ~ устный вопрос; **«eye»** ~ письменный вопрос; **free-answer** ~ открытый вопрос; **indirect** ~ косвенный вопрос; **leading** ~ наводящий вопрос; **oblique** ~ косвенный вопрос; **open-ended** ~ открытый вопрос; **single** ~ отдельный вопрос; **spoken** ~ устный вопрос; **thought** ~ вопрос, требующий размышления [работы мысли]; **written** ~ письменный вопрос; **yes-no** ~ вопрос, требующий ответа «да-нет», общий вопрос

questioning опрос; **circular** ~ циклический опрос; **cross-check** ~ перекрестный опрос

questionnaire опросник, анкета; **Children's Personality** ~ личностный опросник для детей; **clinical analysis** ~ опросник клинического анализа; **Galton's** ~ опросник Гальтона для изучения воображения; **Katz and Braly** ~ этнический опросник Катца и Брэли; **personality** ~ личностный опросник; **Sixteen Personality Factor** ~ шестнадцатифакторный личностный опросник

quick 1. быстрый, скорый **2.** живой, деятельный **3.** сообразительный, смышленый, находчивый

quickness 1. быстрота, скорость **2.** проворство, живость **3.** сообрази-

тельность **4.** вспыльчивость, раздражительность

quicksightedness острота зрения

quiescence покой, состояние покоя

quiescent 1. в состоянии покоя **2.** молчаливый, молчащий

quiet тишина, покой, спокойствие // **1.** тихий, спокойный, смирный **2.** неяркий **3.** тайный, скрытый

quiz 1. контрольный опрос (в классе); устная или письменная проверка без предварительной подготовки **2.** серия вопросов

quota доля, часть, квота

quotidian ежедневный

quotient 1. коэффициент **2.** показатель **3.** *мат.* частное **4.** часть, доля; **accomplishment** ~ коэффициент успешности; **achievement** ~ коэффициент достижения; **activity [action]** ~ соотношение в речи числа глаголов к числу прилагательных; **assimilation** ~ показатель [коэффициент] ассимиляции; **developmental** ~ показатель [коэффициент] развития; **discomfort-relief** ~ показатель на шкале «комфорт–дискомфорт»; **educational** ~ коэффициент обучаемости; **efficiency** ~ коэффициент эффективности исполнения (по тесту Векслера–Бельвью); **error** ~ коэффициент [мера] ошибки; **growth** ~ часть энергии, расходуемая на рост; **intelligence** ~ коэффициент [показатель] умственного развития [интеллекта, умственных способностей]; **recovery** ~ коэффициент восстановления (исходного уровня активации); **respiratory** ~ дыхательный коэффициент; **social** ~ соотношение социального и хронологического возраста

Q-wave зубец [волна] «Q» (ЭКГ)

Rr

race 1. раса 2. потомство; род 3. происхождение; adapted ~ *ОБ* раса, приспособленная к определенным внешним условиям; biologic ~ *ОБ* биологическая раса; climatic ~ *ОБ* климатическая раса; ecological ~ *ОБ* экологическая раса; geographic ~ *ОБ* географическая раса; human ~ человеческий род, человечество; Nordic ~ нордическая раса; physiologic ~ *ОБ* физиологическая раса

racial расовый

racism расизм

radial 1. *анат.* лучевой 2. радиальный; лучистый; звездообразный

radiance излучение, радиация, сияние

radiant лучистый, излучающий

radiate излучать [испускать] лучи, освещать, сиять

radiation излучение, радиация; light ~ световое излучение

radical 1. коренной, основной, фундаментальный, радикальный 2. *мат.* относящийся к корню числа // *мат.* корень, знак корня

radiogram рентгенограмма, рентгеновский снимок

radiograph рентгенограмма, рентгеновский снимок

radiometry радиометрия

radiometer радиометр; инструмент для измерения интенсивности лучистой энергии

radioreceptor радиорецептор; рецептор, воспринимающий излучение

radiosensitivity чувствительность к лучистой энергии

radix корешок нерва

rage ярость, гнев, приступ сильного гнева; catatonic ~ кататоническое возбуждение

random случайный

randomization рандомизация, случайный выбор

randomize отбирать случайно [наугад]

range амплитуда, диапазон, сфера, область; age ~ возрастной диапазон; audibility ~ 1. дальность слышимости 2. (частотные) пределы слышимости; class ~ граница класса [интервала]; discriminating ~ диапазон различимости; effective ~ *стат.* размах выборки после удаления сильно отклоняющихся, грубых наблюдений; interquartile ~ *стат.* межквартильный размах; semiquartile ~ *стат.* полуразмах квартилей, квартильное отклонение; spectral ~ пределы спектра; visual ~ дальность видимости; ~ of accomodation ширина [амплитуда] аккомодации; ~ of activity пределы [размах] деятельности; ~ of attention объем внимания; ~ of hearing объем слуха; ~ of temperature пределы колебаний температуры; ~ of vision кругозор, поле зрения

rank категория, разряд, класс, порядок, ранг // классифицировать, относить к какой-л. категории

ranking расстановка, распределение по классам [категориям]; merit ~ ранжирование

rapport взаимопонимание, гармония

rapture восторг, экстаз

rate 1. скорость; темп; интенсивность **2.** степень; коэффициент; пропорция **3.** норма; расценка // оценивать; **absolute growth** ~ абсолютная скорость роста; **accuracy** ~ степень точности; **adaptation** ~ скорость адаптации; **assimilation** ~ интенсивность ассимиляции; **average** ~ **of information** *теор. инф.* темп подачи информации; **basal metabolic** ~ интенсивность основного обмена; **birth** ~ рождаемость; **breathing** ~ частота дыхания; **death** ~ смертность, показатель смертности; **failure** ~ частота [количество] неудач [ошибок, отказов]; **growth** ~ скорость роста; **heart** ~ частота ударов сердца [пульса]; **learning** ~ темп [скорость] научения; **lever-pressing** ~ частота реакций нажима на рычаг; **memory** ~ скорость запоминания; **metabolic** ~ интенсивность [величина] обмена веществ [метаболизма]; **predicted** ~ расчетная [предсказываемая] скорость [частота, интенсивность, величина]; **pulse** ~ частота пульса; **reaction** ~ скорость реакции; **recovery** ~ скорость восстановления; **respiration [respiratory]** ~ частота дыхания; **response** ~ частота ответов [реакций]; **sickness** ~ заболеваемость; **survival** ~ выживаемость; **vibration** ~ частота колебаний; ~ **of change 1.** скорость изменения **2.** темп роста; ~ **of curves** характер [наклон] кривых; ~ **of evolution** темп [скорость] эволюционного процесса [эволюции]; ~ **of forgetting** скорость забывания; ~ **of mortality** смертность

ratee испытуемый (исполнение которого оценивает экспериментатор)

rater эксперт (оценивающий исполнение испытуемого)

rating рейтинг, оценка, оценивание; **behavior** ~ оценка поведения; **effort** ~ оценка старательности рабочего; **man-to-man** ~ парное оценивание (метод парного сравнения); **maturity** ~ оценка зрелости; **merit** ~ служебная аттестация, оценка деловых качеств работника; **peer** ~s субъективные оценки ровесников; **reputation** ~ оценка репутации; **sociability** ~ оценивание [показатель, индекс] коммуникабельности [контактности]

ratio отношение, коэффициент, пропорция, соотношение; **affective** ~ соотношение общего числа ответов на карточки с цветными пятнами к общему числу ответов на черно-белые карточ-ки как показатель эмоциональности (по Г.Роршаху); **age** ~ возрастной коэффициент; **behavior** ~ показатель внутренней напряженности поведения; **correlation** ~ корреляционное отношение; **critical** ~ *стат.* двойное или сложное отношение; **dispersion** ~ коэффициент дисперсии; **distribution** ~ коэффициент распределения; **extinction** ~ коэффициент затухания условной реакции; **F** ~ *стат.* статистика Фишера (о сравнении дисперсий); **innervation** ~ коэффициент иннервации; **inspiration-expiration** ~ соотношение вдоха и выдоха; **interest** ~ коэффициент интереса (в социометрии); **inverse** ~ *мат.* обратная пропорциональность; **likelihood** ~ отношение правдоподобия; **Mendelian** ~ менделевское отношение (соотношение между гомо- и гетерозиготными формами при расщеплении); **mental** ~ коэффициент интеллекта [умственных способностей]; **ossification** ~ коэффициент окостенения; **probability** ~ величина вероятности; **reciprocal** ~ *мат.* отношение обратных величин; **reinforcement** ~ коэффициент подкрепления; **respiratory** ~ дыхательный коэффициент; **R/S** ~ соотношение между стимулом и реакцией (по Б. Скиннеру); **saturation** ~ коэффициент [степень] насыщения; **sex** ~ численное соотношение полов; **significance** ~ *см.* **critical** ~; **standard** ~ нормированная разность; **survival** ~ пропорция выживших организмов; **type-token** ~ соотношение числа разных слов к общему числу слов в анализируемом отрывке; **variance** ~ *стат.* отношение между двумя вариантами; **we/I** ~ соотношение «я-мы»

ratiocinate думать, размышлять, рассуждать логически

ratiocination логическое рассуждение [размышление]

ration рацион, порция

rational 1. мыслительный, умственный **2.** рассудительный, благоразумный **3.** разумный, мыслящий, наделенный разумом **4.** рациональный

rationale логическое обоснование, разумное объяснение

rationalism рационализм

rationality разумность, рациональность, рационализм

rationalization 1. разумное [рационалистическое] объяснение, логическое обоснование **2.** *мат.* освобождение от иррациональностей

rationalizing; anthropotechnical ~ антропотехническая [относящаяся к инженерной психофизиологии и гигиене] рационализация, рационализация техники с учетом ана-

томических и психофизиологических данных человека

raw сырой, необработанный

ray луч; **actinic** ~s актинические [химически действующие] лучи; **infrared** ~ инфракрасный луч; **light** ~ световой луч; **obscure** ~s лучи невидимой части спектра, невидимые лучи

react 1. реагировать **2.** влиять, действовать

reactance реактивность

reaction 1. реакция, ответ **2.** воздействие; влияние **3.** промежуток времени между раздражением и ответной реакцией; **alarm** ~ реакция тревоги; **antedating** ~ антиципирующий ответ [реакция], ответ на основе предвосхищения; **anticipatory goal** ~ антиципирующая цель-реакция; **antisocial** ~ антисоциальная реакция; **anxiety** ~ реакция тревожности; **arousal** ~ реакция «эраузла», реакция активации [повышения тонуса] центральной нервной системы; **avoidance** ~ реакция избегания; **back** ~ обратная реакция; **basic** ~ основная [ведущая] реакция; **bodily compensatory** ~ компенсаторная реакция организма [тела]; **catastrophic** ~ катастрофическая реакция; **chain** ~ цепная реакция; **choice** ~ реакция выбора; **choosing** ~ реакция выбора; **circular** ~ циркулярная реакция; **c(o)enotrope** ~ приобретенная реакция; **compensatory** ~ компенсаторная реакция; **complex** ~ сложная реакция; **concomitant (neurotic)** ~ сопутствующая (невротическая) реакция; **conditioned reflex** ~ условно-рефлекторная реакция; **conduct** ~ реакция поведения; **confirming** ~ положительная реакция; **consecutive** ~ ступенчатая реакция; **cortical** ~ кортикальная реакция; **cutaneous** ~ кожная проба [реакция]; **dark** ~ реакция на темноту, реакция в темноте; **defense** ~ защитная реакция; **deferred** ~ заторможенная реакция; **delayed** ~ отсроченная реакция; **delayed reward** ~ научение с отставленным подкреплением; **depressive** ~ реакция депрессивного состояния; **disruptive** ~ внезапная [бурная] реакция; **dissociative** ~ истерическая реакция; **dissocial** ~ асоциальная реакция; **echo** ~ повторение (ребенком) за взрослыми звуков, обычно без осознания их смысла, эхо-реакция; **elimination** ~ реакция элиминирования; **emergency** ~ реакция в экстремальной ситуации; **emotional** ~ эмоциональная реакция; **end** ~ конечная реакция; **false** ~ ложная реакция; **fatigue** ~ повышение температуры после физического напряжения; **general physiological** ~ общая физиологическая реакция; **hysterical** ~ истерическая реакция; **induced** ~ индуцированная реакция; **involutional psychotic** ~ психоз климактерического периода; **maladaptive** ~ реакция неадекватной адаптации, плохая адаптация; **mating** ~ реакция спаривания; **motor** ~ двигательная реакция; **multichoice** ~ реакция множественного выбора; **multistep** ~ многоступенчатая реакция; **negative** ~ отрицательная реакция; **neurotic** ~ невротическая реакция; **neutral** ~ нейтральная реакция, средняя реакция; **obsessive-compulsive** ~ синдром навязчивых состояний; **optokinetic** ~ оптокинетическая реакция; **orientative-trying** ~ ориентировочно-поисковая реакция; **paradoxical** ~ парадоксальная реакция; **partial** ~ частичная реак-

ция; **patterned** ~ стереотипная реакция; **physiological** ~ физиологическая реакция; **psychological** ~ психологическая реакция; **psychotic depressive** ~ психотическая депрессивная реакция; **pursuit** ~ реакция слежения; **reverse** ~ обратная [противоположная] реакция; **reversible** ~ обратимая реакция; **secondary** ~ побочная реакция; **secretory** ~ секреторная реакция; **senso(ri)motor** ~ ЦНС сенсомоторная реакция; **skin** ~ кожная реакция; **skin-galvanic** ~ кожно-гальваническая реакция [рефлекс]; **somatic** ~ психогенная реакция; **staircase** ~ ступенчатая реакция; **startle** ~ реакция испуга; **stress** ~ реакция стресса, стресс-реакция; **substitution** ~ реакция замещения; **systemic** ~ общая реакция организма; **thymergastic** ~ патологически аффективное поведение; **vasomotor** ~ вазомоторная [сосудодвигательная] реакция; **vegetative** ~ вегетативная реакция; **vigilance** ~ реакция настороженности; **yes** ~ утвердительная [положительная] реакция [ответ]

reactive 1. реактивный **2.** реагирующий

reactivity реактивность; **cardiovascular** ~ сердечно-сосудистая реактивность; **emotional** ~ эмоциональная реактивность; **neuromuscular** ~ нервно-мышечная реактивность

reactor субъект, действующий под влиянием внешней стимуляции

readability читабельность

readable 1. удобочитаемый, четкий **2.** интересный, читабельный

readaptation реадаптация, восстановление адаптации, повторная адаптация; ~ **to work** реадаптация к работе, восстановление работоспособности

readiness готовность, подготовленность; **maturational** ~ биологическая готовность (к научению); **motor** ~ двигательная готовность; **reading** ~ готовность к обучению чтению; ~ **of mind 1.** восприимчивость **2.** присутствие духа

reading 1. чтение **2.** считывание (информации, показаний прибора); **backward** ~ палинлексия, чтение в обратном направлении; **blood pressure** ~ показание [считывание показаний] кровяного давления; **check** ~ контрольное считывание; **lip** ~ понимание речи по движению губ говорящего (о глухих); **mirror** ~ чтение справа налево; **muscle** ~ интерпретация [расшифровка] намерений через мышечное чувство; **speech** ~ понимание речи по движению губ говорящего (о глухих); **temperature [thermometer]** ~ показание термометра; отсчеты температуры; **remedial** ~ дополнительные занятия (с отстающими) по формированию навыков чтения

readjust приспособиться

readjustment 1. реадаптация, восстановление адаптации, повторная адаптация **2.** приспособление

readout считывание (показаний), отсчет; **instrument** ~ считывание [отсчет] показаний прибора; **visual** ~ визуальное считывание [отсчет] показаний

real 1. реальный, действительно существующий, действительный **2.** настоящий, подлинный **3.** *филос.* вещественный, материальный, объективно существующий; существенный, относящийся к сущности

realism реализм; **moral** ~ моральный реализм (неумение ребенка отделить «я» от вещей и оценка

им поступка по внешнему эффекту, по материальному результату) (по Ж. Пиаже)

reality 1. реальность, действительность; реальное существование **2.** нечто реальное; факт; **objective** ~ объективная реальность [действительность]; **psychological** ~ психологическая реальность; **social** ~ социальная реальность; **subjective** ~ субъективная реальность

reality – irreality реальность – нереальность

rearrange перегруппировывать(ся)

rearrangment перегруппировка

reason 1. разум, интеллект, рассудок **2.** причина **3.** основание, мотив, соображение // **1.** размышлять, рассуждать (логически) **2.** обсуждать, аргументировать

reasonable 1. разумный, благоразумный, рассудительный **2.** умеренный, приемлемый, допустимый

reasoning 1. мышление, рассуждение, логический ход мысли **2.** аргументация, доводы, доказательства; объяснение; **circular** ~ рассуждения, не выходящие за пределы логического круга; **deductive** ~ дедуктивное мышление; **human** ~ мышление человека; **inconsequent** ~ непоследовательное [нелогичное] рассуждение; **inductive** ~ индуктивное мышление

reasonless 1. не наделенный разумом; немыслящий, неразумный **2.** бессмысленный **3.** необоснованный; беспричинный

reassurance успокаивание, подбадривание

reassure успокаивать, подбадривать, утешать

rebalancing восстановление равновесия [баланса]; **metabolic** ~ восстановление равновесия обмена веществ, восстановление метаболического баланса

rebellion 1. бунт, мятеж, восстание **2.** открытое неповиновение, неподчинение; **adolescent ~** бунт [открытое неповиновение] подростков

rebellious непокорный, непослушный, недисциплинированный

rebelliousness неподчинение, непослушание; **neurotic ~** невротический негативизм

recall воспроизведение, воспоминание // **1.** вспоминать, припоминать, воспроизводить **2.** напоминать, вызывать в памяти **3.** напомнить; **hypnotic ~** воспоминание в состоянии гипноза, гипнорепродукция

recapitulate 1. суммировать, резюмировать **2.** (кратко) повторять

recapitulation 1. рекапитуляция, (краткое) повторение **2.** резюме, суммирование, вывод(ы)

receipt 1. прием, получение **2.** рецепт

receiver *теор. коммун.* получатель

recency новизна

recenter перестроить (структуру поля восприятия)

recept 1. *НФЗЛ* возбуждение афферентного [чувствительного] нейрона **2.** представление (о предмете)

receptibility 1. восприимчивость **2.** приемлемость

receptible 1. восприимчивый **2.** принимающий (что-л.)

reception 1. восприятие **2.** прием, получение; **speech ~** восприятие речи

receptive 1. восприимчивый **2.** рецептивный

receptivity восприимчивость

receptor рецептор, чувствительное нервное окончание; орган чувств; воспринимающая раздражение нервная клетка; **contact ~** контактный рецептор, рецептор в кожном покрове; **distance ~** дистантный [дистанционный] рецептор; орган чувств, воспринимающий раздражение на расстоянии (напр., глаз, ухо); **muscle ~** рецептор в мышце, мышечный рецептор; **peripheral ~** *НФЗЛ* периферический рецептор; **pressure ~** рецептор давления, прессорецептор; **retinal ~** сетчаточный [ретинальный] рецептор, рецептор сетчатки глаза; **sense [sensory] ~** орган чувств, чувствительное нервное окончание, анализатор, рецептор, сенсорный [чувствительный] рецептор; **somatic ~** соматический рецептор; **specialized ~** *НФЗЛ* специализированный рецептор; **vestibular ~** вестибулярный рецептор

recess 1. перерыв в работе **2.** *анат.* впадина, ямка, полость; **cochlear ~** улитковая впадина (лабиринта)

recession *ген.* рецессивность

recessive 1. *ген.* рецессивный **2.** удаляющийся, отступающий

recessiveness рецессивность

recipathy взаимная симпатия

recipience [recipiency] 1. восприимчивость **2.** получение, прием, принятие

recipient реципиент, получатель // **1.** восприимчивый **2.** получающий

reciprocal 1. *мат.* обратная величина **2.** противоположность; нечто диаметрально противоположное // **1.** взаимный, обоюдный **2.** обратный **3.** равный, эквивалентный, аналогичный, соответственный

reciprocity 1. взаимность, обоюдность **2.** взаимодействие

recitation 1. повторение вслух (заученного) **2.** опрос учеников (в классе)

recite 1. повторять наизусть вслух **2.** рассказывать, излагать

recoding перекодирование

recognition 1. узнавание, опознавание **2.** сознание, осознание **3.** признание, одобрение; **speech ~** различение речи

recognize 1. узнавать, опознавать **2.** сознавать, осознавать, видеть **3.** ценить; выражать признание [одобрение]

recollect вспоминать, припоминать

recollection 1. память, воспоминание **2.** сосредоточенность (мысли), раздумье **3.** собранность, хладнокровие

reconditioning подкрепление

reconstruction реконструкция, воссоздание

record 1. протокол **2.** регистрация, запись, учет **3.** факты, данные, характеристика, репутация **4.** звукозапись // **1.** записывать, регистрировать, фиксировать **2.** записывать на пленку; **anecdotal ~** фиксация единичного случая наблюдения; **behavior ~** регистрация поведения; **behavior-description ~** протокол; **biomedical ~** регистрация [запись] медико-биологических показателей [параметров]; **cumulative ~** кумулятивная [непрерывная] запись; **Kuder Vocational Preference ~** протокол Кьюдера по профессиональным предпочтениям; **patient ~** история болезни; **physiological ~** регистрация [запись] физиологических показателей [функций]; **sound ~** фонограмма; **specimen ~** запись образцов

recorder 1. самописец; самопишущий, регистрирующий, записывающий прибор; **2.** протоколист, регистратор; «**eye marker ~**»

аппарат для регистрации движений глаз [глазных яблок]; **interaction ~** прибор для регистрации межличностных контактов; **pen ~** самописец, регистрирующее перо, писчик; **tape ~** магнитофон; **voice ~** звукозаписывающий аппарат

recording запись, регистрация; **voice ~** запись голоса (на пленку); речевая запись

recover 1. выздоравливать **2.** восстанавливать **3.** получать обратно **4.** наверстывать, возмещать

recovery 1. выздоровление **2.** восстановление, регенерация; **continuous ~** непрерывная [постоянная] регенерация [восстановление]; **heart rate ~** восстановление (нормальной) частоты ударов сердца; **physiological ~** физиологическая регенерация [восстановление]; **spontaneous ~** спонтанная регенерация [восстановление]

recreation 1. восстановление сил **2.** отдых, развлечение

recreative восстанавливающий силы, освежающий

recrudescence рецидив, вторичное заболевание, ухудшение болезненных явлений, вспышка

recruit 1. новичок, только что принятый на работу **2.** новобранец, призывник // **1.** набирать кадры; вербовать **2.** укрепить (здоровье)

recruiting вербовка, набор; комплектование личного состава

recruitment 1. *физиол.* феномен подкрепления **2.** восстановление здоровья, поправка **3.** вербовка, комплектование личного состава, набор кадров; **attitudinal ~** комплектование кадров на основе определенных установок

rectification исправление, поправка, уточнение, устранение ошибки

rectify исправлять, поправлять; улучшать, уточнять

rectitude 1. честность, нравственность, незыблемые моральные устои 2. правота, правильность (суждения, способа и т.п.); **moral ~** незыблемые моральные устои

rectilinear прямолинейный, линейный

recuperate 1. восстанавливать силы, выздоравливать 2. регенерировать

recuperation выздоровление, восстановление здоровья

recuperative восстанавливающий силы, укрепляющий

recur повторяться, происходить вновь; рецидивировать

recurrence возвращение, повторение, возврат, рецидив

recurrent повторяющийся, повторный, периодический, возвратный, рецидивирующий

recycling возобновление [повторение] цикла

red красный (цвет); **retinal ~** зрительный пурпур

redintegration восстановление, реинтеграция

redistribution перераспределение

red-sighted воспринимающий (объекты) преимущественно в красном цвете

reduce 1. редуцировать, понижать, уменьшать, ослаблять, снижать, сокращать 2. восстанавливать

reduced 1. уменьшенный, сниженный, пониженный 2. похудевший

reducible 1. восстановленный, восстанавливающийся 2. допускающий уменьшение

reducibleness способность к восстановлению

reductio ad absurdum *лат.* доведение до абсурда [нелепости] (как способ доказательства)

reduction 1. понижение, уменьшение, сокращение 2. ослабление 3. восстановление; **acoustic ~** понижение [ослабление, поглощение] звука, звукопоглощение; звукоизоляция; **central nervous system activity ~** понижение [ослабление] деятельности центральной нервной системы; **cue ~** редукция первоначального стимула; **data ~** обработка информации, преобразование данных; **drive ~** разрядка [удовлетворение] побуждения [влечения, «драйва»]; **need ~** удовлетворение потребности (частичное или полное); **noise ~** понижение [уменьшение, ослабление, поглощение] шума; **tension ~** ослабление [уменьшение] напряжения [напряженности]; **visibility ~** ухудшение [уменьшение] видимости

reductionism редукционизм, теория сведе́ния (высшего к низшему, понятия к чувственным данным и т.д.)

reductive 1. связанный с уменьшением, уменьшающий, снижающий; сводящий (к чему-л.) 2. восстановительный

redundancy *теор. инф.* избыточность

redundant избыточный

reduplicate удваивать, повторять

reduplication повторение, удвоение

re-eduction 1. перевоспитание 2. повторное обучение

re-enforcement подкрепление

reexamination повторное исследование

refer 1. относить за счет (чего-л.), приписывать (чему-л.), объяснять (чем-л.) 2. посылать, отсылать, направлять 3. ссылаться (на кого-л., что-л.)

reference 1. ссылка (на кого-л., что-л.), упоминание (о чем-л.) 2.

рекомендация, отзыв **3.** эталон, стандарт; **objective** ~ отнесенность к внешнему миру; **visual** ~ зрительный ориентир

referent референт

refinement 1. утонченность, изысканность (вкуса и т.п.) **2.** благовоспитанность; (высокая) культура **3.** усовершенствование, повышение качества

refixation *зр.* повторная фиксация

reflect 1. отражать **2.** воспроизводить изображение **3.** размышлять, раздумывать

reflected отраженный

reflection 1. размышление, обдумывание, рефлексия **2.** отражение **3.** *физиол.* рефлексия; **corneal** ~ отражение света от роговицы, роговичный блик; **diffuse** ~ рассеянное отражение; **mirror** ~ зеркальное отражение; **specular** ~ зеркальное отражение; ~ **of feeling** психоаналитическое переформулирование эмоционального смысла высказывания клиента

reflectory 1. рефлекторный **2.** отражательный

reflex рефлекс // рефлекторный; **abdominal** ~ брюшной рефлекс; **accomodation** ~ аккомодационный рефлекс; **acoustic** ~ акустический [слуховой] рефлекс; **acquired** ~ условный [приобретенный] рефлекс; **active conditioned** ~ активный условный рефлекс; **allied** ~s объединенные рефлексы; **ankle** ~ ахиллов рефлекс; **association** ~ условный рефлекс; **attention** ~ ориентировочный рефлекс; **attitudinal** ~ рефлекс положения [позы]; **audito-oculogyric** ~ ориентировочный [четверохолмный] рефлекс, первая фаза старт-рефлекса; **autonomic** ~ автономный рефлекс; **axon** ~ аксон-рефлекс; **Babinski** ~ рефлекс Бабинского, рефлектор-

ное сокращение ахиллова сухожилия при постукивании по нему; **behavior** ~ поведенческий рефлекс; **bending** ~ сгибательный рефлекс; **blinking** ~ мигательный рефлекс; **bone** ~ костный рефлекс, рефлекс при постукивании по кости; **cardiovascular** ~ сердечно-сосудистый рефлекс; **chain** ~ цепной рефлекс; **chain conditioned** ~ цепной условный рефлекс; **circular** ~ циркулярный рефлекс; **clasping** ~ хватательный рефлекс; **cochlea-palpebral** ~ мигательный рефлекс на звуковой стимул; **compensatory** ~ компенсаторный рефлекс; **compound** ~ сложный рефлекс, комбинация нескольких рефлексов; **concealed** ~ скрытый рефлекс; **conditioned** ~ условный рефлекс; **congenital** ~ врожденный рефлекс; **conjunctival** ~ рефлекс конъюнктивы; **consensual** ~ перекрестный [содружественный] рефлекс, рефлекс на противоположной стороне; **consensual eye** ~ содружественное сужение обоих зрачков при освещении одного из них; **cortical conditioned** ~ корковый условный рефлекс; условно-рефлекторный ответ коры мозга; **convulsive** ~ конвульсивные сокращения мышц; **corneal** ~ роговичный рефлекс; **cranial** ~ центральный рефлекс; **crossed** ~ перекрестный рефлекс; **cutaneous** ~ кожный рефлекс; **cutaneous pupillary** ~ зрачковый рефлекс, вызванный раздражением рецепторов кожи; **cutaneous secretory** ~ кожный потоотделительный рефлекс; **deep** ~ глубокий рефлекс; **defense [defensive]** ~ защитный [оборонительный] рефлекс; **delayed** ~ запаздывающий [замедленный] рефлекс; **direct** ~ прямой рефлекс; **embrace** ~ оборонительный [защитный] рефлекс;

extension ~ разгибательный [выпрямительный] рефлекс; **exteroceptive** ~ экстероцептивный рефлекс, рефлекс с экстероцепторов; **extinctive** ~ угашенный рефлекс; **eyelid closure** ~ *см.* winking ~ ; **eye-wink** ~ *см.* winking ~ ; **facial** ~ лицевой рефлекс, сокращение мышц лица при давлении на глазное яблоко; **fixation** ~ рефлекс фиксации (изображения на сетчатке глаза); **flexion** ~ сгибательный рефлекс; **food** ~ пищевой рефлекс; **galvanic skin** ~ кожно-гальванический рефлекс; **gastric** ~ рефлекс в области желудка; **gastrocolic** ~ желудочно-ободочный рефлекс; **grasping** ~ хватательный рефлекс; **Haab's pupillary** ~ зрачковый рефлекс (на неожиданно яркий свет); **imitating** ~ подражательный рефлекс; **inborn** ~ врожденный рефлекс; **inconditioned** ~ врожденный [безусловный] рефлекс; **indirect** ~ непрямой [консенсуальный] рефлекс; **inhibitory** ~ тормозной рефлекс; **interoceptive** ~ интероцептивный рефлекс, рефлекс с интероцепторов; **iris contraction** ~ рефлекс сужения зрачка; **iris-dilatation** ~ рефлекс расширения зрачка; **jump** ~ рефлекс прыжка, прыгательный рефлекс; **kin(a)esthetic** ~ кинестетический рефлекс; **knee-jerk** ~ коленный рефлекс; **light** ~ зрачковый рефлекс на свет; **mass** ~ иррадиированный рефлекс; **Moro** ~ рефлекс Моро; **motor** ~ двигательный рефлекс; **muscular** ~ мышечный рефлекс; **myotactic** ~ миотактический рефлекс; **nociceptive** ~ ноцицептивный [оборонительный] рефлекс; **orienting** ~ ориентировочный рефлекс; **overactive** ~ повышенный рефлекс; **pain** ~ болевой рефлекс; **palatal** ~ нёбный рефлекс; **patellar** ~ коленный рефлекс; **pathologic** ~ рефлекс, появляющийся при болезни; **Pavlov's** ~ условный рефлекс, рефлекс Павлова; **phasic** ~ фазический рефлекс; нормальный ответ на раздражение, выявленный в координированных движениях; **plantar** ~ подошвенный рефлекс; **postural** ~ постуральный [позный] рефлекс, рефлекс положения [позы]; **prepotent** ~ доминирующий рефлекс; **pressor** ~ прессорный рефлекс, рефлекторное возбуждение сосудодвигательного центра; **proprioceptive** ~ проприоцептивный рефлекс; **psychogalvanic** ~ психогальванический [кожно-гальванический] рефлекс; **pupillary** ~ зрачковый рефлекс; **reinforced** ~ повышенный рефлекс; **retarded** ~ *см.* delayed; **riddance** ~ защитный рефлекс; **righting** ~ рефлекс выпрямления, выпрямительный рефлекс; **sexual** ~ половой рефлекс; **simple** ~ рефлекторное сокращение одной мышцы; **skin** ~ кожный рефлекс; **skin vegetative** ~ кожно-вегетативный рефлекс; **sole** ~ подошвенный рефлекс; **spinal** ~ спинномозговой [спинальный] рефлекс; **spreading** ~ распространяющийся рефлекс; **static** ~ статический рефлекс, рефлекс стояния; **superficial** ~ поверхностный рефлекс; **tendon** ~ сухожильный рефлекс; **tonic** ~ тонический рефлекс; **trace conditioned** ~ следовой условный рефлекс; **trained** ~ условный рефлекс; **unconditioned** ~ безусловный рефлекс; **vascular** ~ сосудистый рефлекс; **vasomotor** ~ вазомоторный [сосудодвигательный] рефлекс; ~ **of second order** рефлекс второго порядка

reflexivity *лог.* рефлексивность, возвратность

reflexogenic рефлексогенный, вызывающий рефлекторное действие

reflexology рефлекторная теория поведения, рефлексология

reflexotherapy рефлексотерапия, лечебное воздействие рефлекторным путем

reform 1. улучшать, преобразовывать **2.** исправлять, перевоспитывать

reformation 1. преобразование, изменение **2.** исправление, улучшение **3.** перевоспитание

refract 1. преломлять (лучи) **2.** возвращать

refraction преломление, рефракция

refractive преломляющий, относящийся к рефракции

refractiveness преломляемость

refractivity 1. преломляемость **2.** показатель преломления

refractory 1. упрямый, непокорный, невосприимчивый **2.** не поддающийся лечению

refrangibility преломляемость

refrangible преломляемый, преломляющийся

refresh 1. освежать, подкреплять **2.** повторять, освежать в памяти

refusal отказ

refuse 1. отказываться **2.** отвергать

refutation опровержение

refute опровергать, доказывать несостоятельность

regard 1. внимание, забота **2.** уважение **3.** отношение // **1.** рассматривать, считать **2.** касаться, иметь отношение **3.** уважать

regenerate 1. регенерировать, восстанавливать **2.** перерождаться, обновляться

regeneration 1. регенерация, восстановление **2.** перерождение, обновление

regenerative восстановительный, регенеративный

regimen режим, диета; **training ~** режим тренировки [обучения, подготовки]

region 1. область, регион; зона **2.** часть тела; **acceptance ~** область принятия гипотезы; **associative ~s** ассоциативные поля; **confidence ~** *стат.* доверительная область; **connected ~** *топол. психол.* связанная зона; **critical ~** критическая область; **incident ~** *топол. психол.* зона возможностей (субъекта); **indifferent ~** *стат.* область безразличия; **motoric ~** моторная область (по К. Левину); **motor-perceptual ~** моторно-перцептивная область (по К. Левину); **neighboring ~** *топол. психол.* соседняя область [зона]; **peripheral ~s** периферические зоны [области]; **preference ~** область предпочтения; **private ~s of personality** ядерные области личности (по К. Левину); **psychological ~** *топол.психол.* психологическая область; **rejection ~** критическая область, область неприятия гипотезы; **similar ~** *стат.* (статистически) подобная область; **~ of acceptance** область принятия гипотезы

register регистрировать // **1.** журнал (записей) **2.** регистратор **3.** регистрирующий механизм

regression регрессия; **act ~** возобновление угасшего условного ответа (при возникновении преграды во время формирования нового условного ответа); **curvilinear ~** криволинейная регрессия; **ego ~** регрессия в развитии «Я» [эго]; **filial ~** *ген.* дочерняя регрессия; **linear ~** линейная регрессия; **logarithmic ~** логарифмическая регрессия; **multiple ~** множественная регрессия; **non-**

linear ~ нелинейная регрессия; **oral** ~ *психоан.* оральная регрессия, регрессия к оральной стадии развития; **partial** ~ частная регрессия; **phenomenal** ~ феноменальная регрессия; **rectilinear** ~ прямолинейная регрессия; **simple** ~ единичная [простая] регрессия; **skew** ~ нелинейная регрессия; **spontaneous** ~ спонтанная регрессия

regressive регрессивный

regressor независимая переменная в уравнении регрессии

regret 1. сожалеть 2. раскаиваться // 1. сожаление 2. раскаяние; **postdecision** ~ сожаление после принятия решения, сожаление по поводу принятого решения

regular правильный, нормальный; регулярный

regularity правильность, регулярность; порядок

regularize упорядочивать

regulate 1. регулировать, упорядочивать 2. соразмерять

regulation регулирование, регуляция; **conditioned reflex** ~ условно-рефлекторная регуляция, регуляция условного рефлекса; **growth** ~ регулирование роста; **involuntary** ~ непроизвольная регуляция; **nervous** ~ нервная регуляция; **reflex** ~ рефлекторная регуляция; **temperature** ~ регуляция температуры; **voluntary** ~ произвольная регуляция

regulator регулятор; **growth** ~ регулятор роста

regulatory регуляторный

rehabilitate 1. восстанавливать работоспособность 2. перевоспитывать (преступников)

rehabilitation реабилитация, восстановление

rehearsal 1. повторение 2. репетиция

reification овеществление

reify овеществлять; представлять как нечто материальное

reinforce подкреплять, усиливать

reinforcement подкрепление (навыка, условного рефлекса); **autogenic** ~ аутогенное подкрепление; **aversive** ~ аверсивное подкрепление; **conditioned** ~ условное [вторичное] подкрепление; **delayed** ~ отсроченное подкрепление; **differential** ~ дифференциальное подкрепление; **external** ~ внешнее подкрепление; **fixed interval** ~ подкрепление с фиксированными интервалами, временнóе подкрепление; **fixed ratio** ~ подкрепление через фиксированные интервалы; **heterogeneous** ~ гетерогенное подкрепление; **homogeneous** ~ гомогенное подкрепление; **intermittent** ~ подкрепление через нефиксированные интервалы; **internal** ~ внутреннее подкрепление; **interval** ~ временнóе подкрепление; **irrelevant** ~ неспецифическое подкрепление; **Jendrassik's** ~ НФЗЛ усиление рефлексов приемом Ендрассика; **negative** ~ негативное подкрепление; **partial** ~ 1. частичное подкрепление 2. промежуточное подкрепление; **positive** ~ положительное подкрепление; **predelay** ~ метод исследования научения, когда подкрепление предшествует отсрочке; **primary** ~ первичное подкрепление; **ratio** ~ подкрепление после установленного числа ответных реакций; **secondary** ~ вторичное подкрепление; **serial** ~ серийное подкрепление; **social** ~ социальное подкрепление; **terminal** ~ конечное подкрепление; **variable interval** ~ подкрепление через разные интервалы; **verbal** ~ вербальное

[словесное] подкрепление
reinforcer положительный стимул; **primary** ~ естественная награда
reinstatement повторное воспроизведение
reintegration восстановление (целостности)
reject отбрасывать, отвергать
rejection отказ, отклонение, неприятие; **environmental** ~ неприятие окружения [среды]
rejuvenation омоложение, омолаживание, восстановление (сил и т.п.)
rejuvenescence 1. омолаживание; восстановление (сил и т.п.); 2. *биол.* образование клеток; формирование новых тканей
relapse рецидив, возврат болезни
relata *лат.* члены отношения
relate 1. устанавливать отношение 2. быть связанным, состоять в родстве
related 1. связанный 2. родственный, связанный родством
relation 1. отношение, связь, зависимость 2. родство; **asymmetrical** ~ *лог.* асимметричные отношения; **consanguineous** ~ кровное родство; **direct** ~ непосредственная [прямая] связь; **ethnic** ~s этнические отношения; **functional** ~ функциональная зависимость; **intransitive** ~ *лог.* интранзитивное отношение; **intrinsic** ~ внутренняя связь; **marital** ~s супружеские отношения; **means-end** ~s отношения [связь] между целями и средствами; **public** ~ общественные отношения; **role** ~s ролевые отношения [зависимость]; **sex** ~ половое сношение [акт]; **space** ~s пространственные отношения; **spacial** ~ 1. перспектива глубины 2. пространственные отношения; **symmetrical** ~ *лог.* симметричное отношение

relationship 1. отношение, взаимоотношение 2. родство, родственные отношения; **cause-and-effect** ~ причинно-следственное взаимоотношение [соотношение, связь]; **curvilinear** ~ криволинейная зависимость; **dyadic** ~ диадическая взаимосвязь; **experimenter-subject** ~ отношение экспериментатор–испытуемый; **figure-ground** ~ соотношение фигуры и фона; **genetic** ~ генетическое родство; **leader-follower** ~ отношение лидер [руководитель]—подчиненный; **linear** ~ линейная зависимость; **man-machine** ~ отношение в системе человек—машина; **superior-subordinate** ~ отношение руководитель–подчиненный; **teacher-pupil** ~ отношение учитель–ученик
relative сравнительный, относительный // родственник
relativism релятивизм, относительность; **cultural** ~ культурный релятивизм
relativistic 1. релятивистский 2. относительный
relativity *см.* **relativism**
relax расслаблять(ся), уменьшать напряжение
relaxation 1. релаксация, расслабление 2. отдых от работы, передышка; **progressive** ~ *физиол.* расслабление мышц от более просто к более сложно управляемым (по Е. Якобсону)
relaxed расслабленный
relearning повторное научение
release освобождение, выделение; выпуск // освобождать, выделять; **emotional** ~ эмоциональная разрядка, отреагирование
releaser «релизер», стимул, вызывающий осуществление инстинктивного действия
relevance 1. тесная взаимосвязь 2.

релевантность; **ego** ~ связь (факта, события) с эго
relevant релевантный, существенный
reliability надежность, достоверность; **sampling** ~ надежность
выборки; **test-retest** ~ ретестовая
надежность
reliable надежный, достоверный
reliance 1. доверие, уверенность 2.
опора, надежда
reliant 1. уверенный 2. самоуверенный, самонадеянный
religion религия
religiosity религиозность
relish 1. удовольствие, наслаждение, вкус, склонность 2. приятный
вкус, запах 3. привлекательность
// 1. наслаждаться 2. иметь вкус
reluctance нежелание, неохота
reluctant делающий с неохотой;
неохотный
remark 1. замечание 2. пометка,
ссылка 3. наблюдение // замечать,
наблюдать, отмечать; **clarification**
~ пояснение, разъяснение (психотерапевта); **integrating** ~ резю-
мирующее замечание (психотерапевта)
remedial 1. исправительный, ис-
правляющий 2. лечебный
remedy 1. лекарство; лечебное средство 2. средство, мера (против
чего-л.)
remember помнить, вспоминать
remembrance 1. память 2. воспоминание
reminiscence воспоминание
remission ремиссия, затихание болезненных явлений; (временное)
ослабление болезни
remote 1. отдаленный 2. маловеро-
ятный
removal 1. перемещение 2. смещение с должности 3. устранение
remove 1. степень родства 2. перевод ученика в следующий класс 3.

ступень, шаг, степень отдаления //
1. перемещать, снимать 2. снимать
с должности 3. удалять, устранять
renounce 1. отказываться, отклонять, отвергать 2. отрекаться
renunciation 1. отказ, отречение 2.
самоотречение
reorganization реорганизация, преобразование; **perceptual** ~ реорганизация восприятия; **personality** ~
реорганизация личности
repair исправлять, восстанавливать
// 1. восстановление 2. годность,
исправность
repeatability повторяемость
repel 1. отклонять, отталкивать,
отвергать 2. вызывать отвращение
[неприязнь]
repent 1. раскаиваться 2. сожалеть
repertoire репертуар; **behavior** ~
диапазон (форм) поведения, поведенческий репертуар
repertory 1. хранилище 2. справоч-
ник, каталог 3. репертуар; **percep-
tual-conceptual** ~ когнитивная
карта, познавательная схема
repetition 1. повторение 2. подражание, копия; **distributed** ~ распределенное повторение (при научении); **spaced** ~ повторение с
интервалами
replace заменять, замещать
replacement 1. замещение; замена
2. *психотерап.* замещение
replicate копировать, повторять,
воспроизводить
replicating воспроизводимость
replication 1. *ген.* репликация, ау-
торепродукция; 2. повторность,
повторение
report отчет, сообщение // сообщать, описывать; **laboratory** ~
результат лабораторного исследования; **phenomenal** ~ субъективный отчет испытуемого; **verbal** ~ дословная запись

repose отдых, передышка

represent представлять, изображать

re-present вновь предъявлять

representation 1. изображение; образ 2. предъявление, репрезентация 3. представительство; **central** ~ центральное представительство (в коре голоного мозга); **collective** ~ коллективное представление (по Е. Дюркгейму); **graphic** ~ графическое изображение; **double** ~ двойное изображение; **matrix** ~ матричное изображение; **optic** ~ зрительное представление

representationalism репрезентационизм; доктрина, утверждающая, что понятия являются идеальным представителем объектов

representative 1. характерный, типичный, показательный 2. представительный, репрезентативный 3. представляющий, изображающий

representativeness представительность, репрезентативность; **test** ~ репрезентативность теста

repress 1. подавлять 2. сдерживать

repressed 1. подавляемый 2. вытесненный

repression 1. подавление, вытеснение 2. сдерживание (чувств и т.п.); **conscious** ~ сознательное подавление; **organic** ~ антероградная амнезия; **primal** ~ блокада сознания; **primary** ~ первичное вытеснение; **secondary** ~ вторичное вытеснение; **unconscious** ~ бессознательное подавление

reprocessing повторная обработка [переработка]

reproduce 1. производить, порождать 2. восстанавливать 3. воспроизводить 4. воспроизводить в памяти; представлять мысленно, повторять

reproducibility воспроизводимость; **scale** ~ прогностичность теста (по Л.Гутман)

reproduction 1. воспроизведение, размножение, воспроизводство 2. копия, репродукция 3. восстановление, регенерация; **sexual** ~ половое [генеративное] размножение; **vegetative** ~ вегетативное размножение

reproductive репродуктивный, воспроизводительный

reproof порицание, выговор, укор, упрек

repugnance 1. отвращение, антипатия, нерасположение 2. противоречие, несовместимость; непоследовательность

repulse отталкивать, не принимать, отвергать

repulsion отвращение, антипатия, нерасположение

reputation репутация

repute общее мнение, репутация

request просьба; требование // просить

require 1. требовать, приказывать 2. нуждаться (в чем-л.)

requiredness *гештальтпсихол.* побудительность

requirement 1. требование, необходимое условие 2. нужда, потребность; **aptitude** ~ s требования к индивидуальным способностям [данным]; **diurnal rhythm** ~ требование [потребность, необходимое условие] суточного ритма; **physiological** ~ физиологическая потребность [требование]; **training** ~ требование [необходимое условие] обучения [тренировки]; требование к обучению [тренировке]; **visual** ~ требование [необходимое условие] зрения; требование к зрению

research (научное) исследование, анализ // исследовать; **action** ~

изучение деятельности; **character** ~ 1. изучение характера [личности] 2. изучение обусловленности характера [личности] (средой, воспитанием); **behavioral** ~ изучение [исследование] поведения; **field** ~ полевое исследование, исследование в естественных условиях; **genetic** ~ генетическое исследование; **market** ~ изучение рынка [спроса]; **medical-biological** ~ медико-биологическое исследование; **motivation** ~ исследование мотивации потребителя (в рекламе); **operational** ~ операциональное исследование; **personnel** ~ изучение кадров (на предприятии); **physiological** ~ физиологическое исследование; **psychic** ~ парапсихология; **speech and hearing** ~ исследование речи и слуха; **survey** ~ исследование общественного мнения; **system** ~ системное исследование; исследование системы

researcher исследователь

resemblance сходство; **physical** ~ физическое сходство; **remote** ~ слабое [отдаленное] сходство; **superficial** ~ кажущееся сходство; **vague** ~ отдаленное [неуловимое] сходство

resemble иметь сходство, походить

resentment негодование, возмущение, чувство обиды

reserve 1. сдержанность, скрытность 2. запас // запасать; **operant** ~ см. **reflex** ~; **reflex** ~ количество попыток до угашения условного рефлекса (по Б. Скиннеру)

residual 1. остаточный 2. оставшийся необъясненным (об ошибке в вычислении) 3. оставшийся после вычитания

residue 1. остаток 2. истинный мотив (по В. Парето); **day** ~s

психоан. элементы дневного опыта, влияющие на содержание сновидений

residuum 1. остаток 2. след опыта 3. невыясненная ошибка

resign 1. уходить (в отставку) 2. уступать 3. подчиняться, покоряться

resignation 1. покорность, смирение 2. отказ от должности; отставка

resist 1. сопротивляться, противостоять 2. воздерживаться от чего-л.

resistance 1. сопротивление 2. сопротивляемость 3. устойчивость, резистентность; **body** ~ сопротивляемость организма; **conscious** ~ сознательное сопротивление; **ego** ~ *психоан.* сопротивление сознания [«Я»]; **environmental** ~ сопротивление среды; **external** ~ внешнее сопротивление; **internal** ~ внутреннее сопротивление; **light** ~ светостойкость; **passive** ~ пассивное сопротивление; **synaptic** ~ синаптическая задержка; ~ **to change** сопротивление [противодействие] переменам; ~ **to influence** противодействие влиянию; ~ **to persuasion** невосприимчивость к уговорам

resistant 1. резистентный 2. упорный 3. невосприимчивый, стойкий

resocialization социальная реадаптация

resolute твердый, решительный, непоколебимый

resoluteness твердость, решительность (характера)

resolution 1. анализ, разложение на составные части 2. решительность 3. *зр.* разрешение, разрешающая способность; **visual** ~ разрешающая способность зрения; ~ **of anxiety** *психоан.* отреагирование; ~ **of lines** расщепление линий спектра

resolve 1. решать, принимать реше

ние **2.** разрешать (сомнения) **3.** расщеплять, разделять
resonance резонанс
resonant 1. раздающийся, звучащий **2.** резонирующий, с хорошим резонансом
resonator резонатор
respect 1. уважение **2.** отношение, внимание // уважать
respiration дыхание; **Cheyne--Stokes** ~ чейн-стоксово дыхание; **forced** ~ затрудненное дыхание; **internal** ~ тканевое дыхание
respiratory дыхательный
respire дышать
respirograph респирограф
respond реагировать, отвечать
respondent отвечающий, реагирующий // респондент, реагирующий организм, испытуемый
response реакция, ответ, ответная реакция; **achromatic** ~ ахроматический ответ (по Г.Роршаху); **acquired** ~ приобретенный ответ; **adequate** ~ адекватный ответ [реакция]; **affective** ~ аффективный ответ [реакция]; **allochtonous** ~ аллохтонный ответ [реакция]; **all--or-none [all-or-nothing]** ответ [реакция] по типу «все или ничего»; **alternating** ~ перемежающийся ответ; **anatomy** ~ анатомический ответ; ответ, показывающий, что испытуемый видит в чернильных пятнах анатомические органы человека (по Г. Роршаху); **anticipation** ~ антиципирующий ответ; **anticipatory** ~ антиципирующий [предвосхищающий] ответ; ответ на основе предвосхищения [антиципации]; **anticipatory conditioned** ~ антиципирующий условный ответ; **appropriate** ~ соответствующая [адекватная] реакция; **arbitrary** ~ произвольный ответ, необусловленный качествами стимуляции

(по Г.Роршаху); **autochtonous** ~ автохтонный ответ [реакция]; **avoidance** ~ реакция избегания; **behavioral** ~ поведенческая реакция; **circular** ~ циркулярная реакция; **classical conditioned** ~ классический условный ответ; **color** ~ цветовой ответ (по Г. Роршаху); **conditioned** ~ условный ответ; **conditioned instrumental** ~ условный инструментальный ответ; **conditioned (instrumental) avoidance** ~ условная (инструментальная) реакция избегания; **conditioned (instrumental) escape** ~ условная (инструментальная) реакция избегания; **consensual** ~ сочувственное сокращение зрачка; **consummatory** ~ конечный ответ [реакция]; **coordinated motor** ~ координированная двигательная реакция; **correlated** ~ **1.** скоррелированная реакция; **2.** поправка на непрерывность, применяемая при вычислении x^2 во избежание ошибки, возникающей за счет прерывистого варьирования, в то время как x^2 варьирует непрерывно; **cortical** ~ реакция коры головного мозга; **covert** ~ скрытая реакция; **delayed** ~ отсроченный ответ [реакция]; **detail** ~ детальный ответ (по Г.Роршаху); **differential** ~ дифференцировочная реакция; **diffused** ~ диффузная реакция [ответ]; **diffusion** ~ диффузный [туманный, неясный] ответ (по Г.Роршаху); **directed** ~ целенаправленная реакция; **dynamic** ~ динамическая реакция; **egocentric** ~ эгоцентрическая реакция [ответ]; **electric skin** ~ кожно-гальваническая реакция; **electro-dermal** ~ кожно-гальваническая реакция; **escape** ~ реакция бегства [избегания]; **evoked brain**

~ ответная [вызванная] реакция головного мозга; **eye** ~ реакция глаза; **fixated** ~ фиксированная реакция; **fleeing** ~ реакция бегства; **following** ~ реакция следования; **form** ~ ответ, детерминированный формой (по Г. Роршаху); **form-color** ~ ответ, детерминированный формой и цветом (по Г.Роршаху); **fractional antedating goal** ~ частичный антиципирующий цель ответ; **fractional anticipatory goal** ~ *см.* **fractional antedating goal** ~; **galvanic skin** ~ кожно-гальваническая реакция; **glandular** ~ реакция железы; **goal** ~ **1.** целенаправленный ответ **2.** реакция на награду (в инструментальном научении); **implicit** ~ имплицитный ответ; **incompatible** ~ несовместимый ответ; **incorrect** ~ неправильная [неадекватная] реакция; **individual** ~ индивидуальный ответ; ответ, обусловленный индивидуальными особенностями; **involuntary** ~ непроизвольный ответ; **irrelevant motor** ~ посторонняя [неадекватная] двигательная реакция; **kinesthetic** ~ кинестетический ответ, восприятие пятен в движении (по Г. Роршаху); **light-determined** ~ светотеневой ответ (по Г.Роршаху); **mimetic** ~ подражание, имитация; **motor** ~ двигательная реакция; **movement** ~ ответ, указывающий на движение (по Г.Роршаху); **muscular** ~ мышечная реакция; **noncompensatory** ~ некомпенсаторная реакция; **nonspecific** ~ неспецифическая реакция; **normal** ~ нормальная реакция; **oculomotor** ~ глазодвигательная реакция; **orienting** ~ ориентировочная реакция, тропизм; **original** ~ оригинальный [необычный] ответ (по Г.Роршаху); **osmatic** ~ реакция на запах; **osmotic** ~ осмотическая реакция; **palmar** ~ ладонный рефлекс; **particular** ~ специфическая [частная, индивидуальная] реакция; **personal** ~ индивидуальная [личная] реакция; **photomyoclonic** ~ фотомиоклоническая реакция, клоническое сокращение мышц при ритмическом световом раздражении; **pilomotor** ~ пиломоторная реакция, образование гусиной кожи; **popular** ~ стандартный [традиционный, типичный] ответ; **position** ~ ответ, детерминированный локальными особенностями поверхности пятна (по Г.Роршаху); **protective** ~ защитная реакция; **psychological** ~ психологическая реакция; **pupillary** ~ реакция зрачка, зрачковая реакция; **respiratory** ~ реакция дыхания, дыхательная реакция; **selective** ~ дифференцировочная реакция; **serial** ~ серийный ответ; **single** ~ одиночная реакция; **specific** ~ специфическая реакция; **startle** ~ старт-реакция, реакция вздрагивания; испуг; **static** ~ статический рефлекс, рефлекс стояния; **stereotyped** ~ стереотипная реакция; **symbolic color** ~ символическая интерпретация цвета (по Г.Роршаху); **syncopal** ~ обморочная реакция; **texture** ~ ответ, отражающий восприятие текстуры чернильного пятна (по Г. Роршаху); **trace conditioned** ~ следовой условный ответ; **tracking** ~ реакция слежения; **trial** ~ пробный ответ [реакция]; **unconditional** ~ *см.* **unconditioned** ~; **unconditioned** ~ безусловный ответ; **vacuum** ~ спонтанная реакция; **vista** ~ ответ, передающий восприятие глубины и перспективы (по Г.Роршаху); **volitional** ~ произвольная реакция; **W** ~ *см.* **whole** ~; **white space** ~ ответ на промежуточное белое пространство, толкование белого фона (по Г.Роршаху); **whole** ~ целостный ответ (по Г.Роршаху); ~ **by analogy** ответ по аналогии

responsibility 1. ответственность **2.** обязанность; **criminal** ~ ответственность за (содеянные) преступления; **social** ~ социальная ответственность

responsible ответственный

responsive легко реагирующий, реактивный

responsiveness 1. реактивность, способность к реакции **2.** отзывчивость

rest 1. отдых, покой **2.** сон **3.** перерыв (деятельности) // **1.** отдыхать, лежать **2.** находиться; **cortical** ~ *НФЗЛ* дремотное [сонливое] состояние коры головного мозга, состояние пониженной активности коры головного мозга; **mental** ~ умственный [психический, душевный] покой [отдых]; **psychosensorial** ~ психосенсорный отдых [покой]

restitution восстановление, возвращение (к норме), реституция

restless беспокойный, возбужденный, неугомонный

restlessness беспокойство, беспокойное [возбужденное] состояние

restoration восстановление; **efficiency** ~ восстановление работоспособности [эффективности]; **functional** ~ восстановление функции

restore 1. восстанавливать **2.** возвращать, возмещать

restrain 1. сдерживать, ограничивать **2.** подавлять

restraint 1. сдержанность, самообладание **2.** ограничение; обузда-

ние, сдерживающее начало [влияние]; **social** ~ социальное ограничение

restriction ограничение

restructure *топол. психол.* переструктурировать

restructuring переструктурирование; **cognitive** ~ когнитивное переструктурирование; **perceptual** ~ перцептивное переструктурирование

result результат; следствие // **1.** происходить в результате **2.** иметь результатом; **indirect** ~ побочный результат; **reasonable** ~ правдоподобный результат

resultant 1. равнодействующий **2.** результирующий

retain 1. сохранять **2.** помнить **3.** удерживать

retard 1. задерживать, замедлять, тормозить **2.** запаздывать

retardation 1. задержка, замедление, задерживание **2.** запаздывание; опаздывание; **educational** ~ отставание в учебе; **intellectual** ~ умственная отсталость; **mental** ~ **1.** задержка умственного развития **2.** психическая дебильность **3.** олигофрения

retention 1. *физиол.* задержание, задержка **2.** сохранение в памяти; **selective** ~ селективность памяти

retentivity способность к сохранению опыта; ~ **of vision** задерживающая способность зрения

reticular ретикулярный, сетчатый

retina сетчатка, сетчатая оболочка (глаза)

retinal относящийся к сетчатке (глаза)

retire 1. оставлять (должность); уходить в отставку **2.** увольнять

retirement отставка, уход на пенсию; **physical disability** ~ выход в отставку по состоянию здоровья [по инвалидности]

retrace 1. восстановить в памяти 2. проследить что-л. до источника

retraining переобучение, переподготовка

retreat уход // уходить; **vegetative** ~ вегетативная реакция в стрессовой ситуации; ~ **from reality** уход от реальности

retrieval воспроизведение; **information** ~ воспроизведение информации

retrieve воспроизводить

retroactive ретроактивный

retroaction обратное действие [реакция]; **negative** ~ ретроактивное торможение

retrobulbar 1. лежащий позади глазного яблока 2. лежащий позади продолговатого мозга

retroflex 1. изогнутый назад 2. связанный с благоприятными условиями

retrogenesis ретрогенез (развитие, опирающееся на все то, что достигнуто к данному моменту)

retrograde 1. направленный назад 2. ретроградный

retrogression ретрогрессия, дегенерация, регресс, упадок

retrospection ретроспекция

return возвращение // возвращать(ся); **diminishing** ~ снижающийся эффект

revenge месть, мщение

reverberation отражение, реверберация

reverie 1. мечтательность, задумчивость 2. мечты

reversal 1. изменение, перестановка 2. отмена 3. перемена направления движения на обратное; **cue** ~ смена сигнального значения на противоположное; **mirror** ~ зеркальное отражение; **sex** ~ поло-

вая трансформация (естественно, патологически или искусственно вызванное переопределение пола); ~ **into opposite** *психоан.* обращение в противоположное

reversibility обратимость

reversible обратимый

reversion 1. появление рецессивных черт, отсутствовавших у родителей 2. возврат, перемена направления 3. атавизм

review 1. обзор 2. *школ.* повторение // 1. делать обзор 2. просматривать

revision пересмотр; **Herring** ~ модификация Геринга тестов интеллекта Бине – Симона; **Terman--Merrill** ~ шкала интеллекта Термана – Меррилла (модификация шкалы Бине – Симона)

revival воспроизведение

reward награда, подкрепление // награждать; **conditioned** ~ вторичное подкрепление; **deferred** ~ отсроченное подкрепление [награда]; **delayed** ~ отсроченное подкрепление [награда]; **differential** ~ дифференциальное подкрепление [награда]; **economic** ~ материальная награда [вознаграждение]; **extraneous** ~ внешняя награда; **extrinsic** ~ внешняя награда; **immediate** ~ непосредственная награда [подкрепление]; **insufficient** ~ недостаточная награда [подкрепление]; «**intangible**» ~ «неосязаемая» награда; **intrinsic** ~ внутренняя награда; **learnable** ~ стимул, становящийся наградой в результате научения; **minimal** ~ минимальная награда [вознаграждение]; **monetary** ~ денежная награда [вознаграждение]; **negative** ~ отрицательное подкрепление; наказание; **positive** ~ положительное подкрепление; награда; **predelay** ~ подкрепление, предшествующее отсрочке (как метод исследования научения); **primary** ~ первичное подкрепление; **secondary** ~ вторичное подкрепление; **sedative** ~ тормозное подкрепление; **stimulating** ~ стимулирующее подкрепление; **token** ~ квази-награда

rheobase реобаза

rheostat реостат

rheotropism реотропизм

rhinesthesia обоняние

rhinencephalon *анат.* обонятельный мозг, обонятельный отдел мозга

rhodopsin родопсин, зрительный пурпур

rhombencephalon *анат.* ромбовидный мозг, ромбэнцефалон

rhythm ритм; **aberrant** ~ измененный [нарушенный] ритм (*какого-л. физиологического процесса*); **activity** ~ ритм активности; **alpha** ~ альфа-ритм, альфа-волны в электроэнцефалограмме; **Berger** ~ *см.* **alpha** ~; **beta** ~ бета-ритм, частые бета-волны в электроэнцефалограмме; **biological** ~ биологический ритм; **cardiac** ~ ритм сердца, сердечный ритм; частота ударов сердца; **circadian** ~ суточный ритм; **cortical** ~ корковый ритм (*мозга*); **daily** ~ суточный ритм; **delta** ~ дельта--ритм, дельта-волны в энцефалограмме; **diurnal** ~ суточный [дневной] ритм; **heart** ~ *см.* **cardiac** ~; **irregular** ~ неправильный [нарушенный] ритм; **nodal** ~ узловой ритм сердца; **respiratory** ~ ритм дыхания, дыхательный ритм; частота дыхания; **sinus** ~ синусовый ритм (*сердца*); **sleep** ~ ритм сна; **staircase** ~ ритм при постепенно [ступене-

образно] нарастающем раздражении; **subjective** ~ субъективный ритм; **vital** ~ жизненный цикл

rhythmic(al) ритмический, ритмичный, мерный

ridicule осмеяние, насмешка

right 1. правильный, верный 2. правый, относящийся к правой стороне // 1. право 2. правая сторона [рука]; **father** ~ отцовская линия; **marital** ~ супружеское право; **mother** ~ материнская линия

rigid ригидный, жесткий, негибкий, твердый, неподвижный

rigidity ригидность, жесткость, стереотипность, оцепенелость; **decerebrate** ~ децеребрационная ригидность; **decorticate** ~ декортикационная ригидность; **disposition** ~ персеверация; **group** ~ групповой консерватизм, консерватизм группы; **hypnotic** ~ состояние каталепсии, вызванное гипнозом; **muscular** ~ мышечная ригидность, ригидность [напряженность] мышц

rigor неподвижность, оцепенение

ring 1. кольцо 2. ядро 3. цикл 4. круговая мышца 5. звонок // звенеть, звучать; **Landolt** ~s кольца Ландольта (*для определения остроты зрения*)

riot бунт

ripen созревать

ripeness зрелость

rise 1. подъем, увеличение 2. происхождение, начало // подниматься, вставать; увеличиваться; ~ **of temperature** повышение температуры

risk риск // рисковать; **injury** ~ риск повреждения [поражения]; **occupational** ~ профессиональный риск [опасность]

risk-taking риск

rite ритуал, обряд, церемония; **puberty** ~s инициации, возрастные посвятительные обряды

ritual 1. ритуал 2. стереотипная реакция 3. навязчивая реакция 4. отвлекающее действие // обрядовый, ритуальный; **circumcision** ~ *церк.* ритуал обрезания

ritualization ритуализация

rival конкурент, соперник // конкурирующий, соперничающий

rivalry соперничество; **envious** ~ соперничество [состязательность, конкуренция] на почве зависти; **jealous** ~ соперничество [состязательность, конкуренция] на почве ревности; **retinal** ~ бинокулярное соревнование; **sex** ~ борьба за приоритет одного пола над другим; **sibling** ~ соперничество между братьями и сестрами

robot 1. робот, автомат 2. человек-робот

robustness 1. здоровье, сила 2. здравомыслие

rod *анат.* палочка (сетчатой оболочки); **divining** ~ волшебный [магический] жезл; **retinal** ~ палочка (в сетчатке глаза); ~s of **Corti** *анат.* кортиевы столбики, эпителиальные клетки кортиева органа

role роль; **achieved** ~ достигнутая роль; **active** ~ активная роль; **adult** ~ роль взрослого; **ascribed** ~ приписываемая роль; **changed** ~ измененная роль; **complementary** ~ дополнительная роль; **executive** ~ исполнительная роль; **experimenter** ~ роль экспериментатора; **functional** ~ функциональная роль; **interviewer** ~ роль интервьюера; **multiple** ~ множественная роль; **occupational** ~ профессиональная роль; **political** ~ политическая роль; **prima-**

ry ~ основная роль; **respondent** ~ роль респондента [испытуемого, опрашиваемого]; **secondary** ~ вспомогательная роль; **sex** ~ половая роль; **social** ~ социальная роль

role-playing ролевое исполнение

role-sender инициатор ролевого взаимодействия; начальник

room; distorted ~ перекошенная комната Эймса, комната (зрительных) иллюзий Эймса; **strong** ~ палата для буйных душевнобольных

root 1. *анат.* корень, корешок 2. *мат.* корень; **nerve** ~ корешок нерва; **posterior** ~ корешок спинномозгового нерва; **sensory** ~ корешок чувствительного нерва; **spinal** ~ корешок спинномозгового нерва

root-mean-square *мат.* среднеквадратичный

Rorschach тест Роршаха

rostral ростральный, относящийся к клюву

rotation 1. вращение 2. чередование, смена; **orthogonal** ~ *факторн. ан.* ортогональное вращение

roughness шероховатость, неровность

rounding off *стат.* округление

routine рутина, заведенный порядок; **laboratory** ~ лабораторная практика

row ряд

rubric заголовок, рубрика

rude 1. грубый 2. крепкий (о здоровье) 3. оскорбительный, грубый (о поведении) 4. суровый, жестокий, свирепый

rudeness 1. грубость, неучтивость 2. суровость, лживость, свирепость

rudiment 1. рудиментарный орган 2. начатки, зачатки, элементарные знания

rudimentary элементарный, зачаточный, рудиментарный, недоразвитый

rule 1. правило, норма, образец 2. правление, власть 3. масштаб, линейка; **incest** ~s законы об инцесте; **phase** ~ *физ.* правило фаз; **universal** ~ правило, не имеющее исключений; ~ **of leveling and accentuation** правило выравнивания и усиления (заключается в том, что если начальный зритель-

ный контраст значителен, происходит усиление контраста, а если он мал, происходит выравнивание или редуцирование контраста)

rumor слух, молва

run одно предъявление; одно исполнение [попытка]

runway *зоопсих.* коридор между стартовой и финишной камерой

rut привычка, привычный образ действий [мыслей, чувств]

Ss

sad печальный, унылый

sadism садизм

sadist садист

sadistic страдающий садизмом

sadness печаль, уныние

sado-masochism склонность к садизму и мазохизму

safe 1. безопасный, верный, надежный 2. невредимый 3. сохраненный в безопасности

safety 1. безопасность, сохранность 2. надежность; **optimal** ~ оптимальная безопасность; **perfect** ~ полная безопасность; **personal** ~ индивидуальная безопасность; **personnel** ~ безопасность персонала; **work** ~ безопасность [охрана] труда

salad; word ~ бессмысленное сочетание слов (при шизофрении)

salience характерная особенность, отличительная черта; ~ **of roles** отличительные [характерные] особенности ролей

saliva слюна

salivary слюноотделительный, слюнной

salivate 1. выделять слюну 2. вызывать слюнотечение

salivation 1. слюноотделение 2. слюнотечение

saltation 1. скачок, прыжок 2. неожиданное изменение движения 3. биение, пульсация (артерии) 4. сальтация, мутация

saltatory скачкообразный

salubrious здоровый, благоприятный для здоровья

salutary здоровый, благоприятный для здоровья, лечебный

sample 1. выборочная совокупность, выборка 2. образец, проба 3. модель, шаблон // брать пробу; **adequate** ~ адекватная выборка; **balanced** ~ сбалансированная выборка; **behavior** ~ образец поведения; **check** ~ контрольная выборка [образец]; **combined** ~ объединенная выборка; **control** ~ *см.* **check** ~; **duplicated** ~ повторная выборка; **fixed** ~ фиксированная выборка; **matched** ~ уравненная выборка; **nonrandom** ~ неслучайная выборка; **ordered** ~ упорядоченная выборка; **paired** ~s парные выборки; **random** ~ случайная выборка; **representative** ~ репрезентативная выборка; **simple** ~ простая выборка; **single** ~ однократная выборка; **stratified** ~ расслоенная выборка; **time** ~ временной срез; **truncated** ~ усеченная выборка; **work** ~ часть деятельности, наиболее характерная [типичная] для данной профессии

sampling выбор(ка); **activity** ~ изучение видов деятельности испытуемого (в эксперименте); **area** ~ региональная выборка; **behaviour** ~ выборочное изучение поведения; **block** ~ 1. двухступенчатая выборка 2. региональная выборка; **cluster** ~ гнездовая выборка; **controlled** ~ контролируемый выбор [выборка]; **direct** ~ непосредственный выбор; **disproportional** ~ непропорциональная выборка; **domal** ~ стратифицированная территориальная выборка; **double** ~ двойной выбор; **extensive** ~ экстенсивная выборка [выбор]; **indirect** ~ косвенный выбор; **intensive** ~ интенсивная выборка [выбор]; **lattice** ~ решетчатая выборка; **mixed** ~ смешанный выбор; **multiphase** ~ многофазовый выбор, метод многофазовой выборки; **multistage** ~ многоступенчатый выбор, метод многоступенчатой выборки; **normative** ~ нормативная выборка [выбор]; **purposive** ~ целевая выборка; **proportional** ~ пропорциональная выборка [выбор]; **quasi-random** ~ квази-случайный выбор; **quota** ~ выборка по группам; **random** ~ случайная выборка, случайный отбор выборок; **repeated** ~ повторный отбор выборок; **representative** ~ репрезентативная выборка; **sequential** ~ последовательный отбор выборок; **simple** ~ однократная выборка; **single** ~ одноразовая

[однократная] выборка; **situational** ~ выбор релевантных образцов поведения; **specific-assign-ment** ~ жестко запланированное выборочное обследование; **stratified** ~ стратифицированная выборка; **systematic** ~ систематический отбор выборок; **unitary** ~ *см.* **simple** ~

sanction санкция; **negative** ~ отрицательные санкции; **positive** ~ положительные санкции; **social** ~ социальные санкции

sane 1. нормальный, в своем уме 2. здравый, здравомыслящий

sanitation 1. оздоровление, улучшение санитарных условий, санация; 2. санитария 3. санитарно-профилактические мероприятия; **industrial** ~ промышленная гигиена, фабрично-заводская санитария

sanity (душевное, психическое) здоровье; здравый ум; **doubting** ~ бред сомнения

Sapphism лесбианство

satiate 1. насыщать 2. пресыщать

satiation 1. насыщение 2. пресыщение

satisfaction удовлетворение; **felt** ~ ощущаемое [испытываемое] удовлетворение; **intrinsic** ~ истинное удовлетворение; **job** ~ удовлетворение от работы, удовлетворенность работой; **sex** ~ половое [сексуальное] удовлетворение

satisfier положительный раздражитель

satisfy удовлетворять

saturation насыщение, насыщенность; **color** ~ цветовое насыщение; **factor** ~ факторная нагрузка

satyriasis *мед.* сатириазис, сатиромания

scalability 1. шкалируемость 2. прогностичность теста

scalable шкалируемый

scala media *анат.* канал улитки ушного лабиринта

scala vestibule *анат.* вестибулярный канал

scale 1. шкала **2.** система счисления **3.** масштаб **4.** *муз.* гамма **5.** градуировать; **A** ~ тест устойчивости к неопределенности; **abbreviated** ~ сокращенный вариант шкалы; **absolute** ~ абсолютная шкала; **Adaptive Behavior** ~ шкала адаптивного поведения; **additive** ~ аддитивная шкала; **adjustment** ~ шкала адаптации [приспособления]; **age (equivalent)** ~ возрастная шкала; **analytical** ~ диагностический тест; **a priori** ~ априорная шкала; **Arthur Performance** ~ шкала действия Артура; **attitude** ~ шкала установок; **Ayres Handwriting** ~ шкала оценки качества почерка Аэрза; **Ayres Spelling** ~ орфографическая шкала Аэрза; **Bellevue** ~ шкала (интеллекта) Бельвью; **Binet [Binet−Simon]** ~ шкала (интеллекта) Бине [Бине−Симона]; **Bogardus (Social-Distance)** ~ шкала социальной дистанции Богардуса; **California infant** ~ шкала развития младенцев (Н. Бейли); **chromatic** ~ *муз.* хроматическая гамма; **classificatory** ~ классификационная шкала; **Columbia Mental Maturity** ~ колумбийская шкала умственной зрелости; **composition** ~ шкала оценки сочинений; **continuous** ~ непрерывная шкала; **criterion-oriented** ~ шкала, ориентированная на определенный критерий, критериально-ориентированная шкала; **cumulative** ~ шкалограмма, шкала Гуттмана; **derived** ~ производная шкала; **designatory** ~ классифи-

кационная шкала; **developmental** ~ шкала оценки развития; **diatonic** ~ *муз.* диатоническая гамма; **difficult** ~ шкала трудностей; **drawing** ~ шкала оценки детских рисунков; **E** ~ этноцентрическая шкала; **evaluative** ~ оценочная шкала; **evolutionary** ~ эволюционная шкала; **False [F]** ~ шкала лжи; **fundamental** ~ шкала оснований; **Grace Arthur Performance** ~ интеллектуальная шкала Грейса Артура; **grade** ~ шкала в терминах эквивалентов классов; **graphic** ~ графический масштаб; **graphic-rating** ~ графическая рейтинг-шкала; **group** ~ групповая шкала; **Guilford−Zimmerman Temperament** ~ личностный опросник Гилфорда−Циммермана; **Guttman scale** ~ шкалограмма, шкала Гутмана; **handwriting** ~ шкала оценки качества почерка; **Humm−Wadsworth Temperament** ~ шкала темпераментов Хамма−Уодсвурта; **individual** ~ индивидуальная шкала; **intelligence** ~ шкала умственных способностей [интеллекта], интеллектуальный тест; **isochron** ~ изохронная шкала; **interval** ~ шкала интервалов, интервальная шкала; **Kelvin** ~ (абсолютная) температурная шкала Кельвина; **Leiter International Performance** ~ международная шкала действия Лейтер; **linear** ~ линейная шкала; **logarithmic** ~ логарифмическая шкала; **man-to-man rating** ~s межиндивидуальные шкалы оценок; **mental** ~ шкала умственных способностей; **merit** ~ шкала оценки качества; **Merrill−Palmer** ~ шкала оценки детского развития Меррилла-Палмера; **national-intelligence** ~ национальная шкала интеллекта; **nominal** ~ классификационная шкала; **ordinal** ~ порядковая шкала; **percentile** ~ шкала оценок в процентах; **personality** ~ личностная шкала; **point** ~ шкала оценок, выраженных в очках; **Pr** ~ личностная шкала, по которой оцениваются расовые предрассудки; **product** ~ эталонная шкала; **psychological** ~ психологическая шкала; **quality** ~ шкала оценки качества; **range** ~ полная шкала; **rating** ~ рейтинг-шкала, шкала оценок; **reduced** ~ сокращенная шкала; **score** ~ шкала показателей; **scoring** ~ оценочная шкала; **semantic** ~ семантическая шкала; **S-O** ~ шкала выраженности личностных параметров; **social** ~ социальная шкала [лестница, иерархия]; **Stanford−Binet** ~ шкала Стэнфорд−Бине; **stanine** ~ шкала станайн, 9-балльная шкала; **status** ~ шкала социоэкономического статуса; **sten** ~ 10-балльная шкала; **summative** ~ суммарная шкала, шкала суммарных оценок; **Taylor Manifest Anxiety** ~ шкала Тейлора на проявление тревожности; **test** ~ тестовая шкала; **tempered** ~ *муз.* равномерно темперированная (хроматическая) гамма; равномерно темперированный строй; **Thorndike Handwriting** ~ шкала оценки качества почерка Торндайка; **Thurstone** ~ шкала Терстоуна (для измерения установки); **verbal** ~ вербальная шкала; **Vineland Social Maturity** ~ вайнландская шкала социальной зрелости; **Wechsler** ~s векслеровские шкалы; **Wechsler−Bellevue** ~ шкала Векслера−Бельвью (для измерения интеллекта взрослых и подростков); **Yerkes−Bridges Point** ~ шкала Йеркса−Бриджеса (модификация шкалы Бине)

scaling 1. шкалирование 2. измерение при помощи шкалы; **absolute** ~ абсолютное шкалирование; **cumulative** ~ кумулятивное шкалирование; **item** ~ шкалирование тестовых заданий; **ipsative** ~ ипсативное оценивание [шкалирование]; **multidimensional** ~ многомерное шкалирование; **test** ~ тестовое шкалирование

scalogram шкалограмма

scan 1. сканировать 2. пристально разглядывать, изучать

scanning сканирование; **biased** ~ искаженное сканирование; **visual** ~ визуальное [зрительное] сканирование; визуальный поиск

scapegoat социально-психологический феномен «козла отпущения» (возникает как результат противоречия между испытываемой субъектом потребностью к агрессии и отсутствием, с точки зрения общественных норм, объекта ее удовлетворения)

scatter 1. дисперсия, разброс, вариабельность 2. рассеянность

scattergram диаграмма рассеивания [разброса]

scatterplot диаграмма рассеивания [разброса]

scedastic *стат.* скедастичный

scedasticity *стат.* скедастичность

scene эпизод, случай; **primal** ~ *психоан.* первичный грех; **traumatic** ~ реактивная ситуация

shedule 1. расписание 2. таблица, график 3. план 4. список 5. незаполненная анкета; **Edwards Personal Preference** ~ список личностных предпочтений Эдвардса; **Gesell Development** ~ таблица развития Гезелла; **maintenance** ~ режим функционирования; **observation** ~ график [план] наблюдения; **Pleasant Events** ~ таблица доставляющих удовольствие событий; **reinforcement** ~ схема подкрепления; **time** ~ расписание, график; **variable-interval** ~ схема подкрепления с разными интервалами; **variable-ratio** ~ схема обусловливания с нефиксированным числом подкреплений; ~ **of reinforcement** см. **reinforcement** ~

schema 1. схема, план 2. *лог.* силлогическая фигура; **body** ~ схема тела; **cognitive** ~ когнитивная схема; **perceptual** ~ перцептивная схема; **response** ~ схема реакции

schematic 1. схематический 2. схематичный

schematization схематизация

scheme схема, план, проект, программа; **accounting** ~ калькуляционная схема (по Лазарсфельду, Уайзелю)

schism 1. схизис, раскол 2. ересь, схизма

schismogenesis распад [процесс распада] группы

schizoid 1. шизофренический 2. сходный с шизофренией // шизоид

schizophrene шизофреник

schizopfrenia шизофрения; **catatonic** ~ кататоническая шизофрения; **hebephrenic** ~ гебефрения; **paranoid** ~ параноидная шизофрения; **process** ~ непрерывно текущая шизофрения; **schizoaffective** ~ шизо-афективный психоз; **simple** ~ простая шизофрения; **reactive** ~ острая шизофрения

schizothymia шизотимия

scholaptitude склонность к учебе

scholarship 1. ученость, эрудиция 2. стипендия

scholastic 1. школьный 2. схоластический

school 1. школа, учебное заведение 2. учение, обучение, образование 3. школа, направление 4. факультет // обучать, тренировать, воспитывать; **activity** ~ школа активного обучения; **approved** ~ воспитательное учреждение для правонарушителей, не достигших 17 лет; **board** ~ *англ.* школа, руководимая школьным советом; **Chicago** ~ чикагская школа, функциональная психология; **free** ~ бесплатная школа [обучение]; **high** ~ *ам.* средняя школа; **higher** ~ высшая школа; **junior** ~ младшие классы (средней школы); **primary** ~ начальная школа; **public** ~ *ам.* государственная школа; *англ.* частная средняя школа; **secondary** ~ средняя школа; **special** ~ специальная школа для умственно [физически] неполноценных детей; **technical** ~ техническое училище; **trade** ~ производственная школа, ремесленное училище; **vestibule** ~ фабрично-заводская школа, школа при производстве для подготовки новичков к самостоятельной работе

schoolable 1. достигший школьного возраста 2. подлежащий обязательному школьному обучению 3. поддающийся обучению [тренировке, дрессировке]

schooling школьное обучение [образование]

sciascope скиаскоп

science 1. наука 2. знание 3. естественные науки; **behavioral** ~ бихевиоральная наука; **mental** ~ психология; **natural** ~s естественные науки; **social** ~ социальная наука; **theoretical** ~ теоретическая наука

scientific научный

scientist ученый

sclerosis уплотнение [разрастание] соединительной ткани, склероз; **multiple** ~ рассеянный склероз

scope сфера, объем, диапазон

scorable поддающийся оценке

score 1. количество очков, счет **2.** очко, балл, оценка // подсчитывать очки, оценивать; **accuracy** ~ коэффициент успешности; **additional** ~ дополнительная оценка (вычисленная на основании дополнительных высказываний испытуемого) (по Г.Роршаху); **age** ~s тестовые оценки, соответствующие данному возрасту; **comparable** ~s сравнимые [сопоставимые] оценки; **composite** ~ суммарный балл; **criterion** ~ *стат.* критериальная оценка; **critical** ~ *стат.* критическая оценка; **crude** ~ исходная оценка; **cutting** ~ *стат.* критическая оценка; **derived** ~ производная оценка; **deviation** ~ *стат.* центральное отклонение; **difficulty** ~ оценка достигнутого уровня трудности; **equated** ~s оценки, сведенные к одному основанию; **G** ~ *см.* **grade** ~; **grade** ~ оценка в терминах уровня эквивалентного класса; **graphic** ~ графическая форма оценки; **gross** ~ *стат.* грубая оценка; **interaction process** ~ оценка процесса взаимодействия; **main** ~ основная оценка (вычисленная на основании спонтанных высказываний испытуемого) (по Г.Роршаху); **obtained** ~ первичная [«сырая», необработанная] оценка; **original** ~ первичная [исходная] оценка; **passing** ~ проходной балл; **rate** ~ оценка выполненного объема задания; **raw** ~ исходная [«сырая», необработанная] оценка; **representative** ~ репрезентативная оценка; **S** ~ суммарная оценка; **sigma** ~ *см.* **standard** ~; **speed** ~ *см.* **rate** ~; **standard** ~ *стат.* стандартная оценка; **test** ~ тестовая оценка;

time ~ норма времени; **transmuted** ~ преобразованная оценка; **true** ~ истинная оценка; **ungrouped** ~s несгруппированные оценки; **z** ~ *см.* **standard** ~

scoring подсчет очков, оценивание, оценка; **configural** ~ оценивание конфигурации; **differential** ~ многомерное оценивание; **factor** ~ факторная оценка; **judgement** ~ оценка суждений; **multiple** ~ многомерное оценивание; **objective** ~ оценка по объективным показателям; **probability model** ~ оценка вероятностной модели; **subjective** ~ субъективная балльная оценка

scotoma скотома, слепое пятно (на сетчатке глаза); **central** ~ центральная скотома [слепое пятно]

scotomization образование скотомы

scotophilia *мед.* скотофилия

screen 1. экран, ширма **2.** *психоан.* все, что скрывает реальную действительность // экранировать, отсеивать, отбирать; **one-way** ~ экран одностороннего наблюдения; **protective** ~ защитный экран

screening 1. отбор, отсеивание **2.** отбор (кадров) **3.** экранирование; **adaptability** ~ отбор по способности к адаптации

script; mirror ~ зеркальное письмо

scruple сомнения, колебания, угрызения совести

scrupulous 1. щепетильный **2.** добросовестный **3.** скрупулезный

seance 1. сеанс **2.** спиритический сеанс

search 1. исследование, изыскание **2.** поиски // **1.** исследовать **2.** искать

seat место, центр; ~ **of mind [consciousness]** центр сознания

seclude уединять(ся), изолировать, отделять

seclusion уединение

seclusiveness стремление к уединению [прекращению контактов с другими людьми]

secondary вторичный, второстепенный, побочный, второй

secrete 1. выделять, отделять **2.** прятать

secretion 1. выделение, секреция **2.** секрет (железы); **internal** ~ внутренняя секреция

secretoinhibitory останавливающий выделение, задерживающий секрецию

secretomotor(y) вызывающий выделение, возбуждающий секрецию

secretory выделяющий, выделительный, секреторный

sect секта

section 1. *анат.* срез **2.** рассечение, разрез **3.** профиль **4.** глава, параграф, отрезок; **golden** ~ *мат.* золотое сечение; **longitudinal** ~ продольный срез; **transverse** ~ поперечный срез

sectional 1. секционный **2.** групповой, местный **3.** данный в разрезе

security 1. защищенность, безопасность **2.** гарантированное удовлетворение желаний [потребностей]; **emotional** ~ уверенность в удовлетворении своих эмоциональных потребностей

sedate спокойный, уравновешенный, невозмутимый

sedative успокаивающий // седативное [успокаивающее] средство

sedentary сидячий (об образе жизни)

seduce совращать, обольщать

seduction совращение, обольщение

seeking поиск, стремление; **approval** ~ стремление заслужить одобрение; **status** ~ стремление добиться положения в обществе; честолюбие

segment сегмент, отрезок; **behavior** ~ сегмент [единица] поведения

segmentation деление, дробление, сегментация

segregate отдельный // отделять(ся); выделять(ся); изолировать

segregation 1. *психол.* изоляция, выделение, отделение **2.** *ген.* расщепление **3.** *социол.* сегрегация; **racial** ~ расовая сегрегация

seizure 1. приступ, припадок **2.** судорожный припадок **3.** захват; **epileptiform** ~ эпилептоформный припадок; **psychomotor** ~ приступ психических и двигательных расстройств, психомоторный приступ [припадок]

sejunction разъединение, расщепление

select отбирать, подбирать, выбирать

selection отбор, выбор, подбор, селекция; **applicants** ~ отбор кандидатов; **artificial** ~ искусственный отбор ; **foolproof** ~ безошибочный [эффективный] отбор; **functional** ~ функциональный отбор [селекция]; **group** ~ групповой отбор; **individual** ~ индивидуальный отбор; **intergroup** ~ межгрупповой отбор; **item** ~ отбор тестовых заданий [вопросов]; **natural** ~ естественный отбор; **occupational** ~ профессиональный отбор; **organic** ~ органический подбор, ортоплазия; **original** ~ первоначальный отбор; **periodic** ~ периодический отбор; **proportional** ~ пропорциональный отбор; **psychological** ~ психологический отбор; **random** ~ случайный отбор; **recurrent** ~ периодический [повторяющийся] отбор; **secondary** ~ вторичный отбор; **sexual** ~ половой отбор [подбор]; **social** ~ социальный отбор; **vocational** ~ профотбор

selective избирательный, селективный, избирающий
selectivity избирательность, селективность
self личность, сам, «я», эго; defined ~ определенное «я»; divided ~ раздвоенная личность; glorified ~ *см.* idealized ~; idealized ~ идеализированное «я» (по К.Хорни); looking-glass ~ отраженное «я» (представление о себе, сформированное под влиянием мнения других людей); material ~ материальное «я»; mirror ~ *см.* looking-glass; perceived ~ воспринимаемое «я»; phenomenal ~ феноменальное [воспринимаемое] «я»; real ~ реальное «я» (по К.Хорни); social ~ 1. социальное «я» 2. отраженное «я»; somatic ~ соматическое «я»; spiritual ~ духовное «я»; subliminal ~ подсознательные душевные процессы
self-abasement самоунижение
self-absorption самопоглощение
self-abuse мастурбация, онанизм
self-acceptance адекватная самооценка
self-accusation самообвинение, самобичевание
self-action самопроизвольное действие
self-activity самопроизвольная деятельность
self-actualization самоактуализация (по А.Маслоу)
self-adaptive обладающий способностью приспосабливаться, самоприспосабливающийся
self-adjustment саморегулировка
self-admiration самолюбование
self-affirmation самоутверждение
self-alienation утеря чувства реальности собственного «я», самоотчуждение
self-analysis самоанализ
self-appraisal самооценка

self-assertion самоутверждение
self-assessment самооценка
self-assurance самоуверенность, самонадеянность
self-attitude самооценка
self-awareness самоосознание
self-centered 1. эгоистичный, занятый самим собой 2. эгоцентричный
self-comprehension самопонимание, самоосознание
self-command самообладание, сдержанность, умение владеть собой
self-communion самонаблюдение, самоанализ
self-complacence[су] самодовольство, самоуспокоенность
self-conceit самомнение, заносчивость, самодовольство
self-conception «я»-концепция, понимание себя
self-condemnation самоосуждение, самообвинение
self-confidence уверенность в себе
self-confident самоуверенный, самонадеянный
self-conscious застенчивый, легко смущающийся
self-consciousness 1. чувство неловкости, смущения; застенчивость 2. самосознание
self-consistency 1. самостоятельность 2. постоянство, последовательность, логичность, внутренняя непротиворечивость
self-consistent 1. самостоятельный 2. непротиворечивый
self-contempt самопрезрение
self-content самодовольство
self-contradiction внутреннее противоречие
self-contradictory противоречивый, содержащий внутреннее противоречие
self-control самоконтроль, самообладание, сдержанность, умение владеть собой

self-correlation автокорреляция (теста)

self-criticism самокритичность

self-culture самосовершенствование

self-deception самообман

self-defence самозащита, самооборона

self-delusion самообольщение, самообман

self-denial самоотречение

self-dependence самостоятельность, независимость

self-dependent самостоятельный, ни от кого не зависящий

self-deprecation умаление собственного достоинства, самоуничижение

self-derogation самоуничижение

self-description самоописание

self-destruction самоуничтожение, самоубийство

self-determination самостоятельность

self-development саморазвитие

self-direction саморегуляция (поведения)

self-discipline внутренняя дисциплина, самодисциплина

self-display самореклама, выставление себя напоказ

self-dispraise самопорицание, неодобрение своих собственных действий

self-distrust неверие в собственные силы, неуверенность в себе

self-doubt неверие в собственные силы, неуверенность в себе

self-excitation самовозбуждение

self-educated выучившийся самостоятельно

self-education самообразование, самообучение

self-esteem самоуважение, чувство собственного достоинства

self-evaluation самооценка

self-evident *лог.* не требующий доказательств, очевидный, ясный

self-expression самовыражение

self-feeling самооценка (в эмоциональном аспекте) (по В. МакДауgalлу); negative ~ отрицательная самооценка; positive ~ положительная самооценка

self-forgetfulness бескорыстие

self-glorification самовосхваление, самопрославление

self-governing самоуправляющийся

self-help 1. самопомощь 2. (нравственное) самоусовершенствование

selfhood 1. личность, индивидуальность 2. эгоизм

self-humiliation самоуничижение

self-ideal идеальный образ себя

self-idealization самоидеализация

self-identification отождествление себя с другим

self-identity тождественность самому себе

self-image образ «я»

self-importance большое самомнение, важничанье

self-improvement самосовершенствование

self-indulgence потворство [потакание] своим желаниям

self-indulgent потворствующий [потакающий] своим желаниям

self-interest своекорыстие, эгоизм

self-interested эгоистичный, корыстный, движимый личными интересами

self-inventory карта самооценки

selfish эгоистичный, эгоистический, самолюбивый

selfishness эгоизм, себялюбие

self-judgement самооценка

selfless самоотверженный, бескорыстный, неэгоистичный

self-love себялюбие, эгоизм

self-mortification 1. подавление собственного «я» 2. умерщвление плоти

self-maximation самосовершенствование
self-motion самопроизвольное
движение
self-observation самонаблюдение
self-opinion самомнение, самоуверенность
self-partiality 1. переоценка собственных достоинств 2. отсутствие
объективности в оценке собственных поступков [интересов и
т.п.]
self-perception самовосприятие
self-pity жалость к (самому) себе
self-possessed выдержанный,
хладнокровный
self-possession выдержка, самообладание, хладнокровие
self-praise самовосхваление
self-preservation самосохранение
self-rating самооценка
self-realization самореализация
self-recitation воспроизведение по
памяти (с целью самопроверки)
self-recording саморегистрирую-
щий, самопишущий
self-reference ссылка на себя, упоминание о себе
self-regard забота о себе [своих
интересах]
self-reliance уверенность в себе
[своих силах], независимость
self-reliant полагающийся на свои
собственные силы
self-report самоотчет
self-repugnant внутренне противоречивый, непоследовательный
self-respect чувство собственного
достоинства
self-restrained сдержанный, выдержанный
self-restraint самоконтроль, самообладание, сдержанность, умение
владеть собой
self-satisfaction самодовольство,
самоуспокоенность
self-sentiment самоощущение

self-sufficiency 1. независимость,
самостоятельность 2. самонадеянность, самодовольство
self-suggestion самовнушение
self-surrender подчинение чужой
воле [чужому желанию]
self-will упрямство, своеволие
semantic лингв. семантический
semantics лингв. семантика
semasiology лингв. семасиология
semblance 1. подобие, сходство 2.
наружность, (внешний) вид 3.
видимость, вид
semiology 1. мед. симптоматология
2. лингв. семиология, семиотика
semen семя, сперма
semicycle полуцикл
semiology лингв. семиология, семиотика
semiosis лингв. процесс, в котором функционирует какой-то
знак
semiotics лингв. семиотика
semitone муз. полутон
senescence 1. старение, одряхление
2. старость, старческий возраст
senescent стареющий, дряхлею-
щий
senile старческий, дряхлый
senilism преждевременная [ранняя]
старость [старение]
senility старость, дряхлость; premature ~ преждевременная старость [старение]
senium лат. старческий возраст
senior 1. старший (по возрасту),
пожилой человек 2. вышестоящий
(по положению, званию)
sensate ощущать, чувствовать //
ощущаемый
sensation ощущение; articular ~s
проприоцептивные ощущения;
concomitant ~ сопутствующее
ощущение; conflicting ~s противоречивые [конфликтные] ощущения; contact ~ s контактные
[тактильные] ощущения; common

~ общее (валовое) чувство; **cutaneous** ~ кожная чувствительность; **dermal** ~ кожная чувствительность; **entoptic** ~ субъективное зрительное ощущение; **evoked** ~ вызванное ощущение; **false** ~ ложное ощущение, иллюзия; **genital** ~s генитальные ощущения; **illusory** ~ иллюзорное ощущение; **individual** ~ индивидуальное ощущение; элементарное ощущение от простого единичного раздражителя; **internal** ~ внутреннее [субъективное] ощущение; **kin(a)esthetic** ~ кинестетическое ощущение [чувство]; **light** ~ ощущение света; **maximal [maximum]** ~ предельная величина ощущения; **muscle** ~ мышечное чувство, проприоцептивное ощущение; **negative** ~ отрицательное ощущение (лежащее ниже порогового) (по Г. Фехнеру); **olfactory** ~ обонятельное ощущение; **organic** ~ ощущение, вызванное процессами во внутренних органах; **persistent** ~ стойкое ощущение (продолжающееся после прекращения действия раздражителя); **physical** ~ физическое ощущение; **pin** ~ ощущение [чувство] покалывания; **potent** ~ сильное ощущение; **pressure** ~ ощущение давления; **pseudo** ~ ложное ощущение; **referred** ~ периферическая проекция ощущения, рефлекторное ощущение; **secondary** ~ вторичное ощущение (при синестезии); **sex** ~s сексуальные ощущения; **subjective** ~ субъективное ощущение; ощущение, вызванное внутренними стимулами; **tactile** ~ осязание, осязательное ощущение; **tendon** ~ проприоцептивное ощущение; **transferred** ~ *см.* **referred** ~; **uncertain** ~ неопределенное [смутное] ощущение; **vestibular** ~ вестибулярное ощущение; ~ **of warmth** термическая чувствительность

sensationalism ~ *филос.* сенсуализм

sense 1. ощущение; чувство 2. смысл, значение 3. орган чувств // 1. ощущать, чувствовать 2. понимать; **auditory [aural]** ~ слух; **chemical** ~ ощущение, возникающее под влиянием химических раздражителей; **cold** ~ чувство холода; **color** ~ цветоощущение; **common** ~ 1. здравый смысл 2. интуитивность, присущая всем людям 3. то, что очевидно; то, что является общим для людей; **cutaneous** ~ кожное ощущение; **dermal** ~ *см.* **cutaneous** ~; **equilibrium** ~ чувство равновесия; **external** ~ орган чувств, служащий для восприятия впечатлений из внешнего мира; **heat** ~ тепловое чувство; **hearing** ~ слух; **internal** ~ внутренняя чувствительность, «темное» чувство (по Сеченову); **kin(a)esthetic** ~ кинестетическое [мышечное] чувство, чувство движения, кинестезия; **labyrinthine** ~ лабиринтное ощущение (возникающее в результате раздражения лабиринтного аппарата); **light** ~ световое чувство, светоощущение; **motion** ~ чувство движения; **motor** ~ проприоцептивное ощущение; **muscle [muscular]** ~ кинестетическое [мышечное] чувство; **obstacle** ~ чувство [ощущение] преграды; **pain** ~ чувство боли, болевое ощущение [чувство]; **physiological** ~ физиологическое чувство [орган чувства]; **position [posture]** ~ чувство положения [позы]; **pressure** ~ чувство [ощущение] давления; **proprioceptive [proprioceptor]** ~ проприоцептивное чувство, проприоцепция; **reproductive** ~ инстинкт размножения;

sixth ~ шестое чувство, интуиция; skin ~ кожное чувство; space ~ чувство [ощущение] пространства, пространственное чувство [чувствительность]; special ~s специальные чувства (зрение, слух, обоняние, вкус); static ~ вестибулярное чувство; stereognostic ~ стереогноз, стереогностическое чувство; subtle ~s обостренные чувства; systemic ~ субъективное ощущение внутренних органов, седьмое чувство; tactile [tactual] ~ тактильное чувство, осязание, чувство осязания [прикосновения]; taste ~ вкусовое чувство; вкус; temperature ~ температурное чувство; thermal ~ см. temperature ~ ; time ~ чувство времени; vestibular ~ вестибулярное чувство; visceral ~ субъективное ощущение внутренних органов, седьмое чувство; vision [visual] ~ зрение; warmth ~ чувство [ощущение] тепла, тепловое чувство; weight ~ ощущение веса; ~ of discomfort чувство [ощущение] дискомфорта; ~ of guilt чувство вины; ~ of hearing слух; ~ of pain чувство боли, болевое чувство; ~ of reality чувство [ощущение] реальности; ~ of sight зрение; ~ of smell обоняние, чувство обоняния; ~ of taste чувство вкуса, вкус; ~ of touch осязание, тактильное чувство, чувство осязания [прикосновения]; ~ of vision зрение
sense-feeling эмоциональная окраска ощущения
senseless 1. бесчувственный, нечувствительный 2. бессмысленный
sensibilia *лат.* ощущаемое
sensibility 1. чувствительность, сенсибильность 2. реактивность; bone ~ вибрационная чувствительность [чувство]; common ~ общая чувствительность; cutaneous ~

чувствительность [реактивность] кожи; deep ~ глубокая чувствительность; differential ~ дифференциальная чувствительность; epicritic ~ эпикритическая сенсибильность; light ~ светочувствительность; mesoblastic ~ глубокая чувствительность; olfactory ~ чувствительность обоняния; pallesthetic ~ вибрационная чувствительность; protopathic ~ протопатическая чувствительность; recurrent ~ чувствительность передних корешков спинного мозга; somesthetic ~ чувствительность (рецепторов) соматических тканей; чувствительность к движениям тела; splanchnesthetic ~ восприятие ощущений от рецепторов брюшных органов; subcutaneous ~ подкожная чувствительность; tactile ~ тактильная чувствительность; vibratory ~ вибрационная чувствительность
sensibilization сенсибилизация
sensible 1. ощущаемый, ощутимый, воспринимаемый органами чувств 2. чувствительный, чувствующий 3. здравомыслящий, разумный
sensiferous передающий [проводящий] ощущение, чувствительный
sensigenous вызывающий ощущение
sensigerous чувствительный (о нерве)
sensimeter прибор для измерения чувствительности
sensing ощущение (как процесс)
sensitive 1. чувствительный 2. восприимчивый
sensitiveness 1. чувствительность 2. восприимчивость
sensitivity чувствительность, сверхчувствительность; absolute ~ абсолютный порог чувствитель-

ности; **color** ~ цветовая чувствительность; **discrimination** ~ чувствительность к различению, различительная чувствительность; **emotional** ~ эмоциональная чувствительность, эмоциональность; **inadequate** ~ неадекватная чувствительность; **light** ~ световая чувствительность; **liminal** ~ пороговая чувствительность; **maximal [maximum]** ~ максимальная чувствительность; **noise** ~ чувствительность к шуму; **relative** ~ относительная чувствительность; **retinal** ~ чувствительность сетчатки; **skin** ~ кожная чувствительность; **social** ~ синтонность, способность к переживанию; **spectral** ~ спектральная чувствительность; **tactile** ~ тактильная чувствительность; **terminal** ~ максимальная чувствительность; **threshold** ~ пороговая чувствительность; **vibration [vibratory]** ~ вибрационная чувствительность, чувствительность к вибрации; **visual** ~ чувствительность зрения

sensitization сенсибилизация; **reflex** ~ рефлекторная сенсибилизация

sensitize делать чувствительным, повышать чувствительность

sensomotor сенсомоторный

sensor НФЗЛ рецептор, чувствительное нервное окончание; **auditory** ~ слуховой рецептор; **external** ~ наружный рецептор; **exteroceptive** ~ экстероцептор, экстероцептивный рецептор; **hearing** ~ слуховой рецептор; **internal** ~ внутренний рецептор; **interoceptive** ~ интероцептор, интероцептивный рецептор; **kin(a)esthetic** ~ кинестетический рецептор; **proprioceptive** ~ проприоцептор, проприоцептивный

рецептор; **sight** ~ зрительный рецептор; **smell** ~ обонятельный рецептор; **tactile** ~ тактильный рецептор; **taste** ~ вкусовой рецептор; **touch** ~ тактильный рецептор; **visual** ~ зрительный рецептор

sensorial сенсориальный

sensorimetabolism обмен веществ, вызванный раздражением чувствительных нервов

sensorimotor сенсомоторный

sensorium *лат.* сенсориум, чувствительная сфера (коры головного мозга или ЦНС)

sensory сенсорный, чувствительный

sensory-motor *см.* **sensorimotor**

sensual 1. чувственный 2. сладострастный

sensuality 1. чувственность 2. сладострастие

sensum *лат.* сенсорные данные

sensuous чувственный, относящийся к чувственному опыту

sensuousness чувственность

sensus communis *лат.* здравый смысл

sentence *грам.* предложение; **disarranged** ~s предложения, предъявляемые в разброс, а не в логической последовательности; **dissected** ~s *см.* **dissaranged** ~s; **embedded** ~ включенное предложение; **word** ~ слово-предложение

sentiendum (*pl.* **sentienda**) сенсорные данные

sentience ощущение, чувствительность

sentient чувствующий, чувствительный

sentiment 1. чувство, отношение, мнение, настроение 2. сентиментальность

sentimental сентиментальный

sentimentality сентиментальность

separability отделимость

separable отделимый; **minimum ~ зр.** разрешающая способность сетчатки

separation 1. отделение, разделение, разлучение; разобщение **2.** разложение на части **3.** раздельное жительство супругов, развод; **marital ~** развод; **temporal ~** разделение [раздельность] по времени

sequel последствие, результат

sequence 1. последовательность [порядок] (следования), ряд **2.** следствие, результат; **chronological ~** хронологический порядок [последовательность]; **developmental ~** естественный ход развития; **genetic ~** последовательность развития [онтогенеза]; **guessing ~** стратегия угадывания; **natural ~** естественный порядок; **reaction ~** ряд [последовательность] реакций; **S−R−S ~** последовательность «стимул−ответ−стимул»; **uncontrollable ~** неуправляемая последовательность процессов [явлений]

sequent 1. следующий, последующий **2.** логически вытекающий

serial 1. серийный, сериальный **2.** порядковый (о номере, числе)

seriatim по порядку; серийно

seriation объединение в серию

series 1. серия **2.** ряд; **ascending ~** возрастающая серия (в экспериментах по исследованию порогов); **binomial ~** *стат.* биномиальный ряд; **broken ~** дискретная серия; **categorical ~** категориальная серия; **control ~** контрольная серия; **descending ~** убывающая серия (в экспериментах по исследованию порогов); **experimental ~** экспериментальная серия; **Gram−Charlier ~**

см. **Poisson ~**; **Poisson ~** пуассоновское распределение

serious 1. серьезный, глубокомысленный **2.** важный **3.** опасный

seriousness серьезность, важность

serve 1. служить, быть на службе **2.** снабжать **3.** содействовать

service 1. работа **2.** сфера деятельности, род занятий **3.** услуга, помощь **4.** учреждение (ведающее специальной отраслью работы); **Educational Testing ~** общенациональная служба тестирования в области образования (США)

servo [servomechanism] сервомеханизм; **sampling ~** следящая система прерывистого действия

session сеанс

set 1. установка **2.** комплект, набор, серия, группа, ряд // **1.** ставить, помещать **2.** устанавливать; **abstract ~** установка на восприятие в абстрактных терминах; **critical ~** *стат.* критическое множество; **culture ~** *соц. псих.* культурная установка; **favorability ~** установка на благоприятный исход; **goal ~** целевая установка; **group ~** установка группы; **hypnotic ~** установка как результат гипноза; **learning ~** установка на научение; **mental ~** психологическая установка [готовность]; **motor ~** моторная [двигательная] установка; **neural ~** *физиол.* облегчение; **objective ~** объективная установка; **perceptual ~** перцептивная установка; **perseverative ~** персеверативная установка; **postural ~** постуральная [позная] установка; **preparatory ~** подготовительная реакция; **response ~** установка на (определенный) ответ [реакцию]; **role ~** ролевая установка; **search ~** поисковая установка; **situation ~** ситуационная установка, установка на ситуацию; **situational ~**

см. stimulus ~; status ~ установка на статус; stimulus ~ стимульная установка, установка на стимул; task ~ установка на задание [выполнение задания]; unconscious ~ неосознанная установка; ~ of experiments серия опытов; ~ of observations серия наблюдений; ~ of samples серия проб; ~ of symptoms симптомокомплекс

setting 1. окружающая обстановка 2. регулирование, установка; пуск в ход; behavior ~ ситуация, в которой проявляются специфические формы поведения; educational ~ обстановка [атмосфера], в которой осуществляется обучение; school ~ школьная обстановка [среда]; social ~ социальная среда; zero ~ установка (прибора) на нуль

setup организация, система, структура

sex 1. пол 2. секс // половой; female ~ женский пол; male ~ мужской пол; opposite ~ противоположный пол; premarital ~ добрачный секс [половые отношения]

sexless бесполый

sex-limited ограниченный полом (о наследственности)

sexual 1. половой 2. сексуальный

sexualism сексуальность

sexuality сексуальность; infantile ~ *психоан.* детская сексуальность

sexualize различать по половой принадлежности

sexology сексология

shade оттенок, тон; color ~ цветовой оттенок

shading светотень (как детерминанта по тесту Г.Роршаха)

shadow тень; acoustic ~ *акуст.* зона молчания; colored ~ цветная тень; sound ~ *см.* acoustic ~

sham 1. притворство, подделка 2. симулянт // притворный, под-

дельный // притворяться, прикидываться, симулировать

shame стыд

shape 1. форма, очертание; вид; образ 2. образец, модель, шаблон 3. профиль // 1. создавать 2. придавать [принимать] форму

shaping формирование условных рефлексов путем последовательного приближения к конечной цели; ~ of behavior формирование поведения

sharpening усиление воспринимаемых различий; уточнение

sheath 1. капсула 2. *анат.* оболочка; medullary ~ *см.* myelin ~; myelin ~ *анат.* миелиновая оболочка

sheet лист, листок, бланк; answer ~ бланк для ответов; data ~ бланк протокола; personal data ~ бланк личностных данных; Woodworth Personal Data ~ бланк [листок] личностных данных Вудвортса

shift 1. изменение, перемещение, сдвиг 2. смена 3. средство, способ // перемещать, сдвигать, менять; binaural ~ латерализация [смещение] слухового образа; eye fixation ~ смещение (оси) фиксации глаза [зрительной фиксации]; night ~ ночная смена; rhythm ~ сдвиг [изменение] ритма; threshold ~ сдвиг [изменение] порога

shifting смещение, сдвиг, перемещение, изменение; attitude ~ смещение установки

shock 1. шок, потрясение 2. электрошок 3. электрошоковая терапия; sense ~ нарушение чувствительности при истерии; shading ~ шок на светотень (по Г. Роршаху); shell ~ шок от контузии, контузия; thermal ~ тепловой удар

shooter; main-line ~ *сленг.* наркоман, пользующийся внутривен-

ными инъекциями для более быстрого действия наркотиков
short-circuiting концентрация нервных процессов
shortsighted близорукий
shortsightedness близорукость
shrinkage сокращение, уменьшение
shy пугливый, застенчивый, робкий
shyness застенчивость
sib один из детей одних и тех же родителей, сибс
sibbing скрещивание сибсов
sibling 1. родной брат или сестра, сибс 2. потомство одних и тех же родителей
sibship группа, состоящая из братьев и сестер
sick 1. больной 2. страдающий рвотой [тошнотой]
sickliness болезненное состояние, болезненность
sickness 1. болезнь 2. тошнота; **fainting** ~ эпилепсия, падучая болезнь; **falling** ~ эпилепсия, падучая болезнь; **motion** ~ локомоционная болезнь; **sleeping** ~ 1. летаргический энцефалит 2. сонная болезнь
sidedness латеральность
sight 1. зрение 2. поле зрения 3. вид, картина, зрелище // наблюдать, увидеть; **day** ~ дневное зрение, гемералопия; ночная слепота; **dull** ~ слабое зрение; **far** ~ дальнозоркость; **keen** ~ острое зрение; **long** ~ дальнозоркость; **night** ~ ночное зрение; дневная слепота; **partial** ~ частичная слепота; **quick** ~ острое зрение; **second** ~ слабое старческое зрение, геронтопия; «ясновидение»; **short** ~ близорукость; **weak** ~ слабое зрение
sighting зрительный контакт, непосредственная видимость, нахождение в поле зрения
sightless невидящий, слепой

sight-testing исследование остроты зрения
sigma 1. тысячная доля секунды 2. стандартное отклонение 3. коэффициент рассеяния; **partial** ~ стандартная [средняя квадратичная] ошибка оценки
sigmoid сигмовидный, напоминающий латинскую букву S
sign 1. знак 2. сигнал 3. признак, симптом, примета; **Babinsky** ~ рефлекс Бабинского (рефлекторное сокращение ахиллова сухожилия при постукивании по нему); **conventional** ~ условный знак; **eyelash** ~ рефлекторное смыкание век при прикасании к ресницам; **graphic** ~ письменный знак; **local** ~ локальный признак [примета]; **physical** ~ физический симптом; **physiological** ~ физиологический признак; **radical** ~ *мат.* знак корня; **Romberg** ~ симптом Ромберга
signal 1. сигнал, знак 2. раздражение (передаваемое по нерву), нервное раздражение; **afferent** ~ афферентный сигнал; **audio [auditory]** ~ слуховой [звуковой] сигнал [стимул]; **aural** ~ звуковой сигнал [стимул]; **conditioned** ~ условный [условно-рефлекторный] сигнал; **danger** ~ сигнал опасности; **speech** ~ речевой сигнал; **visual** ~ зрительный [визуальный] сигнал
significance 1. значение, смысл 2. важность, значимость 3. многозначность; выразительность; **biological** ~ биологическое значение; **diagnostic** ~ диагностическое значение [значимость]; **percept** ~ значение перцепта; **physiological** ~ физиологическое значение; **prognostic** ~ прогностическое значение; **statistical** ~ статистическая значимость (результатов)

significant 1. значительный, значимый, важный, существенный 2. выразительный

signification значение, смысл

significative значимый; указывающий на что-л.

significs *лингв.* семантика

signify 1. значить, означать 2. иметь значение

silence молчание, тишина

silent 1. молчаливый, безмолвный 2. неосознанный (по В.Келеру)

silhoette силуэт, форма, очертания // вырисовываться на фоне чего-л.

silliness глупость; слабоумие

simian обезьяний, обезьяноподобный // обезьяна

similar подобный; сходный, похожий; однородный

similarity сходство, подобие; **assumed** ~ предполагаемое сходство; **attitude** ~ сходство установок; **cognitive** ~ когнитивное сходство; **demographic** ~ демографическое сходство; **functional** ~ функциональное сходство; **pattern** ~ сходство структуры [модели]; **semantic** ~ семантическое сходство; ~ **of interests** сходство интересов; ~ **of needs** сходство потребностей

simple 1. простой, элементарный 2. простой, легкий

simplicity простота

simulation 1. симуляция 2. имитация

simulator 1. имитационное устройство, тренажер 2. ситуация, имитирующая реальную

simultaneity одновременность

simultaneous симультанный, одновременный

sin грех // грешить

sinful грешный, греховный

sinfulness греховность

sincere искренний, чистосердечный

sincerity искренность

single 1. единственный; одиночный, единичный, отдельный 2. холостой, незамужняя

singleton одинец, одиночное животное

sinistrad (направленный) влево

sinistral левосторонний, леворукий

sinistrality леворукость

site местонахождение, локализация

situation 1. место 2. положение, состояние, ситуация 3. служба, должность; **conflict** ~ конфликтная ситуация; **criterion** ~ критериальная ситуация; **critical** ~ критическая ситуация; **danger** ~ *психоан.* ситуация, вызывающая чувство тревоги [тревожности]; **disagreeable** ~ неприятная ситуация [обстановка]; **emergency** ~ аварийная ситуация; **forced cue** ~ ситуация обучения с необходимостью реагировать на определенные стимулы; **goal** ~ цель; **hazardous** ~ опасная ситуация; **interest** ~ ситуация, вызывающая интерес (у животного) (по К.Левину); **miniature life** ~ модель реальной жизненной ситуации, реальная жизненная ситуация, взятая в миниатюре; **non-stress** ~ ситуация, не вызывающая стресса [напряжения]; **normal** ~ нормальная ситуация; **open-cue** ~ ситуация с (полностью) видимым стимульным материалом; **reality** ~ реальная (жизненная) ситуация; **reward** ~ поощрительная ситуация; **simple choice** ~ ситуация бинарного выбора, ситуация на простой выбор; **social** ~ социальная ситуация; **stimulus** ~ стимульная ситуация; **stressful** ~ стрессовая ситуация, ситуация, вызывающая стресс [напряжение]; **test** ~ тестовая ситуация

situationalism теория о решающей роли окружающих условий на поведение

size размер, объем, величина, мера; **body** ~ размер тела ; **critical** ~ критический размер; **family** ~ размер семьи; **general body** ~ общий показатель размера тела (по Айзенку); **least group** ~ наименьший размер (учебной) группы; **object** ~ размер объекта; **perspective** ~ воспринимаемая величина объекта в перспективе

skeletal скелетный

skeleton скелет; остов, каркас

skew косой, асимметричный; смещенный

skewness *стат.* асимметрия в частоте распределения; коэффициент асимметрии

skill 1. навык 2. мастерство, умение, искусство 3. квалификация; **basic** ~s основные навыки; **cognitive** ~s когнитивные навыки; **conceptual** ~ навык [умение] создавать представление [идею]; **higher level** ~s навыки более высокого порядка; **motor** ~ двигательный [моторный] навык; **occupational** ~ профессиональный навык [умение]; **perceptual** ~ навык восприятия, перцептивный навык; **perceptual motor** ~ перцептуально-моторный [кинестетический] навык [умение]; **professional** ~ профессиональный навык [умение]; **social** ~ навыки общения

skimming просмотровое чтение

skin кожа

slang *лингв.* сленг, жаргон

sleep сон // спать; **affected** ~ нарушенный сон; **frozen** ~ гипотермия; **hypnotic** ~ гипнотический

сон; **lethargic** ~ летаргический сон; **twilight** ~ полубессознательное [сумеречное] состояние

sleepiness сонливость

sleepwalking сомнамбулизм

sleepwalker лунатик

slip случайная ошибка; ~ **of the pen** описка; ~ **of the tongue** оговорка

slope *мат.* 1. склон, наклон 2. тангенс угла наклона; ~ **of a curve** *мат.* тангенс угла наклона

slow 1. медленный 2. несообразительный, тупой, умственно отсталый

slow-learning несообразительный, тупой, неспособный (о ребенке)

smell 1. обоняние 2. запах // 1. обонять, чувствовать запах 2. нюхать 3. пахнуть

smelling обоняние

smooth 1. гладкий, ровный 2. спокойный, уравновешенный

smoothing *стат.* сглаживание, выравнивание; **curve** ~ выравнивание кривой

smoothness 1. гладкость 2. плавность

sober 1. трезвый 2. умеренный 3. рассудительный; здравый

sobriety 1. трезвость 2. умеренность 3. рассудительность; уравновешенность

sociability общительность, коммуникабельность

sociable 1. общительный, коммуникабельный, дружелюбный 2. дружеский

social 1. общественный, социальный 2. общительный

sociality 1. общительность 2. общественный инстинкт

socialization социализация; **primary** ~ первичная социализация

socialize 1. подготавливать к жизни в обществе 2. обобществлять;

национализировать **3.** организовать коллективную работу в (классе) **4.** общаться, встречаться

social-mindedness социальная заинтересованность

societal общественный

society 1. общественный строй, общество **2.** общество, объединение, организация **3.** общение, контакт; **fixed-class** ~ общество с жестко закрепленной социальной структурой; **open-class** ~ общество без жестко закрепленной социальной структуры; **preliterate** ~ общество дописьменного периода

sociocenter групповой лидер

sociocentrism социоцентризм

sociodrama социодрама

sociogenesis социогенез

sociogenetic социогенетический, порожденный обществом

sociogram социограмма

sociography социография

sociology социология

sociometry социометрия

solid; color ~ **1.** цветовая пирамида **2.** цветовое тело

solution решение (проблемы); **trial-and-error** ~ решение методом проб и ошибок

solve 1. решать (проблему), разрещать **2.** растворять

somatic соматический, телесный

somatist психиатр, считающий, что физические причины лежат в основе психических нарушений

somatopsychic психосоматический, относящийся к телу и душе

somatopsychosis соматогенный психоз

somatoscopy физическое обследование тела

somatotropic 1. имеющий сродство к клеткам тела **2.** стимулирующий рост

somatotype соматотип, тип телосложения

somatotypology определение типа телосложения

somesthesia соместезия, чувствительность к телесным ощущениям

somesthetic относящийся к телесным ощущениям

somnambulism сомнамбулизм, лунатизм

somnambulist лунатик

somnifacient снотворный, гипнотический // снотворное вещество

somniferous снотворный

somniloquy разговор во сне

somnipathy 1. расстройство сна **2.** гипнотизм

somnolence сонливость, дремота

somnolent 1. сонный, дремлющий, сонливый **2.** усыпляющий

somnolescent вызывающий сонливость

sonant звонкий согласный, сонант

sone сон (единица громкости)

sonic звуковой

sonometer сонометр, прибор для исследования слуха

soporific усыпляющий, наркотический // снотворное средство, наркотик

sore 1. причиняющий боль **2.** больной, болезненный **3.** огорченный, обиженный

soreness 1. чувствительность, болезненность **2.** раздражительность **3.** чувство обиды

sorrow 1. горе, печаль **2.** сожаление, грусть

sort сорт, род, вид, разряд // сортировать, классифицировать; **Q** ~ Q-сорт (вид личностного опросника)

soul душа

soulful эмоциональный, сентиментальный

soulless бездушный

sound звук, тон, шум // здоровый, крепкий, надежный // **1.** звучать, издавать звук **2.** произносить; **common** ~ обычный [обыкновенный, простой] звук; **complex** ~ сложный звук, звук сложного спектрального состава; **heart** ~ тон сердца; **phantom** ~ фантомный звук

soundness здоровье

sound-proof звуконепроницаемый

source источник; **communication** ~ источник коммуникации; **extended** ~ зр. протяженный [неточечный] источник; **light** ~ источник света; **point** ~ зр. точечный источник; **primary** ~ первоисточник (информации); **secondary** ~ вторичный источник; **anxiety** ~ источник тревоги [тревожности]

space пространство; **auditory** ~ пространственная зона слышимости; **behavioral** ~ поведенческое пространство; **common factor** ~ общефакторное пространство; **conceptual** ~ концептуальное пространство; **extracellular** ~ внеклеточное пространство; **factor** ~ факторное пространство; **hodological** ~ годологическое пространство; **life** ~ жизненное пространство (совокупность факторов, детерминирующих поведение человека или группы) (по К.Левину); **phase** ~ фазовое пространство; **probability** ~ пространство вероятностных событий; **psychological** ~ см. life ~; **semantic** ~ семантическое пространство; **social** ~ социальное пространство (по К.Левину); **visual** ~ зрительное пространство; ~ **of free movement** топол. психол. пространство свободы движения (личности)

spacing расстояние, шаг

span 1. промежуток времени **2.** диапазон **3.** расстояние // измерять, охватывать; **apprehension** ~ объем восприятия; **auditory** ~ объем слуховой памяти; **eye** ~ поле зрения; **life** ~ продолжительность жизни; **memory** ~ объем памяти; **reading** ~ объем восприятия текста; **recognition** ~ см. reading ~; ~ **of attention** объем внимания; ~ **of consciousness** объем сознания; ~ **of perception** объем восприятия

spasm спазм, судорога, непроизвольное мышечное сокращение; **fixed** ~ столбнячная судорога; **habit** ~ тик; **handicraft** ~ профессиональная судорога; **nodding** ~ кивательная судорога; **tonic** ~ тоническое сокращение мышц; **vascular** ~ сосудистый спазм

spasmodic спазматический, судорожный

spasmoarthria спастическая речь

spasmophemia заикание

spastic спастический, судорожный

spasticity спазм, спастическое состояние мышц

spatial пространственный

speaking речь; высказывание; **automatic** ~ автоматизированная речь; **normal** ~ обычный разговор, разговор нормальной громкости

special 1. специальный, особый **2.** особенный, индивидуальный **3.** определенный

speciality 1. специальность **2.** отличительная черта, особенность

specialization специализация

specialize 1. специализировать(ся) **2.** ограничивать, суживать **3.** биол. приспосабливать(ся), адаптироваться

species 1. биол. вид **2.** род, разновидность, порода

species-specific видоспецифичный

specific 1. особый; специальный 2. специфический, характерный

specificate 1. определять, выделять 2. конкретизировать, уточнять, детализировать

specification 1. спецификация; подробное обозначение, перечень 2. детализация 3. технические условия, инструкция; **job** ~ профессиография; **test** ~s спецификация теста

specificity специфичность; **drive** ~ специфичность «драйва» [побуждения, влечения]

specify устанавливать, точно определять, подробно обозначать

specimen образец; экземпляр; **animal** ~ вид животного

spectral спектральный

spectrogram спектрограмма

spectrograph спектрограф; **sound** ~ звуковой спектрограф

spectrometer спектрометр

spectrophotometer спектрофотометр

spectroscope спектроскоп

spectrum спектр; **absorption** ~ спектр поглощения; **acoustic [auditory]** ~ акустический спектр; **action** ~ спектр действия; **continuous** ~ непрерывный спектр; **difference** ~ разностный спектр; **emission** ~ спектр излучения [испускания]; **line** ~ линейный спектр; **noise** ~ спектр шума; **sound** ~ спектр звука; **visual** ~ видимая часть спектра

speculation 1. размышление 2. теория; предположение

speech 1. речь; речевая деятельность 2. произношение; говор 3. язык, диалект; **articulate** ~ членораздельная речь; **automatic** ~ речевой стереотип; **conversational** ~ разговорная речь; **covert** ~ внутренняя речь; **defective** ~ расстройство речи; **de-**layed ~ замедленная речь; **delusional** ~ речь с бредовыми идеями; **direct** ~ *лингв.* прямая речь; **echo** ~ эхолалия; **egocentric** ~ эгоцентричная речь; **implicit** ~ внутренняя речь; **indirect** ~ *лингв.* косвенная речь; **infantile** ~ невнятная речь, детская речь, бормотание; **inner [internal]** ~ внутренняя речь; **mirror** ~ произнесение [написание] слов [букв] в обратном порядке; **mumbled** ~ бормотание, невнятная речь; **normal** ~ обычная речь, речь обычной громкости; **pantomimic** ~ 1. язык жестов и мимики 2. речевые движения без вокализации; **parental** ~ речь родителей; **scanning** ~ скандированная речь; **socialized** ~ социально ориентированная речь; **spastic** ~ спастическая речь; **synthetic** ~машинная речь; **telegraphic** ~ телеграфная речь; **visible** ~ видимая речь (система фонетической транскрипции Белла); **well-bred** ~ культурная [чистая] речь

speed скорость; **perceptual**~ скорость восприятия; ~ **of response** скорость реакции

spell 1. заклинание, заговор 2. промежуток времени 3. приступ, припадок // 1. околдовывать 2. произносить [писать] по буквам 3. разбирать, расшифровывать, изучать; **fainting** ~ обморочный приступ, обморок

spelling 1. произнесение слова по буквам 2. правописание, орфография; **finger** ~ моторное представление написания

sperm сперма, сперматозоид, семя

spermatozoon сперматозоид

sphere сфера, круг, поле, область (деятельности); **mental** ~ область умственной [психической] деятельности; **personality** ~ личностная сфера; ~ **of attraction** сфера притяжения [аттракции]

spherical сферический

sphygmograph сфигмограф

spike спайк, зубец, пик (на ЭКГ, графике и т.п.)

spinal 1. спинальный, спинной, позвоночный **2.** спинномозговой

spindle *анат.* НФЗЛ веретено; **color** ~ цветовое тело; **muscle** [**neuromuscle**] ~ мышечное веретено; **tendon** ~ нервное окончание на сухожилии

spine 1. *анат.* позвоночник, позвоночный столб, спинной хребет **2.** основа, суть

spirit 1. душа, дух **2.** натура, личность, индивидуальность **3.** моральная сила; энергия, решительность **4.** тенденция, общее направление; **group** ~ коллективный дух

spirited живой, энергичный, горячий, пылкий

spiritism спиритизм

spiritual 1. духовный, интеллектуальный, умственный **2.** одухотворенный, возвышенный

spirituality 1. духовность **2.** одухотворенность

spiritualize одухотворять, возвышать

spirograph спирограф

spirometer спирометр

split 1. расщепление, расслоение **2.** разрыв, раскол // **1.** расщеплять, раскалывать **2.** разделять **3.** делиться на части // **1.** разбитый, расщепленный **2.** разделенный

spoil 1. портить **2.** (из)баловать

spoiled испорченный, избалованный

spontaneity спонтанность, самопроизвольность, непосредственность

spontaneous самопроизвольный, спонтанный, самостоятельный

spoon-feeding 1. кормление с лож-

ки, пичканье **2.** разжевывание [подробное растолковывание] материала (учащемуся)

spot 1. пятно **2.** место; **blind** ~ мертвая точка, слепое пятно, сосочек зрительного нерва; **cold** ~ холодовая точка; **corneal** ~ полупрозрачное пятно роговицы; **heat** ~ тепловая точка; **hypnogenetic** ~ точка [область] тела, возбуждение которой вызывает сон; **pressure** ~ участок повышенной чувствительности к давлению; **sensory** ~s чувствительные точки; **temperature** ~s температурные точки; **tender** ~ больное [уязвимое] место; **touch** ~ тактильное рецепторное поле; **warm** ~ тепловая точка; **yellow** ~ желтое пятно (сетчатки глаза)

spouse супруг, супруга

spread 1. распространение, рост, увеличение **2.** протяженность; широта, размах // распространять(ся); **associative** ~ сопутствующее научение; ~ **of activation** распространение активации; ~ **of disease** распространение болезни; ~ **of distribution** размах распределения; ~ **of effect** эффект генерализации

spurious 1. поддельный, подложный **2.** внебрачный, незаконнорожденный

spurt 1. приступ, вспышка **2.** (неожиданный) прилив энергии, внезапная активность **3.** резкое увеличение темпов развития; **adolescent** ~ резкое увеличение темпов развития в юношеском возрасте; **end** ~ конечный [финишный] порыв; **initial** ~ начальный порыв

square 1. квадрат **2.** площадь **3.** клетка **4.** *мат.* квадрат величины, вторая степень **5.** *лог.* квадратная схема, построенная на основе двух бинарных признаков // квадратный; **color** ~ цветовой квадрат; **Latin** ~ *стат.* латинский квадрат; **letter** ~ буквенный квадрат; **mean** ~ *стат.* средний квадрат; **perfect** ~ квадрат простого числа; **solid** ~ куб

squint 1. косоглазие 2. склонность, наклонность; направление

stabilimeter прибор для измерения отклонения тела от вертикального положения (когда испытуемый, обычно с завязанными глазами, пытается стоять прямо и неподвижно)

stability 1. устойчивость, стабильность, состояние равновесия 2. постоянство, непоколебимость, твердость (характера, убеждений, решения); **emotional** ~ эмоциональная устойчивость; **functional** ~ функциональная устойчивость; **mental** ~ психическая [устойчивость] стабильность ; **occupational** ~ закрепленность [стабильность] кадров; **perceptual** ~ устойчивость восприятия; **sampling** ~ регулярность [устойчивость] выборки; **social** ~ социальная стабильность [устойчивость]; **statistical** ~ статистическая устойчивость

stable 1. устойчивый, стабильный, постоянный 2. твердый, непоколебимый, целенаправленный 3. прочный

staff штат, персонал // укомплектовывать штаты; обеспечивать персоналом; **managing** ~ управленческий персонал

stage стадия, период, фаза; **anal** ~ *психоан.* анальная стадия; **developmental** ~ стадия развития; **embryonal** ~ эмбриональная [зародышевая] стадия; **excitement** ~ стадия возбуждения; **genital** ~ *психоан.* генитальная стадия [период]; **growth** ~ стадия роста; **intuitive** ~ интуитивная стадия; **life-cycle** ~ стадия жизненного цикла [цикла жизни]; **multiplicative** ~ стадия размножения; **negative** ~ период негативизма (у подростков); **oral (libido)** ~ *психоан.* оральная стадия развития либидо; **phallic** ~ *психоан.* фаллическая фаза; **postconception** ~ стадия после зачатия; **preconceptive** ~ стадия, предшествующая зачатию; **preconceptual** ~ допонятийная стадия; **pregenital** ~ *психоан.* предгенитальная стадия; **prepuberal** ~ предпубертатный период; **primal horde** ~ орда, первичная стадия организации семьи; **puberal growth** ~ период полового созревания; **quiescent** ~ стадия покоя; **resting** ~ стадия покоя; **sensorimotor** ~ сенсомоторная стадия; **sexual** ~ половая стадия; **terminal** ~ последняя [конечная] стадия; **transition** ~ переходная стадия [период]; ~ **of concrete operations** стадия конкретных операций; ~ **of development** стадия развития; ~ **of latency** латентный [скрытый] период

stagnation 1. прекращение движения, застой 2. остановка в развитии (в среднем возрасте) (по Эриксону)

stain 1. пятно 2. краска // красить, окрашивать

stamina 1. жизненная сила [энергия], запас жизненных сил 2. выносливость 3. выдержка 4. напряжение; **physical** ~ физическая выносливость

stammer заикаться, запинаться // заикание

stammering заикание

stand стенд; установка для испытания; **Lashley jumping** ~ аппарат для изучения различения животными цвета, формы и т.д. (в котором в качестве фиксируемой реакции используется прыжок животного на один из участков платформы); **simulator** ~ стенд-имитатор; стенд-тренажер; **test** ~ испытательный стенд

standard 1. норма, стандарт, норматив 2. критерий // нормальный, стандартный, образцовый; **performance** ~ норма [стандарт] исполнения; ~ **of living** уровень жизни

standardization стандартизация, нормализация

standardize стандартизовать, нормализовать, нормировать

standpoint точка зрения; **behavioral** ~ поведенческая [бихевиористская] точка зрения

stanine «станайн», оценка по 9-балльной шкале, 9-балльная шкала оценки

startle испуг // 1. испугать, сильно удивить 2. возбуждать 3. вздрагивать

starvation голод, голодание

state 1. состояние 2. положение, ранг 3. строение, структура; **altered** ~ **of consciousness** измененное [нарушенное] состояние сознания, состояние измененного [нарушенного] сознания, измененное [нарушенное] сознание; **anxiety** ~ состояние беспокойства [тревоги, тревожности]; **atypical mental** ~ ненормальное умственное [психическое] состояние; **balanced** ~ сбалансированное состояние; **confusional** ~ психоз; **conscious** ~ состояние сознания, сознательное состояние; **critical** ~ критическое состояние; **dangerous** ~ опасное состояние [положение]; **dormant** ~ состояние покоя [сна]; **dream** ~ сумеречное помра-

чение сознания; **drive** ~ побуждение, внутренний импульс, потребность; **emotional** ~ эмоциональное состояние; **epileptic clouded** ~ сумеречное [эпилептическое] состояние; **excited** ~ возбужденное состояние, состояние возбуждения; **functional** ~ **of organism** функциональное состояние организма; **hypnagogic** ~ гипнагогическое состояние, переходное состояние между сном и бодрствованием; **hypnoidal** ~ дремота, полусонное состояние, состояние сонливости [дремоты]; **hypnotic** ~ гипнотическое состояние; **initial** ~ исходное состояние; **latent** ~ латентное [скрытое] состояние; **mental** ~ психическое [умственное] состояние; **need** ~ потребностное состояние; **normal** ~ нормальное состояние; **paranoid** ~ параноидное состояние; **pathological** ~ патологическое состояние; **physiological** ~ физиологическое состояние; **psychological** ~ психологическое состояние; **psychophysiological** ~ психофизиологическое состояние; **psychosis** ~ психотическое состояние, помешательство, психоз, безумие; **rest** ~ состояние покоя [отдыха]; **sexually mature** ~ состояние половой зрелости; **stable** ~ устойчивое [стабильное] состояние; **stationary** ~ стационарное состояние; **telic** ~ целеполагающее состояние; **trance** ~ транс; **twilight** ~ сумеречное состояние; ~ **of attention** состояние внимания; ~ **of frustration** состояние фрустрации; ~ **of health** состояние здоровья; ~ **of indecision** состояние нерешительности; ~ **of mind** душевное состояние

static 1. статический 2. статичный, неподвижный, стационарный

stationary неподвижный, постоянный, стационарный

statistical статистический

statistics статистика, статистические данные; **ancillary** ~ вспомогательная статистика; **consistent** ~ состоятельная статистика; **descriptive** ~ описательная статистика; **efficient** ~ эффективная статистика; **inefficient** ~ неэффективная статистика; **nonparametric** ~ непараметрическая статистика; **psychological** ~ психометрия; **sufficient** ~ достаточная статистика; **vital** ~ демографическая статистика; статистика естественного движения населения

statokinetic статокинетический

status статус, положение, состояние; **equal** ~ равный статус; **legal** ~ правовой статус; **marital** ~ брачный статус; **mental** ~ психическое состояние; **social** ~ социальный статус; **socioeconomic** ~ социально-экономический статус; **sociometric** ~ социометрический статус

status epilepticus *лат.* эпилептическое состояние

steady 1. прочный, твердый 2. устойчивый, постоянный, ровный, равномерный 3. степенный, спокойный, уравновешенный

stem 1. *анат.* мозговой ствол 2. ствол, стебель, стержень 3. род, племя, линия родства; **brain** ~ *анат.* мозговой ствол

stencil трафарет, шаблон

step 1. шаг 2. повышение по службе 3. этап, ступень, интервал; **subjective equal** ~s субъективно равные различия

steradian *мат.* стерадиан

stereoagnosis неспособность (при закрытых глазах) узнавать предметы, находящиеся в руках; нарушение чувства осязания

stereognosis стереогнозия, пространственная чувствительность

stereogram стереоскопический снимок

stereopathy ригидное мышление

stereoperception стереоскопическое восприятие

stereopsis стереоскопическое зрение

stereoscope стереоскоп

stereoscopic стереоскопический

stereotropism [stereotaxis] стереотропизм

stereotype стереотип; **dynamic** ~ динамический стереотип; **personality** ~ личностный стереотип; **social** ~ социальный стереотип

stereotypic стереотипный

stereotyping формирование [образование, создание] стереотипа

sterotypy стереотипия, бессознательное повторение (слов, движений, действий), сохранение определенного положения тела, кататония

sterility 1. бесплодность; бесплодие 2. стерильность

sterilization стерилизация, кастрация; **sexual** ~ половая стерилизация

sterilize обеспложивать, делать бесплодным, стерилизовать

sthenia сила, активность

sthenic стенический, активный, сильный, крепкий, нормальный

stiffness *мед.* неподвижность, ригидность

stigma 1. признак (вырождения) 2. пятно позора 3. клеймо, пятно или язва (на теле)

stigmatize заклеймить

stigmatic относящийся к признакам болезни

stigmatization появление признаков, характерных для определенной болезни stimulant 1. стимулятор, возбуждающее средство 2. раздражитель // стимулирующий, возбуждающий

stimulate стимулировать, возбуждать

stimulation стимуляция, возбуждение, раздражение; accessory ~ косвенная стимуляция (анализатора); acoustical ~ акустическое [звуковое, слуховое] раздражение; conditioning ~ обусловливающее раздражение; dirhinic ~ одинаковая стимуляция обеих ноздрей; double ~ классическое формирование условных рефлексов; классическое научение; emotional ~ эмоциональная стимуляция [возбуждение]; external ~ внешнее стимулирование [стимуляция]; intermittent ~ прерывистая стимуляция [возбуждение, раздражение]; internal ~ внутреннее стимулирование [стимуляция]; intraorganism ~ внутренняя [эндогенная] стимуляция [раздражение] организма; irregular ~ нерегулярная стимуляция [возбуждение, раздражение]; mechanical ~ механическая стимуляция [возбуждение]; nervous ~ нервная стимуляция [раздражение]; punishment ~ отрицательное подкрепление; reflex ~ рефлекторная стимуляция [раздражение]; reward ~ положительное подкрепление; sensory ~ сенсорная стимуляция [раздражение]; specific ~ специфическая стимуляция [раздражение]; unspecific ~ неспецифическая стимуляция [раздражение]

stimulus (pl. stimuli) стимул, раздражитель; abnormal ~ ненормальный [необычный] стимул [раздражитель]; achromatic ~ ахроматический стимул; adequate ~ адекватный раздражитель; adversive ~ раздражитель, вызывающий отрицательную реакцию; ambiguous ~ двойственный стимул; anomalous ~ неадекватный стимул; auditory ~ слуховой раздражитель [стимул]; aversive ~ раздражитель, вызывающий отрицательную реакцию; comparison ~ сравниваемый стимул [раздражитель]; conditional [conditioned] ~ условный [условно-рефлекторный] стимул [раздражитель]; constant ~ постоянный стимул; consummatory ~ завершающий раздражитель; decelerative ~ торможение как раздражитель [стимул]; deficit ~ стимул, возникающий вследствие изменения определенного физиологического параметра до отметки ниже нормы; discriminative ~ различительный стимул; distal ~ дистальный стимул; drive ~ побудительный стимул (по К.Халлу); effective ~ эффективный стимул; eliciting ~ вызывающий раздражитель; emotional ~ эмоциональный раздражитель [стимул]; exterioceptive ~ периферический раздражитель; extrinsic ~ внешний стимул [раздражитель]; homologous ~ адекватный раздражитель; inadequate ~ неадекватный раздражитель; incidental ~ случайный стимул; indifferent ~ нейтральный стимул; inductive ~ индуцированный стимул; внешний раздражитель, влияющий на рост или поведение организма; ineffective ~ подпороговый [неэффективный] стимул; key ~ ключевой раздражитель; liminal ~ пороговый стимул; localized ~ локализованный стимул [раздражитель]; maintaining ~ поддерживающий стимул; **mechanical ~** механический раздражитель [стимул]; **motivating ~** мотивирующий раздражитель; **neutral ~** нейтральный стимул; **nociceptive ~** ноцицептивный стимул [раздражитель]; **normal ~** нормальный [обычный] стимул [раздражитель]; **optokinetic ~** оптокинетический стимул [раздражитель]; **peripheral ~** периферический раздражитель [стимул]; **photic ~** световой раздражитель; **physical ~** физический раздражитель [стимул]; **physiological ~** физиологический раздражитель [стимул]; **prepotent ~** доминирующий стимул; **reinforcing ~** подкрепляющий стимул; **releasing ~** релизер, ключевой раздражитель; **sensory ~** сенсорный раздражитель [стимул]; **sign ~** сигнальный раздражитель; **signal ~** сигнальный раздражитель; **social ~** социальный стимул; **standard ~** стандартный стимул; **startle ~** старт-стимул; **stationary ~** постоянно действующий раздражитель; **stress ~** стрессовый [вызывающий стресс] раздражитель [стимул]; **structured ~** структурированный стимул; **subliminal ~** подпороговый стимул [раздражитель]; **substitute ~** условный стимул; **suppressed ~** подавленный раздражитель [стимул]; **supraliminal ~** надпороговый стимул [раздражитель]; **temperature ~** температурный раздражитель; **terminal ~** конечный [последний] стимул; **threatening ~** угрожающий раздражитель [стимул]; **threshold ~** пороговый стимул [раздражитель]; **unconditioned ~** безусловный [безусловно-рефлекторный] стимул [раздражитель]; **unstructured**

~ неструктурированный стимул; **variable ~** переменный стимул
stochastic стохастический, случайный, вероятностный
stoic стоический
stoicism стоицизм
stomach желудок
storage 1. хранение (информации) 2. запоминающее устройство
store накапливать, хранить (в памяти)
storm порыв (эмоции) // горячиться, буйствовать, бушевать; **brain ~** 1. припадок безумия 2. блестящая идея; **movement ~** двигательная буря [взрыв]
strain 1. напряжение, нагрузка 2. перегрузка, переутомление 3. раса, линия, род, порода 4. черта характера, склонность // напрягать(ся), переутомлять(ся); **cognitive ~** когнитивное напряжение; **mental ~** умственное напряжение [переутомление]; **muscle ~** напряжение мышц; **parent ~** родительская линия; **physical ~** физическое напряжение
strategy стратегия, метод; **multitest ~** многотестовая стратегия [метод] (исследования); **sequential ~** последовательная стратегия
stratification стратификация; **social ~** социальная стратификация
stratified стратифицированный
stratify стратифицировать
stratum слой (напр., общества)
stream поток; **~ of action** поток действий; **~ of consciousness** поток сознания
strength 1. сила 2. эффективность, интенсивность 3. крепость, прочность; **associative ~** ассоциативная сила; **effective habit ~** эффективная сила навыка (по К. Халлу); **ego ~** сила «я»; **emotional ~** эмоциональная сила; **exerted ~** приложенная сила [усилие]; **habit**

~ сила навыка (по К. Халлу);
muscle [muscular] ~ мышечная
сила; **response** ~ сила ответа;
virile ~ мужская сила
strengthen усиливать(ся), укреп-
лять(ся), подкреплять
strenuous 1. напряженный **2.** энергичный
stress 1. стресс, (психофизиологическое) напряжение, давление
2. ударение, акцентуация; **confinement** ~ стресс в результате нахождения в замкнутом по-
мещении [пространстве]; **cultural** ~ давление культуры; **emotional** ~ эмоциональный стресс;
endogenous ~ эндогенный
стресс; **environment(al)** ~
стресс под влиянием условий
среды, стресс от (неблагопри-
ятных условий) среды; **exogenous** ~ экзогенный стресс; **failure** ~ стресс от неудачи [допу-
щенной ошибки]; **fear** ~ стресс,
вызываемый страхом; **general** ~
общий стресс; **human** ~ реакция стресса у человека, стресс-
реакция человека; **isolation** ~
стресс в результате изоляции;
mental ~ нервно-психический
стресс; **multiple** ~ стресс от
воздействия нескольких факторов; **physical** ~ физический
стресс, стресс от физической
нагрузки; **physiological** ~ физиологический стресс; **psychic** ~
психический стресс; **psychological** ~ психологический стресс;
social ~ социальный стресс;
summated ~ стресс от суммы
[комбинации, суммации] факторов; **thermal** ~ термический
[тепловой] стресс; **tonic** ~ (музыкальное) ударение
stressor стрессор; фактор напряжения; агент, вызывающий реакцию
напряжения

strict 1. строгий, требовательный **2.**
точный, определенный
stricture *мед.* сужение сосудов;
spasmatic ~ *мед.* спазматическое
сужение
strive силиться, прилагать усилия,
стараться // стремление; ~ **for
superiority** стремление к превос-
ходству (по А.Адлеру)
striving стремление, энергичное
усилие; ~ **of individual prominence** стремление [энергичные
усилия] выделиться [создать себе
положение в обществе]; честолю-
бивые устремления
stroke *мед.* **1.** удар, припадок, приступ, паралич **2.** «поглаживание»
strong-minded энергичный, решительный
strong-willed 1. решительный,
волевой **2.** упрямый
structural структурный
structuralization структурирование
structuralism 1. структурализм **2.**
структурная психология
structure 1. структура, строение **2.**
ткань, анатомическое образование
// структурировать; **basic personality** ~ основная структура личности; **biological** ~ биологическая
структура; **bodily** ~ телосложение;
brain ~ структура мозга; **cellular**
~ клеточная структура; **character** ~ структура характера; **class**
~ классовая структура общества;
cognitive ~ **1.** когнитивная структура **2.** когнитивная схема; **ego** ~
структура «я»; **factor** ~ факторная структура; **field** ~ структура
психологического поля; **group** ~
структура группы; **mental** ~ *см.*
psychological ~; **organizational** ~
организационная структура; **perceptual** ~ перцептивная структура; **personality** ~ структура личности, личностная структура;
phenomenological ~ феноменоло-

гическая структура; **psychic** ~ психическая структура; **psychological** ~ психологическая структура; **simple** ~ *стат.* простая структура; **social** ~ социальная структура; **sociometric** ~ социометрическая структура; **stimulus** ~ структура стимула; **syntactic** ~ *лингв.* синтаксическая структура; **tree** ~ дендрит; ~ **of life space** структура жизненного пространства; ~ **of a region** *топол. психол.* структура зоны [области]

structureless аморфный, бесструктурный

stub подлежащее (статистической таблицы)

stubborn упрямый, неподатливый

stubbornness 1. упрямство 2. упорство

studious 1. прилежный, старательный, усердный 2. занятый наукой, любящий науку

studiousness старательность, старание, прилежание, усердие

study 1. изучение, исследование, научные занятия 2. приобретение знаний, учение // 1. изучать, исследовать, рассматривать 2. учить, изучать; **animal** ~ изучение [исследование] животных; **area** ~ ареальное исследование; **child** ~ исследование детского развития; **comparative** ~ сравнительное изучение; **cross-national** ~s межнациональные исследования; **field** ~ полевое исследование, исследование в естественных условиях; **functional** ~ функциональное исследование; исследование функции [функций]; **follow-up** ~ длительное обследование; **human** ~ исследование человека; **motion** ~ изучение рабочих движений человека; **nature** ~ изучение природы; **P-F** ~ *см.* **Rosenzweig Picture-Frustra-**

tion ~; **pilot** ~ предварительное [ориентировочное, пробное] исследование; **Rosenzweig Picture-Frustration** ~ тест Розенцвейга на фрустрацию; **screening** ~ отборочное исследование; **social** ~s общественные науки; **time** ~ хронометраж

stuff 1. вещество; материал 2. лекарство, микстура; **fatigue** ~ вещество утомления, кенотоксин

stupefacient оглушающий, снотворный, наркотический

stupefaction оцепенение, ступор

stupefied притупленный

stupefy притуплять (чувства, ум)

stupid глупый, тупой, бестолковый

stupidity глупость, тупость

stupor 1. остолбенение, оцепенение 2. ступор, помрачение сознания; **catatonic** ~ кататонический ступор; **epileptic** ~ эпилептический ступор; **melancholic** ~ депрессивный ступор

stuttering заикание

style стиль, манера (поведения); **art** ~ художественный стиль; **cognitive** ~ когнитивный стиль; **culture** ~ стиль культуры; **democratic** ~ демократический стиль (руководства); **expressive** ~ экспрессивная манера; **linguistic** ~ лингвистический [языковой] стиль; **managerial** ~ стиль руководства; **response** ~ стиль ответа; **suicidal** ~ способ самоубийства; **verbal** ~ вербальный стиль; ~ **of life** стиль жизни

subacute подострый

subalimentation пониженное [недостаточное] питание

subception подпороговое восприятие

subconscious подсознательный

subconsciousness подсознание

subcortical подкорковый

subcortex *анат.* подкорка; белое

вещество мозга, лежащее непосредственно под корой

subculture субкультура

subcutaneous подкожный

subdelirium слабо выраженный [непродолжительный] бред

subdue покорять, подчинять, подавлять, смирять

subdued 1. подчиненный, подавленный 2. смягченный, приглушенный

subduedness 1. подчинение 2. ослабление

subgoal частная цель, подцель

subgroup подгруппа; **sociometric** ~s социометрические подгруппы

sub-human 1. не достигший человеческого уровня (о сознании); неразумный (о живом существе) 2. приближающийся к уровню человека, человекообразный (об обезьяне и т.п.)

subitem подпункт

subject 1. субъект, человек 2. испытуемый 3. предмет, тема (исследования и т.п.) 4. дисциплина, предмет // 1. подчиненный, зависимый 2. подверженный, склонный // подчинять, подвергать; **animal** ~ подопытное животное; **control** ~ контрольный испытуемый; **human** ~ испытуемый человек; **tool** ~s вспомогательные предметы (в школе)

subjectify субъективизировать

subjection зависимость, подчинение

subjective субъективный

subjectivism субъективизм

subjectivity 1. субъективность 2. субъективизм

subject-matter 1. содержание, тема 2. предмет (науки, дискуссии)

sublimation сублимация

subliminal 1. подпороговый, лежа-

щий ниже порога раздражения 2. подсознательный

submission покорность, подчинение, повиновение, смирение; **involuntary** ~ вынужденное повиновение

submissive покорный, смиренный, послушный

submissiveness 1. склонность к повиновению [смирению] 2. покорность, повиновение, смирение

submit подчинять(ся), покорять(ся)

subnormal лежащий ниже нормы, меньше нормального

subnormality понижение умственных способностей

subordinate подчиненный, зависящий

subordination подчиненность, подчинение; зависимость

subpersonal представляющий собой слабо выраженную личность

subsection 1. подраздел 2. параграф, пункт

subsequence 1. последующее событие 2. последствие

subsequent 1. последующий 2. являющийся результатом (чего-л.)

subservience подчинение

subservient подчиненный

subspecies подвид

substance 1. вещество 2. материя, субстанция 3. сущность, суть, содержание 4. действительность; **grey** ~ серое вещество головного мозга; **growth inhibitory** ~ вещество, задерживающее рост; **growth promoting** ~ вещество, усиливающее рост; **growth** ~ ростовое вещество, гормон роста; **stimulating** ~ раздражитель; **white** ~ белое вещество мозга

substandard нестандартный

substantia nigra *НФЗЛ* черное вещество [субстанция]

substantive 1. реальный, существующий, действительный 2. существенный, связанный с существом 3. прочный, основательный 4. самостоятельный, независимый

substitute замена, заместитель, заменитель // заменяющий // заменять, использовать вместо; **regressive** ~ *психоан.* регрессивное замещение

substitution замещение (поведения)

substructure подструктура; **internal** ~ внутренняя подструктура

subsume включать в какую-л. категорию, относить к какой-л. категории [группе и т.п.]

subtest субтест

subvariable компонент переменной (величины)

succeed 1. достигнуть цели, иметь успех 2. следовать за чем-л., сменять

success успешность, успех; **task** ~ успешность выполнения задания [задачи]

successful успешный, имеющий успех

succession последовательность, преемственность

successive 1. последующий 2. следующий один за другим 3. последовательный

succordance 1. оказание помощи 2. склонность решать свои проблемы, прибегая к помощи других

sucking 1. сосательный рефлекс 2. сосание, всасывание 3. грудной ребенок

suckling 1. грудной ребенок 2. сосательный рефлекс (у младенца) 3. кормление грудью

suffer 1. страдать, испытывать, претерпевать, сносить, выносить 2. позволять, допускать, дозволять

suffering страдание

suggest 1. предлагать, советовать 2. внушать (мысль и т.п.), наводить (на мысль), творить

suggestibility внушаемость

suggestible поддающийся внушению

suggestion 1. внушение 2. предложение, совет; **mass** ~ массовое внушение [гипноз]; **negative** ~ отрицательное внушение; **posthypnotic** ~ постгипнотическое внушение; **prestige** ~ идея [предложение], исходящая от авторитетного лица; **therapeutic** ~ лечение внушением; **verbal** ~ словесное внушение

suggestive 1. вызывающий мысль, наводящий на размышления 2. относящийся к внушению [гипнозу]

suicide суицид, самоубийство // совершать самоубийство

suit 1. удовлетворять требованиям, быть удобным, устраивать 2. годиться, соответствовать, подходить

suitability соответствие, пригодность; **personal** ~ личная (при)годность [соответствие], (при)годность [соответствие] личности; **temperament(al)** ~ (при)годность [соответствие] по темпераменту [характерологическим данным]

suitable подходящий, соответствующий, годный

sulkiness 1. дурное расположение духа, скверное настроение 2. сердитый [мрачный] вид [тон]

sulky надутый, угрюмый, мрачный

sum сумма, количество, итог

summarize суммировать, резюмировать, подводить итог

summary 1. суммарный, краткий 2. быстрый, скорый, сделанный без отлагательств [промедления] // резюме, краткое изложение

summation суммация, суммирование; **spatial** ~ *НФЗЛ* пространственная суммация; **temporal** ~ временная суммация; ~ **of effects** суммация эффектов [воздействий, влияний]; ~ **of stimuli** суммация стимулов [раздражителей]

summator сумматор; **verbal** ~ вербальный сумматор (приспособление для исследования вербального восприятия и проективных тенденций испытуемого)

superalimentation перекармливание, усиленное питание

superannuate 1. увольнять по старости; переводить на пенсию 2. быть слишком старым для занимаемого места; стать переростком (о школьнике) 3. исключать из школы как переростка

superannuation 1. увольнение по старости; выход на пенсию 2. исключение переростка из школы

supercilious надменный, высокомерный, презрительный, горделивый

superego *психоан.* суперэго, сверх- -«я»; **group** ~ суперэго, формирующееся под влиянием группы

supereminence 1. высшее положение (в обществе и т.п.) 2. выдающаяся личность

superexcitation чрезмерное возбуждение

superficial 1. поверхностный, неглубокий 2. несерьезный, неосновательный 3. внешний, кажущийся

superficialism поверхностность, несерьезность, необоснованность

superimpose накладывать (одну вещь на другую)

superimposition наслаивание, накладывание; двойное [многократное] экспонирование

superintend 1. управлять, заведовать, руководить 2. контролировать

superintendence[су] 1. управление 2. контроль

superintendent директор, управляющий, руководитель

superior 1. лучший, больший, превосходящий 2. гордый, надменный, высокомерный 3. высший (по должности или званию) 4. *анат.* расположенный над другим органом // 1. начальник, старший 2. превосходящий другого

superiority старшинство, превосходство, преимущество

superman сверхчеловек, супермен

supernatural сверхъестественный, необычный, экстраординарный

supernormal сверхнормальный, необычный, экстраординарный

supersonic сверхзвуковой, ультразвуковой

supersensible 1. сверхчувственный, не воспринимаемый человеческими чувствами 2. трансцендентальный

supersensitive сверхчувствительный

supersecretion повышенная секреция

supersensual сверхчувственный

superstition 1. суеверие 2. стереотипность (по Б.Скиннеру)

superstitious суеверный

supervise 1. заведовать 2. наблюдать, смотреть

supervision надзор, наблюдение, заведование

supination супинация, супинированное положение (тела, предплечья, кисти)

supply снабжение, подача // 1. снабжать, давать 2. восполнять, возмещать (недостаток); удовлетворять (нужды, желания); **nerve** ~ иннервация

support поддержка, опора // 1. поддерживать, оказывать материальную [моральную] поддержку 2. защищать, помогать 3. подтверждать, служить доказательством; **behavior** ~ внешние условия, благоприятствующие реализации данного поведенческого акта; **body** ~ опора тела; **life** ~ жизнеобеспечение; **medical** ~ медицинское обеспечение [обслуживание]; **peer** ~ поддержка ровесников; **social** ~ социальная поддержка

supportive поддерживающий

suppose 1. полагать, думать, считать 2. предполагать, допускать 3. подразумевать, предполагать, требовать в качестве условия

supposition предположение, гипотеза

suppress 1. подавлять, сдерживать 2. скрывать, утаивать

suppression 1. *физиол.* торможение 2. задержка, подавление 3. *психоан.* вытеснение; **conditioned** ~ условное торможение; **monocular** ~ монокулярное подавление

supraliminal надпороговый

surd глухой

surdimute глухонемой

surdity глухота

surface поверхность; **color** ~ цветовая поверхность; **frequency** ~ поверхность распределения частот; **specular** ~ отражающая поверхность; ~ **of contact** ~ соприкасающаяся поверхность

surgency динамизм (по Р.Кэттелу)

surprise 1. удивление, изумление 2. неожиданное действие // удивлять, поражать

surrogate замещающая личность [субъект, фигура]; **father** ~ человек с авторитетом отца; **mother** ~ человек с авторитетом матери

surround окружение // окружать

surroudings среда, окружение

surveillance наблюдение

survey 1. обзор 2. исследование, обследование 3. контроль, инспек-

тирование // 1. осматривать 2. обозревать, изучать; **attitude** ~ определение коллективных групповых установок; **Guildford–Zimmerman Temperament** ~ «Исследование темпераментов» Гилфорда–Циммермана; **Kuder Occupational Interest** ~ исследщвание Кьюдера по профессиональных интересов; **primary** ~ первичное обследование [обзор]

survivability 1. выживаемость, способность выживать 2. живучесть

survival выживание, сохранение жизни

survive выжить

survivor 1. выживший, оставшийся в живых 2. испытуемый, продолжающий участвовать в эксперименте после перерыва

susceptibility 1. чувствительность 2. восприимчивость 3. подверженность 4. впечатлительность; **fear** ~ склонность к страху, пугливость; **noise** ~ чувствительность [восприимчивость] к шуму; **stress** ~ чувствительность [подверженность] к стрессовым воздействиям; **undue** ~ ненормальная [чрезмерная] чувствительность [восприимчивость]; ~ **to illusions** склонность к иллюзиям; ~ **to influence** подверженность влияниям; ~ **to panic** склонность [подверженность] к панике; ~ **to social contagion** восприимчивость [склонность] к социальному заражению

susceptible [susceptive] чувствительный; впечатлительный, восприимчивый; подверженный

susception пассивное восприятие

susceptiveness 1. чувствительность 2. восприимчивость 3. подверженность suscitation возбуждение

suspend 1. вешать, подвешивать 2. временно приостанавливать [прекращать, откладывать] 3. временно отстранять [исключать]

suspending 1. (временное) отстранение (от должности, обязанностей) 2. приостановка 3. отсрочка

suspense 1. неопределенность 2. беспокойство [тревога] ожидания

suspension 1. (временное) прекращение, приостановка 2. (временное) отстранение (от должности, обязанностей)

suspicion 1. подозрение 2. подозрительность

suspicious 1. подозрительный, недоверчивый 2. вызывающий подозрение

suspiciousness подозрительность, недоверчивость

swallowing глотание // глотающий; относящийся к глотанию

sweat потеть, покрываться испариной // 1. пот 2. потение, испарина

sweep 1. скольжение 2. кругозор; return ~ перемещение глаза к началу следующей строчки (при чтении)

syllable слог; nonsense ~ бессмысленный слог

syllabus 1. программа (курса и т.п.) 2. расписание 3. план, конспект

syllogism силлогизм

syllogistic силлогистический

syllogize выражать в форме силлогизма

symbiosis 1. биол. симбиоз 2. сожительство

symbiotic симбиотический, живущий в симбиозе

symbol 1. символ 2. обозначение, знак 3. образ, идея; anticipatory ~ антиципирующий [предвосхищающий] признак [симптом]; expressive ~ внешнее проявление [выражение]; status ~ символ положения в обществе; universal ~ психоан. всеобщий символ

symbolism символизм; birth ~ психоан. символическое представление отделения ребенка от матери

symbolization 1. символизация 2. представление (чего-л.) в виде символов 3. совокупность (письменных) символов и знаков; dream ~ психоан. символика сновидений

symmetric(al) симметричный, симметрический

symmetrize делать симметричным, располагать симметрично

symmetry симметрия, соразмерность

sympathetic 1. сочувственный 2. вызванный сочувствием 3. симпатический

sympathin симпатин (гормон)

sympatheticopathy болезненные явления, вызванные нарушением деятельности симпатической нервной системы

sympatheticotonic вызванный повышенным действием симпатической нервной системы

sympathism внушаемость

sympathist легко поддающийся внушению человек, легко внушаемый

sympathomimetic возбуждающий или угнетающий симпатическую нервную систему

sympathy 1. сочувствие 2. взаимопонимание, родство душ 3. симпатия; primitive passive ~ примитивное пассивное сочувствие

symptom симптом, признак; acute ~ острый симптом; age-dependent ~ возрастной [зависящий от возраста] симптом; autonomic ~ 1. вегетативный симптом, симптом реакции автономной [вегетативной] нервной системы **2.** автономный [самостоятельный] симптом; **cardinal** ~ основной симптом; **constitutional** ~ конституциональный признак; **conversion** ~ проявление подавленной эмоции в физическом симптоме; **dissociation** ~ потеря чувствительности к теплу, холоду и боли; **general** ~ общий симптом; **neural** [**neurological**] ~ нервный [неврологический] симптом; **organic mental** ~ психический [мозговой] симптом органической природы [происхождения, основы]; **physical** ~ физический симптом; **psychogenic** ~ психогенный симптом; **psychological** ~ психологический симптом; **psychosomatic** ~ психосоматический симптом; **Romberg** ~ симптом Ромберга; **severe** ~ сильно выраженный симптом; тяжелый симптом; **signal** ~ продромальный симптом, предвестник; **subjective** ~ субъективный симптом; **withdrawal** ~s симптомы при воздержании (от наркотиков и т.п.)

symptomatic симптоматический

symptomatology симптоматология

symptom-free бессимптомный

synalgia рефлекторная [иррадиирующая] боль

synapse [**synapsis**] *ЦНС* синапс

synchronism одновременность

synchronous синхронный, одновременный

syncopal [**syncopic**] обморочный

syncope обморок

syncretism синкретизм

syncretize синкретизировать, сочетать, соединять (особ. противоречивые, несовместимые теории и т.п.)

syndrome синдром, совокупность симптомов; **adiposogenital** ~ адипозо-генитальная дистрофия;

Brown–Sequard ~ спинальная гемипараплегия, синдром Броун-Секара; **effort** ~ синдром усилия, невроз сердца, синдром утомления неустойчивого сердца; **Froelich's** ~ адипозно-генитальная дистрофия, синдром Бабинского—Фрэлиха; **general adaptation** ~ общий адаптационный синдром; **hyperkinetic behavior** ~ гиперкинетический синдром; **menopausal** ~ болезненные явления климактерического периода; **organic mental** ~ психический [мозговой] синдром органической природы [происхождения, основы]; **personality** ~ личностный синдром

synergic [**synergetic**] синергетический, совместно действующий

synergism [**synergy**] синергия, синергизм, взаимное усиление действия, синергетический эффект; **group** ~ групповая синергия, синергетический эффект группы

synergist 1. синергист, мускул [орган], действующий совместно с другим **2.** лекарственное вещество, помогающее действию другого

synesthesia синестезия, содружественное ощущение, возникающее в другом анализаторе

syngignoscism гипнотизм

synkinesis синкинезия, содружественное рефлекторное движение

synoptic синоптический, сводный, обзорный

syntality синтальность (как проявление системности группы)

synthesis синтез; **creative** ~ творческий синтез (по В.Вундту); **mental** ~ синтез (элементов) умственной [интеллектуальной] структуры; **selective** ~ селективный синтез

synthetize синтезировать

syntonia синтонность

syntonic синтонный

system 1. система, способ, метод **2.** система, устройство **3.** система, классификация **4.** учение **5.** организм; **action** ~ система действий; **activity** ~ система форм поведения (направленных на достижение одной цели); **artifical** ~ искусственная система; **auditory** ~ слуховая система; **autonomic nervous** ~ автономная [вегетативная] нервная система; **Behavior Scores** ~ система оценок поведения; **behavior** ~ *см.* **activity** ~; **belief** ~ система взглядов [убеждений]; **binary (number)** ~ двоичная система счисления; **Borstal** ~ система наказания в Великобритании несовершеннолетних преступников (на срок, зависящий от их поведения); **bounded** ~ замкнутая система; **central nervous** ~ центральная нервная система, *ЦНС*; **cerebrospinal** ~ центральная нервная система, головной и спинной мозг; **circadian** ~ система суточного [циркадного] ритма; **closed** ~ замкнутая система; **cloused-loop** ~ замкнутая система регулирования; **conceptual nervous** ~ концептуальная нервная система (система понятий, объясняющая поведение в терминах нейрофизиологии); **coordinate** ~ система координат; **data processing** ~ система обработки данных; **decision taking** ~ система принятия решения; **digestive** ~ пищеварительная система; **display** ~ система индикации [отображения данных]; **distribution** ~ распределительная система; **dynamic** ~ динамическая система; **ecological** ~ экологическая система; **elective** ~ *амер.шк.* система обучения, при которой учащийся сам выбирает дисциплины для изучения; **ethical** ~ этическая система, система этики; **event** ~ система событий, событийная система (по Ф. Оллпорту); **exteroceptive** ~ *НФЗЛ* экстероцептивная система; **feedback** ~ система с обратной связью; **first signal** ~ *ЦНС* первая сигнальная система; **ganglionervous** ~ симпатическая нервная система; **genetic** ~ генетическая система, система наследственности; **genital** ~ репродуктивная [половая] система; **human nervous** ~ нервная система человека; **image transfer** ~ *НФЗЛ* система передачи изображения [образа]; **instinctive control** ~ система инстинктивной регуляции; **interoceptive** ~ *НФЗЛ* интероцептивная система; **involuntary nervous** ~ *см.* **autonomic nervous** ~; **kinship** ~ система родства [родственных отношений]; **limbic** ~ *НФЗЛ* лимбическая система; **linear** ~ линейная система; **locomotor** ~ локомоторная система, система передвижения тела); **man – machine – environment** ~ система «человек – машина – (окружающая) среда»; **memory** ~ мнемоническая система; **metric** ~ метрическая [десятичная] система; **motor** ~ моторная [двигательная] система; **Munsell color** ~ система измерения и обозначения цвета, предложенная Менселем; **muscular** ~ мышечная система; **nervous** ~ нервная система; **neurovegetative** ~ вегетативная нервная система; **notation** ~ система обозначения; **open** ~ открытая система; **optical** ~ оптическая система; **orthodox** ~ ортодоксальная система; **parasympathetic nervous** ~ парасимпатическая нервная система; **peripheral nervous** ~ периферическая нервная система; **peripheral sensory** ~ подкожная нервная система, подкожное нервное сплетение; **point** ~ система оценок в баллах; **proprioceptive** ~ *НФЗЛ* проприоцептивная система; **psi** ~ система психики (по З.Фрейду); **psychic** ~ психическая система; **reactive** ~ реактивная система; **recursive** ~ рекурсивная система; **reference** ~ система отсчета [координат]; **relationship** ~ *см.* **kinship** ~; **reproductive** ~ репродуктивная [половая] система; **response** ~ комплексная реакция; **second signal** ~ ЦНС вторая сигнальная система; **self-contained** ~ автономная система; **self-other** ~ система отношений человека с окружающими людьми; **sensory** ~ сенсорная [чувствительная] система; **Sequential Time Interval**

Measurement ~ система измерения последовательных временных интервалов; **signal** ~ сигнальная система; **skeletal** ~ скелетная система; **slave** ~ сервомеханизм; **social** ~ социальная система; **somatic motor** ~ пирамидная система; **speech** ~ речевая система, система речи [речеобразования]; **sympathetic nervous** ~ симпатическая [автономная] нервная система; **Taylor** ~ система (научной организации труда) Тейлора; **tension** ~ напряженная система (по К.Левину); **value** ~ система ценностей; **vegetative nervous** ~ вегетативная нервная система

systematic 1. системный **2.** систематический

systemic 1. системный **2.** относящийся ко всему организму, соматический

Tt

table таблица; **actuarial** ~ таблица смертности; **age-grade** ~ таблица возрастного распределения детей по классам; **association-frequency** ~ таблица частотности ассоциаций (по тесту Кента—Розанова); **bivariate frequency** ~ диаграмма разброса [рассеивания]; **classification** ~ классификационная таблица; **compound contingency** ~ сложная таблица сопряженности признаков; **contingency** ~ **1.** таблица статистической структуры изучаемой выборки **2.** таблица сопряженности признаков; **correlation** ~ корреляционная таблица; **cross-classification** ~ *см.* **contingency** ~;

double-entry ~ таблица с двумя входами; **double-frequency** ~ диаграмма разброса [рассеивания]; **expectancy** ~ прогностическая таблица; **fourfold** ~ четырехпольная таблица, таблица сопряженности признаков 2x2; **frequency** ~ таблица частот; **hierarchical** ~ таблица иерархий; **manning** ~ штатное расписание; **multiplication** ~ таблица умножения; **life** ~ статистическая таблица примерной продолжительности жизни для разных возрастов; **probability** ~ вероятностная таблица, таблица вероятностей; **Taylor—Russel** ~s *стат.* таблица Тейлора—Рассела; **two way** ~

диаграмма разброса [рассеивания]

taboo табу, запрет; **incest** ~ табу инцеста, запрет кровосмешения

tabular табличный, в виде таблицы

tabulate сводить данные в таблицу

tabulation составление таблиц, сведение в таблицы, классификация, табулирование

tachistoscope тахистоскоп

tachycardia тахикардия

tachylalia тахилалия, торопливая речь

tachyphrasia многословие, болтливость, логорея

tachyphemia многословие, болтливость, логорея

tacit подразумеваемый, не выраженный словами, молчаливый

taciturn молчаливый, неразговорчивый

taciturnity молчаливость, неразговорчивость

tact такт, тактичность

tactile тактильный, осязательный

tactual см. tactile

tactometer инструмент для определения остроты осязания

tactor концевой осязательный орган, осязательное тельце

tag ярлык, этикетка, метка (на животном); **identification** ~ ярлык [бирка] для распознавания [узнавания]

tail мат. «хвост» (напр., кривой распределения), область больших отклонений

taking; decision ~ принятие решения; **role** ~ принятие роли

taint 1. пятно, позор 2. зараза, испорченность 3. болезнь в скрытом состоянии; **moral** ~ безнравственность, аморальность

talent 1. талант, дар, одаренность 2. талантливый человек

talented талантливый, одаренный

talkative болтливый, разговорчивый

talkativeness болтливость, разговорчивость

talking out процесс спонтанных высказываний пациента на приеме у психотерапевта

tally регистрировать, подсчитывать

tambo(u)r прибор для регистрации пульса, дыхания и т.п.

tame 1. прирученный, ручной, укрощенный 2. одомашненный

tantrum вспышка раздражения [гнева]

tarantism бешеная эпидемическая пляска, танцевальная мания, истерическое кружение в танце

task задача, задание; **auditory** ~ задача [задание] на прослушивание [слуховое восприятие]; **behavior** ~ поведенческая задача; **central** ~ главная [основная, центральная] задача [задание]; **checking** ~ задача по проверке [контролю]; **choice (serial) reaction** ~ задача [задание] на выполнение (серии) реакций выбора; **compensatory tracking** ~ задача [задание] на компенсаторное слежение; **complex** ~ сложная [комплексная] задача [задание]; **continuous** ~ задача [задание], требующая непрерывного выполнения; **intelligence [intellectual]** ~ задача [задание] на умственную деятельность; **interrupted** ~ прерванное задание; **memory** ~ задача [задание, проба] на память [запоминание]; **mental** ~ задача [задание] на умственную деятельность; **monotonous** ~ монотонная [однообразная] задача [задание, работа]; **motor** ~ задача [задание] на выполнение движений; **perceptual** ~ задача [задание] на восприятие; **psychomotor** ~ задача [задание] на психомоторику, психомоторная задача [задание]; **reaction** ~ задача [задание] на реакцию; **self-paced** ~ задача с произвольным темпом выполнения; **skilled** ~ задача [задание], требующая навыка; **tracking** ~ задача [задание] на слежение; **visual** ~ задача [задание] на зрительное восприятие, зрительная задача [задание]; **work-paced** ~ задача [задание] с определенным темпом выполнения

task-demand требования к заданию

task-orientation ориентация на выполнение задания

task-set ориентация [направленность, установка] на процесс выполнения задания (а не на цель)

taste 1. вкус 2. склонность 3. вкусовые качества // 1. пробовать 2. чувствовать вкус

tau тау (коэффициент ранговой корреляции по М.Кендаллу)

tautologic(al) тавтологический, тавтологичный

tautology тавтология

tautophone тавтофон (прибор для подачи плохо различимой звуковой стимуляции, используемый в проективных методиках)

taxis 1. таксис, тропизм 2. *ОБ* ответная реакция организма

taxonomy таксономия

Taylorism система (научной организации труда) Тейлора

teach 1. учить, обучать 2. научить

teachability обучаемость

teachable 1. усваиваемый, доступный (о предмете) 2. способный к учению; понятливый, прилежный

teaching 1. обучение, преподавание 2. учение, доктрина; **authoritarian** ~ авторитарное обучение; **democratic** ~ демократическое обучение; **directive** ~ (целе)на-

правленное обучение; **formal** ~ формальное обучение; **informal** ~ неформальное обучение; **nondirective** ~ ненаправленное обучение; **student-centered** ~ обучение, центрированное на учащихся; **teacher-centered** ~ обучение, центрированное на учителе

team бригада (рабочих), группа

team-work 1. бригадная работа 2. взаимодействие

technical 1. специальный 2. технический, промышленный 3. формальный 4. искусный, техничный

technique 1. техника, умение 2. технический прием, способ, метод, методика (исследования); **aided recall** ~ методика изучения памяти с предъявлением опоры; **audiometric** ~ аудиометрическая методика; **Bechterev** ~ методика Бехтерева (в экспериментах по формированию условных рефлексов); **biodocumentary** ~ биодокументальная методика [техника]; **blind-matching** ~ методика подбора вслепую; **centered counseling** ~ рациональная психотерапия; **critical incident** ~ техника выбора релевантных образцов поведения; **error-choice** ~ методика выбора из двух ошибочных [негативных] альтернатив; **forced-choice** ~ методика принудительного выбора; **graphomotor projective** ~ проективная графомоторная техника; **grid** ~ техника [методика] матричного тестирования [теста]; **Guess-Who** ~ техника «Угадай кто»; **Luria** ~ методика А.Лурии (для измерения эмоциональных реакций); **nominating** ~ (социометрическая) методика предпочтительного выбора; **obstruction** ~ *зоопсихол.* метод создания препятствий; **personnel selection** ~ методика отбора кадров; **pincer** ~ хватательный рефлекс; **projective** ~ проективная методика; **Q** ~ Q-техника (факторного анализа); **R** ~ R-техника (факторного анализа); **relaxation** ~ релаксационный метод; **short-sample** ~ метод (упрощения) исследования, основанный на нескольких кратковременных наблюдениях; **small sample** ~ метод [методика] малых выборок; **social** ~ социальные приемы [способы, техника] удовлетворения физиологических и социальных потребностей; **sociometric** ~ социометрическая техника [методика]; **standardized** ~ стандартная [стандартизированная] методика; **statistical** ~ статистический метод; **unstandardized** ~ нестандартная [нестандартизированная] методика

technology 1. технические и прикладные науки **2.** технология

technopsychology прикладная психология

teen-age 1. юношеский; находящийся в возрасте от 13 до 19 лет **2.** характерные для подросткового или юношеского возраста

teen-ager подросток, юноша или девушка

telaesthesia восприятие на расстоянии (без посредства органов чувств)

telebinocular телебинокль (разновидность стереоскопа)

teleceptor телерецептор, дистантный рецептор

teledendrite [teledendron] терминальное нервное окончание

telekinesis *парапсихол.* телекинез

telemetry телеметрия; телеметрическая система

telencephalon конечный [концевой] мозг

teleneuron нервное окончание

teleoceptor *см.* **teleceptor**

teleological телеологический

teleology телеология

teleonomic телеономический, характеризующий поведение, в основе которого лежит какое-то (явное или скрытое) намерение [цель] (по Ф.Олпорту)

teleoreceptor *см.* **teleceptor**

teleotherapeutics лечение внушением, гипнотическое лечение

telepathy телепатия

telestereoscope телестереоскоп

telesthesia *парапсихол.* телестезия, восприятие на расстоянии (без посредства органов чувств)

telic целенаправленный

telodendrion [telodendron] концевое разветвление дендрита

temper 1. нрав, характер, душевный склад **2.** вспыльчивый характер, раздражительность, несдержанность; **ill** ~ тяжелый характер, дурной нрав; **quick** ~ вспыльчивость, горячность; **smooth** ~ ровный характер; **uneven** ~ неуравновешенный характер

temperament 1. темперамент **2.** характер, нрав; **choleric** ~ холерический темперамент; **lymphatic** ~ лимфатическая конституция; **melancholic** ~ меланхолический темперамент; **nervous** ~ нервозный [беспокойный, возбудимый] темперамент; **phlegmatic** ~ флегматический темперамент; **sanguine** ~ сангвинический темперамент

temperamental 1. темпераментный, страстный, буйный **2.** неуравновешенный, импульсивный **3.** коренящийся в характере, органический

temperance 1. воздержание **2.** сдержанность, умеренность

temperature температура; **absolute** ~ абсолютная температура; **body**

~ температура тела; **color** ~ цветовая температура; **critical** ~ критическая температура; **effective** ~ эффективная температура; **extreme** ~ экстремальная [крайняя] температура; **mean** ~ средняя температура; **normal** ~ нормальная температура; **reference** ~ исходная температура; **standard** ~ нормальная температура; **steady** ~ ровная температура; **uniform** ~ ровная температура

temper tantrum *лат.* вспышка раздражения [гнева]

template шаблон

tempo 1. темп, ритм **2.** скорость **3.** время

temporal 1. временной **2.** *анат.* височный

temporality временной аспект опыта, длительность

temporary временный

temptation искушение, обольщение

tenacious настойчивый, упорный, упрямый

tenacity 1. упорство, настойчивость, целеустремленность **2.** цепкость; ~ **of memory** цепкость памяти; ~ **of purpose** целеустремленность

tend 1. ухаживать, заботиться, присматривать **2.** иметь тенденцию **3.** иметь склонность, быть склонным

tendency тенденция, наклонность; стремление; **analytical** ~ аналитическая тенденция; **central** ~ центральная тенденция; **determining [directive]** детерминирующая тенденция; **epileptic** ~ склонность к эпилепсии; **excitatory** ~ возбудимость; **ideomotor [ideokinetic]** ~ идеомоторная тенденция

tendentious тенденциозный

tendon сухожилие; **spindle** ~ чувствительные нервные окончания, тельца Гольджи

tenebrosity суженное сознание

tenet догмат, принцип; убеждение

tense 1. напряженный **2.** возбужденный // **1.** натягивать, напрягать **2.** напрягаться **3.** возбуждать, создавать напряжение

tenseness напряженность

tension 1. натяжение **2.** напряжение, напряженность **3.** напряженные отношения // создавать напряжение [напряженность]; **arterial** ~ артериальное давление; **emotional** ~ эмоциональное напряжение; **generalized-goal** ~ целенаправленная недифференцированная напряженность; **inner** ~**s** внутренний разлад; **intragroup** ~ напряженность [разлад] внутри группы; **muscle** ~ мышечное напряжение; **need** ~ напряжение, обусловленное потребностью; **nervous** ~ нервное напряжение; **premenstrual** ~ предменструальное давление; **surface** ~ поверхностное натяжение; **tissue** ~ тканевой тонус

tensional напряженный

tension-relaxation напряженность-расслабление

tensive создающий напряжение

tensor *анат.* тензор

tensor tympani *анат.* мышцы, напрягающие барабанную перепонку

tentative пробный, опытный, экспериментальный, гипотетический, предполагаемый

term 1. термин **2.** *мат.* член, элемент, терм **3.** *лог.* субъект [предикат] суждения **4.** период, срок, время **5.** *обыкн. pl.* условия **6.** семестр, четверть; **physiological** ~ физиологический термин [понятие]; **technical** ~ технический [специальный] термин

terminal окончание // **1.** конечный, терминальный, последний **2.** периодический, периодически повторяющийся; **nerve** ~ нервное окончание

termination 1. прекращение, конец, результат **2.** истечение срока **3.** окончание; **Hederiform** ~s кожные концевые окончания (болевой чувствительности); **nerve** ~ нервное окончание

terminological терминологический

terminology терминология; **traditional** ~ традиционная терминология (принятая психологами до возникновения бихевиоризма)

terror ужас, страх; **night** ~s ночные страхи (обычно у детей)

test **1.** тест, проверка, исследование, эксперимент **2.** критерий // исследовать, проверять; **ability** ~ тест способностей; **absurdities** ~ тест абсурдностей; **academic aptitude** ~ проверка способностей к учебе [обучению]; **accomplishment** ~ тест достижений; **accuracy** ~ тест на точность исполнения; **achievement** ~ тест достижений; **adaptation** ~ тест на адаптацию; **adaptive capacity** ~ тест на адаптивные возможности [способности]; **aiming** ~ тест на достижение зрительно-моторной координации, тест прицеливания; **alertness** ~ тест умственных способностей [интеллекта]; **Alpha** ~ армейский альфа-тест (используемый для обычного общего тестирования в ВВС США); **alternative-response** ~ дихотический тест; **altitude** ~ проверка верхнего порога трудности тестовых вопросов [заданий]; **analogies** ~ тест аналогий; **anchor** ~ эталонный тест; **antonym** ~ тест антонимов; **apprehension-span** ~ тест на объем восприятия; **apti-**

tude ~ тест возможностей; **arithmetic** ~ арифметический тест; **Army General Classification** ~ общеклассификационный армейский тест (США); **army** ~s армейские тесты; **articulation** ~ артикуляционный тест; **association** ~ ассоциативный тест; **attitude** ~ тест на выявление установки; **Barany** ~s тесты для оценки механизма равновесия (функции внутреннего уха); **behavior** ~ тест на поведение; **Behn−Rorshach** ~ тест Бена−Роршаха (модификация проективного теста Роршаха); **Bender Gestalt** ~ визуально-моторный гештальт-тест Бендера (проективный тест, построенный на принципах гештальт-психологии); **best-answer** ~ тест на выбор наилучшего ответа; **best-reason** ~ тест на выбор лучшего аргумента [довода, основания]; **Beta** ~ армейский бета-тест (невербальный тест для неграмотных и новобранцев иностранного происхождения в ВВС США); **binomial** ~ биномиальный тест; **block-design** ~ тест на конструирование блоков; **Bolgar−Fisher World** ~ тест мира Болгара−Фишера (как одна из проективных методик конструирования); **Bourdon** ~ тест Бурдона (на вычеркивание букв или цифр); **Bourdon−Wiersma** ~ тест Бурдона−Вирсма; **Brace** ~ тестовая батарея для подростков по проверке моторных [двигательных] способностей; **Brunet** ~s тесты О.Брюне (на определение уровня развития детей раннего возраста); **Buhler (baby)** ~s тесты Бюлера (по исследованию детского развития); **California Achievement** ~s калифорнийские тесты достижений; **California** ~ **of Mental Maturity** калифорнийский тест умственной зрелости; **cancellation** ~ тест на вычеркивание; **card-sorting** ~ тест на сортировку карточек; **cause-and-effect** ~ тест на установление причинно-следственной зависимости; **central thought** ~ тест на выделение основной мысли; **certification** ~ квалификационный тест; **character** ~ характерологический тест; **check** ~ контрольный тест; **Children's Apperception** ~ тест тематической апперцепции, адаптированный для детского возраста; **chi-squared** ~ критерий хи-квадрат; **class-free** ~ тест, свободный от классовой предвзятости; **classification** ~ классификационный тест; **classroom** ~ классная проверка, текущий опрос; **clerical** ~ канцелярский тест; **clerical aptitude** ~ тест канцелярских способностей; **clinical** ~ клинический тест; **code** ~ 1. тест на шифровку (перевод знаков одного кода в другой) 2. проверка усвоения [знания] шифра [кода]; **code comprehension** ~ тест на распознавание кодированного сигнала; **Cognitive Abilites** ~ тест познавательных способностей; **College Ability** ~ тест готовности к обучению в колледже; **College Qualification** ~s квалификационные тесты для колледжей; **colloidal gold** ~ реакция с коллоидным золотом; **color-form** ~ тест классификации по цвету и форме; **completion** ~ тест на завершение; **comprehension** ~ 1. тест на соображение 2. тест на понимание прочитанного; **Concept Mastery** ~ тест владения понятием; **control** ~ контрольный тест; **controlled-association** ~ тест контролируемых ассоциаций; **creativity** ~ тест творческих способ-

ностей; **criterion-oriented** ~ критериально-ориентированный тест; **cross-culture** ~ тест, ненагруженный конкретным культурным содержанием, культурно безразличный тест; **cross-out** ~ тест на вычеркивание (ненужных пунктов); **culture-free** ~ тест, свободный от влияния культуры; **detour** ~ тест обходных путей; **dexterity** ~ тест на выявление мануальной ловкости; **diagnostic** ~ диагностический тест; **diagnostic word** ~ тест на узнавание (фонетически сходных) слов; **differential aptitude** ~s тесты различных способностей, батарея интеллектуальных тестов для дифференциации способностей (у школьников); **digit-span** ~ арифметический тест (измерения объема памяти); **digit-symbol** ~ тест на шифровку; **direction** ~ проверка способности точно выполнять инструкцию; **disarranged sentence** ~ тест на конструирование связного смыслового отрывка (из предложений, данных в случайном порядке); **dotting** ~ 1. теппинг-тест 2. тест нацеливания (на сенсорно-моторную координацию); **Draw-a-Person** ~ тест рисования фигуры человека; **educational** ~ тест на эффективность усвоения материала; **embedded** ~ включенный тест; **empirical** ~ эмпирическая проверка; **employment** ~ тест на профессиональную пригодность; **emotional stability** ~ тест на эмоциональную устойчивость [стабильность]; **endurance** ~ тест [испытание] на выносливость; **equilibrium** ~ тест на равновесие; **equivalence** ~ критерий эквивалентности; **exaggerated** ~ усложненный тест; **fables** ~ тест на интерпретацию басен; **fatigue** ~ тест на утомление; **feature profile** ~ тест составления профиля человека; **Fisher's** ~ *стат.* критерий Фишера; **fitness** ~ тест на пригодность; **flicker fusion frequency** ~ тест на (критическую) частоту слияния мельканий; **formboard** ~ тест доски с выемными фигурами; **free association** ~ тест свободных ассоциаций; **free recall** ~ *см.* **association** ~; **free response** ~ тест открытых ответов; **Full-Range Picture Vocabulary** ~ смысловой словесно-картиночный тест (на определение лексического запаса); **functional** ~ функциональный тест; **general ability** ~ тест общих способностей; **General Educational Development** ~s тесты способности к обучению; **Gesell Development** ~s тесты Гезелла на развитие; **Gestalt completion** ~ тест на дополнение гештальта; **Goldstein−Sheerer** ~s of Abstract and Concrete Thinking тесты Гольдштейна−Ширера на абстрактное и конкретное мышление; **Goodenough** ~ тест Гудинафа «Нарисуй человека»; **Goodenough−Harris Drawing** ~ тест Гудинафа−Харриса «Рисование»; **group** ~ групповой тест; **Healy Picture Completion** ~ тест незаконченных картинок Хили; **Herring−Binet** ~ тест Геринга−Бине; **House−Tree−Person** ~ тест рисования дома, дерева, фигуры человека (как методика изучения продуктов творчества); **H−T−P** ~ *см.* **House−Tree−Person** ~; **Hunt−Minnesota** ~ тест на выявление степени утери интеллекта в результате мозговой травмы; **incomplete-pictures** ~ тест незаконченных рисунков; **incomplete-sentence** ~

тест незаконченных предложений; **individual** ~ индивидуальный тест; **induction** ~ тест на индукцию; **infant** ~ тест оценки развития младенца; **informal** ~ неформальный [ненормированный] тест; **information** ~ тест осведомленности; **inkblot** ~ *см.* **Rorschach** ~; **instructional** ~ текущая проверка; **intelligence** ~ тест интеллекта [умственных способностей]; **intelligibility** ~ тест понятности [ясности]; **interest** ~ тест интересов; **Interim Evaluation** ~ тест временной оценки; **international intelligence** ~s интернациональные тесты интеллекта; **introversion-extroversion** ~ тест интроверсии-экстраверсии; **inventory** ~ тест контроля школьных успехов [достижений]; **Kent−Rosanoff** ~ свободно-ассоциативный тест Кента−Розанова; **Kuhlmann−Anderson** ~ батарея интеллектуальных тестов Кульмана−Андерсона; **Kuhlmann−Binet** ~ американская адаптация интеллектуального теста Бине; **Kwint psychomotor** ~ психомоторный тест Квинта (для выявления степени отставания развития моторных навыков у психически неполноценных детей); **laboratory** ~ лабораторный тест; **letter-digit** ~ тест на шифровку (перевод буквенных знаков в числовые по заданному условному алфавиту); **literacy** ~ тест на проверку грамотности испытуемого; «ценз грамотности»; образовательный ценз; **Lowenfeld** ~ мозаичный тест Ловенфельда; **Machover** ~ (проективный) тест рисования фигуры человека (вариант Маховера); **manikin** ~ тест на восстановление деревянной фигурки человека из разрозненных составных частей; **mastery ~** тест на выявление уровня достигнутого мастерства; **matching ~** тест подбора; **maximum perfomance ~** тест [проверка] максимального исполнения; **mechanical ~** проверка технических способностей; **memory ~** тест на память [запоминание]; **mental ~** тест умственных способностей [интеллекта]; **Miller Analogies ~** тест аналогий Миллера; **Mill Hill ~s** словарные тесты (Милл Хилл); **miniature situation ~** модельный тест; **misperception ~** тест на восприятие, содержащий двусмысленный материал; **missing-parts ~** тест на недостающие детали; **mock-up ~** испытание на модели; **mosaic ~** мозаичный тест; **multiphasic ~** Миннесотский многофазовый личностный опросник; **multiple-choice ~** тест на множественный выбор; **multiple-response ~** тест множественных ответов (предписывающий в качестве правильного выбор более чем одного ответа); **multivariate ~** многомерный тест; **myokinetic ~** миокинетический тест (Мира-Лопеца); **nonlanguage ~** невербальный [неязыковой] тест; **nonverbal ~** невербальный [неязыковой] тест; **number completion ~** тест числового ряда; **object assembly ~** конструктивный тест; **objective ~** объективный тест; **occupational ~** профессиональный тест; **omnibus ~** омнибускритерий; тест с перетасованными заданиями; **option ~** тест на выбор ответа; **oral ~** устный тест; **Otis Self-Administering ~ of Mental Ability** самоприменяемый тест умственных способностей Отиса; **paper-and-pencil ~** письменный тест, тест типа «бумага-карандаш»; **paragraph-meaning ~** тест способности понять основную мысль отрывка; **part-whole ~** тест частей и целого; **Peabody Individual Achievement ~** индивидуальный тест Пибоди на достижения; **Peabody Picture Vocabulary ~** словарный тест в картинках Пибоди; **Pendulum ~** маятниковый тест; **perceptual ~** тест на восприятие; **performance ~** тест действия; **perseveration ~** тест на персеверацию; **persistence ~** тест на устойчивость [выдержку]; **personality ~** личностный тест; **pictorial ~** картиночный тест; **picture arrangement ~** тест последовательности картинок; **picture completion ~** тест неоконченных [незавершенных] картинок; **picture interpretation ~** тест интерпретации картинок; **placement ~** тест распределения учащихся по уровню знаний; **power ~s** тесты (максимальных) возможностей; **preference ~** тест на предпочтение; **prognostic ~** прогностический тест; **Progressive Matrices ~** тест прогрессивных матриц; **projective ~** проективный тест; **Projective-Movement--Sequences ~** проективный тест описания телесных движений; **proverbs ~** тест на объяснение смысла пословиц; **psychological ~** психологический тест; **psychomotor ~** психомоторный тест; **psychotechnic ~** психотехническое испытание; **Purdue Pegboard ~** тест «Доска Пурдье»; **rate ~** тест на скорость; **reading ~** тест на чтение; **reading ability ~** тест способности к чтению; **rearrangment ~** тест на перегруппировку; **reasoning ~s** тесты на логическое мышление; **recall ~** тест на воспроизведение; **recognition ~**

тест на узнавание; **reference ~** тест «отсчета»; **repeated ~** повторный тест [испытание]; **reputation ~** тест оценки репутации; **rod and frame ~** тест стержня и рамки (для исследования полезависимости и поленезависимости); **Romberg's ~** *НФЗЛ* тест [проба] Ромберга; **Rorschach ~** (проективный) тест Роршаха; **Rorschach ranking ~** ранговый тест Роршаха; **Rosanoff ~** свободно-ассоциативный тест Розанова; **saturated ~** тест с высокой нагрузкой по определенному фактору; **scaled ~** нормированный тест; **scholastic ~** школьный тест способностей; **scholastic achivement ~** тест для оценки успеваемости; **sholastic aptitude ~** тест способности к учебе; **School Ability ~s** школьные тесты способностей; **School and College Ability ~s** тесты готовности к обучению в школе и колледже; **screening ~** 1. отсеивающий тест 2. диагностирующий тест; **self-concept ~** тест представлений о себе; **self-control ~** тест на самоконтроль; **selection ~** *см.* **selective answer ~**; **selective answer ~** тест на выбор ответа; **self-administering ~** тест, разработанный для проведения без участия экспериментатора; **self-marking ~** тест с непосредственным контролем; **sentence-completion ~** 1. тест незаконченных предложений 2. тест на завершение предложений; **sentence repetition ~** тест на воспроизведение предложений (возрастающей сложности); **sequential ~** *стат.* последовательный критерий; **sign ~** *стат.* критерий знаков; **significance ~** 1. *стат.* критерий достоверности 2. тест для оценки достоверности; **similari-**

ties **~** тест на установление сходства; **situation ~** тест действия; ситуационный тест; **Snellen ~** тест Снеллена (проверка остроты зрения с помощью таблицы Снеллена); **sorting ~** тест классификации; **spatial aptitude ~** тест на пространственное восприятие; **special ability ~** тест специальных способностей; **speech sounds ~** проверка способности различать звуки речи; **speed ~** тест на скорость; **spiral ~** тест с заданиями возрастающей сложности; **spot ~** 1. предварительное испытание 2. выборочная проверка; **standard ~** стандартизованный тест; **standardized ~** стандартизованный тест; **Stilling ~** цветовой тест Штиллинга; **story recall ~** мнемический тест на воспроизведение смысла рассказа; **stress ~** стресс-тест; **stylistic ~s** тесты на диагностику стиля деятельности; **subjective ~** субъективный тест; **subjective self-rating ~** тест субъективной самооценки; **substitution ~** тест на подстановку; **survey ~** групповой [классный] тест школьных достижений; **symbol-digit ~** тест на подстановку символ-цифра; **symbol-substitution ~** тест на шифровку (перевод знаков одного кода в другой по заданному условному алфавиту); **Szondi ~** тест Сонди (проективная методика интерпретации рисунков психических больных); **tapping ~** «теппинг-тест», тест «постукивания»; **teacher-made ~** нестандартный проверочный тест, составленный учителем; **Thematic Apperception ~** тест тематической апперцепции; **timed ~** тест на скорость; **tolerance ~** 1. тест на выносливость при физической нагрузке

2. тест на толерантность; **trade ~** тест на профессиональные умения и навыки; **true-false ~** определения истинных и ложных утверждений (дихотический тип тестов); **two-tailed ~** *стат.* двусторонне ограниченный критерий, двусторонний критерий; **validity ~** тест валидности; **variance ratio ~** *стат.* критерий отношений варианс; **verbal ~** вербальный [языковой] тест; **verbal comprehension ~** тест на понимание речи; **Vigotsky ~** тест формирования понятий Выготского; **vision ~** таблица для определения зрения; **visual retention ~** тест на зрительную память; **vocabulary ~** словарный тест, тест на словарный запас, проверка словарного запаса; **vocational ~** профессиональный тест; **vocational aptitude ~** тест профессиональной пригодности; **Wasserman ~** проба Вассермана; **watch ~** проверка остроты слуха; **whisper ~** проверка остроты слуха; **whole-meaning ~** *см.* **paragraph-meaning ~**; **wiggly-block ~** тест на восстановление квадратов из частей неправильной формы; **will-temperament ~** тест измерения особенностей темперамента (по Дауни); **WISC ~** тест Векслера по определению детского интеллекта; **Wonderlic Personnel ~** сокращенная форма самоприменяемого теста умственных способностей Отиса; **word-association ~** словесно-ассоциативный тест; **word-building ~** тест составления слов; **work-limit ~** тест без ограничения времени на выполнение; **World ~** *см.* **Bolgar–Fisher World ~**; **X-O ~** тест на установки и интересы (С.Пресси); **Zyve ~** тест склонностей к научной работе; **~ for cognitive disfunction** тест на выявление нарушений когнитивных функций; **~ for mentality** тест на проверку умственных способностей; **~ of independence** *стат.* критерий-гомогенности; **~ of maximum perfomance** тест, требующий наилучшего [максимального] исполнения

testable доступный [поддающийся] проверке

testee испытуемый, тестируемый

tester 1. испытательный прибор **2.** лицо, проводящее тест; экспериментатор

testes (*pl. of testis*) *анат.* яички

testing тестирование, проверка; **cross-cultural ~** тестирование межкультурных различий; **hypothesis ~** проверка гипотезы; **significance ~** проверка достоверности; **~ the limits 1.** выявление социальных норм **2.** направляемое тестирование (по Г.Роршаху)

test-wise искушенный в выполнении тестов (сознательно искажающий ответы в свою пользу)

testis *анат.* яичко, семенник

tetanus 1. тетанус, столбняк **2.** длительное сокращение скелетной мышцы, судорога, спазм

tetany тетания, судороги

tetartanopia тетартанопия, слепота на синий и желтый цвет

tetrachromatism четырехцветная теория зрения

thalamic таламический, относящийся к зрительному бугру

thalamus *анат.* зрительный бугор; **extrinic ~** ядра зрительного бугра, имеющие связь с проводниками; **intrinic ~** ядра зрительного бугра, имеющие связь друг с другом; **optic ~** зрительный бугор

Thanatos *психоан.* стремление к разрушению, инстинкт разрушения

theism теизм, вера в существование Бога [богов]

thema «тема» (как единица психологического анализа взаимодействия личности и социального окружения по Г.Меррею)

theme 1. предмет, тема (рассуждения, сочинения) 2. основная мысль, характерная черта

theorema теорема; **Bayes** ~ *стат.* теорема Бейеса (о проверке гипотез); ~ **of escape** принцип психологической защиты

theoretic 1. созерцательный, спекулятивный 2. теоретический

theoretical 1. теоретический; идеальный; абсолютный, гипотетический 2. склонный к теоретизированию; аналитический

theoretics теория (в противоположность практике)

theorize теоретизировать, строить теории

theory 1. теория 2. теоретические основы; **activation** ~ (**of emotion**) активационная теория эмоций; **affective arousal** ~ теория эмоционального возбуждения; **alter-ego** ~ теория второго «я»; **associative chain** ~ ассоцианизм; **attribution** ~ теория атрибуции; **behavior** ~ теория поведения, необихевиоризм; **bifactor** ~ **of conditioning** двухфакторная теория научения; **bimodal** ~ **of intelligence** двухфакторная теория интеллекта Спирмана; **class** ~ теория принадлежности к классу (явлений, событий); **clinical** ~**s of intelligence** клинические теории интеллекта; **cognitive** ~ (**of learning**) когнитивная теория научения; **color** ~**s** теории восприятия цвета; **communication** ~ теория коммуникации; **consolidation** ~ (научение) теория консолидации; **context** ~ **of meaning** контекстуальная теория значения; **convergence** ~ теория конвергенции; **copy** ~ 1. теория первичных качеств 2. рецептивная теория; **correspondence** ~ теория соответствия; **culture epoch** ~ теория культурных эпох; **decision** ~ теория принятия решений; **descriptive** ~ описательная теория; **diffusion** ~ диффузионизм (теория о распространении культуры из определенных географических центров мира); **ding-dong** ~ теория о звукоподражательной природе языка; **double aspect** ~ дуализм, теория дуализма; **dynamic** ~ теория психического динамизма (по В. Келеру); **duplicity** ~ (**of vision**) теория двойственности зрения (о наличии в сетчатке двух типов рецепторов: палочек и колбочек); **ego-alter** ~ теория зеркального «я»; **egoistic** ~ **of dreams** *психоан.* эгоцентрическая теория сновидений; **emergency** ~ **of emotions** теория эмерджентных эмоций; **error** ~ теория ошибок; **factor** ~ факторная теория; **factor** ~ **of learning** факторная теория научения (Мак Даугалла); **field** ~ теория поля; **formal** ~ формальная теория; **four-color** ~ четырехцветная теория зрения; **Freud's** ~ **of libido** фрейдизм; **game** ~ теория игр; **genetic continuity** ~ теория генетической непрерывности; **Gestalt** ~ гештальт-психология; **great-man** ~ теория о решающей роли выдающейся личности на ход исторического развития; **Guthrie's S-R contiguity** ~ теория сопряженности стимула и реакции Гатри; **hearing** ~**s** теории слухового восприятия; **heredity-predisposition** ~ теория наследственного предрасположения; **Hering** ~ **of** (**color**) **vision** теория цветного зрения Геринга;

holistic ~ of intelligence холистическая теория интеллекта; hormic ~ гормическая психология; information processing ~ теория обработки информации; information ~ теория информации; interjection ~ междометная теория происхождения языка; interpersonal ~ теория о доминирующей роли межличностных отношений и социальных факторов на развитие личности и возникновение психических нарушений; James−Lange ~ of emotion теория эмоций Джеймса−Ланге; learning ~ теория научения; Lewin's ~ of valence теория валентности К. Левина; linear programming ~ теория линейного программирования; managment ~s теории управления; mechanistic ~ механистическая теория, механицизм; mediation ~ теория опосредования (наличия промежуточных процессов между стимулом и ответом); mind dust [mind stuff] ~ монадология (направление идеалистической философии); mnemic ~ теория памяти; motor primacy ~ теория первичности моторных механизмов; motor ~ of consciousness моторная теория сознания; multimodal ~ of intelligence многофакторная теория интеллекта; nativistic ~ учение о том, что разум врожден и независим от опыта; Nernst−Lilly ~ теория электрического раздражения Нернста−Лилли; neurogenic ~ учение о реакции волокон сердечной мышцы на нервные стимулы; normative ~ нормативная теория; ontogenetic ~ of culture онтогенетическая теория культуры; Peak's ~ of psychological structure теория психологической структуры Пика; peripheral ~ of motivation периферическая теория мотивации; perseveration ~ of learning см. consolidation ~; personality ~ теория личности; phase sequence ~ НФЗЛ теория фазовых последовательностей (Д. Хебба); pithecoid ~ учение о происхождении человека от обезьяны; polychromatic ~ полихроматическая теория; practice ~ теория упражнения; practice ~ of play теория, рассматривающая игру как подготовку к будущей взрослой жизни; probability ~ 1. теория вероятностей 2. теория вероятности научения; recapitulation ~ биогенетический закон; regional-localization ~ НФЗЛ теория локализации центров в коре; reorganization ~ (научение) теория переструктурирования; representational mediation ~ теория опосредованной репрезентации; segmental ~ сегментальная теория; short-circuiting ~ НФЗЛ теория короткого замыкания; structural role ~ структурно-ролевая теория; target ~ стат. теория попадания [удач]; thalamic ~ of emotion таламическая теория эмоций (Кэннона−Барда); three-color ~ трехкомпонентная теория цветового зрения; three component ~ 1. трехкомпонентная теория зрения 2. трехкомпонентная теория цветового зрения; trace ~ of memory следовая теория памяти; trichromatic ~ трехкомпонентная теория цветового зрения; tridimentional ~ of feeling трехмерная теория чувств (В. Вундта); trireceptor ~ трехкомпонентная теория зрения; two-factor ~ двухфакторная теория (психической организации); Young−Helmholtz ~ трехцветная теория зрения Юнга−Гельмгольца; ~ of achievement motivation теория мотивации успеха [достижения]; ~ of evolution теория эволюции; ~ of intrapsychic conflict теория внутреннего конфликта; ~ of knowledge эпистемология; ~ of mental faculties теория умственных способностей; ~ of social comparisons теория социальных сравнений; ~ of vision теория (цветового) зрения

therapeutic терапевтический, лечебный

therapeutics лечение, терапия; терапевтика

therapist терапевт; **speech** ~ логопед

therapy терапия, лечение; **acceptance** ~ терапия отреагирования; **active** ~ рациональная [разъяснительная] психотерапия; **activity group** ~ комплекс реабилитационных мероприятий по социальной адаптации; **adjacent** ~ замаскированная психотерапия; **assignment** ~ деятельностная психотерапия; **attitude** ~ психотерапия, направленная на изменение установок больного; **aversive** ~ аверсивная терапия; **behavior** ~ терапия поведения, бихевиориальная терапия; **brief-stimulus** ~ шоковая терапия; **client-centered** ~ психотерапия, центрированная на пациенте; **convulsive** ~ судорожная терапия; **drama** ~ психодрама; **electric shock** ~ электрошоковая терапия; **electroconvulsive** ~ см. **electroshock** ~; **electroshock** ~ электрошоковая терапия; **expressive** ~ психотерапия, предусматривающая откровенное высказывание пациентом своих мыслей и чувств; **gestalt** ~ гештальт-терапия; **group** ~ групповая психотерапия; **hypoglycemic (shock)** ~ лечение психических расстройств при помощи гипогликемического шока; **implosive** ~

стресс-тренировка; **insulin-shock** ~ лечение инсулиновыми шоками; **interpretive** ~ интерпретационная психотерапия (как разновидность рациональной психотерапии); **mental** ~ лечение внушением, психотерапия; **milieu** ~ средовая терапия; **nondirective** ~ недирективная [коренная] психотерапия; **occupational** ~ трудовая терапия; **patient-centered** ~ терапия, центрированная на пациенте; **physical** ~ лечение физическими методами, физиотерапия; **play** ~ игровая терапия; **puppet** ~ вариант игровой терапии с куклами; **rational** ~ рациональная психотерапия; **relationship** ~ терапия путем формирования адекватного представления о себе и окружающих; **relaxation** ~ аутогенная терапия; **release** ~ терапия отреагирования; **replacement** ~ замещающая терапия; **semantic** ~ разъяснительная психотерапия; **shock** ~ шоковая терапия; **situation(al)** ~ см. **milieu** ~; **sleep** ~ лечение сном; **sparing** ~ щадящая терапия; **speech** ~ логопедическое лечение; **subshock** ~ лечение слабым током; **substitution** ~ заместительная терапия; **suggestive** ~ лечение внушением [гипнозом]; **supportive** ~ поддерживающая терапия; **work** ~ трудовая терапия; **zone** ~ рефлекторная терапия, раздражение рефлекторных зон

theriomorphism зооморфизм

thermalgesia термальгезия; состояние организма, при котором тепловой стимул вызывает боль

thermalgia каузальгия

thermanesthesia терманестезия, нечувствительность к тепловым стимулам

thermoreceptor терморецептор

thermoregulation терморегуляция
thermotaxis терморегуляция
thermotolerant термостойкий
thermotropic термотропический
thermotropism термотропизм
they-group «они»-группа
thigmesthesia тактильная чувствительность
thing 1. вещь, предмет **2.** вещь, явление **3.** нечто, что-то
thinking 1. мышление **2.** размышление; **abstract** ~ абстрактное мышление; **associative** ~ ассоциативное мышление; **autistic** ~ аутистическое мышление, фантазии, мечты; **children's** ~ мышление у детей; **concrete** ~ конкретное мышление; **convergent** ~ конвергентное мышление; **creative** ~ творческое мышление; **critical** ~ критическое мышление; **directed** ~ целенаправленное мышление; **divergent** ~ дивергентное мышление; **flexible** ~ гибкое мышление; **imageless** ~ безóбразное мышление; **mechanical** ~ механическое мышление; **narrow** ~ узкое [ограниченное] мышление; **non-directed** ~ ненаправленное мышление; **partitive** ~ аналитическое мышление; **predicate** ~ предикативное мышление; **prelogical** ~ дологическое мышление; **quick** ~ быстрое мышление; **rigid** ~ ригидное [негибкое] мышление; **substitutive** ~ скачка идей; **symbolic** ~ мышление символами; **time perspective** ~ прогностическое мышление; **verbal** ~ вербальное мышление; **wishful** ~ аутистическое мышление, мечты, фантазии
thirst 1. жажда **2.** томление, тоска // **1.** испытывать жажду, хотеть пить **2.** жаждать, томиться желанием
thoroughness основательность, доскональность, педантичность

thought 1. мысль **2.** мышление; **imageless** ~ безóбразное мышление; **representational** ~ образное мышление (ребенка); **twilight** ~s неясные мысли
thought-hearing бредовые идеи внутренней открытости
thought-reader тот, кто умеет читать чужие мысли
thought-reading чтение чужих мыслей
thought-transfer(ence) телепатия, передача мысли на расстояние
thought-wave 1. единый импульс, единая мысль **2.** мыслительная волна (при передаче мыслей на расстояние)
threat угроза; **ego** ~ угроза «я»; **homeostatic** ~ угроза нарушения гомеостаза
threaten угрожать
three-dimensional трехмерный, пространственный, объемный
threshold порог; **absolute brightness** ~ абсолютный яркостный порог; **absolute** ~ абсолютный порог; **absolute visual** ~ абсолютный зрительный порог (световой чувствительности), абсолютный порог зрения; **acuity** ~ порог остроты (зрения, слуха); **auditory** ~ порог слышимости, слуховой порог; **blackout** ~ порог (временной) потери сознания; **color sensitivity** ~ порог цветовой чувствительности; **critical** ~ критический порог; **difference [differential]** ~ дифференциальный порог, порог различения; **empirical** ~ пороговая величина, установленная эмпирическим путем; **hearing** ~ порог слышимости; **intelligibility** ~ порог разборчивости [различимости] (речи); **light sensitivity** ~ порог световой чувствительности; **perception** ~ порог восприятия; **personal** ~ индивидуальный

порог; **personal response** ~ индивидуальный порог реакции; **physiological** ~ физиологический порог; **response** ~ порог реакции; **sensation** ~ порог ощущения; **sensitivity** ~ порог чувствительности; **sensory** ~ порог ощущения; **spatial** ~ *см.* **two-point** ~; **stimulus** ~ абсолютный порог раздражения; **terminal** ~ максимальный порог; **two-point** ~ минимальное расстояние между точечными кожными раздражителями, при котором испытуемый воспринимает их как воздействие двух раздражителей; **vision [visual]** ~ порог зрения [чувствительности глаза]; ~ **of audibility** порог слышимости, слуховой порог; ~ **of consciousness** порог сознания; ~ **of response** порог чувствительности; ~ **of sensation** порог ощущений; ~ **of sensitivity** порог чувствительности; ~ **of stimulation** порог раздражения; ~ **of visual acuity** порог остроты зрения; ~ **of visual sensation** порог зрительного ощущения

thrill 1. нервная дрожь [трепет] 2. глубокое волнение // 1. вызывать трепет; возбуждать 2. испытывать трепет

throb 1. стук, биение; пульсация 2. нервная дрожь, волнение, трепет 3. сотрясение, колебание, вибрация

throe 1. сильная боль 2. агония

thymus зобная [вилочковая] железа

thyroid (gland) щитовидная железа

tic тик, судорожное сокращение

tickle 1. щекотание, щекочущее прикосновение 2. ощущение от щекочущего прикосновения

timbre тембр

time 1. время 2. раз; **absolute** ~ абсолютное время; **accomodation** ~ время аккомодации; **action** ~ НФЗЛ скрытый [латентный] период; промежуток между возбуждением и ответом [реакцией]; **adaptation** ~ время адаптации; **association** ~ время ассоциативной реакции; **association reaction** ~ время ассоциативной реакции; **body reaction** ~ время реакции тела [организма]; **decision (taking)** ~ время принятия решения; **discrimination reaction** ~ время реакции различения (двух раздражителей); **fixation** ~ *зр.* время фиксации; **latent** ~ латентный [скрытый] период; промежуток между раздражением и ответной реакцией; **memory** ~ время запоминания; **nerve conduction** ~ время проведения (возбуждения) по нерву; **objective** ~ объективное время; **perception** ~ время восприятия; **physiological** ~ физиологическое время; **presentation** ~ время предъявления (раздражителя); **psychological** ~ психологическое время; **reaction** ~ время [длительность] реакции; **recovery** ~ время восстановления; **reflex** ~ время рефлекса; **relative** ~ относительное время; **relaxation** ~ время расслабления [релаксации]; **response** ~ время реакции; **saccadic** ~ время саккадического движения; **summation** ~ максимальное время [период] между отдельными раздражителями, допускающее возможность суммации; **survival** ~ время выживания; **task-perfomance** ~ время выполнения задачи [задания]; **total reaction** ~ НФЗЛ общее время реакции; время общей реакции

timer реле времени, отметчик времени, хронирующее устройство, хронизатор, регулятор выдержки времени; **photoelectric** ~ фотоэлектрический счетчик времени, хронометр

time-keeper 1. хронометражист **2.** хронометрист; счетчик времени **3.** часы

time-keeping хронометрия, хронометраж

time-limit время, предоставляемое для совершения какого-л. действия или операции

timid застенчивый, неуверенный, робкий

timidity застенчивость, робость

timing 1. выбор времени **2.** хронометраж **3.** установление нужного ритма

tint оттенок, тон; **color** ~ цветовой тон, оттенок; **tone** ~ тембр; **secondary** ~ оттенок

tired 1. усталый, уставший; утомленный **2.** потерявший интерес

tiredness усталость

tissue ткань; **conjunctive** ~ соединительная ткань; **connective** ~ соединительная ткань; **epithelial** ~ эпителиальная ткань; **glandular** ~ железистая ткань; **homologous** ~s ткани одного строения; **muscular** ~ мышечная ткань; **nerve [nervous]** ~ нервная ткань; **organic** ~ органическая ткань; **reticular** ~ ретикулярная соединительная ткань; **sensory nervous** ~ чувствительная [сенсорная] нервная ткань; **somatic** ~ ткани организма (кроме зародышевой)

token знак, символ

tolerable терпимый, выносимый

tolerance 1. терпимость **2.** толерантность, выносливость **3.** допуск, допустимое отклонение; **acquired** ~ приобретенная устойчивость; **affective** ~ эмоциональная устойчивость; **ambiguity** ~ устойчивость [толерантность] к неопределенности; **anxiety** ~ устойчивость по отношению к состоянию тревожности; **ethnic** ~ этническая устойчивость; **frustration** ~ устойчивость [толерантность] к фрустрации; **human** ~ устойчивость [выносливость] человека; **human limit** ~ предельная устойчивость [переносимость] человека, предел устойчивости человека; **increased** ~ повышенная устойчивость [переносимость]; **limit human** ~ предельная устойчивость [переносимость] человека, предел устойчивости человека; **maximum** ~ максимальная устойчивость [переносимость]; **mental** ~ **to stress** нервно-психическая устойчивость к стрессу [стрессовым нагрузкам]; **minimum** ~ минимальная устойчивость [переносимость]; **physiological** ~ физиологическая устойчивость; **stress** ~ устойчивость к стрессу; **subjective** ~ субъективная устойчивость [переносимость]; ~ **for conflict** устойчивость [толерантность] к конфликту; ~ **of behavioral deviance** устойчивость [толерантность] к поведенческим отклонениям

tolerant 1. устойчивый, выносливый, толерантный **2.** терпимый

tolerate переносить, выносить

tonal тональный

tonality тональность

tone 1. тон **2.** эмоциональный оттенок, окраска голоса, тон, голос **3.** интонация, модуляция, музыкальное ударение **4.** *мед.* тонус; **affective** ~ **1.** эмоциональный тон **2.** эмоциональное отношение (положительного или отрицательного характера); **color** ~ цветовой тон; **combination** ~ комбинационный тон; **compound** ~ сложный тон, сложное (акустическое) колебание; **difference** ~ разностный комбинационный тон; **feeling** ~ чувственный [эмоциональный]

тон; **fundamental** ~ основной тон; **heart** ~s тоны сердца; **hedonic** ~ чувственный тон; **highest audible** ~ верхний звуковой порог; **muscle** ~ мышечный тонус; **ontogenic** ~ см. **subjective** ~; **partial** ~ парциальный [частичный] тон; **pure** ~ чистый тон; **simple** ~ см. **pure** ~; **subjective** ~ субъективный тон; **summation** ~ суммовой [комбинационный] тон; **Tartini's** ~ см. **difference** ~; **tissue** ~ тканевой тонус; **whole** ~ большой [целый] тон

tone-deaf не различающий оттенков звука [звуковых тонов]

tonic 1. связанный с тонусом **2.** укрепляющий, тонизирующий **3.** *муз.* относящийся к основному музыкальному тону

tonicity 1. тонус; нормальное мышечное напряжение **2.** напряженность

tonicize усиливать тонус

tonometer тонометр

tonoscope тоноскоп

tonus тонус; **induced** ~ индуцированный [вызванный, сопутствующий] мышечный тонус; **muscle** ~ мышечный тонус; **neurogenic** ~ тоническое мышечное сокращение, вызванное стимулами от нервных центров; **plastic** ~ пластический тонус; **spinal** ~ тонус спинальных центров

tool инструмент, орудие труда

topography топография

topology топология

torpidity оцепенение, отупение, онемение, бездействие

torpent лекарство, уменьшающее раздражение // неспособный к деятельности; дремлющий

torpor 1. оцепенение, онемелость, оглушение **2.** безразличие, бесчувствие, апатия; бездействие

torsion скручивание, закручивание

total целое; сумма; итог // **1.** весь, целый **2.** суммарный **3.** полный, абсолютный; **moving** ~ процесс скользящего суммирования; **progressive** ~ нарастающий итог; **sum** ~ общая сумма

totem *антроп.* тотем

totemism тотемизм

touch 1. осязание **2.** прикосновение // **1.** касаться, прикасаться **2.** осязать, ощущать

touchable осязательный, осязаемый

touchableness осязаемость

touchiness 1. раздражительность; обидчивость, вспыльчивость **2.** повышенная чувствительность

touching 1. прикосновение **2.** упоминание, ссылка **3.** причинение (боли, страдания и т.п.)

touchy 1. обидчивый, раздражительный **2.** повышенно чувствительный

tough 1. упрямый, упорный, несговорчивый **2.** жесткий, стойкий, выносливый

toxic 1. ядовитый, токсический, отравляющий **2.** вызванный отравлением

trace след // **1.** проследить **2.** фиксировать, записывать **3.** набрасывать (план); намечать линию поведения; **memory** ~ след памяти; **mnemonic** ~ см. **memory** ~; **molar stimulus** ~ см. **stimulus** ~; **perseverative** ~ последействие (по Халлу); **stimulus** ~ стимульный след (по Халлу)

tracer 1. индикатор **2.** исследователь **3.** следящее устройство

tracing 1. слежение **2.** запись самопишущего прибора; **mirror** ~ обводка фигуры по ее зеркальному отражению

track путь // следить, прослеживать

tracking слежение

tract 1. *анат., физиол.* тракт, путь **2.** *НФЗЛ* пучок; **association** ~ ассоциативный (нервный) путь; **nerve** ~ нервный пучок; нервный тракт; **olfactory** ~ обонятельный тракт; **optic** ~ зрительный тракт [проводящий путь]; **pyramidal** ~ пирамидальный путь [пучок в спинном мозгу]; **visual** ~ зрительный тракт [проводящий путь]

trade занятие, ремесло, профессия

tradition традиция

traditional традиционный, передаваемый из поколения в поколение, основанный на обычае

traditionalism приверженность традициям

tradition-directed ориентированный на общепринятое

train 1. воспитывать, учить, приучать **2.** обучать **3.** тренировать(ся) **4.** дрессировать животных

trainability способность к обучению

trainable поддающийся обучению

trainee обучаемый

trainer 1. тренер, инструктор **2.** дрессировщик **3.** тренажер, имитатор; **Link Instrument** ~ пилотажный тренажер Линка; **synthetic** ~ тренажер-имитатор

training 1. воспитание **2.** обучение, подготовка **3.** тренировка, дрессировка; **autogenic [autogenous]** ~ аутогенная тренировка; **behavioral** ~ обучение навыкам поведения, тренировка [выработка навыков] поведения; **character** ~ воспитание характера; **child** ~ обучение детей; **cleanliness** ~ обучение ребенка личной гигиене; **escape** ~ отрицательное обусловливание; **habit** ~ приобретение [формирование] привычек [навыков]; **in-service** ~ *амер.* повышение квалификации на курсах по месту работы; обучение своих сотрудников; **manual** ~ занятия трудом, уроки труда (в школе); **muscle** ~ мышечное упражнение [тренировка]; **physical** ~ гимнастика, физкультура, физическая подготовка; **preliminary** ~ предварительная выработка (рефлекса, навыка); **spaced** ~ выработка навыка при большом интервале между раздражениями; **special** ~ специальная подготовка; **vocational** ~ профессиональное обучение

training-school 1. специальное училище **2.** исправительно-трудовая колония; реформаторий (для малолетних правонарушителей)

trait 1. характерная черта [особенность, свойство] (человека) **2.** признак; **character** ~ черта [особенность] характера; **common** ~ общая особенность [черта] (всех членов общества или широкой культурной группы) (по Ф. Олпорту); **compensatory** ~ усиленное развитие какой-л. функции [свойства], компенсирующее недостаточность другой; **constitutional** ~ особенность телосложения; **culture** ~ признак [характеристика, черта] культуры; **dominant** ~ основная [доминирующая] черта; **dynamic** ~ черта, проявляющаяся в динамике поведения; **ergic** ~ инстинкт; **formal** ~ определяющая черта; **generalized** ~ генерализированная черта; **heterotelic** ~s черты характера, обусловленные разносторонностью интересов; **hypochondriacal** ~ ипохондрический признак [черта, особенность]; **individual** ~s личные [индивидуальные] черты; **native** ~ унаследованная [природная] особенность; **organic** ~ биологическая черта [особенность]; **orthogonal** ~ ортогональная черта; **personal**

~ личностная черта; **personality** ~ личностная черта [особенность]; **recessive** ~ рецессивный признак; **source** ~ глубинная черта; **submissive** ~ склонность повиноваться [подчиняться]; **surface** ~ поверхностная черта; **unique** ~ 1. уникальная [неповторимая] черта [особенность] **2.** ортогональная черта; **universal** ~ общий признак [особенность, черта] (людей определенной культуры); ~ **of sameness** постоянство (по Г. Меррею)

trance транс, состояние экстаза; состояние, подобное сну

tranquil спокойный, уравновешенный, не выражающий признаков волнения

tranquility спокойствие, уравновешенность

tranquilization успокоение

tranqulizer транквилизатор, успокаивающее средство

transaction взаимодействие, трансакция

transcortical транскортикальный

transect делать поперечный разрез

transection поперечное сечение

transfer 1. трансфер, перенос, передача, перемещение **2.** переход (с одной работы на другую) // **1.** переносить, перемещать **2.** переходить (с одной работы на другую); **applicational** ~ перенос знаний; **bilateral** ~ билатеральный перенос; **heat** ~ теплопередача; **negative** ~ отрицательный перенос; **positive** ~ положительный перенос; ~ **of meaning** перенос значения (слова); ~ **of training** перенос знаний

transference 1. *психоан.* перенос [смещение] аффекта с одного объекта на другой **2.** перенос, передача; **negative** ~ *психоан.*

отрицательный перенос, нарастание враждебного отношения к психоаналитику; ~ **of dominant characters** передача доминантных черт

transform изменять, преобразовывать, превращать

transformation 1. преобразование, превращение **2.** трансформация **3.** перегруппировка; **linear** ~ линейное преобразование; **logarithmic** ~ логарифмическое преобразование; **malevolent** ~ бред преследования (по Г.Салливану); **perceptual** ~ перцептивная трансформация; **probability integral** ~ общее вероятностное преобразование; **scedastic** ~ преобразование дисперсии

transformism трансформизм, учение о преобразовании форм под влиянием внешних условий

transient переходный, мимолетный, преходящий, скоротечный, неустановившийся

transit перемена, переход (в другое состояние); **neural** ~ рефлекторная дуга

transition 1. превращение [переход] из одного состояния в другое **2.** переходный период

transitional переходный, промежуточный; неустойчивый

transitive транзитивный, переходный

transitivity транзитивность

transitory переходный, преходящий, кратковременный

translate 1. переводить **2.** преобразовывать (переводить в другую систему)

translation 1. перевод **2.** пересчет (из одних единиц в другие); **machine** ~ машинный перевод; **verbal** ~ дословный перевод

transmissibility 1. способность передаваться **2.** заразность transmissible 1. передающийся 2. заразный

transmission передача; cultural ~ усвоение духовного наследия [культурных норм]; hereditary ~ наследственная передача; neuromuscular ~ передача возбуждения с нерва на мышцу; parent-child attitude ~ передача установок родителей детям; parent-to-offspring ~ передача (знаний, духовного наследия и т.п.) от родителей к детям; retrograde ~ обратное проведение; rumor ~ распространение [передача] слухов; selective ~ of information селективная [избирательная] передача информации; social ~ передача социального опыта; synaptic ~ передача возбуждения по синапсам

transmit 1. сообщать, передавать 2. передавать по наследству

transmitter теор. инф. передатчик

transmutation превращение, преобразование; ~ of measures преобразование данных

transparency прозрачность

transpose 1. перемещать, переставлять; менять местами 2. муз. транспонировать

transposition 1. транспозиция, перенос, перемещение 2. муз. транспонировка; ~ of affect перенос аффекта; ~ of a matrix факторн. ан. транспозиция матрицы

transvaluation переоценка; ~ of psychic values переоценка психических ценностей

transverse поперечный

transvestism трансвестизм

trauma травма; birthprimal ~ родовая травма; primal ~ психоан. ранняя [первичная] травма; psychic ~ психическая травма; sexual ~ сексуальная травма

traumatic травматический

traumatize травматизировать, травмировать

treat 1. обращаться, обходиться 2. трактовать, рассматривать 3. лечить

treatable 1. поддающийся обработке, излечению 2. поддающийся трактовке

treatment 1. обработка 2. лечение 3. обращение, обхождение 4. трактовка; active ~ активное лечение; adaptive ~ адаптивный метод лечения; causal ~ лечение причин (болезни); conservative ~ консервативное лечение; convulsive ~ судорожная терапия; early ~ раннее лечение; expectant ~ выжидательная терапия; experimental ~ экспериментальная процедура; hypnotic ~ лечение гипнозом; inpatient ~ больничное [стационарное] лечение; physical ~ лечение физическими методами, физиотерапия; preventive ~ профилактика; prophylactic ~ профилактика, профилактическое лечение; psychic ~ психотерапия; suggestive ~ суггестивная терапия

tremble дрожать

trembling страх, трепет; ~ of the aged старческое дрожание

tremograph тремограф

tremor 1. тремор, дрожание; дрожь; трепетание 2. вибрация; continuous ~ постоянное дрожание; intentional ~ интенционное дрожание [тремор]; muscular ~ мышечный тремор [дрожание]; neuromuscular ~ нервно-мышечный тремор; physiological ~ физиологический тремор [дрожание]; volitional ~ дрожание при произвольных движениях; ~ of excitement дрожь волнения

trend 1. тренд, тенденция, направление **2.** склонность; **developmental** ~ тенденция развития; **egocentric** ~ эгоцентрическая тенденция; **evolutionary** ~ направление эволюции; **malicious** ~ **1.** тенденция к злокачественному течению (процесса, заболевания и т.п.) **2.** деструкция психики поведения; **paranoid** ~ параноидальная тенденция; **pernicious** ~ см. **malicious** ~

trephine производить трепанацию, трепанировать

trepidate дрожать, трепетать

trepidation 1. тревога, беспокойство **2.** дрожь, дрожание; трепет

trepidity 1. волнение, тревога **2.** страх

triad триада, группа из трех членов; **anal** ~ «анальная триада» (комплекс трех черт, характерный для анального типа личности: аккуратность, бережливость, настойчивость) (по З.Фрейду); **orientation** ~ триада (механизмов) ориентировки в пространстве (зрение, вестибулярный аппарат, кинестетика)

trial проба, опыт, попытка // пробный; **blank** ~ контрольный [слепой] эксперимент; **functional** ~ функциональная проба; **unique** ~ однократная проба

triangle треугольник; **color** ~ цветовой треугольник; **Maxwell** ~ цветовой треугольник Максвелла

tribal племенной, родовой

tribe 1. племя, род; клан **2.** колено, поколение; **low** ~s племена, стоящие на низкой ступени цивилизации; **kindred** ~s родственные племена

tribeship члены племени [рода]

tribulation горе, страдание

trichotomous разделенный [разделяющийся] на три части; собранный в группы по три

trichotomy трихотомия, деление на три части [элемента]

trichromatic трихроматичный, трехцветный

trichromatism трехцветное зрение, трихроматизм; **anomalous** ~ аномальный трихроматизм

trick *индив. психол.* защитный механизм

triplet триплет, тройня

triskaidekaphobia страх перед числом тринадцать

tritanomaly тританомалия (разновидность трихроматизма)

tritanopia тританопия, слепота на синий цвет

troland троланд (единица измерения яркости)

tropism тропизм; **negative** ~ отрицательный тропизм; **positive** ~ положительный тропизм; **transverse** ~ диатропизм

trouble 1. беспокойство; волнение; тревога **2.** беда, горе **3.** болезнь, недуг // **1.** тревожить, волновать; расстраивать **2.** беспокоить, мучить; причинять боль [страдания]

truancy прогул

truant прогульщик

true 1. верный, правильный **2.** истинный **3.** верный, преданный **4.** правдивый, искренний **5.** точный

true-bred хорошо воспитанный

trueness 1. верность, правдивость **2.** лояльность, преданность **3.** точность, правильность

trunk 1. ствол (нерва, сосуда) **2.** туловище; **nerve** ~ нервный ствол; **sympathetic** ~ симпатический ствол

trust 1. вера, доверие **2.** ответственное положение; долг, обязанность // **1.** доверять, верить **2.** полагаться, доверяться

truth 1. правда, истина **2.** искренность, правдивость

truthfulness 1. правдивость 2. верность, правильность, точность
try 1. попытка 2. испытание, проба // 1. пытаться, стараться 2. подвергать испытанию, пробовать, проверять 3. утомлять, раздражать
t-test *стат.* t-критерий
tube труба, трубка; **eustachian** ~ евстахиева (слуховая) труба; **interference** ~ резонатор; **neural** ~ нервная трубка
tuition обучение
tumult сильное душевное волнение; смятение чувств
tune 1. мелодия 2. тон, звук; тембр (голоса) // настраивать
tuning настрой, настройка; **cognitive** ~ когнитивный настрой, настрой на познание
tuning-fork камертон
tunnel *анат.* туннель; ~ **of Corti** туннель кортиева органа (в кохлеарном аппарате внутреннего уха)
turn-over текучесть (кадров); размер текучести; **labor** ~ текучесть рабочей силы
tutelage 1. нахождение под опекой, попечительство 2. несовершеннолетие, малолетие 3. обучение
tutor 1. домашний [частный] учитель, репетитор 2. *шк.* наставник 3. *англ.* руководитель группы студентов 4. *амер.* младший преподаватель высшего учебного заведения 5. опекун
tutorage 1. работа учителя 2. должность наставника
twin близнец, двойняшка; **dizygotic** ~s двухъяйцевые близнецы; **enzygotic** ~s однояйцевые близнецы; **fraternal** ~s *см.* **dizygotic** ~s; **identical** ~s *см.* **enzygotic** ~s; **monochorionic** ~s *см.* **enzygotic** ~s; **monovular** ~s *см.* **enzygotic** ~s; **monozygotic** ~s *см.* **enzygotic** ~s; **one-egg** ~s *см.* **enzygotic** ~s; **one-sac** ~s *см.*

enzygotic ~s; **two-egg** ~s *см.* **dizygotic** ~s
twitch подергивание, судорога, конвульсия; **convulsive** ~ судорожное подергивание; **isometric** ~ изометрическая двигательная реакция; **muscle** ~ мышечная судорога; **nervous** ~ нервное подергивание
tympanic относящийся к барабанной полости
tympanum *лат., анат.* барабанная полость
type тип; **affective reaction** ~ аффективный тип реакции; **analytical** ~ аналитический тип (личности); тип личности, склонной к анализу; **anthropometric (body)** ~ антропометрический тип; **apoplectic** ~ апоплексический тип; **approach** ~ общий тип ответа (целостный или по отдельным признакам) (по Г. Роршаху); **asthenic** ~ астенический тип (телосложения); **athletic** ~ атлетический тип (телосложения); **attitude** ~ общий тип ориентированности личности (по К. Юнгу); **auditory** ~ слуховой тип (человека); **autistic** ~ аутический тип (личности); **В** ~ психологическая картина личности при базедовой болезни (по Ф.Йеншу); **balanced** ~ уравновешенный тип; **Basedow** ~ базедов тип; **basic personality** ~ основной тип личности; **body** ~ телосложение, конституция; **blood** ~ группа крови; **cerebral** ~ церебральный тип (телосложения); **character** ~ тип характера; **choleric** ~ холерический тип; **clinical** ~ **(of feeble-mindedness)** клинический тип слабоумия; **constitutional** ~ тип телосложения; **criminal** ~ преступный тип; **culture** ~ тип культуры; **cyclothymic** ~ циклотимный тип; **degenerate** ~ дегенерат; **digestive** ~ пик-

нический тип; **dysplastic body** ~ тип строения тела, характеризующийся отклонениями от нормы; **ectomorphic** ~ эктоморфный тип: **endomorphic** ~ эндоморфный тип; **experience** ~ тип переживания [восприятия] (характеризует преимущественно интроверсивные или экстратензивные тенденции личности) (по Г. Роршаху); **feeling** ~ чувственный тип (по К. Юнгу); **function** ~ функциональный тип личности (по К.Юнгу); **functional** ~ *см.* function ~; **general attitude** ~ общий тип ориентированности личности (по К. Юнгу); **idiotropic** ~ человек, живущий только собственными эмоциями; **introvert** ~ интроверт (по К. Юнгу); **intuitive** ~ интуитивный тип (личности) (по К.Юнгу); **irrational** ~ нерациональный тип личности (по К. Юнгу); **kin(a)esthetic** ~ моторный тип памяти; **Kretchmer** ~ тип (телосложения) Кречмера; **leptosomic** ~ лептосом, астенический тип; **melancholic** ~ меланхолический тип; **memory** ~s типы памяти; **mesomorphic** ~ мезоморфный тип; **motor reaction** ~ тип двигательной реакции; **muscular** ~ мышечный тип; **objective** ~ объективный тип; **organic reaction** ~s психозы, вызванные структурными изменениями мозга; **paranoid reaction** ~ человек с параноидными реакциями; **personality** ~ тип личности; **phlegmatic** ~ флегматический тип; **psychological** ~s пси-

хологические типы; **pyknik** ~ пикническое телосложение (по В.Кречмеру); **quiet** ~ спокойный тип; **rational** ~ рациональный тип (личности) (по К. Юнгу); **reaction** ~ тип реакции; **reactive** ~ реактивный тип; **sanguinic** ~ сангвинический тип; **scale** ~ тип шкалы; **sensation** ~ чувственный тип (по К. Юнгу); **social** ~ социальный тип (личности); **somatic** ~ *см.* body ~; **strong balanced** ~ сильный уравновешенный тип; **strong excited** ~ сильный возбудимый тип; **strong unrestrained** ~ сильный безудержный тип; **subjective** ~ субъективный тип; **synthesizing** ~ синтетический тип (личности); тип личности, склонной к синтезу; **thinking** ~ мыслительный тип (личности) (по К. Юнгу); **unbalanced** ~ неуравновешенный тип; **unrestrained excitable** ~ возбудимый безудержный тип; **viscerotonic** ~ висцеротонный тип; **visual** ~ зрительный тип (человека); **vivacious** ~ живой тип; **vivacious motive** ~ живой двигательный тип; **vivacious sanguine** ~ живой сангвинический тип
typhlolexia алексия
typify символизировать, служить типичным примером [образцом]
typing типизация; определение принадлежности индивида к конкретному типу; **sex** ~ половая типизация
typological типологический
typology типология

Uu

ultimate 1. последний, окончательный, конечный 2. основной, первичный 3. критический, максимальный

ultrasonic сверхзвуковой, ультразвуковой

ultraviolet ультрафиолетовый

umbilical 1. пупочный, пуповинный 2. занимающий центральное положение 3. родственный по материнской линии

unadjustment неадаптированность

unambivalent *психоан.* неамбивалентный

unanimity единодушие

uncertainty 1. неуверенность, нерешительность 2. изменчивость; cognitive ~ когнитивная неуверенность; internal ~ внутренняя неуверенность

unchecked несдержанный, необузданный, недисциплинированный

uncheerful безрадостный; унылый, угрюмый, печальный

uncivilized 1. нецивилизованный, грубый, некультурный 2. дикий, варварский

unclassed не отнесенный к какому-л. классу [разряду]

unclassifiable не поддающийся классификации

uncomfortable 1. неудобный, некомфортабельный 2. испытывающий неловкость [неудобство, стеснение]

uncompaniable необщительный

uncompassionate несочувствующий, жестокосердный

uncomplaining безропотный, терпеливый

uncompleted незавершенный, незаконченный

uncompliant неуступчивый, неподатливый, несговорчивый

uncomposed 1. неспокойный, возбужденный 2. несогласованный; неурегулированный

uncomprehended непонятный, непостижимый

uncompromising 1. непреклонный 2. бескомпромиссный

unconcern 1. беззаботность, беспечность 2. безразличие, равнодушие

unconcerned 1. беззаботный, беспечный 2. равнодушный, безразличный, незаинтересованный 3. беспристрастный

unconditional безусловный

unconditioned безусловный

unconfident 1. неуверенный 2. несамоуверенный, скромный

unconnected 1. не связанный, не соединенный (с чем-л.) 2. бессвязный 3. не имеющий (родственных) связей

unconscientious 1. недобросовестный, несознательный 2. несовестливый

unconscious 1. подсознательная психическая деятельность 2. бессознательное состояние 3. подсознательное // 1. непроизвольный, бессознательный 2. бессознательный, потерявший сознание; collective ~ коллективное бессознательное (по К.Юнгу); унаследованные инстинкты, протекающие без участия сознания умственные процессы; personal ~ индивидуальное бессознательное (по К. Юнгу); racial ~ *см.* collective ~

unconsciousness бессознательное состояние

uncontented недовольный, неудовлетворенный

uncontradicted неопровергнутый, не встретивший возражений

uncontrollable неконтролируемый, неудержимый

uncontrolled неконтролируемый

uncontrovertible неоспоримый, неопровержимый, несомненный

unconventional нетрадиционный, нешаблонный

unconversable неразговорчивый, необщительный

unconvincing неубедительный

un-cooperation отсутствие сотрудничества; несогласованность в действиях

uncoordinated несогласованный, некоординированный

uncordial неискренний, несердечный

uncorrected 1. неисправленный 2. ненаказанный; не получивший выговора; недисциплинированный; невоспитанный

uncorrupted неразвращенный, неиспорченный

uncouth грубый, неотесанный

uncultivated 1. некультурный, грубый, неотесанный 2. неразвитой

undecided 1. нерешенный, неразрешенный 2. нерешительный, колеблющийся 3. неопределенный, неясный

undecipherable не поддающийся расшифровке, неразборчивый

undefined 1. неопределенный 2. не имеющий определения

undeliberate 1. непреднамеренный 2. неосторожный, неосмотрительный, необдуманный

undemonstrative сдержанный (о человеке, чувствах и т.п.)

undeniable неоспоримый, несомненный

undepraved неразвращенный, неиспорченный

underachievement исполнение [достижение] хуже [ниже] ожидаемого, псевдодостижение

underachiever 1. человек, показывающий худшие результаты, чем ожидалось 2. ученик, занимающийся хуже, чем позволяют его способности

underage несовершеннолетний // младше положенного возраста

underconfident неуверенный (в себе)

underemployment 1. неполная занятость (рабочей силы) 2. неполный рабочий день 3. работа, не соответствующая (высокой) квалификации работающего

under-estimate недооценивать

underestimation недооценка

underlying лежащий в основе, основной

undermeaning скрытый смысл

undernourishment пониженное питание

undernutrition пониженное питание

underproductive малопродуктивный (по Г.Роршаху)

underrate 1. недооценивать 2. давать заниженные показания (о приборе)

underreward недостаточная награда

underreporting неполный отчет

underself подсознание

understanding 1. понимание 2. разум, рассудок, сметливость // 1. понимающий, разумный 2. отзывчивый, чуткий

undesignated неуказанный, необозначенный

undesirable 1. нежелательный, неприятный 2. неподходящий

undeveloped неразвитый

undifferentiated недифференцированный

undigested 1. непереваренный (о
пище) 2. не приведенный в систему, неклассифицированный,
непоследовательный, хаотичный

undiligent нестарательный, нера-
дивый

undirected ненаправленный, без
руководства

undisciplinable не подчиняющийся дисциплине, непослушный,
непокорный

undisciplined 1. необученный, не-
тренированный 2. недисциплинированный, непослушный

undisguised открытый, явный, не-
притворный

undisposed нерасположенный, не
склонный к чему-л.

undistinguished 1. неразличимый,
неясный 2. незаметный; ничем не
отличившийся; посредственный

undistorted неискаженный

undistracted нерассеянный, сосредоточенный

undisturbed 1. невстревоженный,
спокойный, безмятежный 2. не
приведенный в беспорядок

undiverted неотвлеченный, при-
стальный (о внимании и т.п.)

undivided 1. нерассеянный, сосредоточенный на чем-л. одном 2.
неразделенный, целый

undevelopment недоразвитие, остановка роста, задержка развития, отсталость, отставание в
развитии

undisputed неоспоримый, бесспор-
ный, не вызывающий сомнения

unduteous 1. не проникнутый сознанием долга 2. непокорный, непослушный

uneasiness 1. неудобство 2. беспокойство, тревога 3. неловкость,
стесненность

uneasy 1. неудобный 2. беспокой-

ный, тревожный 3. стесненный,
неловкий, застенчивый

uneducated необразованный, неученый

unelated в подавленном [унылом]
настроении

unembittered 1. неозлобленный,
нераздраженный 2. неогорчен-
ный, неомраченный

unembodied 1. невоплощенный, не-
олицетворенный 2. невключенный

unemotional неэмоциональный,
бесстрастный

unemployed 1. безработный 2. незанятый; неиспользованный

unemployment безработица

unenterprising безынициативный

unequal 1. неравный 2.
неровный, неправильный 3.
неадекватный

unequivocal недвусмысленный,
ясный

unescapable неизбежный

unessential несущественный, незначительный

uneven 1. неровный 2. неуравновешенный 3. нерегулярный, неправильный 4. *мат.* нечетный

unexacting нетребовательный; не-
критический, некритичный

unexcitable невозбудимый

unexpected неожиданный, внезап-
ный

unexpectedness неожиданность,
внезапность

unexperimented не проверенный
опытом [экспериментом]

unexperienced неопытный

unexplainable необъяснимый

unexpressed невыраженный; невы-
сказанный

unexpressive невыразительный

unextinct непотухший; невымер-
ший, сохранившийся

unextinguished непогашенный

unfair 1. несправедливый 2. нечестный

unfaithful 1. неверный 2. неточный, не соответствующий действительности

unfeeling 1. лишенный чувств 2. бесчувственный

unfit 1. неподходящий 2. неспособный 3. нездоровый, плохо себя чувствующий; негодный (по состоянию здоровья)

unfitness 1. непригодность, неуместность 2. непригодность (по состоянию здоровья) 3. неспособность, некомпетентность; physical ~ физическая непригодность (к службе), непригодность по состоянию здоровья

unfitted 1. неподходящий 2. неспособный, неквалифицированный

unformed 1. бесформенный 2. неразвитой, несформировавшийся

unforseen непредвиденный

ungovernable 1. непослушный 2. неукротимый, необузданный, сумасбродный

ungraded 1. неклассифицированный, нестандартный 2. низкого качества

unguided 1. ненаправляемый, неруководимый 2. неуправляемый

unhappiness несчастье

unhappy 1. несчастливый, несчастный 2. грустный, подавленный

unharmonious 1. негармоничный, нестройный 2. несогласованный

unhealthy 1. болезненный, нездоровый 2. вредный, нездоровый

unhuman 1. нечеловеческий, не свойственный человеку 2. сверхчеловеческий

unhumanize делать грубым, ожесточать

unhurt 1. невредимый 2. неповрежденный, целый

unhygienic негигиенический, нездоровый

uniaural относящийся только к одному уху

unicellular одноклеточный

unicity 1. уникальность 2. единичность

unidextrality правшество или левшество

uniform 1. однообразный, единообразный, одинаковый 2. однородный 3. постоянный; ровный 4. равномерный

uniformity единообразие, однородность

unidimensional одномерный

unigeniture наличие в семье одного ребенка

unilateral односторонний

unimanual однорукий, связанный с одной рукой

unimaginative лишенный воображения

unimodal одновершинный, унимодальный

unimpaired 1. неослабленный, непострадавший 2. нетронутый, незатронутый

unimpressionable невпечатлительный, невосприимчивый; нечувствительный

unimpressive невпечатляющий, невыразительный

unindustrious нетрудолюбивый, неприлежный, ленивый

uninjured неповрежденный, непораженный

unintelligible неразборчивый, неясный; непонятный

union 1. соединение, слияние 2. объединение, союз 3. гармония, согласие

uniparental относящийся к одному из родителей

unipolar однополюсный

unique уникальный, единственный в своем роде, особенный

uniqueness уникальность

unisexual однополый

unison 1. унисон 2. согласие, гармония

unit 1. единица **2.** единица измерения; **action** ~ действие (как единица поведения); **activity** ~ единица активности; **angstrom** ~ *физ.* ангстрем; **arbitrary** ~ произвольная единица измерения; **behavior(al)** ~ единица поведения; **communication** ~ *теор. коммун.* элементарный контур управления; **conduction** ~ механизм проведения возбуждения; **developmental** ~ единица развития; **functional** ~ функциональная единица; **heat** ~ калория; **light** ~ единица освещенности; **motor** ~ мотонейрон, моторная клетка; **multiple** ~ сложный нейрон (состоящий из группы нейронов); **nerve** ~ нервная единица, нейрон; **neuromotor** ~ нейромоторная единица; **radiation** ~ единица излучения, радиоактивная единица; **sample** ~ элемент выборки; **semantic** ~ семантическая единица (языка); **sensation** ~ единица ощущения; **single** ~ одиночный нейрон; **social** ~ ячейка общества (семья, группа); **sound** ~ фон, единица уровня громкости; **standard** ~ **1.** стандартная единица измерения **2.** стандартная оценка; **thermal** ~ единица количества теплоты; тепловая единица; **transmission** ~ децибел; ~ **of analysis** единица анализа; ~ **of measurement** единица измерения

unitary 1. единичный **2.** единый

unity целостность, единство; **functional** ~ функциональное единство; **perceptual** ~ целостное восприятие

univariate имеющий одну переменную

universal всеобщий, универсальный // универсалия; **linguistic** ~s лингвистические универсалии

universalism универсализм, универсальность

universality универсальность, всеобщность

universe 1. мир, космос, среда, вселенная **2.** генеральная совокупность **3.** совокупность; **attitude** ~ совокупность действий, определяемых установкой; **statistical** ~ генеральная совокупность; ~ **of discourse** область изучения [исследования]

univocal недвусмысленный, ясный

unlanguaged 1. немой, неговорящий **2.** нечленораздельный

unlearned 1. необученный, неученый, неграмотный **2.** невыученный

unlearning 1. потеря навыков [знаний] **2.** стремление забыть выученное

unlettered неграмотный, необразованный

unmanageable 1. трудно поддающийся контролю **2.** трудный, непокорный

unmanlike 1. недостойный мужчины; трусливый, малодушный, **2.** женоподобный, изнеженный **3.** недостойный человека, низкий

unmanned 1. не укомплектованный (людьми, штатом) **2.** управляемый автоматически

unmarried неженатый, холостой; незамужняя

unmarry расторгать брак, разводиться

unmatched непарный, разрозненный

unmeasurable 1. неизмеримый **2.** безмерный, неограниченный

unmoral аморальный, безнравственный

unmotivated немотивированный

unnatural неестественный

unparental несвойственный родителям

unpleasure неудовольствие, неприятное [отталкивающее] ощущение [чувство]

unreality 1. нереальность, нереальное **2.** неспособность восприятия реальных предметов

unreason безрассудство, неразумность

unreasonable 1. безрассудный, неразумный **2.** необоснованный

unreasoning неразумный, безрассудный

unrecorded незаписанный; незафиксированный; незапротоколированный

unreflective бездумный, неразмышляющий

unrelated 1. несвязанный, не имеющий отношения **2.** неродственный

unrelaxed нерасслабленный

unreliability ненадежность

unreliable ненадежный

unremembered не оставшийся в памяти, забытый

unrepresentative нехарактерный, непоказательный, нетипичный

unrepugnant 1. непротиворечащий, совместимый **2.** покорный, безропотный **3.** непротивный, не вызывающий отвращения

unresolved нерешенный, неразрешенный (конфликт, проблема и т.п.)

unrest беспокойство, волнение

unrestful беспокойный

unrestrained безудержный

unschooled 1. необученный, неученый **2.** прирожденный **3.** неопытный, непривыкший

unselected неотобранный, взятый наугад

unsociable необщительный; сдержанный

unsocial 1. необщительный **2.** антиобщественный

unsolvable неразрешимый

unsolved нерешенный, неразрешенный

unsound 1. нездоровый, слабый **2.** некрепкий, неглубокий, беспокойный (о сне) **3.** ненормальный, психически больной **4.** необоснованный; ложный; ошибочный **5.** ненадежный

unspontaneous неспонтанный, несамопроизвольный

unstable нестойкий, неустойчивый, лабильный

unsteady 1. неустойчивый **2.** непостоянный, изменчивый **3.** неровный, неравномерный, неправильный

unstressed ненапряженный, не подвергающийся стрессу

unstructured неструктурированный

unstudious нестарательный, неприлежный, неусердный

unsubmissive непокорный

unsuccess неудача, неуспех, провал

unsuccessful безуспешный, неудачный

unsuccessive непоследовательный, не следующий по порядку

unsuggestive не вызывающий мысли, не наводящий на мысль

unsure 1. ненадежный; небезопасный **2.** неопределенный **3.** неуверенный; колеблющийся; нетвердый

unsymmetrical несимметричный, несимметрический, асимметричный

unsystematic несистематический, несистематичный

unsystematized несистематизированный, не приведенный в систему

untalented неталантливый, бездарный, неодаренный

untaught 1. необученный, невежественный **2.** естественный, врожденный

unteach 1. заставить переучить

[забыть] выученное 2. учить противоположному

untested неиспытанный, непроверенный, неопробованный

unthinkable немыслимый, невероятный

unthinking 1. бездумный, легкомысленный 2. немыслящий, неразумный

unthoughtful 1. незаботливый, невнимательный 2. беспечный, безрассудный

untrained 1. необученный; неподготовленный 2. неквалифицированный; неумелый

untrue 1. ложный, неправильный, неверный 2. нечестный

untruth неправда, ложь

ununderstandable непонятный, недоступный пониманию

unweighted *стат.* невзвешенный, без веса

unwomanly неженский, неподобающий женщине; неженственный

unworthy 1. низкий, презренный 2. недостойный 3. неподходящий; не соответствующий (чему-л.)

upbringing воспитание

upgrade повышать (по службе)

upgrading повышение (по службе)

upgrowth рост, развитие

upraise ободрять, поднимать настроение

uprear воспитывать, выращивать

upset потрясение, расстройство, нарушение // 1. выводить из душевного равновесия, огорчать 2. расстраивать здоровье // расстроенный; встревоженный

uptake 1. понимание, сообразительность 2. поглощение

uranism гомосексуализм

urge побуждение, побудительный мотив // побуждать

urning гомосексуалист

usage 1. употребление 2. обычай, обыкновение

use употребление, использование, применение // употреблять, пользоваться, применять

utilitarianism утилитаризм

utility полезность, польза, практичность, выгодность; **marginal ~** маргинальная полезность; **subjective ~** субъективная польза; **subjective expected ~** субъективно ожидаемая польза [полезность]

utilization использование

utter 1. полный, совершенный, абсолютный 2. категоричный, окончательный, безоговорочный // 1. произносить, издавать (звук) 2. выражать словами, излагать

utterance высказывание

Vv

vacancy 1. пустота; пробел, пропуск 2. безучастность, отсутствие живой мысли; тупость, рассеянность, растерянность 3. вакансия, свободное место

vacant 1. пустой 2. вакантный (о должности) 3. бездеятельный 4. безучастный, отсутствующий (о взгляде и т.п.); рассеянный, бессмысленный

vague 1. неопределенный, неясный, смутный 2. (о людях) нерешительный, неуверенный

vain 1. тщеславный; самодовольный, самовлюбленный **2.** тщетный, напрасный **3.** пустой, поверхностный

valence валентность; **chromatic** ~ хроматическая валентность (по К.Левину); **negative** ~ отрицательная валентность (по К. Левину); **positive** ~ положительная валентность (по К.Левину)

valid валидный, действенный, эффективный; обоснованный; истинный

validate подтверждать

validation 1. подтверждение верности [правильности, надежности] **2.** определение степени надежности измерительного прибора; **concurrent** ~ совпадающая валидация; **consensual** ~ валидность как результат общности восприятия; **empirical** ~ эмпирическая валидация [валидизация]; **external** ~ внешняя валидация [валидизация]; **internal** ~ внутренняя валидация [валидизация]; **local** ~ локальная валидация [валидизация]

validity 1. валидность, правильность, верность, надежность, истинность, обоснованность **2.** законность **3.** *лог.* значимость, общезначимость; **a priori** ~ априорная валидность; **assumption** ~ прогнозируемая валидность; **common-sense** ~ прогнозируемая валидность; **concurrent** ~ совпадающая [конкуррентная] валидность; **congruent** ~ *см.* **construct** ~; **construct** ~ валидность конструкта, конструктная валидность; **content** ~ валидность по содержанию, содержательная валидность; **convergent** ~ конвергентная валидность; **criterion-oriented** ~ критериально-ориентированная валидность; **differential** ~ дифференциальная валидность; **discri-**

minant ~ дискриминантная валидность; **ecological** ~ экологическая валидность (по Е. Брунсвику); **empirical** ~ эмпирическая валидность; **external** ~ внешняя валидность; **face** ~ очевидная валидность; **factorial** ~ факторная валидность; **heuristic** ~ эвристическая валидность; **increment(al)** ~ инкрементная валидность; **internal** ~ внутренняя валидность; **intrinsic** ~ внутренняя валидность; **item** ~ валидность (тестового) вопроса [задания]; **logical** ~ логическая валидность; **pragmatic** ~ прагматическая валидность; **predictive** ~ прогностическая валидность; **rational** ~ *см.* **logical** ~; **sampling** ~ валидность выборки; **status** ~ валидность по статусу; **synthetic** ~ синтетическая валидность; **test** ~ валидность теста

valuable ценный, важный

valuation оценка; определение ценности

value 1. ценность **2.** значение; число, величина // **1.** оценивать, производить оценку **2.** ценить; **absolute** ~ абсолютная величина [значение]; **adaptive** ~ адаптивная ценность; **adult** ~s ценности взрослых; **aesthetic** ~s эстетические ценности; **algebraic** ~ относительное число; **arithmetic** ~ абсолютная величина; **average** ~ средняя оценка [величина, значение]; **color** ~ интенсивность цвета, насыщенность цветового тона; **collective** ~s коллективные [общие] ценности; **critical** ~ критическое значение; **cultural** ~s культурные ценности; **desired** ~ желательное значение; заданная величина; **diagnostic** ~ валидность; **difficulty** ~ индекс трудности; **emergent** ~s новые ценности; **ethical** ~s моральные ценности; **expectation [expected]** ~ (математическое) ожидание; среднее значение; **extreme** ~ экстремальное значение; **face** ~ среднее значение интервала; **family** ~s семейные ценности; **final** ~ конечная ценность; **human** ~s человеческие ценности; **incentive** ~ валентность; **initial** ~ начальное значение, исходная величина; **liminal [limit]** ~ предельная величина; **linkage** ~ *ген.* величина [сила] сцепления; **mean** ~ средний показатель; **middle-class** ~s ценности (представителей) среднего класса; **midrange** ~ средняя [усредненная] величина; **modal** ~ *стат.* мода; **numerical** ~ численное значение; **parental** ~s родительские ценности; **peak** ~ 1. амплитуда 2. максимальное [пиковое] значение; **predictive** ~ валидность; **reinforcement** ~ величина подкрепления; **religious** ~s религиозные ценности; **rough** ~ приближенная величина; **saturation** ~ величина [степень] насыщения; **scalar** ~ *стат.* скалярная величина; **shared** ~s общие ценности; **sigma** ~ стандартная оценка; **social** ~s социальные ценности; **statural-weight** ~ росто-весовой показатель; оценка физического состояния ребенка по росту и весу; **stimulus** ~ величина [интенсивность] стимула; **survival** ~ ценность (признака) для выживания; выживаемость; **test** ~ масштаб теста; **threshold** ~ пороговая величина; **traditional** ~s традиционные ценности; **tristimulus** ~s значения координат стандартной системы цветовых измерений, координаты цвета; **true** ~ истинное [действительное] значение; **universal** ~s всеобщие

ценности; **variate** ~ значение переменной

vandalism вандализм, варварство; варварское [бессмысленное] разрушение (чего-л.); хулиганский поступок

vanity тщеславие

variability изменчивость, вариабельность; **absolute** ~ абсолютная изменчивость; **age** ~ возрастная изменчивость; **alternative** ~ альтернативная изменчивость; **continuous** ~ непрерывная изменчивость; **correlated** ~ коррелятивная изменчивость; **discontinuous** ~прерывистая изменчивость; **free** ~ свободная изменчивость; **potential** ~ потенциальная изменчивость; **presolution** ~ *зоопсихол.* сужение поисковой зоны; **quotidian** ~ суточная изменчивость; **relative** ~ относительная изменчивость; **sampling** ~ изменчивость (элементов) выборки; **trait** ~ изменчивость черт; ~ **of individual differences** вариабельность индивидуальных различий

variable 1. переменная величина 2. переменная (функция, признак, характеристика и т.п.) // изменчивый, переменный; **apparent** ~ фиктивная переменная; **autochthonous** ~ автохтонная переменная; **bound** ~ связанная переменная; **bounded** ~ ограниченная переменная; **capacity** ~ фактор способностей; **chance** ~ случайная переменная; **collative** ~s сопоставляемые переменные; **conceptual** ~ концептуальная переменная; **continuous** ~ непрерывная переменная; **controlled** ~ контролируемая переменная; **correlated** ~ скоррелированная переменная; **criterion** ~ 1. критериальная [эталонная] переменная 2. зависимая переменная функция;

dependent ~ зависимая переменная; **discontinuous** ~ разрывная переменная; **discrete** ~ разрывная [дискретная] переменная; **distal** ~ дистальная переменная (по Е.Брунсвику); **experimental** ~ экспериментальная переменная; **free** ~ свободная переменная; **functional** ~ функциональная переменная; **independent** ~ независимая переменная; **individual** ~ индивидуальная переменная; **intervening** ~ промежуточная переменная; **moderator** ~ модератор-переменная; **O** ~ см. **organic~**; **organic** ~ органическая переменная; **proximal** ~ проксимальная переменная (по Е. Брунсвику); **qualitative** ~ качественная переменная; **quantitative** ~ количественная переменная; **R** ~ см. **response** ~; **random** ~ случайная переменная; **related** ~s связанные переменные; **response** ~ зависимая переменная; **S** ~ см. **stimulus** ~; **situational** ~ ситуационная переменная; **stimulus** ~ стимульная переменная; **suppressor** ~ подавляющая переменная (элиминирующая или подавляющая безотносительные к критерию переменные другого теста); **test** ~ тестовая переменная; **theoretical** ~ теоретическая переменная; **treatment** ~ экспериментальная переменная; **underlying** ~ базисная переменная; **unitary** ~ единичная переменная; **wider** ~ расширенная переменная

variance 1. *стат.* варианса, квадрат среднего квадратичного отклонения; дисперсия 2. изменение, колебание; отклонение; **additive** ~ аддитивная дисперсия; **common factor** ~ относительная дисперсия простых факторов; **error** ~ дисперсия ошибки (воз-

никающая на основе неконтролируемых или не обнаруженных факторов в эксперименте, с которыми необходимо сравнивать явный эффект какого-л. другого выявленного фактора); **interaction** ~ дисперсия, обусловленная взаимодействием переменных; **total** ~ общая дисперсия, общее среднее квадратическое; **true** ~ истинная дисперсия; **within-group** ~ внутригрупповая дисперсия

variant 1. вариант 2. *биол.* абберант, измененная особь; мутант // различный, отличный, изменчивый

variate случайная величина [переменная] // изменяться; отклоняться

variation 1. изменение 2. вариация, изменчивость 3. отклонение; **age** ~ возрастная изменчивость; **autogenous** ~ наследственное изменение; **average** ~ среднее отклонение; **chance** ~ случайная изменчивость; **concomitant** ~s сопутствующие изменения; **continuous** ~ непрерывная изменчивость; **determinate** ~ определенная изменчивость; **directional** ~ направленная изменчивость; **discontinuous** ~ прерывистая изменчивость; **discrete** ~ дискретная изменчивость; **diurnal** ~ суточные изменения; **environmental** ~ изменение, приобретенное под влиянием внешних условий; **genetic** ~ наследственная изменчивость; **group** ~ групповая изменчивость; **homologous** ~ гомологическая изменчивость; **individual** ~ 1. индивидуальная изменчивость 2. единичное отклонение; **mean** ~ среднее отклонение; **permissible** ~ допустимое отклонение

variational вариантный, относящийся к вариациям

varied различный, разнообразный
variety 1. разновидность **2.** разнообразие
vary 1. менять(ся), изменять(ся) **2.** отличаться, разниться, отклоняться **3.** *биол.* обладать изменчивостью, изменяться
vascular сосудистый
vasoconstriction вазоконстрикция, сужение сосудов
vasodilatation вазодилатация, расширение сосудов
vasomotor сосудодвигательный; вазомоторный
vasoreflex сосудистый [вазомоторный] рефлекс
vasospasm спазм кровеносных сосудов, ангиоспазм
vector вектор; **reference** ~ *факторн. ан.* основной вектор; **test** ~ тестовый вектор
veg вег (субъективная единица ощущения тяжести)
vegetative *физиол.* вегетативный
vehemence 1. сила; страстность, горячность **2.** интенсивность, резкость, яркость, сила (цвета, запаха)
vehement 1. сильный, страстный, горячий, яростный, бешеный **2.** резкий, (слишком) интенсивный (о цвете, запахе)
vein 1. *анат.* вена **2.** ход мысли; канал [источник] информации **3.** настроение, расположение
velleity пассивное желание [стремление] (не подкрепленное действиями)
venous венозный
ventilation 1. вентиляция; проветривание (помещения); движение воздуха **2.** обсуждение, дискуссия **3.** *физиол.* насыщение крови кислородом **4.** разрядка напряжения (путем высказывания)
ventricle *анат.* желудочек; ~ **of the brain** желудочек мозга; ~ **of the**

heart желудочек сердца; ~ **of the myelon** центральный канал спинного мозга
veracity 1. правдивость **2.** достоверность, точность
verbal 1. вербальный, словесный **2.** устный
verbalism 1. педантизм, буквоедство **2.** словесный формализм **3.** пустословие
verbalization 1. вербализация **2.** многословие
verbalize 1. выражать словами **2.** быть многословным
verbally 1. устно, на словах **2.** буквально, дословно
verbatim дословно, слово в слово
verbigeration повторение бессмысленных слов или фраз психически больным
verbigerate повторять бессмысленные слова [фразы] (о психических больных)
verbomania логорея
vergence вергентные движения глаз
veridical соответствующий действительности, достоверный
verifiability возможность проверить [доказать]
verifiable поддающийся проверке, могущий быть доказанным
verification 1. подтверждение; установление истинности [подлинности] чего-л. **2.** проверка, контроль, исследование
verificatory 1. контрольный, проверочный **2.** подтверждающий, служащий свидетельством
verify 1. проверять, контролировать **2.** подтверждать; устанавливать истинность [подлинность] (чего-л.)
veritable настоящий, истинный
verity истина, правда
vermis *анат.* червячок мозжечка
versatile 1. разносторонний **2.** непостоянный, изменчивый; ненадежный

versatility 1. разносторонность, многосторонность **2.** непостоянство; неустойчивость, переменчивость

vertebra (*pl.* **-rae**) *анат.* позвонок

vertebral *анат.* позвоночный

vertebrata позвоночные (класс животного мира)

vertebrate позвоночное (животное)

vertex 1. *анат.* темя; вертекс, макушка головы (в антропометрии) **2.** вершина (угла, кривой и т.д.)

vertical вертикаль // **1.** вертикальный **2.** *анат.* теменной **3.** *мат.* перпендикулярный

vertigo (*pl.* **-oes, -gines**) головокружение; **flicker** ~ головокружение при действии мелькающего света; **special-sense** ~ головокружение от раздражения органов чувств, головокружение отогенного [офтальмогенного] происхождения; **transient** ~ преходящее [кратковременное] головокружение

vertiginous испытывающий головокружение

vesania умопомешательство, душевная болезнь

vessel *анат.* сосуд; **blood** ~ кровеносный сосуд; **brain** (**blood**) ~ (кровеносный) сосуд головного мозга; **capillary** ~ капиллярный сосуд, капилляр; **lymphatic** ~ лимфатический сосуд; **peripheral** ~ периферический (кровеносный) сосуд

vestige *биол.* зародышевый остаток, рудимент

vestiginal рудиментарный, зачаточный

vexation 1. досада, раздражение **2.** неприятность

vexatious 1. огорчительный, досадный, неприятный; раздражающий **2.** беспокойный, тревожный

vexed 1. спорный, горячо дебати-

руемый **2.** раздосадованный, раздраженный **3.** встревоженный, обеспокоенный

viability жизнеспособность

viable жизнеспособный

vibrant 1. трепещущий, дрожащий **2.** живой, полный жизни

vibrate 1. вибрировать, дрожать **2.** качаться; *перен.* колебаться, проявлять нерешительность

vibration 1. вибрация; дрожание **2.** раскачивание, колебание; *перен.* колебание, нерешительность; **forced** ~ резонансная вибрация

vibratory 1. вибрирующий, колеблющийся, дрожащий **2.** вызывающий вибрацию [колебания]; колебательный, вибрационный

vicarious замещающий, действующий вместо другого, компенсаторный, викарный

vice порок

vicious 1. порочный: развратный; развращающий, вредный **2.** злой, злобный; злонамеренный; жестокий **3.** плохой, дефективный; ошибочный, неправильный

viciousness 1. порочность; развращенность; испорченность **2.** злоба; недоброжелательность; дурной нрав **3.** неправильность, ошибочность

vicissitude чередование, смена; ~**s of libido** *психоан.* пластичность инстинкта [либидо]

videotape видеозапись

view 1. вид; изображение **2.** видимость, поле зрения **3.** взгляд, мнение, суждение, точка зрения **4.** цель, намерение // **1.** осматривать, смотреть **2.** рассматривать; оценивать, судить; **binocular** ~ картина, видимая с помощью бинокулярного зрения; бинокулярное зрение; **moral** ~**s** нравственные взгляды; **sectional** ~ вид в разрезе; **world** ~ мировоззрение

viewpoint точка зрения; **genetic ~** генетический подход; **mental chemistry ~** принцип «умственной химии», принцип синтеза (элементов) умственной [интеллектуальной] структуры

vigilance 1. бдительность **2.** внимательность **3.** активность [тонус] *ЦНС*; **neural ~** повышенный тонус *ЦНС*

vigilant бодрствующий

vigor 1. сила, мощь, бодрость, энергия **2.** решительность, энергичность (действий и т.п.)

vigorous 1. сильный; бодрый, энергичный **2.** решительный

vindicate доказать, подтвердить

vindication доказательство, подтверждение

violate 1. оскорблять **2.** тревожить, мешать **3.** нарушать; преступать **4.** насиловать, применять насилие

violation 1. осквернение, оскорбление (чувств) **2.** нарушение **3.** насилие; **~ of order** нарушение дисциплины [правил, порядка]; **~ of rule** нарушение правил [порядка]

violence 1. сила, неистовство; ярость **2.** насилие, принуждение **3.** оскорбление (особ. действием); **direct ~** прямое насилие

violent 1. неистовый, яростный, отчаянный **2.** горячий, страстный; вспыльчивый, буйный

viraginity мужской склад ума (у женщин)

virago мужеподобная женщина

virgin девственница // девственный, непорочный

virginity 1. девственность; невинность, непорочность, чистота **2.** девичество

virile 1. мужской **2.** (о мужчине) возмужалый, зрелый, достигший половой зрелости **3.** мужественный, сильный

virilescent приобретающая черты мужчины (о женщине)

virilism вирилизм, развитие мужских черт у женщины

virility 1. принадлежность к мужскому полу **2.** (половая) зрелость (у мужчины); половая потенция **3.** мужество; энергия; сила характера

virtual 1. фактический, действительный **2.** возможный, виртуальный, предполагаемый **3.** мнимый (о фокусе, изображении)

virtue 1. добродетель, нравственность, целомудрие **2.** достоинство, преимущество **3.** сила; действие, эффективность

virtuous 1. добродетельный, целомудренный (о женщине) **2.** сильный, действенный, эффективный

virulence 1. ядовитость **2.** *мед.* вирулентность **3.** злоба, злобность

virulent 1. опасный, страшный (о болезни и т.п.) **2.** злобный, озлобленный, жестокий, яростный **3.** *мед.* заразный; вирулентный

viscera *анат.* внутренние органы

visceral *анат.* относящийся к внутренним органам, висцеральный

visceroceptor чувствительное нервное окончание для восприятия ощущений от внутренних органов

viscerogenic происходящий от внутренних органов, висцерального происхождения

visceromotor проводящий двигательные импульсы к внутренним органам

viscerosensory передающий ощущения от внутренних органов

viscus (*pl.* **viscera**) *анат.* внутренний орган

visibility видимость; **poor ~** плохая видимость

visible 1. видимый, зримый **2.** явный, очевидный

visile зрительный тип (человека)
vision 1. зрение 2. видимый объект 3. проницательность 4. представление; **alternating** ~ альтернирующее зрение; **averted** ~ боковое [периферическое] зрение; **binocular** ~ бинокулярное [стереоскопическое] зрение; **black** ~ «черная пелена» перед глазами, (временное) выключение зрения [сознания]; **blurred** ~ неясное [затуманенное] зрение; **central** ~ центральное зрение; **chromatic [color]** ~ цветовое [цветное] зрение, хроматопсия; **day** ~ дневное зрение; **defective** ~ несовершенное зрение; **direct** ~ центральное зрение; **distance** ~ дальнозоркость; **double** ~ диплопия, двоение в глазах; **foveal** ~ фовеальное зрение; **human** ~ зрение человека, человеческое зрение; **impaired** ~ поврежденное [нарушенное] зрение; **indirect** ~ периферическое зрение; **mesopic** ~ зрение, основанное на совместном функционировании аппаратов палочек и колбочек; **monochromatic** ~ одноцветное зрение; **monocular** ~ монокулярное зрение, зрение одним глазом; **multiple** ~ полиопия, полиопсия, множественное зрение; **near** ~ близорукость; **night** ~ ночное [сумеречное] зрение; **off-center** ~ боковое [периферическое] зрение; **oscillating** ~ осциллирующее зрение, осциллопсия; **panoramic** ~ панорамическое зрение, осциллопсия; **paracentral** ~ парацентральное зрение; **perimacular** ~ премакулярное зрение (зрение одной из зон периферии сетчатки); **peripheral** ~ периферическое зрение; **photopic** ~ фотопическое [дневное] зрение; зрение в условиях световой

адаптации; **recurrent** ~ смена фаз послеобраза; **rod** ~ сумеречное зрение; **scotopic** ~ скотопическое [ночное, сумеречное] зрение; зрение в условиях темновой адаптации; **solid** ~ стереоскопическое [пространственное, глубинное] зрение; **stereoscopic** ~ стереоскопическое [пространственное, глубинное] зрение; **tube** ~ люнетное зрение; **twilight** ~ сумеречное зрение; **unimpaired** ~ неповрежденное [ненарушенное] зрение
visionary 1. воображаемый, нереальный 2. мечтательный; склонный к фантазированию
vista 1. вереница (воспоминаний и т.п.) 2. перспективы, возможности, виды (на будущее)
visual 1. зрительный 2. визуальный, воспринимаемый зрением
visual-illusory зрительно-иллюзорный
visualization 1. способность вызывать зрительные образы, визуализация 2. отчетливый зрительный образ; **photistic** ~ фотистическая визуализация (как вид синестезии)
visualize 1. мысленно представить себе, рисовать в воображении 2. делать видимым [зримым, ощутимым]
visualizing визуализация, зрительное представление
vital 1. жизненный 2. существенный, насущный; очень важный; крайне необходимый 3. жизнеспособный
vitality 1. жизненность, жизнеспособность, живучесть 2. энергия, энергичность; живость; **reduced** ~ пониженная жизнеспособность
vitalism витализм
vita sexualis *лат.* половая жизнь

vitreous 1. стекловидный; стеклянный **2.** *анат.* относящийся к стекловидному телу

vivacious живой, оживленный; бодрый; веселый, жизнерадостный

vivacity 1. живость, оживленность; бодрость, веселость, жизнерадостность **2.** яркость (цвета, света) **3.** долголетие, живучесть

vividity [vividness] 1. яркость, ясность **2.** живость, яркость (впечатлений и т.п.)

vocabulary 1. словарь **2.** словарный запас, лексикон; **active ~** активный словарь; **limited ~** ограниченный словарь; **passive ~** пассивный словарь; **potential ~** пассивный словарь; **recognition ~** пассивный словарь

vocal 1. голосовой, речевой **2.** устный, словесный **3.** говорящий, обладающий даром речи **4.** *фон.* звонкий; гласный

vocality *фон.* вокализация, озвончение

vocalization применение голоса; выражение голосом; **socialized ~** звуковая [голосовая] коммуникация

vocation 1. призвание, склонность **2.** профессия

vocational профессиональный

voice 1. голос **2.** звук // **1.** произносить **2.** выражать (словами), высказывать; **loud ~** громкий голос; **normal ~** обычный голос; голос обычной громкости; **spoken ~** громкость голоса при разговоре

volatile непостоянный, изменчивый; капризный, неуловимый

volatility непостоянство, изменчивость; ветреность, легкомыслие; неуловимость

volition 1. воля, волевой акт; желание **2.** сила воли

volitional 1. волевой **2.** сознательный **3.** преднамеренный

volitionally 1. произвольно **2.** сознательно

volley серия мышечных сокращений (искусственно вызванных)

volt вольт (единица напряжения)

voltage напряжение (в вольтах)

volubility говорливость, разговорчивость, многословие

voluble говорливый, разговорчивый, многословный, болтливый

volume 1. объем, количество, масса **2.** емкость, вместительность **3.** сила, интенсивность; **acquaintance ~** объем знакомств; **sensitive ~** чувствительный объем; **~ of sound** громкость звука

voluntary произвольный

volunteer доброволец; человек, добровольно согласившийся стать испытуемым

voluntomotory относящийся к произвольным движениям

voluptuous чувственный; сластолюбивый, сладострастный

voyeur человек с половым извращением, состоящим в стремлении к созерцанию эротических сцен

voyeurism половое извращение, состоящее в стремлении к созерцанию эротических сцен

vulgar вульгарный, пошлый, грубый

vulgarity 1. вульгарность, грубость, невоспитанность **2.** грубый поступок

vulnerability уязвимость, ранимость

vulnerable уязвимый, ранимый

vulva *анат.* вульва, наружные женские половые органы

Ww

wage заработная плата; **efficiency** ~s сдельная оплата труда; **incentive** ~ *амер.* прогрессивная система заработной платы

wakeful 1. бодрствующий, неспящий 2. бессонный 3. страдающий бессонницей

wakefulness бодрствование

waking бодрствование

walk 1. ходьба 2. жизненный путь; сфера деятельности; общественное положение; занятие, профессия

wall-eyed страдающий расходящимся косоглазием

wanderlust страсть к путешествиям; охота к перемене мест

want 1. потребность, желание 2. недостаток, нехватка, отсутствие 3. необходимость, нужда // 1. хотеть, желать 2. испытывать недостаток

ward 1. опека, попечительство 2. больничная палата 3. камера (тюремная)

warfare война; **psychological** ~ психологическая война

warming-up врабатывание

warmth тепло, теплота; **paradoxical** ~ парадоксальное ощущение тепла

warm-up разминка

warning 1. предупреждение, предостережение 2. предупредительный знак [сигнал] 3. предупреждение об уходе [увольнении] с работы // предупреждающий, предостерегающий, предупредительный; сигнальный

waste 1. ненужная [излишняя] трата 2. *физиол.* выделения, отбросы (организма) 3. износ, изнашивание; потеря веса, исхудание; упадок (сил и т.п.) // попусту тратить, расточать

watchful 1. внимательный, наблюдательный 2. осторожный, настороженный, бдительный

wave 1. волна 2. колебание, колебательное движение; сигнал; **alpha** ~ альфа-волна (на электроэнцефалограмме); **beta** ~ бета-волна (на электроэнцефалограмме); **delta** ~ дельта-волна (на электроэнцефалограмме); **gamma** ~ гамма-волна (на электроэнцефалограмме); **light** ~ световая волна; **pulse** ~ пульсовая волна; **sine** ~ *физ.* 1. синусоидальная волна 2. синусоида; **sound** ~ звуковая волна; **Traube−Hering** ~s дыхательные волны Геринга-Траубе, волны третьего порядка; ~ **of excitation** волна возбуждения

wavering колебание // колеблющийся

wayward своенравный, своевольный, непокорный, капризный

weak слабый

weaken 1. ослаблять 2. слабеть, ослабевать

weak-eyed со слабым [плохим] зрением

weakliness хилость, болезненность; хрупкость (сложения)

weakling 1. слабое [хилое] существо; 2. слабовольный человек

weak-minded 1. слабовольный, бесхарактерный, малодушный, нерешительный 2. умственно неполноценный; слабоумный

weakness 1. слабость, ослабление, ослабленность; хилость, хрупкость **2.** недостаточность **3.** нерешительность, вялость, безволие **4.** неубедительность, необоснованность; **color** ~ снижение цветовой чувствительности; **constitutional** ~ слабость организма

weak-sighted со слабым [плохим] зрением

weak-spirited малодушный

weak-willed слабовольный

weaning отнятие ребенка от груди

weariness 1. усталость, утомление **2.** утомительность, скука

weary 1. усталый, утомленный **2.** утомительный, скучный

weepy плаксивый, слезливый

we-feeling чувство принадлежности к группе

we-group мы-группа

weigh 1. взвешивать **2.** обдумывать, оценивать **3.** весить **4.** иметь вес [значение]; влиять **5.** сравнивать; соизмерять

weight вес; статистический вес; **arbitrary** ~ произвольный вес; **body** ~ вес тела; **effective** ~ эффективная нагрузка; **excess** ~ лишний вес; **factor** ~ факторная нагрузка; **natural** ~ естественный вес; **regression** ~ коэффициент регрессии; **specific** ~ удельный вес; **total** ~ общий вес; **unit** ~ удельный вес

weighting взвешивание; **equal** ~ приписывание равных весов (результатам измерений); **item** ~ приписывание веса [оценка] вопросу [пункту] (теста); **Müller—Urban** ~ психофиз. взвешивание по методу Мюллера—Урбана

Weismannism учение Вейсмана о непрерывности зародышевой плазмы и ненаследовании приобретенных признаков

well-adjusted хорошо адаптированный

well-balanced 1. уравновешенный, спокойный, выдержанный **2.** пропорциональный, гармонический; сбалансированный

well-behaved хорошо ведущий себя

well-bred получивший хорошее воспитание (особ. в семье)

well-conditioned 1. морально устойчивый, выдержанный, уравновешенный **2.** здоровый, крепкий **3.** воспитанный, культурный, из хорошей семьи

well-conducted 1. воспитанный; тактичный **2.** хорошо поставленный (о деле и т.п.); имеющий хорошее руководство

well-formation лог., лингв. правильность

well-grounded 1. обоснованный **2.** имеющий хорошую подготовку; сведущий (в чем-л.)

well-mannered воспитанный, благовоспитанный

well-matched подходящий (к чему-л. другому)

wheel 1. колесо **2.** руль; **activity** ~ клетка активности; **color** ~ диск для смешения цветов

whistle свисток; **Galton** ~ выдвижной свисток для исследования слуха, гальтонов свисток

whole целое // целый, полный

whole-object психоан. индивид как целостный объект (любви)

wholism холизм, «философия целостности»

wicked 1. злой, злобный **2.** порочный; безнравственный

wickedness 1. злоба; порок **2.** дурной поступок, проступок; злая выходка; преступление **3.** рел. грех; греховность

wide-awake 1. бодрствующий, неспящий **2.** бдительный, осторожный, осмотрительный

wide-awakeness 1. бодрствование **2.** осторожность, осмотрительность

width ширина

wife (pl. **wives**) жена, супруга

wifehood замужество, положение замужней женщины

wild 1. дикий **2.** нецивилизованный **3.** необузданный, бешеный, безумный

wilful 1. своенравный, своевольный; упрямый, несговорчивый **2.** преднамеренный

will 1. воля, сила воли **2.** желание, воля, намерение **3.** волевой акт [намерение]; **free** ~ свободная воля, свобода воли; **general** ~ единая воля; **weak** ~ слабоволие, безволие; ~ **to power** жажда [стремление] к власти

willingness готовность, желание, охота

window 1. окно **2.** *анат.* отверстие, окно; **Herring** ~ окно Геринга; **oval** ~ *анат.* овальное отверстие [окошко]; **round** ~ *анат.* окно [окошко] улитки

wish желание // желать; хотеть; **dream** ~ *психоан.* подавленные желания, проявляющиеся во сне; **repressed** ~ подавляемое желание

wit 1. ум, разум; соображение **2.** остроумие, острословие

withdrawal 1. уход (из школы) **2.** отдергивание **3.** тип поведения, характеризующийся уходом от конфликта

withdrawn замкнутый, углубленный в себя (о человеке)

woman (*pl.* **women**) женщина; **single** ~ незамужняя женщина

womanhood 1. женская зрелость **2.** женские качества [свойства]; женственность **3.** женский пол, женщины

womankind женский пол, женщины

womanlike женственный, свойственный женщине

womanliness женственность

word слово; **association** ~ словесная ассоциация; **key** ~ ключевое слово; **pivot** ~s опорные слова; **stimulus** ~ слово-стимул

work 1. работа **2.** продукция // работать; действовать; **brain** ~ умственный труд; **dream** ~ *психоан.* фантазирование; **effective** ~ эфективная [полезная] работа; **emergency** ~ экстренная работа; **field** ~ естественное наблюдение; **group** ~ групповая деятельность; **mental** ~ умственная работа; **muscular** ~ мышечная работа; **research** ~ научно-исследовательская работа; **sedentary** ~ сидячая работа; **social** ~ общественное попечение; социальная работа; **social group** ~ организация досуга группы

worker 1. рабочий **2.** работник; **brain** ~ работник умственного труда; **manual** ~ работник физического труда

workmanship 1. искусство, мастерство; квалификация **2.** качество работы

workspace рабочее место [пространство]

world мир; **external** ~ внешний (объективно существующий) мир

worn-out 1. усталый, измученный, изнуренный, измотанный **2.** сработавшийся

worry беспокойство; волнение, тревога; озабоченность, забота // **1.** беспокоить, волновать; беспокоиться, волноваться **2.** надоедать, приставать

worship почитание, поклонение // **1.** поклоняться, почитать **2.** обожать, боготворить

worth ценность, значение // заслуженный, стоящий (чего-л.)

writing 1. писание, письмо **2.** почерк **3.** произведение; **ataxic** ~ атаксический почерк; **automatic** ~ механическое написание; **manuscript** ~ унициальный шрифт; **mirror** ~ зеркальное письмо

Xx

xanthocyanopsia восприятие окружающего в желто-голубых тонах
xanthopsia ксантопсия, восприятие окружающего в желтых тонах
xenogenesis ксеногенез, гетерогенез, чередование поколений
xenogenous экзогенный, вызванный внешним стимулом, возникший вне организма

xenophobia патологический страх перед незнакомыми людьми
X-radiation рентгеновское излучение [лучи]; рентгеновское облучение, облучение рентгеновскими лучами
X-ray(s) рентгеновские лучи
xyrospasm судорога [профессиональный невроз] пальцев рук

Yy

year год; academic ~ учебный год; basal [base] ~ базальный возраст
yearn 1. стремиться, тосковать 2. жаждать, стремиться
yearning сильное желание; острая тоска
yellow желтый цвет; visual ~ измененный под действием света зрительный пурпур
yellow-sighted характеризующийся повышенной чувствительностью к желтому цвету или склонностью видеть окружающее в желтом цвете
yield 1. уступать; поддаваться; сдаваться 2. производить 3. приносить
yielding уступка, согласие // уступчивый, покладистый, соглашающийся
youngster мальчик, юноша
youth 1. юноша 2. молодежь, юношество

Zz

zeal усердие, рвение; энтузиазм

zealous рьяный, ревностный, с энтузиазмом относящийся (к чему-л.)

Zeitgeist *нем.* дух времени

zero нуль; нулевая точка шкалы // устанавливать (прибор и т.п.) на нуль; **absolute** ~ абсолютный нуль; **development** ~ исходная точка отсчета развития; **physiological** ~ порог температуры, ниже которого прекращается обмен в клетке [органе, организме]; **time** ~ начало отсчета времени; **true** ~ абсолютный нуль

zero-order нулевой, нулевого порядка

zest энтузиазм, интерес

zoetrope род калейдоскопа

zone зона; **aphasia** ~ афазиогенная зона [область] (мозг); **color** ~s *зр.* цветовые зоны; **erogenous [erotogenic]** ~ эротогенная зона, зона повышенной половой возбудимости; **genital** ~ половая сфера; **hypnogenic** ~ зона [участок тела], возбуждение которой вызывает сон; **motor** ~ область сокращения мышц при возбуждении двигательного нерва; **primacy** ~ *психоан.* эрогенная зона, доминирующая в данный период психосексуального развития; **reflexogenous** ~ рефлексогенная зона; **retinal** ~s *см.* **color** ~s; **sensitive** ~ 1. чувствительная зона 2. эрогенная зона; ~ **of preference** область предпочтения; ~ **of proximal development** зона ближайшего развития

zoomorphism зооморфизм

zoophilia зоофилия, необычно сильная привязанность к животным

zygote *ген.* зигота; клетка, образуемая слиянием двух гамет; оплодотворенное яйцо

Сокращения и условные обозначения

A 1) *anxiety* тревожность 2) *amplitude* амплитуда

AA [A.A.] *achivement age* возрастные возможности

ACTH *adrenocorticotropic hormone* адренокортикотропный гормон

AD [A.D.] *average deviation* стам. среднее отклонение

AFQT *Armed Forces Qualification Test* армейский квалификационный тест (США)

AGCT [A.G.C.T.] *Army General Classification Test* общий классификационный армейский тест (США)

AL 1) *adaptation level* уровень адаптации 2) *absolute limen* абсолютный порог

alt. *alternating, alternate* чередующийся, переменный

An [At] *anatomy response* анатомический ответ; ответ, показывающий, что испытуемый видит в чернильных пятнах анатомические органы человека (по Г.Роршаху)

ant. *anterior* передний

AP *action potential* потенциал действия

APA [A.P.A.] 1) *American Psychological Association* Американская психологическая ассоциация 2) *American Psychiatrist Association* Американская психиатрическая ассоциация

A.P.S. *American Psychopathological Society* Ассоциация американских психопатологов

AQ *achievement [accompishment] quotient* показатель [коэффициент] достижения [успеха, выполнения задания]

A−S *ascendance−submission* лидерство−подчиненность

AT *attention* внимание

AUA *auditory acuity* острота слуха

A−U−D *agree−undecided−disagree* тест на выбор ответа: да, не знаю, нет

beh. *behavior* поведение

BMR *basal metabolic rate* интенсивность основного обмена (веществ)

B.O. *blackout* временное выключение зрения [сознания], «черная пелена» перед глазами

BP [B.P.] *blood pressure* давление крови

BST *brief-stimulus therapy* шоковая терапия

C *contingency coefficient* коэффициент сопряженности

CA *chronological age* хронологический возраст

CAT *Children's Apperception Test* тест тематической апперцепции, адаптированный для детского возраста

C−A−T *College Ability Test* тест готовности к обучению в колледже

CAVD *completion, arithmetical problems, vocabulary, following directions* батарея из четырех тестов интеллекта: завершение, арифметические задачи, словарный запас и выполнение указаний

ccw *counterclockwise* против часовой стрелки

CE *constant error* стам. постоянная ошибка

CEEB *College Entrance Examination Board* приемная экзаменационная комиссия колледжа

CER *conditioned emotional response* условная [приобретенная] эмоциональная реакция [ответ]

CFF *critical flicker frequency* критическая частота мельканий

CI *coefficient of intelligence* коэффициент интеллекта

CNS *central nervous system* центральная нервная система, ЦНС

COH *hand coordination* координация (движений) рук

Cs *consciousness* сознание

CR 1) *conditioned response* условный ответ 2) *critical ratio* стам. двойное или сложное отношение

CS *conditioned stimulus* условный стимул

CTMM *California Test of Mental Maturity* калифорнийский тест умственной зрелости

CV 1) *controlled variable* контролируемая переменная 2) *coefficient of variation* коэффициент вариативности

CVS *comprehension of vocabulary test series* краткая [сокращенная] форма [разновидность] теста интеллекта

cw *clockwise* по часовой стрелке

D 1) *drive* «драйв», побуждение 2) *deviation* отклонение

DAP *draw-a-person test* тест «Нарисуй человека»

DAT *Differential Aptitude Tests* тесты различных способностей, батарея интеллектуальных тестов для дифференциации способностей

df *degree(s) of freedom* степень свободы

diag. *diagnosis* или *diagnostic* диагноз или диагностический

diff. *difference* различие

dist. 1) *distal* отдаленный от центра, периферический, наружный 2) *distribution* дистрибуция, распределение

DL *difference limen* дифференциальный порог, порог различения

DOT *Dictionary of Occupational Titles* словарь названий профессий

DQ *developmental quotient* показатель [коэффициент] развития

DRQ *discomfort—relif quotient* показатель на шкале «комфорт — дискомфорт»

DT *distance test* дистантный тест

DV *dependent variable* зависимая переменная

E 1) *environment* среда 2) *probable error* вероятностная ошибка 3) *the experimenter* экспериментатор

E.A. *[EA] educational age* возрастные школьные успехи

ECS *electroconvulsive shock* электрошок

ECT *electroconvulsive therapy* шоковая терапия

EDR *electrodermal response* кожно-гальванический ответ

EEG [E.E.G.] *electroencephalogram* электроэнцефалограмма

EKG *electrocardiogram* электрокардиограмма

emf *electromotive* электродвижущая (сила)

EMG *electromyogram* электоромиограмма

EQ [E.Q.] 1) *educational quotient* коэффициент обучаемости 2) *efficiency quotient* коэффициент эффективности исполнения (по тесту Векслера–Бельвью)

equiv. *equivalent* эквивалент, эквивалентность

ERG *electroretionogram* электроретинограмма, ЭРГ

ESP [E.S.P.] *extrasensory perception* сверхчувственное восприятие, телепатия

EST *electroshock therapy* шоковая терапия

ETS *Educational Testing Service* Общенациональная служба тестирования в области образования (США)

exp. *experiment* эксперимент

F *fatigue* утомление, усталость

f *frequency* частота

f.a.g.r. *fractional antedating goal response* частичный антиципирующий цель ответ

FFF *flicker fusion frequency* (критическая) частота слияния мельканий

F–G *figure—ground* фигура–фон

FM *muscular fatigue* мышечное утомление

G 1) *goal* цель 2) *general factor* факторн. ан. общий фактор

GAMIN *general activity* (**G**), *ascendance–submission* (**A**), *masculinity–femininity* (**M**), *inferiority feeling* (**I**), *nervousness* (**N**) личностный опросник для измерения общей активности, доминирования–подчинения, мужественности–женственности, чувства неполноценности, нервности

GATB *General Aptitude Test Battery* батарея общих способностей

GED *General Educational Development Tests* тесты способности к обучению

GD *general discomfort* общий дискомфорт

GG *goal gradient* целевой градиент

gr. *group* группа

GSR *galvanic skin response* кожно-гальванический ответ

H *heredity* наследственность

HAS *high arousal state* состояние высокого возбуждения ЦНС

H.C. *hypothetical construct* гипотетический конструкт

H.D. *hearing distance* расстояние ясного слышания

HFS *Human Factor System* система, включающая человека и отвечающая его психофизиологическим характеристикам

I *induction* индукция

inf. 1) *infinity* бесконечность 2) *inferior* низший

interv. *interview, interviewer* интервью, интервьюер

invgt. *investigation* исследование

IQ *intelligence quotient* коэффициент [показатель] интеллекта [умственного развития]

IU *interval of uncertainty* интервал неуверенности

I.V.1) *independent variable* независимая переменная 2) *intervening variable* промежуточная переменная

jnd [j.n.d.] *just noticeable difference* психофиз. различие между стимулами, впервые замечаемое наблюдателем

jnnd *just not-noticeable difference* психофиз. различие между стимулами, при котором наблюдатель впервые перестает воспринимать их как различающиеся

KJ *knee jerk* коленный рефлекс

KPR *Kuder Preference Record* протокол Кьюдера по профессиональным предпочтениям

Ku *kurtosis* стат. эксцесс

L 1) *lumen* физ. люмен (единица светового потока) 2) *limen* порог

lab. *laboratary* лаборатория

LAS *low arousal state* состояние низкой активности ЦНС

L.D. *light difference* разница в восприятии света между двумя глазами

log. *logarithm* логарифм

LQ *lowest quartile* первый квартиль

LS *liminal sensitivity* предельная чувствительность

LSp *live space* жизненное пространство

MA [M.A.] *mental age* психический возраст

MAF *minimum audible field* поле [область] минимального слышания

MAP *minimum audible pressure* минимальное звуковое давление, вызывающее ощущение

MAPS *Make-a-Picture-Story* тест составления рассказа по картинкам

MAT *Miller Analogies Test* тест аналогий Миллера (предназначенный для предсказания успеха на университетском уровне)

M.C. *multiple choice* множественный выбор

MD 1) *manic-depressive* маниакально-депрессивный 2) *mental deficiency* умственная отсталость, слабоумие

MdD *median deviation* ошибка медианы

m.d. *mean deviation* среднее отклонение

MMPI *Minnesota Multiphasic Personality Inventory* миннесотский многофакторный личностный тест

MR *metabolic rate* интенсивность [величина] обмена веществ

MT *mirror tracking* инж. псих. слежение за зеркальным изображением [отражением]

N *need* потребность

NIT *National Intelligence Test* общенациональный тест на интеллект

N.R. *noise rating* инж. псих. оценка [определение] уровня шума

O 1) *observer* исследователь, наблюдатель 2) *organism* организм

P 1) *person* личность, лицо 2) *perceptual speed* скорость восприятия

Pcs. *preconscious* психоан. предсознательное

PE [P.E. or p.e.] *probable error* вероятностная ошибка

p.f. *phenomenal field* феноменальное поле

PGR *psychogalvanic response* кожно-гальванический ответ

PI *proactive inhibition* проактивное торможение

PIQ *performance intelligence quotient* коэффициент интеллекта, вычи[...] теста на выполнение задания

Pk. *psychokinesis* психокинез

P.L. *perception of light* восприятие света

PMA *primary mental abilities* первичные умственные способности

PNL *perceived noise level* психофиз. воспринимаемая интенсивность

post. *posterior* задний

PRE *partial reinforcement effect* эффект частичного подкреплени[...]

PSE *point of subjective equality* точка субъективного равенства

PWC *physical working capacity* физическая работоспособность

Q *questionnaire* анкета, опросник

Rc. *conditioned response* условный ответ

RdA *reading age* оценка навыков чтения для определенного возр[...]

refl. *reflex* рефлекс

REP *patellar reflex* коленный рефлекс
RI *retroactive inhibition* ретроактивное торможение
RQ *recovery quotient* коэффициент восстановления (исходного уровня активации)
RS *reinforcing stimulus* подкрепляющий стимул
RT *reaction time* время реакции
S 1) *stimulus* стимул 2) *subject* испытуемый 3) *standart stimulus* стандартный стимул
s 1) *sensation* ощущение 2) *standard deviation* *стат.* стандартное отклонение 3) *variable stimulus психофиз.* переменный стимул
S–A–T 1) *School Ability Tests* школьные тесты способностей 2) *Scholastic Aptitude Test* школьный тест способностей
S–B *Stanford–Binet intelligence test* тест на проверку интеллекта Стенфорда–Бине
Sc 1) *conditioned stimulus* условный стимул 2) *stimulus component* стимульный компонент, компонент стимула
SCAT *School and College Ability Tests* тесты готовности к обучению в школе и колледже
SD [S.D.] *standard deviation* *стат.* стандартное отклонение
SE *standard error* стандартная ошибка
SM *sensory-motor task* сенсорно-моторная [сенсомоторная] задача [задание]
S–O–R *stimulus–organism–response* стимул–организм–ответ
SR *stimulus–response* соотношение «стимул–ответ»
SS *standard score* стандартная оценка
ST *tactile sense* чувство осязания
St. *stimulus* стимул
stim. *stimulus* стимул
Su *unconditioned stimulus* безусловный стимул
TAT *Thematic Apperception Test* тест тематической апперцепции
TE *trial and error learing* научение методом проб и ошибок
TF *true-false* тест на выбор правильного ответа
TTR *type-token ratio* соотношение числа разного типа слов к общему числу слов в анализируемом отрывке
UCR [UR] *unconditioned response* безусловный ответ
UCS [US] *unconditioned stimulus* безусловный стимул
Ucs. *unconscious психоан.* бессознательное
UcV *uncontrolled variable* неконтролируемая переменная
UnCS *unconditioned stimulus* безусловный стимул
UnS *unconditioned stimulus* безусловный стимул
UQ *upper quartile стат.* третий квартиль
UR *unconditioned response* безусловный ответ
US *unconditioned stimulus* безусловный стимул
V *vision* зрение
VA [Va] *visual acuity* острота зрения
VC *color vision* цветовое зрение
VIB *Vocational Interest Blank* опросник на выявление профессиональных интересов
VIBS *Vocabulary, Information, Block-design and Similarities* шкала интеллекта Векслера–Бельвью
VIQ *intelligence quotient calculated from scores on a verbal test* коэффициент умственных способностей, определяемый по результатам вербального теста
W [w] *weight стат.* вес
WAIS *Wechsler Adult Intelligence Scale* шкала Векслера для измерения интеллекта взрослых
WB *Wechsler–Bellevue Scale* шкала Векслера–Бельвью (для измерения интеллекта детей и взрослых)

СПРАВОЧНОЕ ИЗДАНИЕ

НИКОШКОВА
Елена Владимировна

АНГЛО-РУССКИЙ СЛОВАРЬ ПО ПСИХОЛОГИИ

Оригинал-макет
СОЛОДКОВ В. А.
Художник
НЕСТЕРОВА И. Ю.
Корректор
ВАСАНОВ А. Ю.

Лицензия № 090103 от 28.10.1994 г. — «РУССО»
Лицензия № 021044 от 25.03.1996 г. — ИП РАН

Подписано в печать 15.10.97 г. Формат 60x90 $^1/_{16}$.
Гарнитура журнальная Кудряшова. Бумага
офсетная № 1. Печать офсетная. Печ. л. 22,0.
Тираж 3000 экз.

«РУССО», 117071, Москва, Ленинский пр-т,
д. 15, офис. 323. Тел./факс 237-25-02.

Институт психологии РАН, 129366, Москва,
ул. Ярославская, д. 13. Тел. 282-72-50.

Отпечатано с готовых диапозитивов
в Московской типографии № 2 ВО «Наука»
121099, Москва, Шубинский пер., д. 6.
Заказ № 2682